S0-ARM-112

# THE OLYMPIC IMAGE

The Olympic Image
*The First 100 Years*

Compiled and edited by Wei Yew



Published by Quon Editions



*Publié par Quon Editions*



Quon Editions
10103-97A Avenue
Edmonton, Alberta
T5K 2T3 Canada

ISBN 0-9694432-7-7

Main entry under title:

The Olympic Image : the first 100 years

Text in English and French; title in English only.
ISBN 0-9694432-7-7

1. Olympics in Art. 2. Graphic arts
I. Yew, Wei, 1943-

NC998.4.059 1996 741.6'7 C91-090423-5E

*Données de catalogage avant publication (Canada)*

*Vedette principale au titre:*

*The Olympic image : the first 100 years*

*Texte en anglais et en français; titre en anglais seulement.*
*ISBN 0-9694432-7-7*

*1. Jeux olympiques dans l'art. 2. Arts graphiques. I. Yew, Wei, 1943-*

*NC998.4.059 1996 741.6'7 C91-090423-5F*

**Dedication**

This book is dedicated to

Otl Aicher (1922-1991) whose design team inspired a generation of designers by producing the first comprehensive "look" for the Games in 1972.

Harvey Chusid (1946-1993) who was the creative director of the superlative Olympic Arts Festival held in conjunction with the 1988 Winter Games in Calgary.

***Dédicace***

*Ce livre est dédié à la mémoire de*

*Otl Aicher (1922-1991), directeur de l'équipe de concepteurs-graphistes qui a créé le tout premier grand projet de design des Jeux en 1972.*

*Harvey Chusid (1946-1993), directeur de la création d'un des meilleurs programmes du Festival olympique des arts, dans le cadre des Jeux de Calgary de 1988.*

The publisher gratefully acknowledges the assistance of the Department of Canadian Heritage, Alberta Foundation for the Arts and Alberta Community Development.

# THE OLYMPIC IMAGE

Quon Editions

**Design & Production/*Conception & Réalisation***
Studio 3 Graphics, *Edmonton*

**Assistant to the Editor/*Assistante à la rédaction***
Della Shellard

**Writer – English/*Rédaction – texte anglais***
Sheila Laughton, *Edmonton*

**Writer – French/*Rédaction – texte français***
Annie Robberecht, *Edmonton*

**Contributing Writers/*Collaboration spéciale***
George Hirthler, *Atlanta*
Tom West, *Calgary*
Lance Wyman, *New York*
Larry Klein, *Santa Monica*

**Copy Editors/*Révision***
Holly Roy, *Edmonton*
Bonnie Bishop, *Edmonton*

**Pre-Press/*Pré-presse***
United Graphic Pte. Ltd, *Singapore*

Silver Fox Imaging Corp.– PhotoCD, *Edmonton*

**Printer/*Impression***
Tien Wah Press, *Singapore*

**Acknowledgement**

Such an undertaking would not have been possible without the cooperation of many people from around the world:

**International Olympic Committee/*Comité International Olympique***
President Juan Antonio Samaranch
Mark Dzenick
Fékrou Kidane
Liz McMahon
Michael Payne
Richard Pound
Danielle de Ramée
Wendy Reymond

**The Olympic Museum/*Le Musée olympique***
Benoit de Chassey
Ruth Beck-Perrenoud
Didier Blanchard
Sergio Calatayud
Anne Caldelari
Patricia Eckert
Charly Fardel
Frederique Jamolli
Fani Kakridi-Enz
Alexandra Leclef Mandl
Simon Mandl
David Ollier de Marichard
Yoo-Mi Steffen
Jean-Jacques Strahm
Michèle Veillard
Karel Wendl

**The Olympic Family/*La Famille olympique***
Paul Acocella, *Atlanta*
Yalçin Aksoy, *Istanbul*
Akio Yoshida, *Nagano*

**Research/*Recherche***
Wayne Wilson, *Amateur Athletic Foundation of Los Angeles*
Gordon MacDonald, *Centre for Olympic Studies, London (Ontario)*
Bonnie Bishop, *Edmonton*

**Remerciements**

*Un tel projet n'aurait pu être mené à bien sans la collaboration d'un grand nombre de personnes de partout dans le monde :*

**From the Sponsors/*Commanditaires***
Eve Dugger, *UPS*
Tom Hickey, *Sports Illustrated*
Keith Lewis, *Bausch & Lomb*
Philip Mooney, *Coca-Cola*
Robin Spring, *VISA*
Carrie Ross Welch, *TIME*

**Contributing Designers/*Concepteurs-graphistes***
Ken Cato, *Melbourne*
Brad Copeland, *Atlanta*
Josep Mª Trias Folch, *Barcelona*
George Hirthler, *Atlanta*
Georges Huel, *Montreal*
Alistair Justason, *Canmore*
Yusaku Kamekura, *Tokyo*
Larry Klein, *Santa Monica*
Petter Moshus, *Lillehammer*
Arnold Schwartzman, *Los Angeles*
Henry Steiner, *Hong Kong*
Debra Sussman, *Marina del Rey*
Kenzo Tange, *Tokyo*
Pedro Ramírez Vázquez, *Mexico City*

**CD ROM Team/*Équipe du CD ROM***
Wei Yew
Graham Stinson
Steven Hoose
Reg Oake
Keith Manegre
Dwight Allott
Axion Spatial Imaging Ltd.

---

And most importantly, my family "coaches" who deserve gold medals for making this book an Olympic winner – Sheila, May, Ann, Laura and Katie.

*Et un merci tout spécial à mes propres «entraîneurs», ma famille, qui mérite une médaille d'or pour m'avoir permis de réaliser ce travail – Sheila, May, Ann, Laura et Katie.*

# CONTENTS





* "If an Olympiad is not celebrated, its number remains," said Pierre de Coubertin, revivor of the Modern Olympic Games.

* *Pierre de Coubertin avait souhaité que les Jeux non célébrés conservent leur nombre.*

# FOREWORD

## By the President of the International Olympic Committee Juan Antonio Samaranch Marqués de Samaranch

The International Olympic Committee (IOC) was founded in 1894 on the initiative of French educator Baron Pierre de Coubertin. Its first concrete action was to revive the Olympic Games of Antiquity, which had been held between 776 BC and AD 393.

The first modern Olympic Games were organized in 1896 in Athens, Greece, the birthplace of Olympism, with athletes from thirteen countries taking part. In 1996, the Olympic Movement will be celebrating the Games of the XXVI Olympiad, the Centennial Games, in Atlanta, United States of America, and welcomes the participation of all 197 National Olympic Committees.

Beyond the splendid athletic performances of the Games, the Olympic Movement is an educational movement in which sport and culture come together. *The Olympic Image* reflects this with a wealth of images showing how the cultures of the world have interpreted and celebrated the Olympic Games in their art.

The IOC encourages the cities that host the Games to conceive a unique artistic design which reflects both the local spirit and culture and the Olympic ideals. All these years, we have been constantly impressed by the host cities' ability not only to meet this difficult challenge, but indeed to surpass our expectations. Their imagination, in combination with careful planning and production, we believe have produced some of the most spectacular art of the modern era.

*Le Comité International Olympique (C.I.O.) a été fondé en 1894 sur l'initiative du pédagogue français, le baron Pierre de Coubertin. Sa première réalisation fut de rétablir les Jeux Olympiques de l'Antiquité, qui s'étaient déroulés entre 776 av. J.-C. et 393 ap. J.-C.*

*Les premiers Jeux Olympiques de l'ère moderne furent organisés en 1896 à Athènes en Grèce, berceau de l'Olympisme. Des athlètes de treize pays y participèrent. En 1996, le Mouvement olympique célébrera les Jeux de la XXVI^e Olympiade, Jeux de Centenaire, à Atlanta aux États-Unis d'Amérique où il accueillera les 197 Comités Nationaux Olympiques.*

*Par delà les performances sportives spectaculaires réalisées lors des Jeux, le Mouvement olympique est un mouvement éducatif qui allie le sport à la culture.* The Olympic Image - The First 100 Years *en est la preuve, évoquant grâce à une multitude de photographies la façon dont les cultures du monde entier ont interprété et célébré les Jeux Olympiques à travers leur art.*

*Le C.I.O. encourage les villes hôtes des Jeux à créer une identité visuelle unique reflétant à la fois l'esprit et la culture de leur région ainsi que les idéaux olympiques. Durant toutes ces années, nous avons toujours été émerveillés par le savoir-faire des villes hôtes qui ont su non seulement relever ce défi complexe mais aussi aller au-delà de nos attentes. Leur imagination,*

The 1984 Los Angeles Summer Olympic Games featured architecture and graphics whose bright colours and festive designs captured the feel of the Pacific West Coast. In Seoul and Barcelona, the cities' cultural history was exhibited in the costumes, posters and motifs.

*The Olympic Image* contains pictures which illustrate one hundred years of Olympic architecture, posters, stamps, medals, coins, torches and logos, as well as some rarely seen graphic designs. There are many publications on the Olympic sporting events and athletes, but until now there has never been a book that documents the visual artistic history of the Games.

Wei Yew, the editor of *The Olympic Image*, designed the promotional material for the 1988 Calgary Olympic Arts Festival. In 1994, he designed the Olympic Truce Symbol, and in 1995 with his colleagues, the Environmental Olympics logo. With his background in graphic design and publishing, Wei Yew has taken on the daunting task of compiling this book, making it both comprehensible and visually remarkable.

*The Olympic Image* covers all forty modern Olympic Games to date. A commemorative record of how Olympic art has changed and grown over the past one hundred years, it also gives readers a glimpse of the artistic trends to come in future Olympic celebrations.

*associée à une planification et une réalisation consciencieuses, ont, selon nous, donné naissance au plus spectaculaire des arts de notre temps.*

*L'architecture et le graphisme créés à l'occasion des Jeux Olympiques d'été de Los Angeles en 1984 ont rendu, par la gaieté de leurs couleurs et de leurs motifs, l'ambiance de la côte ouest américaine. À Séoul et à Barcelone, c'est à travers les costumes, les affiches et les dessins que la culture de ces deux villes a été évoquée.*

The Olympic Image – The First 100 Years *contient des photographies qui illustrent cent ans d'architecture, d'affiches, de timbres, de médailles, de pièces de monnaie, de torches et de logos olympiques ainsi que des dessins graphiques rarement dévoilés. Il existe de nombreuses publications sur les épreuves sportives olympiques et les athlètes mais jusqu'à aujourd'hui, jamais un ouvrage n'avait eu pour thème l'histoire de l'art graphique des Jeux.*

*Wei Yew, artisan de* The Olympic Image – The First 100 Years, *est l'auteur des documents promotionnels réalisés à l'occasion du Festival olympique des arts de Calgary en 1988. En 1994, il a créé le symbole de la Trêve Olympique et, en 1995, le logo de la Conférence mondiale sur le sport et l'environnement. Fort de son expérience en matière de conception graphique et d'édition, Wei Yew a relevé le défi que constituait la préparation de cet ouvrage pour en faire un recueil accessible à tous et remarquable du point de vue visuel.*

The Olympic Image – The First 100 Years *couvre les quarante éditions des Jeux Olympiques de l'ère moderne. Rendant hommage à l'évolution et à l'essor de l'art au cours de ces cent dernières années, il permet également aux lecteurs d'entrevoir les tendances artistiques à venir des futures éditions des Jeux Olympiques.*

Juan Antonio Samaranch
Marqués de Samaranch

# INTRODUCTION

## A Centennial Perspective by George Hirthler

Partner of COPELAND HIRTHLER design + communications
Principal Design Firm for the *Look* of the 1996 Olympics in Atlanta

The Olympic Games are not only the world's greatest sporting event, they are clearly the world's greatest visual event. For almost everyone involved, the Olympic Games are primarily a visual experience – from the spectator on the edge of the field of play to the television viewer half a world away. The Games rank as the world's foremost example of mass pageantry, deriving much of their appeal and power from the scope and scale of the visual imagery conveyed through the spectacle and the competition.

This was as true in 1896 when the modern Games began in Athens, Greece, as it is today in the age of television. Baron Pierre de Coubertin, the French educator who founded the modern Games, recognized the importance of visualizing the event and its values from the beginning. By 1913, when Coubertin designed and introduced the Olympic Rings, a series of posters, brochures, diplomas, awards and medals had already been created for each of the first five Olympiads.

Emphasizing the vital link between sport and art, Coubertin's heirs in the International Olympic Committee – and the organizing committees in each host city – helped to establish a design tradition that has become one of the richest and most diverse in history. This tradition – and the essential visual orientation of the event – has provided graphic designers all over the world with continuing opportunities to express, within their own cultural contexts, the symbolism embodied in the Games and the rituals and emblems that enhance their presentation.

From the single poster imagery of 1896 in Athens, the design requirements of the Olympic Games have evolved to match their global exposure. Today, the design of the *Look* of the Games – the graphic imaging system that expresses the thematic character of the celebration – embraces everything from the tickets to the banners on the streets, from the uniforms on the volunteers to the

*Les Jeux Olympiques ne sont pas seulement le plus grand événement sportif du monde, mais aussi la plus grande manifestation d'arts visuels. Pour presque tous les participants, les Jeux Olympiques sont essentiellement une expérience visuelle – du spectateur présent dans le stade au téléspectateur le plus éloigné. Les Jeux sont probablement le meilleur exemple de spectacles à grand déploiement, tant au niveau des festivités et des manifestations culturelles qu'à celui des épreuves sportives.*

*C'était une réalité aussi évidente aux premiers Jeux du renouveau à Athènes, en 1896, que de nos jours, à l'ère de la télévision. Dès le début, le baron Pierre de Coubertin, le fondateur des Jeux modernes, a saisi que la mise en images des Jeux revêtait une importance toute particulière. En 1913, il avait conçu et diffusé les anneaux olympiques, une série d'affiches, des brochures, des diplômes, des récompenses, et des médailles avaient déjà été créées pour chacune des cinq premières Olympiades.*

*Tenant à entretenir le lien vital qui unit le sport et les arts, les héritiers de Coubertin au sein du Comité International Olympique – et le comité d'organisation de chaque ville hôte – ont contribué à établir une tradition graphique qui est devenue l'une des plus riches et des plus diversifiées de l'histoire. Cette tradition, et la dimension visuelle essentielle de l'événement, a permis aux concepteurs-graphistes du monde entier d'exprimer, dans leur propre contexte culturel, le symbolisme qu'incarnent les Jeux, et le rituel et les emblèmes qui rehaussent leur présentation.*

*Depuis la première et unique affiche réalisée à Athènes en 1896, les exigences graphiques des Jeux Olympiques ont évolué à la mesure de leur diffusion globale. Aujourd'hui, le design des Jeux – le système d'images graphiques qui exprime le caractère*

trash cans at the concessions, from the cultural program to the hospitality villages, from the publications to the massive architectural decorations that adorn each venue.

In the creation of the *Look*, the boundaries between graphic design, environmental design and architecture are, by necessity, dissolved. The *Look* is as three dimensional as it is two dimensional, and its largest applications are on the scale of massive sports stadiums and urban corridors. In this regard, the Look of the Games is considered one of the world's premiere design assignments.

The quality of the *Look* – the design excellence of the Games – can determine, at the most elemental, personal level, the quality of the Olympic experience. On the city streets and at the venues, the *Look* can enhance the sense of the seamless festive atmosphere that characterizes the celebration. Through the television lens, the *Look* can reveal the intimacy of the Games, conveying the sense that all of the events are linked in a single visual landscape.

What is most challenging and exciting to the designer is the struggle to link the personality of the host city with the enduring traditions of the Olympic Games. The ideological dimensions of the Olympic Movement – the values and principles of peace and human solidarity – infuse its graphic imagery with meaning and historic significance in a way that elevates the design experience.

Given the powerful imagery and ritualistic symbolism of the Games – the Olympic Rings, the Torch Relay, the Parade of Nations, the athletic competition, and the microcosm of the Olympic Village – it is clear that the modern Olympic designer starts with an incredible iconic palette. Inspiration flows naturally from the historic opportunity of creatively connecting to the most successful international movement of the 20th century. The results are often stunning – as they were in the festive federalism of Los Angeles in 1984 – and sometimes appalling – as they were when Nazi Germany counterpoised the Olympic Rings with the swastika on flags throughout Berlin, creating a design dichotomy that linked a movement for peace with a movement for war.

During the last 100 years, however, the Olympic Games have set a remarkably high standard for design excellence and have helped in the process to elevate the profession of the graphic designer. Within the pages of Wei Yew's magnificent survey of Olympic design, *The Olympic Image – The First 100 Years*, you will find ample evidence that the Olympic Games attract some of the world's greatest designers, just as they attract the world's greatest athletes.

*thématique de cette grande manifestation – s'inscrit partout, des billets d'entrée aux bannières de rue, des uniformes des bénévoles aux poubelles, du programme culturel aux villages d'accueil, des publications aux éléments architecturaux massifs qui décorent les aires de compétition.*

*Dans la création du* Look*, les distinctions entre arts graphiques, architecture paysagère et architecture disparaissent nécessairement. Le* Look *se réalise en deux et en trois dimensions, et se prête à des applications massives aux dimensions des stades et des voies urbaines. À ce titre, il représente un des plus grands projets graphiques du monde.*

*La qualité du* Look *– l'image d'excellence des Jeux – peut déterminer au niveau le plus élémentaire et le plus personnel, la qualité de l'expérience olympique. Dans les rues des villes et sur les lieux de présentation, le* Look *contribue à orchestrer ce climat de festivité ininterrompu qui caractérise les Jeux. À travers la caméra de télévision, il peut révéler l'intimité des Jeux et l'unité visuelle de exprimer tous les événements.*

*Le défi le plus difficile et passionnant que le concepteur ait à relever, consiste à créer des liens entre le climat particulier de la ville hôte et les traditions des Jeux Olympiques. Les dimensions idéologiques du mouvement olympique – les valeurs et les principes de paix et de solidarité humaine – chargent l'image d'un sens et d'un poids historique qui ennoblit l'expérience de création.*

*Compte tenu de la puissance des images et du symbolisme rituel des Jeux – les anneaux olympiques, le relais du flambeau, le défilé des nations, les compétitions athlétiques et le microcosme du Village olympique, il est clair que le concepteur moderne dispose au départ d'une formidable palette iconique. L'inspiration vient ensuite tout naturellement de la possibilité de participer à l'un des mouvements mondiaux les plus réussis du XX^e^ siècle. Les résultats sont souvent saisissants – comme on l'aura vu à l'occasion du festive federalism de Los Angeles en 1984; et parfois consternants, comme ils l'ont été quand l'Allemagne nazie a hissé dans tout Berlin les couleurs olympiques et la croix gammée, le symbole de la fraternité et celui de la guerre.*

*Au cours des cent dernières années, cependant, les Jeux Olympiques ont établi des normes remarquablement exigeantes en matière de graphisme et ont ainsi contribué à donner à la profession ses lettres de noblesse. Au fil de cette magnifique envolée panoramique à laquelle vous convie Wei Yew,* The Olympic Image – The First 100 Years*, vous reconnaîtrez que les Jeux Olympiques ont inspiré certains des plus grands concepteurs-graphistes du monde, tout comme ils attirent, et pour les mêmes raisons, les meilleurs athlètes du monde.*

# THE OLYMPIC MOVEMENT

*"Why did I restore the Games? To ennoble and strengthen sports, to ensure their independence and duration, and thus to enable them to fulfil the educational role incumbent upon them in the modern world. For the glorification of the individual athlete, whose muscular activity is necessary for the community, and whose prowess is necessary for the maintenance of a general spirit of competition." – Baron Pierre de Coubertin, 1894*

Baron Pierre de Coubertin was born in Paris, France in 1863. An educational theorist, Coubertin was convinced of the importance of sport for the development of the individual. In 1892, before representatives from all over the world, he proposed the revival of the Olympic Games. Two years later, he founded the International Olympic Committee and established the structure of the Olympic Movement. He wanted a group of people who would safeguard his concept, a society independent of any government, so that it could be assured of perpetuity. Under the supreme authority of the International Olympic Committee, the Olympic Movement encompasses organisations, athletes and other persons who agree to be guided by the Olympic Charter. The aims of the organisation are:

- to promote the development of those physical and moral qualities which are the basis of sport;
- to educate young people through sport in a spirit of mutual understanding and friendship, thereby helping to build a better and more peaceful world;
- to spread the Olympic principles throughout the world, thereby creating international goodwill;
- to bring together the athletes of the world in the Olympic Games every four years.

The IOC has been, and always will be, a self-recruiting body. Members are selected for their knowledge of sport and their national prestige. The International Olympic Committee chooses a President from among its members. He is elected by secret ballot for a mandate of 8 years. The President may be re-elected for successive four-year terms. The IOC's current President is Juan Antonio Samaranch, who was elected in 1980:

*"Throughout its history, the International Olympic Committee has struggled to spread its ideals of fraternity, friendship, peace and universal understanding."*
*– Juan Antonio Samaranch*

In addition to the International Olympic Committee, the Olympic Movement includes the International Olympic Federations (IFs), the National Olympic Committees (NOCs), the Organizing Committees of the Olympic Games (OCOGs), the national associations, clubs, and the persons belonging to them, particularly the athletes. Furthermore, the Olympic Movement includes other organisations and institutions as recognized by the International Olympic Committee.

*Comme il le déclarait en 1894, le baron de Coubertin souhaitait restaurer les Jeux pour ennoblir et promouvoir les sports, assurer leur indépendance et leur pérennité, et leur permettre ainsi d'accomplir le rôle éducatif qui leur revient dans le monde moderne; pour la gloire de l'athlète, dont l'activité musculaire est salutaire au sein de la collectivité, et dont les exploits contribuent au maintien d'un esprit de compétition et de dépassement général.*

*Le baron Pierre de Coubertin est né à Paris en 1863. Sociologue, historien, pédagogue, Coubertin croyait profondément que le sport devait faire partie de l'éducation et qu'il fallait «rebronzer la jeunesse française». En 1892, en Sorbonne, devant des délégués du monde entier, il propose le rétablissement des Jeux. Deux ans plus tard, il fonde le Comité International Olympique et établit la structure du mouvement olympique. Il souhaite créer un groupe voué à la sauvegarde de l'olympisme. Il le veut indépendant de tout gouvernement pour assurer sa pérennité. Placé sous l'autorité suprême du Comité International Olympique, le Mouvement olympique comprend les organisations, les athlètes et autres personnes qui s'engagent à respecter la Charte olympique. Le mouvement olympique doit :*

- *promouvoir le développement des qualités physiques et morales qui sont les bases du sport;*
- *íduquer par le sport la jeunesse, dans un esprit de meilleure compréhension mutuelle et d'amitié contribuant ainsi à construire un monde meilleur et plus pacifique;*
- *faire connaître universellement les principes olympiques suscitant ainsi la bonne volonté internationale;*
- *convier les athlètes du monde aux Jeux Olympiques, qui ont lieu tous les quatre ans.*

*Le CIO est depuis un organisme qui recrute ses propres membres. Ceux-ci sont choisis pour leur connaissance des sports et leur prestige national. Le Comité International Olympique choisit un président parmi ses membres. Il est élu au bulletin secret pour un mandat de huit ans. Le président peut être réélu quatre fois de suite, pour quatre mandats de quatre ans. Le président actuel du CIO, Juan Antonio Samaranch, a été élu en 1980 :*

*Dans toute son histoire, le Comité International Olympique s'est efforcé de répandre les idées de fraternité, d'amitié, de paix et de compréhension universelle. – Juan Antonio Samaranch.*

*En plus du Comité International Olympique, le mouvement olympique inclut les Fédérations olympiques internationales, les Comités nationaux olympiques, les Comités organisateurs des Jeux, les associations nationales, les clubs et les personnes qui en sont membres, les athlètes en particulier. De plus, le mouvement olympique inclut les organismes et institutions reconnus par le Comité International Olympique.*

The Olympic Movement strives for a better world through sport. The Olympic spirit tolerates no discrimination on any grounds; it demands mutual respect, friendship, solidarity and fair-play. The activity of the Olympic Movement is permanent and universal. It reaches its peak with the gathering of the athletes of the world at that great sport festival, the Olympic Games.

The International Olympic Committee's role is to lead the promotion of Olympism according to the Olympic Charter. The IOC owns all rights concerning the Olympic symbol, the Olympic flag, the Olympic motto, the Olympic anthem and the Olympic Games. The Olympic symbol represents the union of the five continents and the meeting of athletes from all over the world at the Olympic Games. Coubertin, who designed the emblem in 1913, explained its symbolic meaning:

*"These five rings represent the five parts of the world now won over to Olympism and ready to accept its fertile rivalries. Also (white background included) the six colours thus combined represent those of all nations, with no exceptions. The blue and yellow of Sweden, the blue and white of Greece, the French, British, American, German, Belgian, Italian, Hungarian colours, the yellow and red of Spain are beside the Brazilian and Australian innovations, and next to ancient Japan and young China. This is a real international emblem."*

The Olympic flag appeared officially in 1914 on the 20th anniversary of the re-establishment of the Games and first flew over an Olympic stadium in 1920, during the Antwerp Games. The Olympic motto "*Citius Altius Fortius*" (Faster, Higher, Stronger) exemplifies the spirit of Olympism: an invitation to grow and excel put forward by the IOC. The Olympic Anthem, written by Costis Palamas, was set to music by Spyros Samaras for the first Olympic Games in Athens, 1896.

On June 14, 1961 the International Olympic Academy (IOA) was officially inaugurated. It is located on the site of ancient Olympia in Greece. This international centre is used by young athletes sent by their NOCs, and others such as sports journalists, educationalists, coaches, teachers and sports doctors.

*Le mouvement olympique ne tolère aucune discrimination à l'égard d'un pays ou d'une personne, pour des motifs liés à la race, au sexe, à la religion, à la politique ou pour d'autres raisons. L'activité du mouvement olympique est permanente et universelle. Il accomplit son mandat en réunissant les athlètes du monde aux Jeux Olympiques.*

*Le rôle du Comité International Olympique est de promouvoir l'Olympisme, conformément à la Charte olympique. Le CIO détient tous les droits concernant le symbole olympique, le drapeau olympique, la devise olympique, l'hymne olympique et les Jeux Olympiques. Le symbole olympique représente l'union des cinq continents et la rencontre des athlètes du monde entier. Coubertin avait dessiné lui-même l'emblème en 1913.*

*Les anneaux entrelacés symbolisent l'union des 5 continents et la primauté de l'esprit mondial sur les nationalismes. Les six couleurs (fond blanc inclus) ainsi combinées représentent celles de tous les pays sans exception. Le bleu et le jaune de la Suède, le bleu et le blanc de la Grèce, les couleurs françaises, britanniques, américaines, allemandes, belges, italiennes, hongroises, le jaune et le rouge de l'Espagne côtoient les nouvelles couleurs du Brésil et de l'Australie, et le Japon ancien et la Chine nouvelle. C'est un emblème véritablement international.*

*Le drapeau olympique apparaît officiellement en 1914, à l'occasion du 20e anniversaire du CIO. Il est hissé pour la première fois en 1920, aux Jeux d'Anvers. La devise olympique, Citius, Altius, Fortius (plus vite, plus haut, plus fort) exprime le message que le CIO adresse à tous ceux et celles qui appartiennent au mouvement olympique, les invitant à exceller conformément à l'idéal olympique. L'hymne olympique est une cantate composée par Costis Palamas sur une musique de Spyros Samaras à l'occasion des premiers Jeux d'Athènes (1896).*

*Le 14 juin 1961, l'Académie olympique internationale a été officiellement inaugurée (AOI). Elle est située sur le site d'Olympie en Grèce. Ce centre international accueille les jeunes athlètes envoyés par leur Comité organisateur national, ainsi que les commentateurs sportifs, les pédagogues, les entraîneurs, les enseignants et les spécialistes de la médecine sportive.*

International Olympic Committee Graphics Standards Manual.

*Manuel des normes pratiques du Comité International Olympique.*

Examples of some of the many publications the IOC produces.

*Exemples des nombreuses publications réalisées par le CIO.*

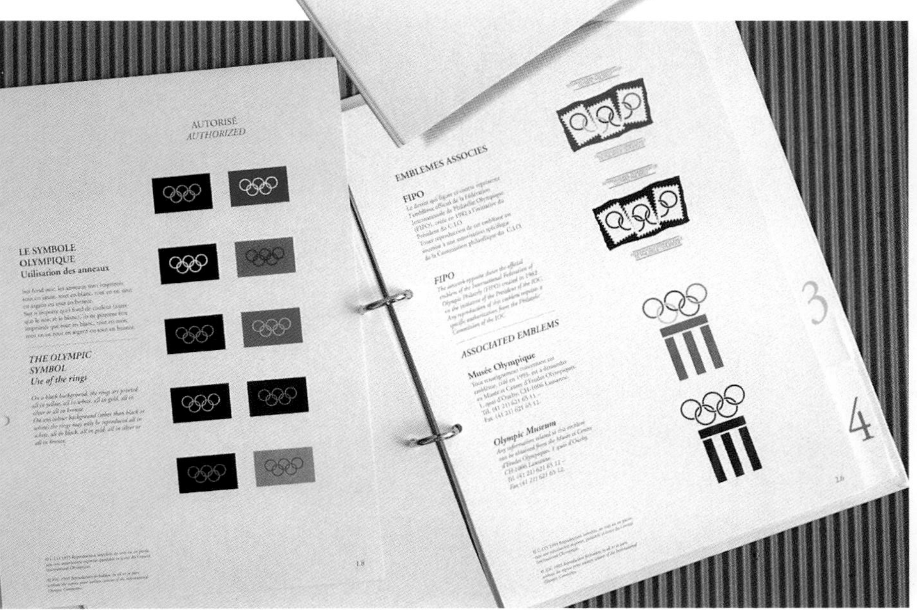

Logo for the Environment Olympics.

*Logo des Olympiades de l'environnement.*

Logo for the International Year of Sport & the Olympic Ideal 1994.

*Logo de l'Année internationale du sport et de l'idéal d'Olympique (1994).*

The Turkish National Olympic Committee's contribution to the celebration of the Centennial – commemorative stamp and coins.

IOC gift to delegates.

IOC regular publications.

*Contribution du Comité olympique turc aux festivités du centenaire.*

*Cadeaux du CIO aux délégués.*

*Publications périodiques du CIO.*

# CENTENNIAL LOGO DESIGN CONTEST

# CONCOURS DU LOGO DU CENTENAIRE

As part of the Centennial celebration, the International Olympic Committee (IOC) thought it appropriate to develop a special logo to identify the Centennial period. It will offer a unique visual for relevant materials, and expand merchandising opportunities for the worldwide sponsors. The Centennial logo will also heighten public awareness of the IOC Centennial and provide a creative expression of the ideals symbolised by a century of the Olympic Movement.

The Centennial Logo Competition was announced in April 1993 via invitations to 40 top design consultancies. A press release was also sent to selected newspapers worldwide. By the due date of June 23, 1993 over 200 designs had been submitted by 75 entrants from 14 countries. The judging panel was led by designers Kay Stout, Executive Creative Director (Europe) and John Larkin, Managing Director of The Design House. The review and judging was held over 2 days, and 3 designs from Siegel & Gale, New York, Bruce Blackburn, Weston (Connecticut, USA) and Wei Yew, Edmonton (Canada) were selected as finalists. These design consultancies were then commissioned to refine their work, based on comments from the judging panel, and to develop additional pieces. The three revised designs were reviewed in early September.

The winning design by Siegel & Gale was approved by the Executive Board during its meeting in Monte Carlo. The design has been used extensively by the IOC on materials produced for the 1994-96 period, including flags, letterhead, booklets, stickers, and T-shirts.

Around the same time as the competition results were made known, all 184 member countries of the United Nations adopted a resolution to observe the Olympic Truce from the seventh day before the opening of each Olympic Games until the seventh day after the close of the Games. Wei Yew's modified Centennial logo was adopted as symbol of the Truce, for continuing use by the UN and IOC in its efforts to build a better and more peaceful world.

*L'année 1996 marque le Centenaire des Jeux du renouveau. À cette occasion, le Comité International Olympique (CIO) a décidé de créer un logo qui représentera l'Olympiade du Centenaire. Tout en constituant un point de repère visuel pour tout le matériel pertinent, il ouvrira également des possibilités de commercialisation aux commanditaires du monde entier. Le logo servira aussi à sensibiliser le public au centième anniversaire du CIO et donnera lieu à l'expression créatrice des idéaux symbolisés par un siècle d'Olympisme.*

*Le concours a été annoncé en avril 1993 au moyen d'invitations envoyées à 40 des meilleures agences de conception graphique. Un communiqué de presse a également été diffusé dans certains grands journaux du monde.*

*À la date limite du 23 juin 1993, plus de 75 concurrents issus de 14 pays avaient présenté 200 projets. Le comité de sélection était dirigé par les concepteurs Kay Stout, directrice de création (Europe) et John Larkin, directeur général de The Design House. L'évaluation et la sélection des finalistes a duré 2 jours, et 3 concepts présentés par Siegel & Gale (New York), Bruce Blackburn, Weston (Connecticut, USA) et Wei Yew, Edmonton (Canada) ont été retenus. On a demandé à ces agences de revoir leurs projets en tenant compte des commentaires du Comité et de préparer d'autres pièces. Les trois logos révisés ont été évalués au début de septembre.*

*L'entrée gagnante de Siegel & Gale a été approuvée au cours d'une réunion du Conseil d'administration, à Monte Carlo. Ce logo a été largement utilisé par le CIO sur le matériel réalisé en 1994-1996 – drapeaux, papier à lettres, brochures, autocollants et T-shirts, notamment.*

*Au moment où les résultats du concours étaient publiés, les 184 pays membres de l'ONU ont adopté une résolution importante. Ils se sont engagés à observer la trêve olympique à partir du septième jour qui précède l'ouverture des Jeux et jusqu'au septième jour qui suit la clôture des Jeux. Une version modifiée du logo du Centenaire créé par Wei Yew a été adoptée par l'ONU et le CIO dans le cadre d'une campagne incessante visant l'édification d'un monde meilleur et plus pacifique.*

Siegel & Gale, New York

Bruce Blackburn, *Weston, Connecticut, USA*

Wei Yew, *Edmonton, Canada*

## CENTENNIAL LOGO CONTEST FINALISTS

Karl Design, Frankfurt

Catherine Hunt, London

Vignelli Associates, New York

Neery-Charman-Clarke
Bedfordshire, England

Vignelli Associates, New York

Alan Chan Design Co., Hong Kong

Design Innovation, Hong Kong

Tutssel St John Lambie-Nairn, London

Sigmund Shalit, London

Trademark Design, London

Design Innovation, Hong Kong

A & D, W.H. Schmidt, Frankfurt

A & D, W.H. Schmidt, Frankfurt

Halpin Grey Vermeir Ltd., London

Addison, London

Creative Solutions, Oxford, England

Alan Chan Design Co., Hong Kong

The Indigo Design Company, London

Integra Communications Ltd., London

Addison, London

Addison, London

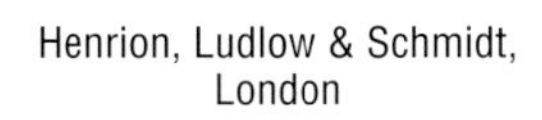

Henrion, Ludlow & Schmidt, London

Shin Matsunaga Design, Tokyo

Shin Matsunaga Design, Tokyo

As part of the centennial celebration, the IOC issued its own commemorative coins for the first time. This series of 15 legal tender coins depicting Olympic themes and ideals are the only coins ever minted in a joint partnership with five sovereign nations – Canada, Australia, France, Austria and Greece. The Olympic Motto, Citius Altius Fortius (faster, higher, stronger) is cut on the edge of each coin.

*Dans le cadre des fêtes du centenaire, le CIO a émis pour la première fois ses propres pièces commémoratives. La série de 15 pièces courantes illustrant les thèmes et les idéaux olympiques sont les seules pièces qui aient jamais été frappées avec la collaboration de cinq pays souverains : le Canada, l'Australie, la France, l'Autriche et la Grèce. La devise olympique, Citius Altius Fortius (plus vite, plus haut, plus fort) est gravée sur la tranche de chaque pièce.*

# THE ANCIENT GAMES

From long before the seventh century BC up until 393 AD, the Greeks celebrated the Olympics at Olympia. The Games began as a tribute to the gods, who had bestowed on mortals the gifts of strength, long-windedness and fleetness of foot. Originally a local sporting competition, the Games were re-established on the advice of the oracle of Delphi as a means of combating the chronic warfare which was decimating the population. Nothing was more important to the Greeks than the Games. Every four years a truce was called, and all wars ceased for the duration of the Games. Some forty thousand people would make the pilgrimage to Olympia and camp along the banks of the Alpheus River near the site. The early Games at Olympia honoured the goddess Hera, but as the importance of the Games grew, Zeus, "father of all gods and men", supplanted her as patron deity, and the great temple of Zeus was built to glorify him.

Each Greek city state would send its best athletes, chosen through elimination trials. The word *athlete* is derived from the Greek word for *prize-seeker*. A victory at Olympia was considered the highest honour, and though a wreath of olives was the only reward from the Games, each winning athlete would receive substantial rewards from his state. Olympian crowds adored their athletes, and for centuries their exploits were praised and immortalized by poets and sculptors. The five-day celebration always started on the first full moon after the summer solstice. Most of the events were held in the main stadium, with crowds of spectators sitting on the surrounding grassy slopes. The athletes were nude, and the Greeks, with their keen aesthetic appreciation of the human body, were very vocal in expressing their admiration.

At the height of their glory during the sixth and fifth centuries BC, the Games consisted of approximately twenty sporting events. These ancient competitions also put military skills and warrior

*Les Grecs ont célébré les Jeux d'Olympie bien avant le VII^e^ siècle av. J.-C et jusqu'en 393. D'abord établis à titre de compétitions locales, les Jeux d'Olympie furent rétablis par le roi d'Élide sur le conseil de l'oracle de Delphes pour lutter contre les guerres qui ravageaient les populations. Rien n'était plus important que les Jeux pour les Grecs. Tous les quatre ans, pendant un mois, la trêve sacrée permettait d'interrompre les hostilités; l'olympiade était l'intervalle qui séparait deux célébrations des Jeux. Quelque 40 000 personnes faisaient le pèlerinage à Olympie et campaient le long du fleuve Alphée pour y assister. Les Jeux d'Olympie honorèrent d'abord la déesse Héra, l'épouse de Zeus, puis Zeus lui-même, «père des dieux et des hommes», et le grand temple de Zeus fut érigé et dédié à son culte.*

*Chaque cité-État envoyait ses meilleurs athlètes, sélectionnés aux termes de séries éliminatoires. Le mot athlète est emprunté au grec athlêtês (de athlon, combat). Une victoire à Olympie était un honneur suprême. Les olympioniques ne recevaient d'abord qu'une couronne de branches tressées d'olivier, mais leur cité leur réservait ensuite les plus grands honneurs. Les athlètes étaient adulés. Pendant des siècles, poètes et sculpteurs ont chanté leurs exploits et les ont immortalisés. La fête de cinq jours commençait toujours à la nouvelle lune du solstice d'été. La plupart des épreuves se déroulaient dans le stade principal, et les spectateurs se pressaient sur les pentes de la colline avoisinante pour y assister. Les athlètes étaient nus. Les Grecs possédaient une conscience et une appréciation aiguës de la beauté esthétique du corps.*

*Au sommet de leur gloire, aux VI^e^ et V^e^ siècles av. J.-C., les Jeux comptaient une vingtaine d'épreuves sportives. Ils servaient aussi à mettre à l'épreuve les capacités militaires et la compétence guerrière des concurrents. Le pentathlon incluait*

competence to the test. The pentathlon was made up of five events: long jump, discus, javelin, a race of 190 meters (the length of the stadium), and wrestling. In the long jump, athletes carried weights called halteres which supposedly helped to propel them forward. Though it is not known exactly how the weights helped, legend claims that Phaylos of Croton jumped an amazing fifty feet with their aid. The ancient discus throwers used circular plates of metal or stone weighing two to three times the modern weight of the 2 kilogram discus. The javelin throwers had a leather strap wound around the shaft to improve the grip. The athletes were concerned less with distance than with accuracy.

The greatest Olympic runner was Leonidas of Rhodes, who won all three running events at four Olympic celebrations between 164 and 152 BC. The longest race was called the Dolichos, an endurance test in which the runner ran up and down the stadium as many times as possible. There was also a sprint in armour. On ancient urns contestants are depicted wearing helmets, shields and leg guards. The object of this race was to keep young men physically fit for war. The Stadion sprint, a single length of the track, was considered the best test of swiftness, and was a highly prized victory.

Women were not allowed to watch the games in the stadium. An exception was made for the priestess of Demeter, goddess of agriculture, who was required to sit at an altar and observe the events. The penalty for any other woman attending the Games was to be thrown from the cliffs of a nearby mountain. Fortunately there is no record of this happening. One woman, Kallipateira, wishing to watch her son in the boxing event at Olympia, was discovered after his victory. Apparently she had taught her son his boxing skills, and entered the stadium disguised as a male trainer. Her joy at her son's conquest caused her to expose some of her womanly attributes. However, the judges chose not to punish Kallipateira because of her family's stature at the Games. All women were allowed at the hippodrome where the horse and chariot races were held. Indeed, some were even victors in a few of the equestrian events, because Olympic championships were awarded to the owners of the horses.

After the glory of the fifth century BC, the decline of the Games was gradual. As the centre of world power shifted to Rome, the Olympian ideals waned. The first destruction of monuments began in 267 AD when buildings were dismantled and used to construct fortifications. With the spread of Christianity, the Games declined in popularity. In 393 AD, the Emperor Theodosius abolished all pagan festivals including the Olympic Games. Looting of the treasures of Olympia as well as damage by earthquakes and floods doomed the sacred site to a thousand years of oblivion.

*cinq épreuves : le saut en longueur, le disque, le javelot, la course à pied d'un stade (c.-à-d. 192,25 m, la longueur du stade) et la lutte. Au saut en longueur, les athlètes devaient porter des poids appelés haltères, qui étaient censés les propulser vers l'avant. Bien qu'on ne sache pas exactement en quoi consistait leur vertu, la légende prétend que Phaylos de Crotone avait pu ainsi réaliser un bond spectaculaire de cinquante pieds. Les disques d'alors étaient en métal ou en pierre et pesaient deux ou trois fois le poids du disque actuel (2 kg). Les lanceurs de javelot utilisaient une mince lanière de cuir à titre de corde de prise. Les athlètes d'alors s'intéressaient plus à la précision qu'à la distance.*

*Le plus grand coureur olympique fut Léonidas de Rhodes qui remporta les trois épreuves de course à quatre Jeux d'Olympie de 164 à 152 av. J.-C. La distance la plus longue était la course de 24 stades. Il y avait également un sprint en armure. Sur les vases anciens, les concurrents sont représentés portant un casque, des jambières et un bouclier. Cet exercice avait pour but d'entretenir la condition physique des jeunes soldats. La course d'un stade était considérée comme l'ultime épreuve de rapidité et c'était une des victoires les plus prisées.*

*Les femmes ne pouvaient assister aux Jeux. La seule exception avait été faite pour la prêtresse de Déméter, la déesse de la terre cultivée, qui devait suivre les épreuves de son autel. Toute femme qui osait transgresser l'interdiction devait être précipitée du sommet d'une montagne avoisinante, ce qui ne semble jamais être arrivé. On raconte que Kallipateira, la fille de Diagoras, souhaitant voir son fils Peisirodos boxer à Olympie, avait été découverte dans la tribune au moment de la victoire. Elle avait apparemment initié son fils à la boxe et avait pu pénétrer dans le stade déguisé en entraîneur. Emportée par la joie, elle avait trahi son déguisement. Les juges choisirent cependant de ne pas la punir en reconnaissance du statut de la famille. Les femmes avaient malgré tout le droit d'assister aux courses équestres et aux courses de chariots. Certaines d'entre elles avaient même remporté des victoires, les titres de champion étant alors décernés aux propriétaires des chevaux vainqueurs.*

*Après la gloire du V^e^ siècle, le déclin des Jeux fut graduel. Tandis que Rome gagnait en puissance, les idéaux d'Olympie devinrent moins importants. La première destruction des monuments eut lieu en 267 av. J.-C. quand les édifices furent démantelés pour contribuer à l'édification des fortifications. Avec l'avènement du Christianisme, la désaffection pour les Jeux s'accentua. En 393 av. J.-C., l'empereur Théodose I^er^ abolit tous les festivals païens, les Jeux olympiques notamment. Le pillage des trésors d'Olympie, plusieurs tremblements de terre et des inondations contribuèrent à faire oublier le site sacré pendant un millénaire.*

# EDITOR'S NOTES

Editor Wei Yew with President Juan Antonio Samaranch and President of the United Nations General Assembly, Dr. Samuel Insanally during the launch of the Olympic Truce, 24 January 1994 in Lausanne.

*L'éditeur, Wei Yew en compagnie du Président Juan Antonio Samaranch et du Président de l'Assemblée générale des Nations Unies, le Dr Samuel Insanally — le jour de la proclamation officielle de la trêve olympique, le 24 janvier 1994, à Lausanne.*

My quest to assemble as many images as possible for this book took me from Los Angeles to Amsterdam to Atlanta, and again and again to Lausanne. I have corresponded with designers and Olympic Organizing Committees in Barcelona, Nagano, Lillehammer, Sydney and Melbourme, to name just a few. At Lausanne's Olympic Museum alone I combed through some 8,000 books and 200,000 items. Most of that vast archival resource deals with the sporting events themselves. Little has been published on the pageantry, design, and promotion of the Games.

One difficulty I encountered was that, depending on the Olympiad, there was either too much or too little material available. The first modern Olympic Games, for example, were a simple celebration, while the Los Angeles Games produced a mountain of images.

While it is impossible to identify the creator of each image chosen, I have elected to mention such names as are available at the end of the book. Research is always an ongoing process. The reader is encouraged to advise of any error or inadvertent oversight in the credit of individuals or groups. Who knows, *The Olympic Image* may become the best resource book of Olympic designs.

*À la recherche du plus grand nombre possible d'images pour ce livre, j'ai voyagé de Los Angeles à Amsterdam, et de nombreuses fois à Lausanne. J'ai communiqué avec des concepteurs-graphistes et les Comités organisateurs des Jeux de Barcelone, Nagano, Lillehammer, Sydney et Melbourne, pour n'en citer que quelques-uns. Au Musée olympique de Lausanne seulement, j'ai parcouru quelque 8 000 livres et examiné 200 000 pièces. Mais ce vaste fonds d'archives porte principalement sur les épreuves sportives. Il existe peu de ressources consacrées au spectacle, à la dimension graphique et à la promotion des Jeux.*

*Selon l'Olympiade, j'ai dû composer avec la rareté ou la surabondance du matériel. Les 1ers Jeux Olympiques, par exemple, étaient une modeste célébration, tandis que les Jeux de Los Angeles ont donné lieu à une multitude d'images.*

*Bien qu'il soit impossible d'identifier le créateur de chaque image retenue, j'ai choisi de mentionner les noms connus à la fin du livre. La recherche restera toujours un incessant travail. J'invite les lecteurs à nous signaler toute erreur ou le nom des personnes ou groupes que nous aurions pu omettre par inadvertance. Qui sait, The Olympic Image pourrait bien devenir ainsi le meilleur ouvrage de référence sur le design et l'art graphique des Jeux Olympiques.*

Wei Yew, Editor / *Éditeur*

**Notes on the images**

Posters – *There has always been an official poster for the respective Games. The host country (especially in recent Games) usually publishes posters for all sporting events and the cultural activities. My selections from the exhaustive Olympic Museum collection are based on samples that reflect the culture of the host city and that of graphic interest.*

Pageantry & the Look of the Games – *Where possible, I have attempted to include images depicting the festivities of the Games, otherwise, I have chosen posters and other supporting graphics to tell the story.*

Official medals for winners – *Summer Games – from the 1928 Games onwards the obverse and reverse sides remain the same. From the 1972 Games, only the reverse side change for each respective Olympics. Winter Games – no specific design adopted for each respective Games.*

Diplomas & Certificates – *There have been numerous Olympic documents presented to all kinds of people including participants, committee members, head of states, sponsors, etc. Only fine examples of such are featured here.*

Commemorative pins & coins – *There are billions of examples of pins enough to be compiled into an encyclopaedia or catalogue of their own. I chose samples of visual interest.*

Colour versus black & white – *It is not always possible to source the appropriate image in colour.*

**Quelques notes**

Affiches – *Les Jeux ont toujours eu leur affiche officielle. En général, le pays organisateur (récemment, surtout) diffuse des affiches pour toutes les épreuves sportives et les activités culturelles. Parmi l'immense collection du Musée olympique, j'au choisi des exemples qui m'ont semblé refléter la culture de la ville hôte et qui présentent un intérêt particulier sur le plan graphique.*

Le spectacle et l'image des Jeux – *Dans la mesure du possible, j'ai essayé de choisir des images consacrées aux festivités, ou bien des affiches et des supports graphiques particulièrement représentatifs.*

Médailles officielles remises aux vainqueurs – *Jeux d'été : dès 1928, l'avers et le revers des médailles restent identiques. À partir des Jeux de 1972, seul le revers change pour chaque année olympique. Jeux d'hiver : aucun format particulier n'est adopté.*

Diplômes et certificats – *Un certain nombre de documents olympiques sont remis au cours des Jeux – aux participants, aux membres de comités, aux chefs d'État, aux commanditaires, notamment. Nous ne proposons ici que quelques-uns des meilleurs exemples.*

Pièces et épinglettes commémoratives – *Il existe des milliards d'épinglettes à répertorier. J'ai choisi celles qui me semblaient présenter un intérêt visuel particulier.*

Couleur ou noir & blanc – *Noter qu'il n'a pas toujours été possible de retrouver l'image appropriée en couleur.*

776 - 1896
ΟΛΥΜΠΙΑΚΟΙ
ΑΓΩΝΕΣ
ES JEUX OLYMPIQUES
ΑΘΗΝΑΙ-ATHÈNES
ΚΑΡΟΛΟΣ

# I

In the late 1800's, archaeological excavations at Olympia inspired the French aristocrat, Baron Pierre de Coubertin, to lobby for the revival of the traditional Ancient Games. For over 1,500 years the Games had survived only in the aesthetics of verse and art. Coubertin was devoted to the Olympic movement. He travelled extensively for almost six years throughout Europe and abroad, appealing to universities and other institutions. In 1894, he addressed a congress of 79 delegates from 12 countries who had gathered in Paris. This assembly voted unanimously to reconstitute the Games and to form an International Olympic Committee. Soon after, it was decided that the Olympic flame should be rekindled in the place where it had been extinguished so long ago.

Although the Greeks welcomed the idea of an Olympic revival, their government was bankrupt and there was no public funding. A gift from Greek architect Georgios Averoff and the sale of Olympic stamps and medals helped finance restoration of the Olympic Stadium and provide for a velodrome and shooting range. The stadium, with its white marble columns and elongated dimensions, was faithful to the style of the ancient arena. Little was done to promote the early Olympics, but the cover page of the 1896 official report is now recognized as the official poster. It incorporates three elements linking the ancient and modern Games: the dates 776 - 1896, the restored Olympic stadium and the goddess Athena presenting a crown of olive branches.

A crowd of 40,000 attended the opening ceremonies, presided over by the Crown Prince Constantine and the King and Queen of Greece. In front of the Panathenean Stadium, a marble statue donated by Georgios Averoff had been unveiled the day before, on Easter Sunday, March 24th. The Olympic Anthem, composed by Spyros Samaras to a poem by Costis Palamas, was performed under the direction of the composer by a huge choir and massed bands of

*Vers la fin du XIX^e siècle, inspiré par la mise à jour du site archéologique d'Olympie, le baron Pierre de Coubertin décida de ranimer la tradition des Jeux de la Grèce antique. Depuis plus de 1 500 ans, les Jeux n'existaient qu'à travers l'esthétique de la poésie et de l'art hellénique. Mais Coubertin tenait à faire revivre l'Olympisme. Pendant presque six ans, il voyagea inlassablement en Europe et à l'étranger, s'adressant aux universités et autres institutions. Puis en 1894 à Paris, dans le grand amphithéâtre de la Sorbonne, un congrès international réunissant soixante-dix-neuf représentants de douze pays vota à l'unanimité le rétablissement des Jeux et la constitution d'un Comité International Olympique (CIO). Peu après, on décida de rallumer la flamme olympique à l'endroit où elle s'était éteinte depuis si longtemps.*

*Bien que l'idée d'accueillir les premiers «Jeux du renouveau» ait enflammé le coeur de tous les Grecs, le pays connaissait de graves difficultés économiques. Un cadeau royal de l'architecte grec Georges Averoff et la vente de timbres et de médailles olympiques permirent tout du moins de reconstituer le stade olympique d'Athènes, et d'aménager un vélodrome et un champ de tir. Avec ses colonnes de marbre blanc et sa forme en U très allongé, le stade de la Grèce ancienne renaissait. Les initiatives de promotion furent modestes, mais la page de couverture du rapport officiel de 1896 est aujourd'hui reconnue comme l'affiche officielle de ces Jeux. Elle rassemble trois éléments qui rapprochent les Jeux anciens et les Jeux modernes – l'inscription 776 - 1896, l'image du stade olympique reconstitué, et la déesse Athéna présentant une couronne de rameaux d'olivier.*

*Une foule de 40 000 spectateurs assista à la cérémonie d'ouverture présidée par le prince héritier Constantin. Le roi et la reine étaient présents dans la tribune d'honneur. Devant le stade, une statue de marbre offerte par Georges Averoff avait été inaugurée la veille, le 24*

the Army, Navy, Municipality of Athens and the provinces. The anthem was so well received that the audience demanded an encore. To the sound of trumpets, the competitors entered the arena and the sporting events began.

Unlike the Games of old, which were provincial, the 1896 Olympics welcomed athletes from all over the world. The 295 male athletes represented 13 nations including Australia, the United States and Great Britain. Since there was no official funding for the athletes, only the wealthy could afford to compete. That fact, together with the inadequacies of the sporting facilities, explain the modest athletic achievements of this historic gathering. There were other setbacks as well. The Americans, expecting to train for 12 days before the Games, found they had to compete the day after their arrival. No one had allowed for the difference between the American calendar and that of the Greeks, who were using the old Julian calendar. James Connolly of the USA won the triple jump with 13.71m, becoming the first Olympic winner of the modern Games. In his honour an American flag was flown at the entrance of the stadium.

The Greeks had their own concerns. Though their athletes excelled at shooting and gymnastics, by the last day they had still not garnered any laurels. An incredible cheer mingled with cries of relief when a tiny Greek shepherd, Spiridon Louis, entered the stadium as victor in the 42k marathon. Shortly before, as word spread that Louis was leading by a wide margin, both Prince George and Crown Prince Constantine had left the royal party to stand by the entrance of the stadium. When Louis finally arrived, exhausted but still running, the two Princes accompanied him on his final lap. The course, first run by the Greek courier Philippides from the battlefield of Marathon, was an important link to Greek heritage, and the games ended in jubilation for the Olympic hosts. In preparation for the race Louis had fasted and prayed all of the day before, according to Greek Olympic tradition. The countries that dominated the medals were Greece with 47, the United States with 19, Germany with 15 and France with 11. During those early days of the Olympics, first place athletes received a silver medal and an olive wreath, second place finishers a bronze medal and laurel wreath, and third place only the honour. Gold medals were not introduced until 1908.

Certain allowances must be made for this first attempt at re-staging the Olympic Games. Nevertheless, it is clear from documentation that already in 1896 the IOC had realized its goal of global communion through sport.

*mars – dimanche de pâques. L'hymne olympique, oeuvre du musicien Spyros Samaras et du poète national Costis Palamas, fut interprété sous la direction de son compositeur par un immense choeur et les orchestres de l'armée, de la marine, de la municipalité d'Athènes et des provinces. Les spectateurs lui firent une ovation. Puis, au son des trompettes, les athlètes entrèrent dans le stade et les épreuves sportives commencèrent.*

*Contrairement aux Jeux anciens, qui étaient réservés aux citoyens grecs libres, les Jeux de 1896 réunirent des athlètes du monde entier. Les 295 athlètes masculins représentaient 13 pays dont l'Australie, les États-Unis et la Grande-Bretagne. Cependant, les participants ne bénéficiaient d'aucun appui financier et seuls les mieux nantis eurent le temps et les moyens d'y assister. Cette réalité, et l'aménagement assez sommaire des installations, expliquent le modeste palmarès athlétique. Il y eut aussi d'autres problèmes. Les Américains, qui comptaient s'entraîner une douzaine de jours avant les Jeux, découvrirent qu'ils auraient à concourir dès le lendemain de leur arrivée – personne n'ayant tenu compte du décalage entre le calendrier américain et l'ancien calendrier grec. L'Américain James Connolly remporta le triple saut avec un bond de 13,71 m, devenant ainsi le premier champion olympique des Temps modernes. En l'honneur de cet exploit, le drapeau américain fut hissé au sommet d'un mât, à l'entrée du stade.*

*Les Grecs avaient leurs propres préoccupations. Bien que leurs athlètes se soient distingués dans les épreuves de tir et de gymnastique, ils n'avaient toujours pas de médaille le dernier jour des Jeux. Une formidable ovation et des cris de joie retentirent dans le stade quand le petit berger grec, Spiridon Louys, entra sur la piste pour remporter le marathon de 42 km. Peu avant, apprenant que Louys avait acquis une avance considérable, le prince Georges et le prince héritier Constantin avaient quitté la tribune royale pour l'attendre à l'entrée du stade. Quand Louys pénétra dans le stade, fatigué mais toujours au trot, les deux princes effectuèrent le dernier tour de piste à ses côtés. Évoquant la course héroïque du messager Philippidès du champ de bataille de Marathon jusqu'au pied de l'Acropole, cette épreuve revêtait une valeur symbolique particulièrement importante pour le pays hôte, et les Jeux se terminèrent dans l'allégresse. La veille, fidèle à la tradition grecque, Louys s'était préparé en jeûnant et en priant. Les pays les plus médaillés étaient la Grèce (47), les États-Unis (19), l'Allemagne (15) et la France (11). Lors de ces premiers J.O., l'athlète vainqueur recevait une médaille d'argent et une couronne de rameaux d'olivier, le second une médaille de bronze et une couronne de laurier; le troisième, lui, ne gagnait rien sauf l'honneur. (Les médailles d'or ne furent présentées qu'en 1908.)*

*À certains égards, ces Jeux de renouveau méritent notre indulgence. Cependant, d'après les documents d'archives, il est évident que les Jeux Olympiques de 1896 se sont déroulés, déjà, dans un véritable esprit de sportivité et pour la plus grande gloire du sport.*

Finish of the Marathon in the first of the Modern Olympic Games. at Athens, Greece, 1896. The winner was Spiridion Loues, of Greece,

An Original Bill Schroeder Fingerprint
SERIES ONE, NUMBER

Panoramic view of the first modern Olympic stadium seating some 40,000 spectators who watched 311 athletes participate.

The 1896 race won by Spiridon Louis.

*Vue panoramique du premier stade olympique moderne, où quelque 40 000 spectateurs sont venus applaudir 311 athlètes.*

*Le marathon de 1896 est remporté par Spiridon Louys.*

Cover for the official Olympic anthem musical score.

An unofficial poster designed after the Games.

The first Olympic medal.

*Couverture de la partition de l'hymne olympique officiel, composé par Samaras.*

*Affiche non officielle créée après les Jeux.*

*La première médaille olympique.*

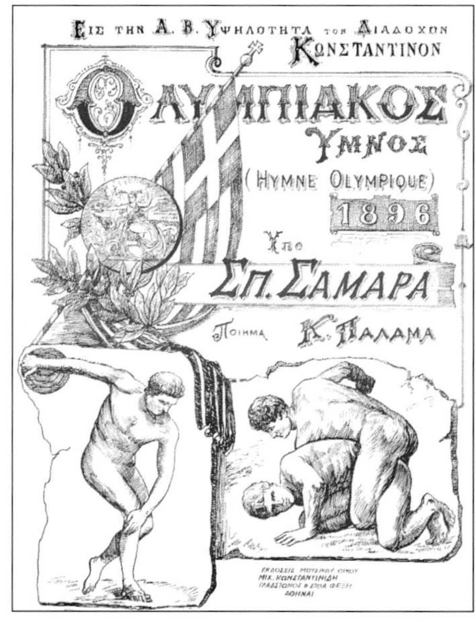

Spectators watch a rope climbing contest. To the right of the pole stands the Roman ring gymnastics arch built in the style of ancient architecture.

Official programme for the first modern Olympics.

*Spectateurs assistant à l'épreuve de montée à la corde. Notez le portique de gymnastique inspiré de l'Antiquité.*

*Programme officiel des premiers Jeux du renouveau.*

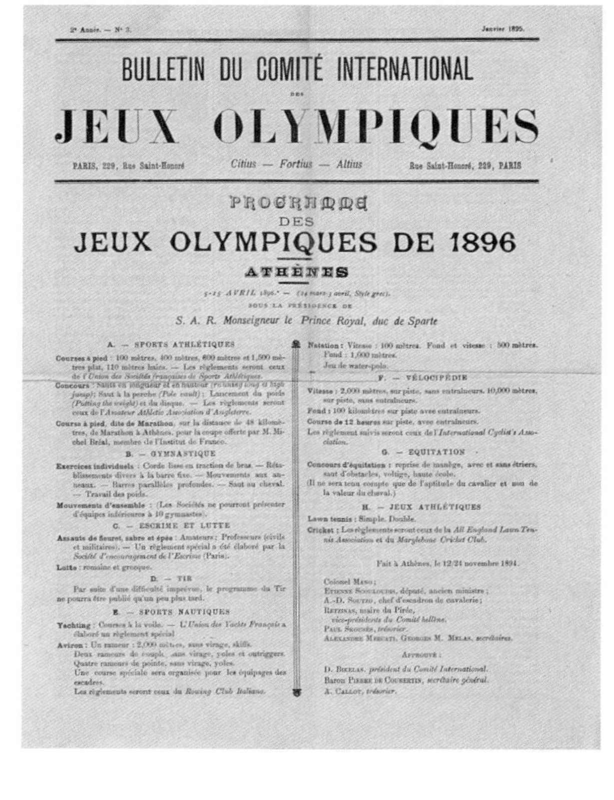

2e Année. — N° 3. Janvier 1895.

BULLETIN DU COMITÉ INTERNATIONAL

DES

JEUX OLYMPIQUES

PARIS, 229, Rue Saint-Honoré — *Citius — Fortius — Altius* — Rue Saint-Honoré, 229, PARIS

PROGRAMME

DES

JEUX OLYMPIQUES DE 1896

ATHÈNES

*5-15 AVRIL 1896.* — (*24 mars-3 avril, Style grec*).

SOUS LA PRÉSIDENCE DE

*S. A. R. Monseigneur le Prince Royal, duc de Sparte*

A. — SPORTS ATHLÉTIQUES

**Courses à pied** : 100 mètres, 400 mètres, 800 mètres et 1,500 mètres plat, 110 mètres haies. — Les règlements seront ceux de l'*Union des Sociétés françaises de Sports Athlétiques*.

**Concours** : Sauts en longueur et en hauteur (*running long et high jump*); Saut à la perche (*Pole vault*); Lancement du poids (*Putting the weight*) et du disque. — Les règlements seront ceux de l'*Amateur Athletic Association d'Angleterre*.

**Course à pied, dite de Marathon**, sur la distance de 48 kilomètres, de Marathon à Athènes, pour la coupe offerte par M. Michel Bréal, membre de l'Institut de France.

B. — GYMNASTIQUE

**Exercices individuels** : Corde lisse en traction de bras. — Rétablissements divers à la barre fixe. — Mouvements aux anneaux. — Barres parallèles profondes. — Saut au cheval. — Travail des poids.

**Mouvements d'ensemble** : (Les Sociétés ne pourront présenter d'équipes inférieures à 10 gymnastes).

C. — ESCRIME ET LUTTE

**Assauts de fleuret, sabre et épée** : Amateurs ; Professeurs (civils et militaires). — Un règlement spécial a été élaboré par la *Société d'encouragement de l'Escrime* (Paris).

**Lutte** : romaine et grecque.

D. — TIR

Par suite d'une difficulté imprévue, le programme du Tir ne pourra être publié qu'un peu plus tard.

E. — SPORTS NAUTIQUES

**Yachting** : Courses à la voile. — L'*Union des Yachts Français* a élaboré un règlement spécial.

**Aviron** : Un rameur : 2,000 mètres, sans virage, skiffs.
Deux rameurs de couple, sans virage, yoles et outriggers.
Quatre rameurs de pointe, sans virage, yoles.
Une course spéciale sera organisée pour les équipages des escadres.
Les règlements seront ceux du *Rowing Club Italiano*.

**Natation** : Vitesse : 100 mètres. Fond et vitesse : 500 mètres. Fond : 1,000 mètres.
Jeu de water-polo.

F. — VÉLOCIPÉDIE

**Vitesse** : 2,000 mètres, sur piste, sans entraineurs. 10,000 mètres, sur piste, sans entraineurs.

**Fond** : 100 kilomètres sur piste avec entraineurs.

**Course de 12 heures** sur piste, avec entraineurs.

Les règlement suivis seront ceux de l'*International Cyclist's Association*.

G. — EQUITATION

**Concours d'équitation** : reprise de manège, avec et sans étriers, saut d'obstacles, voltige, haute école.
(Il ne sera tenu compte que de l'aptitude du cavalier et non de la valeur du cheval.)

H. — JEUX ATHLÉTIQUES

**Lawn tennis** : Simple. Double.

**Cricket** : Les règlements seront ceux de la *All England Lawn Tennis Association* et du *Marylebone Cricket Club*.

Fait à Athènes, le 12/24 novembre 1894.

Colonel Mano ;
Etienne Scouloudis, député, ancien ministre ;
A.-D. Soutzo, chef d'escadron de cavalerie ;
Retzinas, maire du Pirée,
*vice-présidents du Comité hellène.*
Paul Skouzès, *trésorier.*
Alexandre Mercati, Georges M. Melas, *secrétaires.*

Approuvé :

D. Bikelas, *président du Comité International.*
Baron Pierre de Coubertin, *secrétaire général.*
A. Callot, *trésorier.*

The Olympic diploma drawn by Nikiforos Lytras.

Commemorative postage stamps, medals and pins.

*Diplôme olympique dessiné par Nikiforos Lytras.*

*Timbres-poste commémoratifs, médailles et épinglettes souvenirs.*

RÉPUBLIQUE FRANÇAISE
MINISTÈRE DU COMMERCE, DE L'INDUSTRIE, DES POSTES ET TÉLÉGRAPHES
EXPOSITION UNIVERSELLE DE 1900
Direction gén.le de l'Exploitation
Concours
d'Exercices physiques
et de Sports.
CONCOURS
INTERNATIONAUX
D'ESCRIME
FLEURET
du 14 Mai au 1er Juin
DANS LA SALLE DES FÊTES DE L'EXPOSITION
19.500 frs de Prix
ÉPÉE
du 1er au 15 Juin
SUR LA TERRASSE DU JEU DE PAUME AUX TUILERIES
16.000 frs de Prix
SABRE
du 18 au 27 Juin
DANS LA SALLE DES FÊTES DE L'EXPOSITION
9.000 frs de Prix
Pour tous les Renseignements: S'Ad.r 10, RUE BLANCHE, PARIS
Exposition Universelle de 1900
Dir.tion Gén.le de l'Exploitation · Concours d'Exercices physiques & de Sports.
PAL
Imp. CHARDIN.
17, Passage Daudin. PARIS

# II

In his enthusiasm for the Olympic revival, Prince George had suggested that all future Games be held in Greece. Pierre de Coubertin had the foresight to realize that, for the Olympics to remain truly international, they must take place in a different country each time. The IOC picked Paris, capital of Coubertin's homeland, to host the Games of the 2nd Olympiad. Unfortunately, this event was partially eclipsed by the Universal Exposition which took place the same year. In some ways the Games must have been a disappointment for their founder. Paris was poorly prepared, and showed little interest in the Olympic revival to which he had devoted six years of unceasing effort.

No sports facilities were built. Runners had to sprint around the uneven turf of the Racing Club de France, and field events were held on undeveloped terrain where trees interfered with hammer and discus shots. The hurdles were made from broken telephone poles, and jumpers had to dig their own pits. Indeed, competitors were not even sure if it was the Olympics. There were fewer spectators than competitors, no official name appeared on the sports programme, and at the presentations the winning athletes received "valuable artifacts".

Still, if the Olympic host city was less than enthusiastic, the athletes themselves had more than enough spirit to sustain the Games. The Paris Games were famous for what the Athens Games had lacked – athletic achievement. Alvin Kraenzlein of the University of Pennsylvania set records in four events: two hurdle events, the 60-meter sprint and the long jump. Frenchman Michel Theato, a baker's delivery boy, won the marathon in 2 hours, 59 minutes, 45 seconds, running a course through the back-streets of Paris. Theato, like some other athletes, learned only 12 years later that it was the Olympic Games he had competed in. There were many who would never know they were Olympic champions.

*Enthousiasmé par le renouveau olympique, le prince Georges déclara qu'à l'avenir tous les Jeux devraient avoir lieu en Grèce. Pierre de Coubertin souhaitait que les Jeux aient lieu tous les quatre ans dans une ville différente d'un pays différent pour mieux répandre l'olympisme. Le CIO décida que Paris, la capitale du pays de Coubertin, accueillerait les IIes Jeux Olympiques. Malheureusement, cet événement fut quelque peu éclipsé par l'Exposition universelle. À certains égards, les seconds Jeux de l'ère moderne ont dû décevoir son fondateur. Paris était peu préparée à ce renouveau olympique auquel Coubertin avait consacré six longues années d'efforts incessants.*

*Aucune installation ne fut construite. Les coureurs durent se contenter de la piste du Racing Club de France; les épreuves d'athlétisme eurent lieu sur un terrain mal aménagé. Un arbre malencontreux faussa les épreuves de lancer du marteau et du disque; les haies étaient faites de poteaux téléphoniques et les sauteurs durent creuser leurs propres fosses. En fait, les athlètes n'étaient pas vraiment certains de participer aux Jeux Olympiques. Les concurrents étaient plus nombreux que les spectateurs; aucun nom connu ne figurait au programme des sports et les vainqueurs reçurent divers objets de valeur...*

*Cependant, si l'esprit olympique était loin de régner sur la ville hôte, les athlètes eux-mêmes avaient assez d'enthousiasme pour animer ces Jeux un peu particuliers. Et, contrairement aux Jeux d'Athènes, les Jeux de Paris se distinguèrent par leurs exploits sportifs. Alvin Kraenzlein, de l'Université de Pennsylvanie, battit des records dans quatre épreuves : deux courses de haies, le 60 m (qui n'existe plus) et le saut en longueur. Le Français Michel Theato, qui était livreur et garçon boulanger, remporta le marathon en 2 h 59 min 45 s en faisant le tour de Paris par ce qui est devenu le boulevard des Maréchaux. Mais comme ce fut le cas*

One story is told of an unknown French lad, 7 years of age, who was recruited as coxswain for the Dutch rowers François Brandt and Roelof Klein. After their victory, the young athlete disappeared into the streets of Paris without realizing that he was the youngest winner in Olympic history.

Rowing events were introduced at the 1900 Games. The medals were shared evenly by Great Britain, France, the United States, Germany and the Netherlands. All participants were described by one reporter as "coarse fellows, noisy, rowdy, who under the name of boatmen spread terror among the peaceful riverside inhabitants." Hungary's Rudolf Bauer won the discus throw, and Australia's Fredrick C.V. Lane won the 200m freestyle race and the 200m obstacle event. Great Britain won 17 first places, including John Jarvis's 1,000m freestyle victory. The USA took 20 golds, but by the end of the Games, France was the overall winner with 26 golds. The French victories were spread throughout most of the sporting events: Georges Taillandier carried away the gold in cycling, Gustave Sandras in gymnastics, Georges de la Falaise for sabre and Emile Coste for foils. The épée fencing gold went to Cuban Ramon Fonst.

The American heroes were long-legged and energetic. John Walter Tewksbury, a talented sprinter, won gold in the 200m dash, silver in the 60m dash, gold in the 400m hurdles and bronze in the 200m hurdles. At the 1900 Games Ray Ewry had no equal. He won in the standing high, standing long and the standing triple jumps. Ewry competed until 1908, winning 10 gold medals in the course of his Olympic career.

The early Olympics were a curious mix of experiments, some successful, others not. For the first time, women were allowed to participate. Though the cover of the programme, designed by Jean Pal, featured a female athlete in fencing garb, women were not actually allowed to compete in that particular sport until the next Games. Great Britain's Charlotte Cooper won an Olympic title for tennis, and Margaret Abbott of the USA scored the Olympic championship in the nine-hole women's golf event. Another innovation at the 1900 Games was a pigeon-shooting event, dominated by a Belgian sharpshooter who slew 21 birds. This novelty was barred from future games. Although no awards were handed out, competitions in checkers, billiards and fishing were introduced as well.

It was not until 1912 that an official Olympics poster was designed, but at the Paris Games in 1900, several programmes were produced for athletics, rowing, cycling and gymnastics.

*pour d'autres athlètes, il fallut 12 ans pour que Theato comprenne qu'il avait participé aux Jeux Olympiques. Beaucoup d'autres n'apprirent jamais qu'ils étaient champions olympiques. On raconte qu'un jeune inconnu de sept ans fut recruté à titre de barreur et participa à l'épreuve d'aviron avec deux rameurs hollandais, François Brandt et Roelof Klein. Après la victoire, le jeune athlète disparut de nouveau dans les rues de Paris sans savoir qu'il avait remporté une épreuve olympique et qu'il resterait le plus jeune vainqueur de toute l'histoire des Jeux!*

*Les épreuves d'aviron avaient lieu pour la première fois. La Grande-Bretagne, la France, les États-Unis, l'Allemagne et les Pays-Bas se partagèrent à peu près également les médailles. D'après un rédacteur du Sport universel de l'époque : «Ce sport n'a été pratiqué que par des gens grossiers, bruyants, tapageurs qui, sous le nom de canotiers, répandaient la terreur chez les riverains paisibles.» Le Hongrois Rudolf Bauer remporta le lancer du disque, l'Australien Fredrick C.V. Lane le 200 m nage libre et le 200 m obstacle (aujourd'hui supprimé). La Grande-Bretagne enleva 17 premières places en natation, notamment grâce à John Jarvis au 1 500 et au 4 000 m nage libre (supprimé depuis). À la fin des Jeux, les États-Unis comptaient 20 médailles d'or, mais la France était au sommet du palmarès avec 26 médailles d'or. Ses exploits étaient répartis parmi la plupart des épreuves sportives : Georges Taillandier avait remporté l'or au 1 000 m cyclisme, Gustave Sandras le concours général individuel de gymnastique, Georges de la Falaise l'épreuve du sabre individuel et Émile Coste celle du fleuret individuel. Le Cubain Ramon Fonst était médaillé d'or à l'épée individuel.*

*Les athlètes américains étaient puissants. Le talentueux sprinteur J.W.B. Tewksbury remporta l'or au 200 m, l'argent au 60 m (aujourd'hui supprimé), l'or au 400 m haies et le bronze au 200 m haies. Ray Ewry domina ces Jeux de 1900 en gagnant le saut en hauteur, le saut en longueur et le triple saut sans élan. Athlète olympique jusqu'en 1908, il allait remporter 10 médailles d'or en cours de sa brillante carrière.*

*Les premiers Jeux Olympiques du renouveau étaient un curieux mélange de mises à l'essai – certaines réussies, d'autres moins. Pour la première fois, les femmes pouvaient participer et, bien que la couverture du programme conçue par Jean Pal ait représenté une escrimeuse, les femmes ne furent admises à cette épreuve qu'aux Jeux suivants. La Britannique Charlotte Cooper remporta le titre olympique de tennis et l'Américaine Margaret Abbott celui de golf 9 trous. Discipline aujourd'hui supprimée, le tir aux pigeons vivants fut dominé par l'exploit d'une athlète belge qui atteignit 21 cibles. Bien qu'aucune récompense n'ait été octroyée, on tenta également d'introduire des épreuves d'échecs, de billards et de pêche sportive.*

*La première affiche officielle des Jeux fut créée en 1912; mais aux Jeux de 1900, on commença à distribuer les programmes des épreuves d'athlétisme, d'aviron, de cyclisme et de gymnastique.*

The entrance to the Concours Hippique at Place de Breteuil, Paris.

The "floating judges" for the 4,000 metre race won by John Jarvis (GBR).

*Le stade du concours hippiques place de Breteuil, Paris.*

*La tribune flottante du jury lors du 4 000 m remporté par John Jarvis (GBR).*

Entrance to the stadium in Vincennes where archery and crossbow competitions took place.

An official jury pin.

A programme of events.

*Entrée du stade de Vincennes, où eurent lieu les épreuves de tir à l'arc.*

*Insigne officiel de jury.*

*Programme des Jeux.*

PROGRAMME
DES
JEUX OLYMPIQUES DE 1900
PARIS

Comité International des Jeux Olympiques

Comité d'Organisation des Jeux Olympiques de 1900

Programme des Jeux

Toutes les communications relatives aux Jeux olympiques de 1900, doivent être adressées :
17, Rue de Varennes – Paris.

A diploma for the winner of the shooting event.

*Diplôme remis au champion olympique de tir.*

Obverse and reverse sides of the official medal.

*Médaille officielle – avers et revers.*

Commemorative pins.

*Épinglettes commémoratives.*

POUR LA PATRIE!

CONCOURS INTERNATIONAL DE TIR

(7e CONCOURS NATIONAL)

ORGANISÉ AU CAMP DE SATORY (PARIS-VERSAILLES) EN 1900

*Sous la Présidence d'honneur de M. ÉMILE LOUBET, Président de la République*

PAR

L'UNION

DES

SOCIÉTÉS DE TIR DE FRANCE

M. Foucault, Jean

57 Avenue de St Cloud

à Versailles

(Seine & Oise)

*a obtenu le 1er Prix à la Cible populaire sur silhouette, du Concours de l'Exposition Universelle de 1900.*

POUR LE COMITÉ DU CONCOURS :

*Le Président de l'Union des Sociétés de Tir de France, Vice-Président d'honneur du Concours,*

*Le Président du Concours,*

*Le Directeur du Concours,*

*L'Administrateur général,*

*Le Secrétaire général,*

WEDNESDAY
DAILY
WEDNESDAY
OFFICIAL·PROGRAM
WORLD'S·FAIR
LOUISIANA PURCHASE
EXPOSITION
ST. LOUIS, U.S.A.
1904
ST. JOHN

# III

Like the Paris Games, the 1904 St. Louis Olympics took a back seat to other civic celebrations – in this case the Louisiana Purchase Centennial and the World's Fair. One Hungarian Olympic Official described the Games as "a fair where there are also sports". The Games were spread out over a period of seventy-five days, and it was not always clear which events were part of the Olympic programme. Indigenous and ethnic groups who were a part of the Fair staged something called "Anthropology Days" and competed in their own athletic events. Coubertin, who was unable to attend the Games, is supposed to have said of this escapade: "As for that outrageous charade, it will of course lose its appeal when black men, red men and yellow men learn to run, jump and throw, and leave the white men behind them."

To journey overseas would have been far too costly for most Europeans, so few international athletes competed in the 1904 Games. This meant that many of the champions of 1900 had to relinquish their titles. In fact, 70 of the 89 first-place medals went to the USA. There were 625 competitors: 533 Americans, 41 Canadians and 51 athletes from abroad. Great Britain sent only one athlete. Most of the participants were Americans affiliated with colleges or clubs, who competed in their uniforms and club colours. For the first time, women participated in boxing as an Olympic event. Cuba won all five fencing competitions, thanks to Ramon Fonst, star of the fencing event in Paris. Greece won the two-arm lifting, and Germany and Hungary together took six first places in the swimming and diving events.

The winners of the team sports were the USA in basketball and water polo, and Canada in football and lacrosse. The Games could not truly be called International. The USA were the only ones to

*Les III^es Jeux Olympiques ont lieu à Saint Louis, aux États-Unis. Comme à Paris, les Jeux font partie d'une vaste exposition qui commémore le centenaire du rachat de la Louisiane à la France. Selon un représentant officiel hongrois, ce fut «une foire où il y avait également des sports». Les Jeux s'étirent sur une période de plus de soixante-quinze jours et on ne distingue pas toujours les épreuves olympiques des autres manifestations. Dans le cadre de cette foire, des groupes indigènes et ethniques présentent des «jeux anthropologiques». Coubertin, qui n'était pas présent, écrivit : «Nulle part ailleurs qu'en Amérique, on n'eût osé faire entrer dans le programme de pareils numéros.»*

*Les frais de voyage sont exorbitants pour la plupart des Européens. Aussi, un petit nombre d'athlètes internationaux participent aux Jeux de Saint Louis et la majorité des champions de 1900 doivent céder leurs titres. En fait, 70 des 89 médailles d'or sont attribuées aux États-Unis. On compte 625 participants – 533 Américains, 41 Canadiens et 51 athlètes venus d'ailleurs. La Grande-Bretagne n'a envoyé qu'un seul athlète. La plupart des Américains portent l'uniforme ou les couleurs de leur collège ou de leur club. Les femmes tentent de faire de la boxe un sport olympique; Cuba remporte les cinq épreuves d'escrime grâce à Fonst, le champion des Jeux de Paris, puis de Saint Louis. La Grèce remporte l'or en haltérophilie super-lourds 2 mains, et ensemble l'Allemagne et la Hongrie arrachent six premières places dans les épreuves de natation et de plongeon.*

*Les gagnants des sports d'équipes sont les États-Unis au basket et au waterpolo, et le Canada au football et à lacrosse. Mais s'agit-il vraiment de Jeux internationaux? Les États-Unis participent seuls aux épreuves de boxe et de lutte. En athlétisme,*

take part in the boxing and wrestling events. In track and field there were four triple winners from the USA. Ray Ewry won the high jump, long jump and triple jump. Archie Hahn, known as the "Milwaukee Meteor," won the 60m, 100m and 200m. James Davies Lightbody won the steeplechase, the 800m and the 1,500m. Finally, Harry Hillman won the 400m, the 200m hurdles and the 400m hurdles. George Poage, the first black to compete in the Games, hurdled to third place in both the 200m and 400m events.

The World's Fair took centre stage in St. Louis, and the city had given little thought to the Olympic Games. The cover page of the Olympic programme focused on the metropolis rather than on the event. There was nothing built to accommodate sporting events or athletes. Swimming races were held in a murky lake with makeshift rafts to mark start and finish points. Although there were fifty swimmers entered in the various competitions, the raft could not bear the weight of more than eight without sinking, and it would be displaced with every dive. The St. Louis Games demonstrated that both Olympic officials and host city still had a lot to learn about organizing an event which would do justice to sport.

All the Olympic events suffered from a lack of standardized rules, as judges arbitrarily handed out penalties. Even the athletes showed little sportsmanship. The marathon event had 31 entrants, nearly all Americans except Greece's Demeter Velouis, who finished sixth, and Cuba's Felix Carvajal, who led the race until the 25th kilometre before dropping back and finishing fifth. America's Fred Lorz developed cramps around the fifth kilometre of the race and disappeared only to reappear again at the finish line to claim first prize. Lorz was cool in the sweltering heat of the St. Louis sun and had hardly a speck of dust on him. He was acclaimed and photographed with President Roosevelt's daughter, Alice. Less than a half hour later, the American Thomas Hicks staggered into the stadium covered in dust. Timekeepers who had followed the race in cars announced that Lorz had taken a ride part way from a passing truck. Later Lorz claimed to have pretended to win as a joke. He was in later years allowed to compete again, and became marathon champion in 1905. However at the St. Louis Games he was disqualified, and Thomas Hicks was declared winner.

*il y a quatre Américains trois fois vainqueurs – Ray Ewry aux trois épreuves de saut sans élan (hauteur, longueur et triple saut); Archie Hahn, le météore de Milwaukee, au 60 m, au 100 m et au 200 m; James Davies Lightbody, au 3 000 m steeple, au 800 m et au 1 500 m; et enfin, Harry Hillman au 400 m, au 200 m haies (aujourd'hui supprimé) et au 400 m haies. George Poage, le premier athlète noir de l'histoire des Jeux, obtient la troisième place au 200 m et au 400 m haies.*

*La Foire internationale et la fête du centenaire sont la préoccupation majeure de Saint Louis. La page de couverture du programme présente une vue panoramique de la ville, faisant une plus grande place à Saint Louis qu'aux Jeux. Aucune installation n'a été construite en prévision des épreuves sportives ou à l'intention des athlètes. Les Jeux de Saint Louis démontrent aussi que les responsables des Jeux et leurs hôtes ont encore beaucoup à apprendre avant de pouvoir organiser une grande manifestation où le Sport sera à l'honneur. Les épreuves de natation ont lieu dans un lac aux eaux sales. Des radeaux de fortune marquent la ligne de départ et d'arrivée. Cinquante nageurs participent à l'épreuve. Mais le radeau ne peut supporter le poids de plus de huit concurrents à la fois sans s'enfoncer et menacer de sombrer.*

*L'absence de règles standardisées est cruellement ressentie tout au long des épreuves. Les juges imposent des pénalités arbitraires. Même les athlètes manquent d'esprit sportif. Trente-et-un concurrents participent au marathon – des Américains surtout, à l'exception du Grec Demeter Velouis, qui termine sixième, et du Cubain Felix Carvajal, qui mène la course jusqu'au 25ᵉ km pour terminer cinquième. L'Américain Fred Lorz souffre de crampes violentes dès le 5ᵉ km et disparaît pour reparaître à la ligne d'arrivée et s'emparer de l'or. Mais Lorz est remarquablement frais au terme de cette course effectuée dans la poussière et sous le soleil accablant de Saint Louis.*

*Il est ovationné et photographié en compagnie de la fille du président Roosevelt. Moins d'une demi-heure plus tard, l'Américain Thomas Hicks entre dans le stade en titubant, couvert de poussière. Les accompagnateurs qui ont suivi la course annoncent que Lorz a profité de l'obligeance d'un camionneur. Plus tard, Lorz prétendra avoir voulu plaisanter. L'année suivante, on l'autorise à participer au marathon du Massachussetts, qu'il remporte. Néanmoins, Lorz est disqualifié aux Jeux de Saint Louis et Thomas Hicks est déclaré champion olympique.*

Spectators watch from the stands.

Spalding Olympic trophy presented to club scoring the most points.

Trophy donated by F.J.V. Skiff for the 100m race.

*Les tribunes.*

*Trophée olympique Spalding présenté au club ayant obtenu le plus de points.*

*Trophée offert par F.J.V. Skiff au vainqueur du 100 m.*

Official programme.

*Programme officiel.*

Medals for officials of the St. Louis Games and the International Committee.

*Médaille réservée aux juges et aux membres du comité international des Jeux de Saint Louis.*

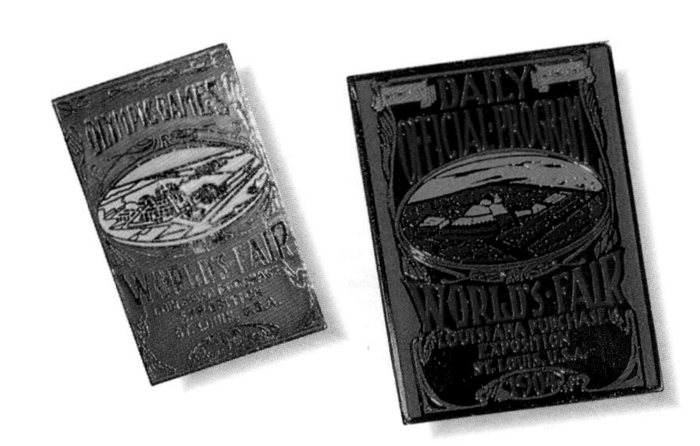

12345

Universal 1803 1904 Exposition

=OFFICIAL=

Certificate of Attendance

This is to Certify that ______________________________

was ______________________________ at the

Louisiana Purchase Exposition

held at the City of St. Louis, Missouri, U.S.A. to commemorate the acquisition by the United States of the Territory of Louisiana.

In Witness Whereof the Louisiana Purchase Exposition Company has authorized the issue of this Certificate of Attendance this ________ day of ________ 1904.

Walter B. Stevens — David R. Francis

Commemorative pins.

Certificate of attendance.

Silver and bronze Olympic medals.

*Épinglettes commémoratives.*

*Certificat de participation.*

*Médailles d'argent et de bronze.*

THE GREAT
STADIUM
SHEPHERD'S · BUSH · LONDON
THE OLYMPIC GAMES 1908
PROGRAMME
6d

# IV

For financial reasons, Rome had to renounce its bid for the Games of 1908. It would be 52 years before Rome would have the opportunity to play host. Much to Britain's delight, the 1908 Games were moved to London. That city's efforts to create a memorable event laid the groundwork for future hosting of the Games. The cover of the Olympics programme emphasized London's civic pride. Shepherd's Bush, a magnificent stadium with a seating capacity of 68,000, was designed and built for the Olympic Games and its athletes. The indoor arena contained cycling and running tracks, a soccer field, a platform for wrestling and gymnastics, and a pool for swimming events.

While organizing for the 1908 event, the British Olympic Council created a blueprint that formally structured the individual sports and aided the growth of international sports federations. Each international sports federation formulated regulations and selected officials responsible for the conduct of its sport.

Twenty-two nations were represented and 2,034 athletes competed, giving the 1908 Olympics a truly international flavour. No one country dominated the proceedings. The United States lost some of its previous titles. The short sprints were won by a South African, Reggie Walker, and by a Canadian, Bobby Kerr. Participation by women increased dramatically from eight contestants to thirty-six.

Media attention soared to a new height over major squabbles between Britain and other countries. Guest nations protested prejudicial British rulings, most notably the walkover 400m win by Wyndham Halswell, the only Olympic victor ever to win without opposition! In those days the track was no divided into lanes, and

*Pour des raisons économiques, Rome, qui était censée organiser les Jeux de 1908, doit renoncer à son projet. Elle devra attendre 52 ans avant de pouvoir devenir la ville hôte des Jeux Olympiques. Au grand plaisir des Britanniques, les Jeux ont donc lieu à Londres. En s'efforçant de créer une manifestation mémorable, le Comité organisateur va véritablement préparer le terrain pour les villes hôtes et les Jeux de l'avenir. La couverture du programme illustre les efforts qui ont été fournis pour faire de ces Jeux un événement mémorable. Le stade Shepherd's Bush, magnifique installation de 68 000 places, a été spécialement construit pour les Jeux Olympiques et ses athlètes. L'aire couverte abrite un vélodrome et des pistes de course, un terrain de football, une plate-forme réservée à la lutte et à la gymnastique, et une piscine.*

*Le Comité olympique britannique crée notamment un programme d'action qui contribuera au façonnement officiel des sports individuels et à la croissance des fédérations internationales de sports. Chaque fédération internationale sportive est chargée de formuler des règlements et de choisir des responsables dans sa discipline.*

*Vingt-deux pays y sont représentés et 2 034 athlètes y participent. Aucune nation ne domine. Les États-Unis doivent céder certains des titres qu'ils détenaient auparavant. Les épreuves de sprint sont enlevées par un Sud-Africain, Reggie Walker, et par un Canadien, Bobby Kerr. La participation des femmes a augmenté de façon spectaculaire (de huit à trente-six concurrentes).*

*Une longue série d'escarmouches opposant la Grande-Bretagne et les autres pays fait couler beaucoup d'encre. On*

on the last turn in the final race (Lieutenant Halswell was competing with three Americans) two of the runners appeared to have cut in front of Halswell. The chief judge ran onto the track and broke the tape before declaring the race invalid. One American was disqualified, and the other two protested this decision by refusing to participate in a rerun. Slowly rounding the track alone in the rerun, the British lieutenant finished in a time of 50 seconds.

The media also raged over the disqualification of marathon runner Dorando Pietri. Upon entering the stadium, Pietri, who was well ahead of the eventual winner, American Johnny Hayes, staggered and fell at least five times. At the urging of sympathetic spectators, British officials ran onto the track and helped Pietri across the line, not realizing that their assistance would disqualify him. A few months later, someone organized a rematch in Madison Square Garden. It was reported that, by the time Pietri and his fans had finished celebrating the win and gone home, Johnny Hayes still had not finished the race.

1908 marked the advent of political causes and protests at the Olympics. The English attempted to prevent the Irish flag from flying, the Russians tried to ground the Finnish colours and Forest Smithson protested Sunday competition by leaping to high hurdles victory with a Bible in his hand.

The 1908 Games were memorable not only for the controversy that accompanied them. Brilliant performances by the athletes served to capture the public's attention as never before. American Mel Sheppard set a world track record in the 800m after having already achieved victory in the 1,500m. He then went on to run the final leg of the winning medley relay. Figure skating made its first appearance with four events, and Swedish skater Ulrich Salchow claimed the first title.

A precedent was set by the Olympic Committee with its decision to award gold, silver and bronze medals. Previously, only first and second place winners had been recognized. The 25 mile marathon race was revised to the now standard 26 mile, 385 yard distance. This change was made to accommodate the British desire to start the race beneath the windows of the royal nursery at Windsor Castle and finish in front of the royal box at the Stadium.

*accuse les Anglais de manquer de fair play. Mentionnons notamment la course du 400 m gagnée par le lieutenant écossais Wyndham Halswell – le seul champion olympique qui ait jamais remporté la victoire sans opposition! À l'époque, la piste n'est pas divisée en couloirs et, dans le dernier virage de la dernière course (Halswell lutte contre trois athlètes américains), deux des coureurs américains semblent avoir bousculé Halswell pour le dépasser. Le juge en chef se précipite sur la piste et casse le ruban avant de déclarer la course invalide. Un des coureurs américains est disqualifié et, pour s'élever contre cette décision, les deux autres refusent de participer à la reprise. Seul concurrent, le lieutenant termine la course en 50 secondes.*

*La presse dénonce également la disqualification du coureur de marathon Dorando Pietri. En entrant dans le stade, Pietri, qui avait une grande avance sur l'éventuel gagnant, l'Américain Johnny Hayes, commença à tituber et tombe au moins cinq fois. Encouragés par des spectateurs compatissants, les juges britanniques se précipitèrent sur la piste pour aider Pietri à franchir la ligne d'arrivée, ne réalisant pas que ce geste entraînerait la disqualification de l'athlète. Quelques mois plus tard, une seconde course fut organisée au Madison Square Garden. On rapporte que, bien longtemps après la victoire de Pietri et la fête que lui avaient réservée ses admirateurs, Johnny Hayes n'avait toujours pas franchi la ligne d'arrivée.*

*L'année 1908 est marquée par l'entrée des causes et des manifestations politiques aux Jeux Olympiques. Les Britanniques tentent d'empêcher que l'on hisse les couleurs irlandaises, les Russes s'opposent au drapeau finlandais, et Forest Smithson s'élève contre les épreuves disputées le dimanche en arrachant la victoire du 110 m haies la Bible à la main.*

*Les Jeux de 1908 ne sont pas seulement spectaculaires par leurs controverses. Les exploits sportifs éblouissent les spectacteurs comme jamais auparavant. L'Américain Mel Sheppard établit le record du monde des 800 m après avoir remporté la victoire au 1 500 m, puis couvre l'étape finale de l'équipe gagnante du  relais. Le patinage artistique fait sa première apparition aux Jeux avec quatre épreuves, et le Suédois Ulrich Salchow remporte le premier titre.*

*Pour la première fois également, le comité olympique décide d'attribuer des médailles aux trois premiers athlètes et non plus simplement aux deux premiers – décernant désormais l'or, l'argent et le bronze. La distance du marathon, qui était de 25 miles, est définitivement fixée à à 26 miles 385 yards (42 km 195 m), soit la distance entre le château de Windsor où est donné le départ, et le stade où est jugée l'arrivée.*

Olympic stadium at Shepherd's Bush – little decorative pagentry was displayed back then.

An unofficial poster.

*Stade olympique de Shepherd's Bush – les J.O. se déroulaient alors sans grande pompe.*

*Affiche non officielle.*

Winner's diploma.

Certificate for the winner of the American Olympic Committee eastern try-outs.

*Diplôme remis au vainqueur.*

*Certificat remis au vainqueur des épreuves de qualification de l'est par le Comité olympique américain.*

Certificate for the shooting competition.

Commemorative pins.

*Certificat couronnant l'épreuve de tir.*

*Épinglettes commémoratives.*

JEUX OLYMPIQUES

STOCKHOLM 1912

LE 29 JUIN — 22 JUILLET

A. BÖRTZELLS TR. A. B. STOCKHOLM

**S**till considered an Olympic highlight, the 1912 Stockholm Games were a milestone for the Olympic movement. The Stockholm Organizing Committee prepared a comprehensive list of official events and made sure officials were properly trained. Modern equipment such as a public address system, electronic timing devices, and photo finish cameras were introduced. Despite uncertain conditions on the eve of World War I, the 1912 Games were conducted flawlessly and generated global goodwill – truly the Games that Baron de Coubertin had envisioned.

The Stockholm hosts built housing for athletes and officials from twenty-eight nations. A new 22,000 spectator stadium was dedicated by King Gustav, and for the first time in the history of the Games, the 400 meter dash was run in lanes. The cinder tracks, jumping pits and throwing circles were designed by expert British groundsman, Charles Perry, who had laid the 1896 Athens track. The new arena was magnificent with its octagonal towers and arched entrance. At the opening ceremonies, 200 Scandinavian gymnasts dressed in white mounted a synchronized display.

One of the greatest triumphs of the 1912 Games turned to tragedy. Native American Indian, Jim Thorpe, hailed by King Gustav as "the world's greatest athlete", won gold medals in the pentathlon and decathlon. Thorpe became the Olympic Games' first individual star. However, when the IOC discovered that he had accepted a token sum for playing summer baseball, he was stripped of his medals and his name was erased from the official records. It was not until 1987, seventy-five years later, that Thorpe, by now deceased, was reinstated as gold medallist and his medals were returned to his family.

***E**ncore considérée comme une des deux ou trois meilleures années olympiques, les Jeux de Stockholm marquent une étape déterminante du mouvement olympique. Le Comité organisateur de Stockholm prépare une liste exhaustive des événements officiels, s'assure que les juges et les responsables sont correctement formés, et installe un système de sonorisation, des dispositifs de chronométrage électronique et de photo témoin pour les courses sur piste. Bien qu'ayant lieu à l'aube de la Première Guerre mondiale, les Jeux de 1912 se déroulent impeccablement, conformément aux voeux du baron de Coubertin.*

*Les hôtes de Stockholm ont bâti des maisons pour les athlètes et les responsables venus de vingt-huit pays. Un stade de 22 000 places est inauguré par le roi Gustave V et, pour la première fois, le 400 m est couru dans des couloirs. Les pistes cendrées, les fosses de saut et les cercles de lancer ont été conçus par le spécialiste britannique Charles Perry, qui avait aménagé la piste d'Athènes. Le nouveau stade est spectaculaire avec ses tours octogonales et son portique d'entrée. À la cérémonie d'ouverture, 200 gymnastes scandinaves vêtus de blanc présentent un grand spectacle d'ensemble.*

*Un des grands triomphes des Jeux de 1912 tourne à la tragédie. L'autochtone américain Jim Thorpe, proclamé «le plus grand athlète du monde» par le roi Gustave V, avait prouvé son écrasante supériorité en remportant l'or au pentathlon et au décathlon. Il était ainsi devenu la première star individuelle des Jeux. Mais le CIO découvre peu après qu'il a reçu un modeste cachet pour avoir joué au base-ball. On lui retire ses médailles et son nom est supprimé des dossiers officiels. Ce n'est qu'en 1987,*

In retrospect, the Olympic Games of 1912 were noteworthy for more than their excellent organization. This was the year a West Point lieutenant named George S. Patton, the only American to enter the Military Pentathlon, out-scored much of his competition in four events, but dropped to fifth overall with poor shooting scores. In the 100m final, there were seven false starts, but when it finally got under way American Ralph Craig picked up a gold medal for his time of 10.8 seconds. He then went on to win a second gold medal in the 200m. Thirty-six years later, Ralph Craig competed again as a yachtsman in the 1948 Olympics. For the first time ever, Japan entered the games with fourteen athletes. Finnish distance runner Hannes Kolehmainen began a proud tradition by winning three gold medals and setting world records in the 5,000m and 10,000m. Known as the innovative games, the Stockholm Games added many events to the programme – notably the pentathlon and the longest endurance event in the Olympics, the 320k road race (won in a blazing 10.75 hours by South African cyclist Rudolph Lewis).

The 1912 Games were the first at which women were allowed to compete in swimming and diving events. Australia's Fanny Durack and Wilhelmina Wylie placed first and second in the 100m freestyle swim, and Sweden's Greta Johansson and Lisa Regnell won gold and silver respectively in the high board diving event. In all, the Swedish women took seven of the first eight places in platform diving, with Great Britain's Isabelle White winning the eighth. Show jumping and two other equestrian events were included. The Swedes captured four of the five equestrian gold medals and Frances' Jean Cariou won the fifth. The Norwegians captured the gold in men's gymnastics in the team free exercises and apparatus event.

For the first time, the Olympics had an official poster. Olle Hjortzberg, one of the early artists to experiment with poster art, was commissioned by the Swedish Olympic Committee. Hjortzberg was noted for his landscapes and portraits, as well as for his decoration of churches, schools and railways. Doubtlessly inspired by the ancient Games, he designed a poster of a nude athlete waving the flags of the participating nations. The Committee considered this image a bit too daring, and by the time the poster went to print, a narrow band had appeared in front of the athlete. Fortunately Hjortzberg's bold and vibrant colours were retained. Even though modified, the poster was not distributed in certain countries.

*soixante-quinze ans plus tard, que le médaillé d'or Thorpe, déjà décédé, est réhabilité et que ses médailles sont rendues à la famille.*

*En rétrospective, les J.O. de Stockholm restent mémorables au-delà de leur excellente organisation. Un lieutenant de West Point, George S. Patton, le seul Américain à participer au pentathlon militaire, brille dans quatre épreuves mais termine cinquième après une mauvaise performance au tir. Au 100 m, après sept faux départs, l'Américain Ralph Craig remporte une première médaille d'or avec un chrono de 10 s 8, puis une seconde médaille d'or au 200 m. Trente-six années plus tard, Ralph Craig participera de nouveau aux épreuves de yachting. Pour la toute première fois, le Japon est présent aux Jeux avec une délégation de quatorze athlètes, et le coureur Finlandais Hannes Kolehmainen marque le début d'une grande tradition en remportant trois médailles d'or et en battant le record du monde au 5 000 et au 10 000 m. Les Jeux de Stockholm restent les Jeux de l'innovation. Beaucoup d'épreuves ont été ajoutées au programme – notamment le pentathlon et, en cyclisme, la plus longue épreuve d'endurance des Jeux : la course sur route individuelle (320 km), qui est remportée par le Sud-Africain Rudolph Lewis en 10 h 42 min 39 s.*

*Pour la première fois, les femmes sont admises aux épreuves de natation et de plongeon. Les Australiennes Fanny Durack et Wilhelmina Wylie remportent l'or et l'argent au 100 m nage libre, et les Suédoises Greta Johansson et Lisa Regnell l'or et l'argent aux plongeons de haut vol. Au total, les Suédoises raflent sept des huit médailles d'or aux plongeons du tremplin – la Britannique Isabelle White remportant la huitième. Les trois nouvelles épreuves équestres incluent le saut d'obstacles. En équitation, les Suédois gagnent quatre des cinq médailles d'or et le Français Jean Cariou remporte la cinquième. En gymnastique, les Norvégiens obtiennent la médaille d'or dans l'épreuve des exercices libres et appareils par équipes.*

*Pour la première fois, les Jeux Olympiques ont leur affiche officielle. Olle Hjortzberg, l'un des tout premiers créateurs d'affiches, a été engagé par le Comité organisateur suédois. Célèbre pour ses paysages et ses portraits, Hjortzberg l'est également pour ses décorations d'églises, d'écoles et de gares. Sans doute inspirée des Jeux antiques, l'affiche de Hjortzberg représentait initialement un athlète nu brandissant les drapeaux des pays participants. La jugeant un peu trop hardie, le Comité suggéra qu'on l'agrémente d'une mince bannière. Heureusement, les couleurs franches et dynamiques de Hjortzberg ont été préservées. Bien que modifiée, l'affiche ne fut pas diffusée dans certains pays.*

The Swedish delegation at the opening ceremonies.

General view of the stadium.

*La délégation suédoise lors de la cérémonie d'ouverture.*

*Vue générale de stade.*

Athlete's diploma. | *Diplôme d'athlète.*

Examples of commemorative pins. | *Exemples d'épinglettes commémoratives.*

Official medal. | *Médaille officielle.*

An unofficial poster. | *Affiche non officielle.*

V. OLYMPIADEN
OLYMPISKA SPELEN
I STOCKHOLM 1912
ENTRÉ-BILJETT TILL RODDTÄFLINGARNA
17 juli 1912
SEKTION
Ingång
från Strandvägen
A
PRIS 5 KR.

Event ticket.

*Billet d'entrée.*

Examples of events tickets from the 1904, 1908, 1912 and 1928 Games.

*Quelques billets d'entrée (J.O. de 1904, 1908, 1912 et 1928).*

Commemorative pins.

*Épinglettes commémoratives.*

Walter Van der Ven & Co.
Anvers
-VIIe OLYMPIADE-
ANVERS (BELGIQUE)
1920 AOUT-SEPTEMBRE 1920
SUBSIDIÉE PAR LES POUVOIRS PUBLICS
LITHO. VAN DIEREN & Cie ANVERS

# VII

**W**orld War I had caused an eight year hiatus in the Games, disrupting the organizational and athletic advancement of the modern Olympics. Many great athletes had disappeared from competition, and others such as French track and field star Jean Bouin and Germany's Hanns Braun had lost their lives on the battlefield. King Albert of Belgium officially opened the Antwerp Games. Cardinal Mercier blessed the festival and held a Requiem Mass for the war dead.

For the first time, the Olympic flag was raised at the opening ceremonies. Designed by Baron Pierre de Coubertin, the emblem of five interlocking rings on a white background symbolized the fraternity of nations. The Olympic Oath was introduced at the Antwerp Games, as well as the Olympic motto *Citius, Altius, Fortius* (Faster, Higher, Stronger). The official poster for the 1920 Games illustrated the flags of the participating nations, the coat of arms of Antwerp, a view of the host city and a discobolus.

The success of two children at the Games provided a glimpse of things to come. American 13-year-old Aileen Riggin won the spring-board diving championship and Swedish 13-year-old Nils Skoglund received the silver in high diving. Meanwhile, Great Britain's Albert Hill, considered to be well past his prime at 36 years old, raced for gold in both the 800m and 1,500m. All the Olympic individual running records from the Stockholm Games survived the Antwerp Games. Antwerp's track had been hastily built and a continuous rainfall made it slow and heavy. In the 5,000m race a young Finn named Paavo Nurmi made his debut, bested finally by Frenchman Joseph Guillemot. The two met again three days later in the 10,000m final and Nurmi won the race by only eight metres. Before the Games were over, Nurmi had won the individual 8k cross-country race and helped Finland to win the team championship as well. The Nurmi legend was born, and by

***I**l est évident qu'une interruption de huit ans et la Première Guerre mondiale ont perturbé l'organisation et l'évolution des Jeux Olympiques modernes. De nombreux grands athlètes se sont retirés de la compétition, et beaucoup d'autres tels le Français Jean Bouin et l'Allemand Hanns Braun ont perdu la vie. Le roi Albert Ier de Belgique proclame l'ouverture des Jeux. Le cardinal Mercier bénit le festival et célèbre une messe de Requiem à la mémoire des victimes de la guerre.*

*À de nombreux égards, cette Olympiade marque la fin d'une époque et le début d'une ère nouvelle. Pour la première fois, le drapeau olympique est hissé pendant la cérémonie d'ouverture. Conçu par Pierre de Coubertin, ce symbole de fraternité entre tous les peuples porte cinq anneaux entrelacés sur fond blanc. Le serment olympique est également introduit aux Jeux d'Anvers, tout comme la devise olympique Citius, Altius, Fortius (Plus vite, plus haut, plus fort). L'affiche officielle représente le drapeau de toutes les nations participantes, les armoiries et une vue panoramique de la ville-hôte, et un disque.*

*Signes évocateurs de l'avenir, deux enfants de 13 ans montent sur le podium : l'Américaine Aileen Riggin a remporté l'or à l'épreuve de plongeons du tremplin et la Suédoise Nils Skoglund l'argent à celle de plongeons de haut vol. Et pourtant, à l'âge avancé de 36 ans, le Britannique Albert Hill gagne l'or au 800 m et au 1 500 m. Tous les records individuels établis aux Jeux de Stockholm ont résisté aux Jeux d'Anvers. La piste a été aménagée hâtivement et une pluie incessante l'a rendue lente et lourde. Le jeune Finlandais Paavo Nurmi fait ses débuts au 5000 m. Il est finalement battu par le Français Joseph Guillemot. Les deux s'affrontent trois jours plus tard dans la finale du 10 000 m et Nurmi devance son adversaire de huit mètres. Avant la fin des Jeux, Nurmi remporte encore la course de cross du 8 km et*

the end of his Olympic career Paavo Nurmi, aka "The Flying Finn", "The Phantom Finn", and "The Abo Antelope" would win nine gold and three silver medals.

Off the track, Finland's Hannes Kolehmainen finished his magnificent career by completing the marathon in 2 hours, 32 minutes, 35.8 seconds. Ice Hockey made its first appearance as an Olympic sport. The Canadians reigned as ice hockey champions until an upset in 1936 by Britain, whose team that year consisted mainly of Canadians. Canada won again in 1948 and 1952 but has been on a losing streak ever since. At Antwerp in 1920, figure skating events were revived and Sweden's Gillis Grafstrom and Magda Julin-Mauroy each took a gold in the singles competitions. Finland's Ludovika and Walter Jakobsson-Eilers got the gold in pairs figure skating.

Six-time Wimbledon singles champion Suzanne Lenglen of France won the lawn tennis gold in women's singles, and gold with Max Decugis in mixed doubles. During her career Lenglen was considered by many to be the best tennis player of all time. Her style combined strength with the grace of a dancer.

En route by sea to Antwerp, American athletes made an attempt at mutiny to protest the horrendous conditions aboard their ship. The freighter, which had recently served to transport 1800 war dead, was plagued with rats, the stench of formaldehyde, and wretched food and accommodation. Once ashore, the athletes did briefly go on strike. However, the Americans still managed to maintain their domination of the Games, winning 41 golds. Sweden came in second with 17 golds. American highlights were many. A young John Kelly (Grace Kelly's father) won gold in the single sculls rowing event, and together with his cousin Paul Costello, won the gold in double sculls rowing. In boxing, Sammy Mosberg won the lightweight division and Eddie Eagen won in the light-heavyweight class. The USA was not at its best in wrestling but still managed to win five medals, including a gold for the freestyle competition. Finland took three of the golds and Sweden the other two. American Patrick Ryan received the gold in the hammer throw, and Richard Landon set an Olympic record in the high jump event (1.935m). In women's swimming the United States swept up practically all the medals. Ethelda Bleibtrey won the 400m and 100m freestyle races, and swam on the winning 400m freestyle relay team.

*aidera ses compatriotes à gagner l'épreuve par équipes. La légende de Nurmi est née. En huit années de carrière, Nurmi – surnommé le Finlandais volant, le Finlandais fantôme et l'Antilope d'Abo – va remporter neuf médailles d'or et trois médailles d'argent. Coubertin écrivit alors : «Qui nous racontait que seuls les grands pays pouvaient prétendre placer tous leurs représentants, et que le succès était en proportion de l'argent dépensé?»*

*Hannes Kolehmainen termine sa magnifique carrière en couvrant le marathon en 2 h 32 min et 35 s 8. Le hockey sur glace acquiert le statut de discipline olympique. Il restera dominé par les Canadiens jusqu'en 1936, à part une brève victoire britannique (avec une équipe constituée principalement de Canadiens). Les Canadiens gagnent de nouveau en 1948 et en 1952, mais connaissent depuis une série d'échecs. Le patinage artistique a de nouveau la vedette grâce aux deux médaillées d'or suédoises Gillis Grafstrom et Magda Julin-Mauroy dans les épreuves individuelles. Le couple finlandais Ludovika et Walter Jakobsson-Eilers obtient la médaille d'or dans sa catégorie.*

*Six fois championne de Wimbledon, la Française Suzanne Lenglen gagne la médaille d'or en simple dames et la médaille d'or avec Max Decugis en double mixte. Au cours de sa carrière, elle fut longtemps considérée par les spécialistes comme le meilleur joueur de tous les temps, hommes ou femmes. Son style semblait combiner la force et la grâce.*

*En route vers Anvers, les athlètes américains ont fait une tentative de mutinerie pour protester contre des conditions de voyage déplorables. En effet, le navire qui les transporte a également eu pour macabre mission de rapatrier les corps des victimes de guerre. L'odeur de formole, les rats, la nourriture et les cabines sont abominables. Arrivés à destination, les athlètes entament une grève rapide. Ils réussiront cependant à dominer les Jeux en gagnant 41 médailles d'or. La Suède vient au second rang avec 17 médailles d'or. Les États-Unis connaissent à Anvers de nombreux moments glorieux. Le jeune John Kelly (le père de Grace Kelly) remporte l'or dans l'épreuve d'aviron single-scull et de double-scull avec son cousin Paul Costello. En boxe, Sammy Mosberg décroche le titre olympique des poids légers et Eddie Eagen celui des mi-lourds. Les États-Unis ne brillent pas particulièrement en lutte gréco-romaine mais remportent néanmoins cinq médailles, dont une d'or en lutte libre. (La Finlande gagne trois médailles d'or et la Suède les deux autres.) L'Américain Patrick Ryan obtient l'or au lancer du marteau et Richard Landon établit un record olympique au saut en hauteur avec un bond de 1 m 935. Les nageuses américaines raflent presque toutes les médailles. Ethelda Bleibtrey triomphe au 400 m et 100 m nage libre et fait partie de l'équipe médaillée d'or au relais 400 m nage libre.*

Entrance to the main stadium.

Inside the stadium, athletes gather for the opening ceremonies.

*Entrée du stade principal.*

*Au centre du stade, les athlètes sont réunis pour la cérémonie d'ouverture.*

Flags of the nations add colour to the pagentry of the Games.

*Les drapeaux des pays participants ajoutent une note de couleur à la palette des Jeux.*

The Colonial Export Exposition held during the Olympics.

*Exposition consacrée à l'exportation coloniale dans le cadre des J.O.*

Official programme.

*Programme officiel.*

Official diploma.

*Diplôme officiel.*

Unofficial poster.

*Affiche non officielle.*

Olympic medal and commemorative pins.

*Médaille olympique et épinglettes commémoratives.*

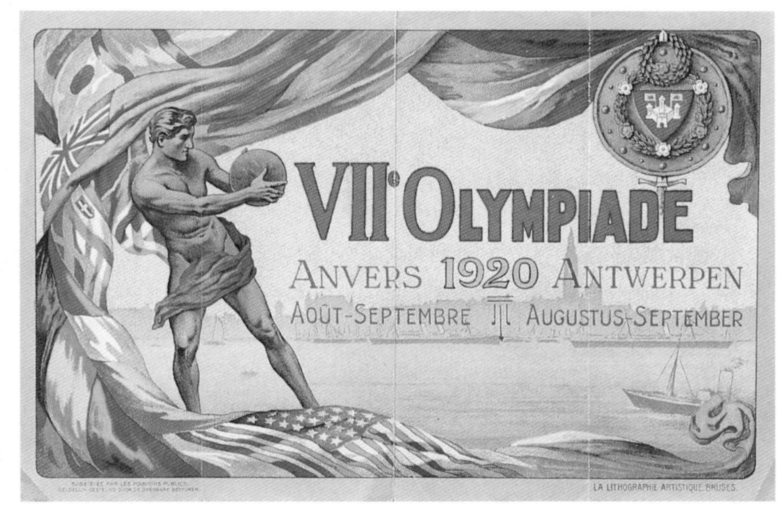

PARIS - LYON - MÉDITERRANÉE
Auguste Matisse
AUX VAINQUEURS DU CONCOURS DE LA VIIIme OLYMPIADE
CHAMONIX-MONT-BLANC
25 Janvier - 5 Février 1924

# I

Not until a year after the Chamonix Games, at the 1925 Congress of Prague, did the IOC officially give the event the title 1st Olympic Winter Games. Originally called The International Sports Week, this event aroused opposition from the Scandinavian countries which feared it would rival their own Nordic Games. The IOC itself was concerned about having a split Olympics that might weaken the prominence of the Summer Games. Moreover, the IOC knew that without the athletic prowess of Scandinavian, Norwegian, Swedish and Finnish athletes, a Nordic sporting event would be pointless. Eventually a compromise was achieved: the Winter Games would be held in the same country that hosted the current Summer Games, with the IOC responsible for administration. Since the Summer Games had been held in Paris, a suitable location was sought in France. At the foot of Mont Blanc, Europe's tallest peak, lay the idyllic alpine village of Chamonix. Chosen over a number of other ski resorts and villages, Chamonix built an ice rink, hockey rink and a jumping hill to accommodate 296 athletes from 16 countries.

A month before the Games, on December 24, a massive snowfall measuring over a metre deep had to be cleared (without the aid of snow blowers) from the 36,000-square-metre speed skating rink. Then a week before the Games began, a heavy rain turned the stadium rink into a lake. Luckily, on the eve of the opening ceremonies, a freeze set in and the Games were saved! Ever after, climatic conditions would remain a major concern of the IOC as it selected sites for the Games.

There were 13 events in six sports categories, including bobsled, ice hockey, speed skating, figure skating, ski jumping and Nordic skiing. Estonia, although represented in the opening ceremonies, had entered no athletes. Japan had prepared a team, but was forced to withdraw after the great earthquake in the Kwanto plain

*Il faudra attendre un an, au congrès de Prague de 1925, pour que le CIO accorde officiellement aux Jeux de Chamonix le titre de Iers Jeux Olympiques d'hiver. Initialement appelée la Semaine internationale de sports d'hiver, cette manifestation provoque un mouvement d'opposition de la part des pays scandinaves, qui craignent qu'elle ne rivalise avec leurs propres Jeux nordiques. Pour sa part, le CIO a peur que ces deuxièmes J.O. n'affaiblissent quelque peu la prééminence des Jeux d'été. D'autre part, le Comité sait aussi que sans les prouesses des athlètes scandinaves, norvégiens, suédois et finlandais, les J.O. d'hiver seraient sans intérêt. On parvient finalement au compromis suivant : les Jeux d'hiver auront lieu dans le pays hôte des Jeux d'été, et le CIO sera chargé de leur administration. Parce que les Jeux d'été se sont déroulés à Paris, il est décidé que les Jeux d'hiver se tiendront dans les Alpes, à Chamonix. Choisie parmi d'autres stations de ski et villages alpins, Chamonix construit une patinoire, une piste de hockey sur glace et un tremplin pour accueillir 296 athlètes venus de 16 pays.*

*Un mois avant les Jeux, après une tempête phénoménale, il faudra déblayer une couche de neige de 1 m d'épaisseur pour préparer la piste de patinage de vitesse de 36 000 mètres carrés (noter que les chasse-neige n'existent pas encore). Puis, une semaine avant les Jeux, une pluie torrentielle transforme la patinoire en lac. Mais heureusement, la veille de la cérémonie d'ouverture, le froid sauve finalement la situation et les Jeux! Les conditions climatiques restent toujours une préoccupation majeure pour le Comité qui examine les dossiers de candidatures, et pour les organisateurs.*

*Au programme, 13 épreuves et six disciplines – le bobsleigh, le hockey, le patinage de vitesse, le patinage artistique, le saut à ski et le ski nordique. L'Estonie, bien qu'assistant à la cérémonie d'ouverture, ne présente aucun athlète. Le Japon a constitué une*

that destroyed all of Yokohama and part of Tokyo, killing 95,000 people. The remaining 16 participating nations were Austria, Belgium, Canada, Czechoslovakia, Finland, France, Great Britain, Hungary, Italy, Latvia, Norway, Poland, Sweden, Switzerland, USA and Yugoslavia. These were the pioneers of the First Winter Games.

The Norwegian and Finnish athletes were the stars of the show, dominating figure skating, ice hockey, bobsled, speed skating, Nordic skiing, and the demonstration sport, curling.

Despite the indifference of his country to the sport of speed skating, American Charles Jewtraw won a gold medal for the United States. His victory took everyone by surprise, and prevented a Finnish and Norwegian sweep of every medal in speed skating. Even Norway took a back seat to the Finns, winning silver and bronze medals but no gold. Finland's Clas Thunberg won two golds and two silver, and a supplementary gold (the only one ever awarded) for his combined performance. Julius Skutnabb won a silver and a gold. Women's speed skating events were not introduced until 1932.

In men's figure-skating, Sweden's Gillis Grafstroem (Sonja Henie's coach) won the gold and Austria's Herma Planck-Szabo won the women's competition. Both were already superstars of the sport, having won at Antwerp. Sonja Henie was only 11 years old when she competed in the Chamonix Games. Henie finished eighth and last, but her best was yet to come. Beatrix Loughran of the United States won the silver and Great Britain's Ethel Muckelt won the bronze. The pairs title went to an Austrian couple, Helene Engelmann and Alfred Berger, and the silver to Finland's Ludovicka and Walter Jakobsson-Eilers, who had won the gold at Antwerp. At the time of the Chamonix Games, Ludovicka was 39 and Walter 42. Four years later in St. Moritz, the couple would place fifth.

Bobsledding proved to be a dangerous sport. Both British and French sledders broke arms and legs in crashes. The average speed of a bobsled is 129km an hour as it hurtles around curves that require 6m banking walls. The only bobsled event in 1924 was the four-man race, in which Switzerland finished first, Great Britain second, and Belgium third. Because of the serious accidents, several of the teams had to withdraw from the competition. In ice hockey, Canadians were in a league of their own, winning all their matches by a wide margin. The first gold medal in skiing went to Norway's Thorleif Haug for the 15k cross-country race. Haug also won the 50k race, and the Nordic combined (skiing and jumping), which earned him a statue in Kongsberg, Norway during his lifetime. Norway also swept the ski jumping events, thanks to Jacob Tullin-Thams and Narve Bonna.

*équipe mais, victime du grand tremblement de la plaine de Kwanto, qui a détruit tout Yokohama, une partie de Tokyo et tué 95 000 personnes, il doit finalement se désister. Seize pays restent en lice : l'Autriche, la Belgique, le Canada, les États-Unis, la Finlande, la France, la Grande-Bretagne, la Hongrie, l'Italie, la Lettonie, la Norvège, la Pologne, la Suède, la Suisse, la Tchécoslovaquie et la Yougoslavie. Ce sont les pionniers des premiers Jeux d'hiver. Les Norvégiens et les Finlandais sont les véritables héros de ces Jeux. Ils dominent cinq des disciplines olympiques, ainsi que le curling – sport de démonstration.*

*Malgré un sentiment national très indifférent envers le sport, l'Américain Charles Jewtraw remporte une médaille d'or de patinage de vitesse. C'est également le premier médaillé des Jeux Olympiques d'hiver. Sa victoire prend tout le monde par surprise et, en fait, ce sera le seul athlète qui empêchera la Finlande et la Norvège de remporter toutes les médailles dans les épreuves de patinage de vitesse. Mais même la Norvège doit s'incliner devant la Finlande en remportant des médailles d'argent et de bronze, mais aucune d'or. Le Finlandais Clas Thunberg enlève deux médailles d'or au 1 500 et au 5 000 m et deux d'argent, et reçoit une médaille d'or supplémentaire (la seule jamais remise) pour cette double performance; Julius Skutnabb gagne une médaille d'argent et une d'or. Les épreuves de patinage de vitesse dames ne sont pas disputées avant 1932.*

*En patinage artistique, le Suédois Gillis Grafstroem (également entraîneur de Sonja Henie) remporte l'or chez les messieurs et l'Autrichienne Herma Planck-Szabo l'or chez les dames. Mais ces deux champions sont déjà des superstars depuis les Jeux d'Anvers. Sonja Henie n'a que onze ans aux Jeux de Chamonix. Malheureusement, elle se classe à la huitième et dernière place. L'Américaine Beatrix Loughran remporte l'argent, et la Britannique Ethel Muckelt le bronze. Le titre couples est enlevé par les Autrichiens Helene Engelmann et Alfred Berger, et l'argent par les Finlandais Ludovicka et Walter Jakobsson-Eilers, déjà médaillés d'or à Anvers. Aux Jeux de Chamonix, Ludovicka a 39 ans et Walter 42 ans. Aux Jeux suivants, ils se classent au cinquième rang.*

*Les épreuves de bobsleigh se montrent périlleuses. Parmi les athlètes britanniques et français, il y a des jambes et des bras cassés. La vitesse moyenne d'un engin est de 129 km à l'heure sur une piste aux courbes relevées de 6 m. En 1924, la seule épreuve est la course de bob à quatre remportée par la Suisse, avec la Grande-Bretagne en seconde place et la Belgique en troisième. À la suite d'accidents sérieux, plusieurs équipes doivent déclarer forfait. Les Canadiens dominent le hockey sur glace en remportant tous les matchs par une marge considérable. La première médaille de ski est décernée au Norvégien Thorleif Haug au 15 km. Haug a également gagné le 50 km et le combiné (le ski et le saut), exploit qui lui vaut d'avoir une statut érigée à Kongberg (en Norvège) de son vivant. La Norvège domine également les épreuves de saut grâce à Jacob Tullin-Thams et à Narve Bonna.*

The official tribune at the opening ceremonies.

General view of the skating arena.

*La tribune officielle lors de la cérémonie d'ouverture.*

*Vue d'ensemble de la patinoire.*

Spectators listen to the Olympic oath. The oath was first introduced at the 1920 Antwerp Games.

Members of the Swedish curling team.

*Cérémonie du serment olympique.*

*Membre de l'équipe suédoise de curling.*

Poster, diploma and Olympic medal.

*Affiche, diplôme et médaille olympiques.*

PARIS _ 1924
VIIIe OLYMPIADE
Jean DROIT
JEUX OLYMPIQUES
HACHARD & Cie
8 PLACE DE LA MADELEINE PARIS

# VIII

**A** year prior to Pierre de Coubertin's resignation from the IOC, he successfully lobbied to have the 1924 Games hosted by Paris rather than Amsterdam. Since the 1900 Olympic Games had been conducted in an atmosphere of great indifference, it was very important both to Coubertin and to France that Paris be given a second chance. Twenty-four intervening years had provided the lessons needed to prepare for the event. The success of the 1924 Paris Games enabled Coubertin to declare proudly in his official letter of farewell, "The world institution that we have built is ready to face any eventuality."

Six years had elapsed since the war, and both the world and Paris were better prepared for the Olympics. More than 3,000 athletes from 44 nations came to compete. Paris expanded the Colombes Stadium to accommodate 60,000 spectators. For its part, the IOC was becoming better organized. Host countries were now prohibited from adding events on their own. Juries and appeal procedures were put in place, and each sport was made subject to the authority of its own governing body.

The Paris Olympics were dominated by the legendary distance runner Paavo Nurmi. Nurmi's stride around the track was a perfectly paced performance. As he reeled off the laps, he would glance at the stopwatch he carried in his hand. In the space of an hour and a half, Nurmi set Olympic records in both the 1,500m and 5,000m races. By the end of the Games, the great Finnish runner had won five gold medals, and his athletic career was far from over. Nurmi's early training had included racing the hometown train, and often the great sprinter would have to wait for the train to catch up with him.

***U**ne année avant sa démission, le baron de Coubertin réussit à obtenir que les Jeux aient de nouveau lieu à Paris plutôt qu'à Amsterdam. Les J.O. de 1900 s'étaient déroulés dans la plus grande indifférence. Il était donc très important pour la France et pour Coubertin que Paris ait une seconde chance. Les vingt-quatre années qui séparent les Jeux de Paris ont été riches en expériences. Grâce au succès de la VIIIe Olympiade, Pierre de Coubertin pourra fièrement déclarer dans sa lettre d'adieu que l'institution mondiale que nous avons bâtie est prête à faire face à toute éventualité.*

*La guerre est terminée depuis six ans déjà, et le monde et Paris sont mieux préparés aux Jeux Olympiques. Plus de 3 000 athlètes venus de quarante-quatre pays y participent. Le stade de Colombes peut désormais accueillir 60 000 spectateurs. Le CIO est de mieux en mieux organisé. Les pays hôtes ne peuvent plus ajouter des épreuves à leur guise. Il existe désormais des jurys et des procédures d'appel, et tous les sports sont placés sous l'autorité de leurs propres organismes directeurs.*

*Les Jeux Olympiques de Paris sont dominés par le légendaire Paavo Nurmi – le premier coureur à pratiquer le mode d'entraînement fractionné qui permet d'acquérir une résistance physique exceptionnelle. Nurmi effectue ses courses chronomètre en main. En l'espace d'une heure et demie, il établit le nouveau record olympique du 1 500 m et du 5 000 m. À la fin des Jeux, le grand coureur finlandais est cinq fois médaillé d'or. Mais sa carrière n'est pas terminée. Chez lui, Nurmi avait coutume de s'entraîner contre le train-poste et il lui arrivait fréquemment de devoir attendre que le train ne le rattrape à l'arrivée.*

Who can think of the 1924 Paris Games without recalling the film *Chariots of Fire*, which portrayed the contrasting personalities and athletic talents of Harold Abrahams and Eric Liddell. Eric Liddell was a stocky Scotsman who thought his best event would be the 100m. Several months before the Games, he learned that the 100m heats would take place on a Sunday. Liddell was a devout Christian, and competing on Sunday would violate his religious beliefs. Therefore he chose to train for the longer races – the 200m and 400m – and it was Cambridge student Harold Abrahams who won the 100m race, beating out Jackson Scholtz and world record holder Charlie Paddock, both American favourites. Abrahams narrowly beat Scholtz to the finish in a record time of 10.6 seconds.

Two days later, the sprinters joined Eric Liddell to compete in the 200m final. Bested in the last race by Abrahams, Scholtz and Paddock had their eye on him, but Abrahams was never a factor and finished last in the race. Paddock had led all the way until he was nipped at the tape by Scholtz. Scholtz won the gold, Paddock finished second and Liddell finished third. The following day, Liddell got an early lead in the 400m final, chased only by the American Horatio Fitch. Both athletes had set Olympic records en route to the final. Eric Liddell ran as never before, holding his lead position and winning with an Olympic record of 47.6 seconds. For Liddell, the win was a triumph of religious devotion. He came from a family of missionaries stationed in China, and soon after returned there to do his own missionary work. At the age of 43, while in a Japanese Internment camp, Liddell died of a brain tumor. Harold Abrahams, after a stint as athletics correspondent for the London Times, became head of England's Amateur Athletics Association.

Each Olympic year saw a steady growth in the number of female competitors, and the 1924 Paris Olympics registered 136 women. That year, one of history's greatest tennis players, American Helen Wills, added two golds to her victory collection. The United States had many proud moments at the Paris Olympics. Johnny Weissmuller, aka Tarzan, won three gold medals in freestyle swimming and a bronze in water polo. DeHart Hubbard long-jumped to fame as the first Black to win an individual gold medal. In the men's track and field events the USA claimed twelve of the twenty-seven gold medals, and an equally proud Finland swept up ten golds, thanks to the heroics of Paavo Nurmi, Ville Ritola and marathoner Albin Stenroos.

*Comment évoquer les J.O. de 1924 sans songer au film* Chariots of Fire, *qui décrit les personnalités et les talents différents de Harold Abrahams et d'Eric Liddell. Eric Liddell est un puissant sprinter écossais. Mais, plusieurs mois avant les Jeux, il apprend que les épreuves du 100 m auront lieu le dimanche, ce qui est contraire à ses principes religieux. Il décide alors de s'entraîner pour le 200 m et le 400 m. C'est donc Harold Abrahams, un jeune étudiant de Cambridge, qui enlèvera le 100 m devant le recordman mondial Charlie Paddock et Jackson Scholtz, les grands favoris américains. Abrahams l'emporte de justesse en 10 s 6.*

*Deux jours plus tard, les sprinters se joignent à Eric Liddell pour la finale du 200 m. Scholtz et Paddock redoutent particulièrement Abrahams, qui finit cependant en dernière place. Paddock domine toute la course mais il est battu d'extrême justesse par Scholtz, et Liddell termine troisième. Le jour suivant, Liddell prend immédiatement la tête du 400 m, poursuivi par l'Américain Horatio Fitch. Les deux athlètes ont établi des records du monde aux épreuves éliminatoires. Eric Liddell effectue une course éblouissante. Il conserve son avance et remporte l'or en un temps record de 47 s 6. Cet exploit représente pour lui le triomphe de la foi. Issu d'une famille de missionnaires établie en Chine, il reprend bien vite son travail d'évangélisation. À 43 ans, interné dans un camp japonais, Liddell meurt d'une tumeur du cerveau. Quant à Harold Abrahams, après une brève carrière de rédacteur sportif pour le London Times, il devient président de l'Association britannique d'athlétisme amateur.*

*Depuis leur toute première participation aux Jeux, le nombre d'athlètes féminines n'a cessé d'augmenter. En 1924, ce nombre a triplé avec 136 concurrentes. Cette année-là, une des plus grandes joueuses de tennis de tous les temps, l'Américaine Helen Wills, ajoute deux médailles d'or à son palmarès. Les États-Unis connaissent beaucoup de moments glorieux aux J.O. de Paris. Johnny Weissmuller, le futur Tarzan d'Hollywood, remporte trois médailles d'or en nage libre et une médaille de bronze en water polo. DeHart Hubbard se distingue au saut en longueur en devenant le premier athlète noir médaillé d'or. Dans les épreuves d'athlétisme, les États-Unis gagnent douze des vingt-sept médailles d'or et, grâce aux exploits de Paavo Nurmi, de Ville Ritola et du marathonien Albin Stenroos, la Finlande en rafle dix.*

The Olympic oath is sworn by French athlete Géo André.

Olympic medal showing obverse and reverse sides.

Postcard.

*Géo André prête le serment des athlètes.*

*Médaille olympique – avers et revers.*

*Carte postale.*

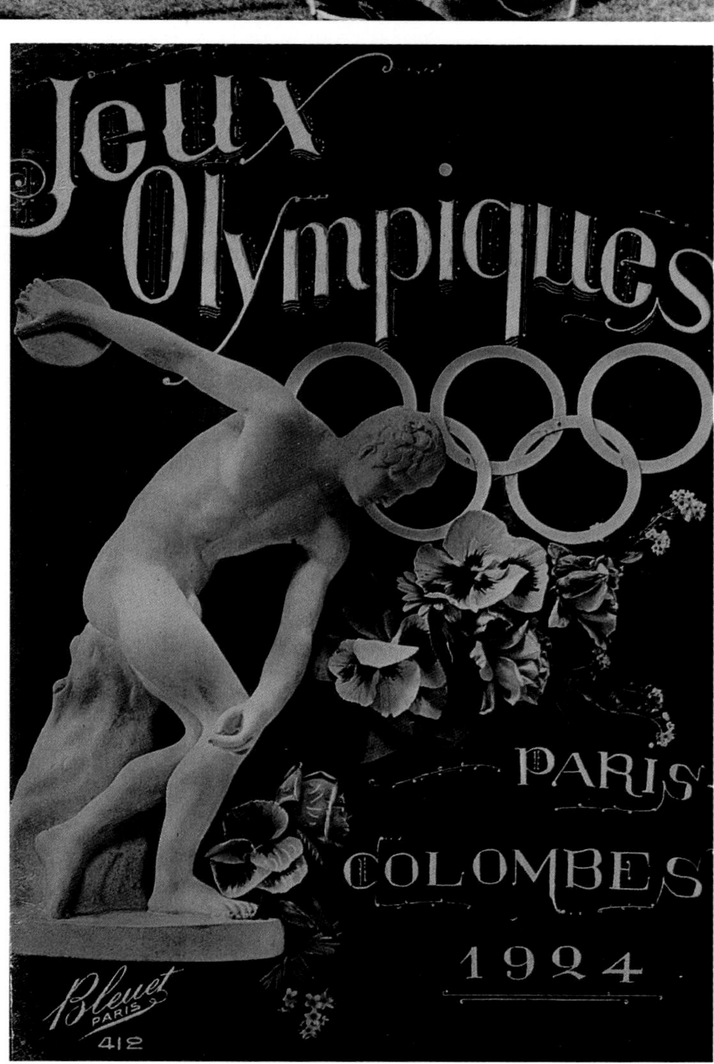

Commemorative stamp.

Poster.

Commemorative pins.

Postcard.

*Timbre-poste commémoratif.*

*Affiche.*

*Épinglettes commémoratives.*

*Carte-souvenir.*

Commemorative pin.

Souvenir postcard.

*Épinglettes commémorative.*

*Carte-souvenir.*

Postcard sold to raise funds for the Swiss team.

Official diploma.

Commemorative pins.

*Carte postale vendue pour contribuer au financement de l'équipe suisse.*

*Diplôme officiel.*

*Épinglettes commémoratives.*

Laubi
II. OLYMPISCHE
WINTERSPIELE
St. Moritz 11.-19. Febr. 1928
SEITZ & Co, ST. GALLEN
S.B.B. C.F.F. S.F.R. S.F.F.

# II

The second Winter Games took place at St. Moritz in the spectacular Swiss Alps. There were twice as many participants as at the previous Winter Games, with 495 competitors from 25 nations. The organizers did their best to be good hosts, but this event was dominated by the caprices of weather. Though the village was located some 6,066 feet above sea level, warm south breezes known as Fohns passed through at midday, playing havoc with the 50k cross-country ski race. The skiers started the race in –18°C temperature but by the end of the race, the temperature had soared to an incredible 25°C. Nearly a quarter of the skiers gave up before the finish. The Swedes, with well-waxed skis, emerged victorious with Per-Erik Hedlund, Gustav Jonsson and Volger Andersson finishing first, second and third. It had been a gruelling race and Hedlund's time was almost 70 minutes slower than that of the 1924 Chamonix winner, Thorleif Haug. The next day it rained and all the Olympics events were either cancelled or postponed. Miraculously, a heavy frost set in overnight allowing the Games to resume.

In the 10,000m speedskating event, American Irving Jaffee posted the fastest time, but the track had melted to the point that officials cancelled the competition. Jaffee and several others who had already completed the course were furious and showed up at the hotel, where the chief referee was staying, to lobby for an official record. Their argument was that most of the athletes had completed the heats, with the exception of three who were statistically the slowest. Among the protesters was the 1927 world champion, Norway's Bernt Evensen, who would have earned the silver, having placed one-tenth of a second behind Jaffee's

*Les II^es^ Jeux Olympiques d'hiver ont lieu dans les spectaculaires Alpes suisses, à Saint-Moritz. Les Jeux d'hiver comptent désormais deux fois plus de participants, soit 495 athlètes venus de 25 pays. Bien que les organisateurs aient fait de leur mieux, il faut toutefois composer avec les caprices de la météo. Bien que située à 1 856 m -3 303 m d'altitude, la station est soudain balayée par un vent sec et chaud (le foehn), à mi-parcours du 50 km fond hommes. Au départ, la température était de –18 °C. En moins de cinq heures, tandis que les skieurs s'approchent de l'arrivée, elle atteint 25 °C. Près de la moitié des concurrents ont abandonné, mais grâce au fartage parfaitement adapté de leurs skis, les Suédois remportent l'épreuve avec Per-Erik Hedlund premier, Gustav Jonsson second et Volger Andersson troisième. La course a été éprouvante – Hedlund a dépassé de 70 min le temps réalisé par le champion de Chamonix, Thorleif Haug. Le lendemain, il pleut et les épreuves de la journée sont annulées ou remises à plus tard. Miraculeusement, il gèlera très fort au cours de la nuit et les Jeux pourront reprendre.*

*Avec un chrono de 18 min 36 s 5, le patineur de vitesse américain Irving Jaffee réalise la meilleure performance du 10 000 m; mais durant l'épreuve, la glace a fondu à un point tel qu'il faut annuler la compétition. Furieux, Jaffee et les athlètes qui ont déjà couru se présentent à l'hôtel où réside le chef des juges pour faire homologuer le record. En effet, selon eux, la majorité des patineurs ont terminé l'épreuve à l'exception des trois concurrents les plus lents. Parmi les protestataires se trouve le Norvégien Bernt Evensen qui aurait remporté l'argent à*

18 minutes 36.5 seconds. The referee refused to reverse the decision. Jaffee left the Games an uncrowned king but would return to the Olympics in 1932 to win not only the 10,000m but also the 5,000m.

For Norwegian ski jumper Jacob Tullin-Thams, conditions were favourable to an extreme, and the skier almost lost his life. Tullin-Thams jumped so far he passed the landing area and fell onto the hard surface beyond, at 73m. The jumper who had been an Olympic champion at the 1924 Games ended up in hospital badly injured. The ski jumping event was won by another Norwegian, Alf Anderson.

In figure skating, Sweden's Gillis Grafstroem won his third successive gold medal. The real star of the Games, however, was skater Sonja Henie. Not yet 16, she won the first of her gold medals at St. Moritz. It is possible that no female athlete is more widely known. She was the queen of figure skating throughout the 1920's and 1930's, capturing three Olympic gold medals, 10 consecutive world titles, and six European championships. She skied at an early age but turned her attention toward skating at the age of six. By nine she was training in both figure skating and ballet, the latter under the guidance of Anna Pavlova. Sonja Henie was the first to incorporate ballet techniques into her skating routines, creating a unique style that never failed to astonish and enchant the public. At St. Moritz she performed the "Dying Swan" sequence from Swan Lake. By 1936, Henie had developed 19 separate types of spins. Sometimes she would whirl around as many as 80 times at an incredible speed while her audience watched with terrified fascination. Later she became a film star, and toward the end of her life, she concentrated on the development of an art museum and cultural centre in Norway.

The bobsled contest was for five-man teams instead of four. USA took both gold and silver, and Germany won the bronze medal. On the American team were Nion Tocker, Charles Mason, Clifford Gray, Richard Parke, and 16 year old driver William Fiske. Fiske was the youngest American to win a gold medal at the Winter Olympics. For the third consecutive time, Canada won the gold medal for ice hockey, defeating Sweden and Switzerland.

At St. Moritz, Sir Arnold Lunn of Great Britain convinced the officials to include Alpine skiing – downhill and slalom – as an experiment. Eight years later these were officially included in the Olympic roster of events.

*1/10 de seconde de Jaffee. Mais le juge refuse de revenir sur sa décision. Jaffee termine les J.O. sans médaille, mais il reviendra en 1932 pour remporter l'or au 10 000 m et au 5 000 m.*

*Pour le sauteur à ski norvégien Jacob Thullin-Thams, les conditions sont favorables à l'extrême et ont failli lui coûter la vie. Il dépasse en effet la zone de réception (à 65 m) pour atterrir sur la surface dure (à 73 m). Le champion olympique de Jeux de 1924 se retrouve à l'hôpital gravement blessé. L'épreuve est remportée par un autre Norvégien, Alf Anderson.*

*En patinage artistique, le Suédois Gillis Grafstroem gagne sa troisième médaille d'or successive. Mais l'étoile des Jeux reste la merveilleuse Sonja Henie. Bien qu'âgée de moins de 16 ans, elle remporte la première de ses trois médailles d'or. Sonja Henie restera peut-être l'athlète féminine la plus célèbre Elle régnera sur sa discipline durant toutes les années 1920 et 1930 en récoltant trois titres olympiques, dix titres mondiaux consécutifs et six titres européens. Bonne skieuse dès sa tendre enfance, elle s'intéresse au patinage à l'âge de six ans. À neuf ans, elle travaille à la fois le patinage et le ballet, sous la direction d'Anna Pavlova. Sonja Henie est la première à adapter les techniques de la danse classique à celles du patinage artistique, créant ainsi un style unique qui ne cessa d'enchanter le public. À Saint-Moritz, elle interprète la mort du cygne. En 1936, Sonja Henie a créé 19 pirouettes différentes. Pour certaines, elle peut accomplir jusqu'à 80 tours à une vitesse qui galvanise et terrifie à la fois ses admirateurs. Plus tard, Hollywood en fait une vedette de spectacles. Vers la fin de sa vie, elle participera principalement au développement d'un musée et d'un centre culturel pour son pays.*

*L'épreuve de bobsleigh est disputée par des équipages de cinq bobeurs au lieu de quatre. Les États-Unis enlèvent l'or et l'argent et l'Allemagne le bronze. L'équipage américain réunit Nion Tocker, Charles Mason, Clifford Gray, Richard Parke et le pilote de 16 ans William Fiske – le plus jeune médaillé d'or américain des Jeux d'hiver. Pour la troisième fois, le Canada décroche la médaille d'or de hockey sur glace en battant la Suède et la Suisse.*

*À Saint-Moritz, sir Arnold Lunn de Grande-Bretagne réussit à convaincre les organisateurs d'inclure le ski alpin – la descente et le slalom – à titre d'essai. Huit ans plus tard, le combiné descente-slalom est inscrit officiellement au programme des Jeux.*

Site of the ski jump events.

*Tremplin de saut à ski.*

Ice hockey match between Canada (gold) and Switzerland (bronze).

Commemorative pins.

*Engagement lors du match de hockey opposant le Canada (or) et la Suisse (bronze).*

*Épinglettes commémoratives.*

Poster.

Diploma.

*Affiche.*

*Diplôme.*

OLYMPISCHE
SPIELE · 1928

AMSTERDAM

# IXE OLYMPIADE AMSTERDAM 1928





After three unsuccessful applications, Amsterdam was finally chosen to host the Olympic Games. For the first time, Baron de Coubertin, ill and aging, was unable to attend. In a letter read at the Opening Ceremonies, Coubertin expressed his regrets, "I thank those who have followed me and helped me to fight a forty-year war, not often easy and not always cleanly fought." He called upon the athletes and all others to "strongly and faithfully keep ever alive the flame of the revived Olympic spirit and maintain its guiding principles ... The great point is that everyone, from adolescent to adult, should cultivate and spread the true sporting spirit of spontaneous loyalty and chivalrous impartiality."

Coubertin could be proud of the efforts of the Dutch. The Amsterdam Games were attended by 2,971 athletes from a record 46 nations. There was a considerably increased participation by distant countries, and Germany, after a sixteen year absence, had returned to compete. To accommodate the Games, Amsterdam built a 40,000 seat stadium, and facilitated proceedings by introducing an easy-to-read results board and a 400m running track that would soon become standard. The Amsterdam Games inaugurated two important Olympic traditions: the release of doves as a symbol of peace, and the maintenance of the Olympic flame for the duration of the Games.

The 1928 Amsterdam Games were marked by great achievement for many of the countries, some of which were participating for the first time. Argentina won two gold medals in boxing and another in swimming. Uruguay earned a second soccer championship. Chile gained its first silver medal when Miguel Plaza won the marathon. Japan's Mikio Oda won the triple jump in track and field with a leap of 15.21m. Haiti's Silvio Cator won a silver in long jump. India captured its first gold medal in field hockey. Canada's 19-year-old Percy Williams surprised everyone by taking a double gold for the

*Après trois tentatives infructueuses, Amsterdam obtient enfin l'honneur d'accueillir les Jeux Olympiques. Pour la première fois, Pierre de Coubertin, âgé et malade, ne peut y assister et exprime ses regrets dans un message lu à la cérémonie d'ouverture : «Je remercie ... ceux qui m'ont suivi et successivement aidé dans la tâche poursuivie depuis quarante ans à travers tant d'embûches et d'hostilités.» Il demande à tous les athlètes et participants «de conserver et d'entretenir la flamme de l'Olympisme rénové et de maintenir les principes et les institutions qui lui sont nécessaires. ... L'important [étant] qu'à tous les degrés, de l'adolescent à l'homme mûr, on travaille à répandre l'esprit sportif fait de loyauté spontanée et de désintéressement chevaleresque.»*

*Coubertin peut être fier des efforts des Hollandais. Le nombre d'athlètes venus de pays lointains a considérablement augmenté et, après seize années d'absence, l'Allemagne participe de nouveau. En tout, 2 971 athlètes représentant 46 pays sont présents aux Jeux d'Amsterdam. Pour accueillir les Jeux, Amsterdam a bâti un stade de 40 000 places et contribue au bon déroulement des épreuves en inaugurant un tableau d'affichage géant et une piste de course de 400 m qui va bientôt devenir la norme. Les Jeux d'Amsterdam instaurent également des traditions importantes – le lâcher de colombes de la paix et la vasque olympique allumée pendant toute la durée des Jeux.*

*Les Jeux d'Amsterdam sont marqués par de grands exploits pour beaucoup de pays, dont certains participent pour la première fois. L'Argentine remporte deux médailles d'or en boxe et une troisième en natation. L'Uruguay enlève son second championnat de football. Miguel Plaza décroche la première médaille d'or du Chili au marathon. Le Japonais Mikio Oda devient médaillé d'or au triple saut en réalisant un bond de 15 m*

100m and 200m sprints. A virtual unknown when he left the starting line of the 100m final, Williams was four days later declared the world's fastest human. Two years later, clocked at 10.3 seconds, Williams set another record in the 100m.

In cycling, Henry Hansen of Denmark won the gold for his homeland in the individual road race, and France's Rene Beaufrand won the 1,000m. The Netherlands took the gold in the 2,000m tandem race, and Italy captured the 4,000m team pursuit and team road race. For the United States, competition at the Games had intensified, with more countries and athletes participating. Though they came out on top with 22 gold medals, this was a comedown from the 44 they had won at the previous Games. Clarence Houser, a California dentist, was able to bring home the gold again in discus throwing, as was Johnny Weissmuller in the 100m freestyle swimming event.

At the 1928 Games, 290 women registered, and major developments in women's competitions were implemented. For the first time women were allowed to compete in five track and field events, including sprints. The first race was the 100m, in which 17-year-old American Elizabeth Robinson won the gold medal, clocked at 12.2 seconds. Two Canadians, Fanny Rosenfeld (silver) and Ethel Smith (bronze) came in at 12.3 seconds. In the 400m relay Canada won the gold medal, posting a combined time of 48.4 seconds, four-tenths of a second faster than the American team. All women's events went smoothly until the 800m, when, toward the finish line, many of the competitors collapsed from exhaustion. There were outcries that women were not physically able to handle long distances, but the women themselves protested that all they lacked was proper training. However, all women's races over half a lap were banned until the 1964 Games. The infamous 800m race of 1928 was won by Germany's Lina Radke with a time 2:16.8. Japan's Kinue Hitomi came in second (2:17.6) and Sweden's Inga Gentzel finished third (2:17.8).

Women also competed in gymnastics for the first time in Amsterdam. The Netherlands came first in combined exercises, Italy second and Great Britain third. In the men's gymnastic events, the Swiss took nearly all the medals with the exception of a few won by Czechoslovakia, Yugoslavia and Italy. By 1928, the look of gymnastics was changing, and the Amsterdam Games in particular saw the emergence of some of the glamour and beauty that characterize the sport today.

*21. Le Haïtien Silvio Cator remporte l'argent au saut en longueur. L'Inde capture la première d'une longue série de médailles d'or en hockey sur gazon. Et le Canadien Percy Williams, alors âgé de dix-neuf ans, surprend tout le monde en raflant l'or au sprint, sur 100 m et 200 m. À peu près inconnu à la ligne de départ de la finale du 100 m, Williams est déclaré l'homme le plus rapide du monde quatre jours plus tard. Deux ans après, il devient le nouveau recordman du monde du 100 m en 10 secondes 3.*

*Le cycliste danois Henry Hansen est médaillé d'or de la course individuelle sur route et le Français René Beaufrand remporte la course de vitesse 1 000 m. Les Pays-Bas décrochent l'or dans l'épreuve tandem 2 000 m, et l'Italie conquiert l'or dans la poursuite par équipes (4 000 m) et la course sur route par équipes. Les États-Unis doivent redoubler d'efforts pour affronter le nombre élevé de pays et d'athlètes concurrents. Bien qu'ils dominent encore avec 22 médailles d'or, ce palmarès est bien inférieur aux 44 médailles des Jeux précédents. Comme en 1924, le dentiste californien Clarence Houser est de nouveau médaillé d'or au lancer du disque, tout comme Johnny Weissmuller dans l'épreuve du 100 m nage libre.*

*Deux cent quatre-vingt-dix femmes sont inscrites aux Jeux de 1928. L'athlétisme féminin réalise des progrès considérables. Pour la première fois, les athlètes ont le droit de participer à cinq épreuves d'athlétisme, y compris les sprints. La première course est le 100 m, remporté en 12 s 2 par une Américaine de 17 ans, Elizabeth Robinson. Les deux Canadiennes Fanny Rosenfeld (argent) et Ethel Smith (bronze) réalisent un chrono de 12 s 3. Au relais 400 m, le Canada décroche également l'or en affichant 48 s 4, soit 4/10 de seconde de moins que l'équipe américaine. Tout se déroule sans problème jusqu'au 800 m, où un grand nombre de concurrentes s'effondrent épuisées vers la ligne de l'arrivée. On en conclut que les femmes se sont pas faites pour les longues distances, mais les athlètes protestent en soulignant qu'elles n'ont pas été correctement préparées. Toutes les courses de plus d'un demi-demi tour de piste sont annulées jusqu'au Jeux de 1964. L'infâme 800 m de 1928 est remporté par l'Allemande Lina Radke en 2 min 16 s 8, suivie de la Japonaise Kinue Hitomi en 2 min 17 s 6 et de la Suédoise Inga Gentzel en 2 min 17 s 8.*

*Pour la première fois, les femmes participent également aux épreuves de gymnastique. L'équipe hollandaise se place en tête des exercices combinés, avec l'Italie en seconde place et la Grande-Bretagne en troisième place. Dans les épreuves de gymnastique messieurs, la Suisse rafle presque toutes les médailles à l'exception de quelques-unes remportées par la Tchécoslovaquie, la Yougoslavie et l'Italie. La gymnastique se transforme et à Amsterdam, on voit l'émergence de la grâce et de la beauté qui caractérisent aujourd'hui cette discipline.*

Example of track suit design worn by the Canadian 4 x 100m relay team (gold). (E.M. Smith, F. Rosenfeld, M.A. Cook, J. Thompson)

*Exemple de vêtements de sport portés par l'équipe canadienne médaillée d'or du 4 x 100 m (E.M. Smith, F. Rosenfeld, M.A. Cook, J. Thompson).*

The Olympic stadium.

*Le stade olympique.*

Olympic flag raising ceremony.

*Le drapeau est hissé au sommet du mât olympique.*

Official diploma awarded to Baron Pierre de Coubertin.

*Diplôme officiel remis au baron Pierre de Coubertin.*

Ribbon of Olympic Committee member.

Official medal (obverse and reverse sides shown).

*Ruban de membre du Comité International Olympique.*

*Médaille officielle – avers et revers.*

DIPLOMA

IXE OLYMPIADE
AMSTERDAM
1928

BARON P. DE COUBERTIN

EERE-VOORZITTER VAN DE SPELEN DER IXE OLYMPIADE

DE PRESIDENT VAN HET NEDERLANDSCH OLYMPISCH COMITÉ

DE PRESIDENT VAN HET INTERNATIONAAL OLYMPISCH COMITÉ

Olympic souvenirs include
playing cards and pins.

*Quelques articles souvenirs –*
*jeux de cartes et épinglettes.*

III Olympic
Winter Games

Lake Placid, USA
February 4-13, 1932

# III

Located in New York at an altitude of only 568m, Lake Placid was subject to a changeable climate. With a supply of snow transported from Canada, the newly established resort played host to the Olympic Winter Games. Franklin D. Roosevelt, governor of New York State, officially declared the Games open, and it is reported that First Lady Eleanor Roosevelt buckled on a safety helmet and went down the sled run. For the first time the British flag was carried in by a woman, and the number of female participants had increased to 21, from the mere 13 at the first Winter Games.

Of the 65 nations invited to compete at Lake Placid only 17 showed up, represented by 307 athletes. The economic climate was sombre: the stock market had collapsed and economic depression had engulfed the industrial nations. Nevertheless, thanks to live radio broadcasts by NBC from Lake Placid, the audience numbered in the millions. Within two weeks of the start of the Games, everyone knew where Lake Placid was and what was going on.

The skating competitions dominated the 1932 Winter Games. Norway's Sonja Henie, once again the youngest competitor, won her second gold medal with first place votes from all seven judges. Fritzi Burger of Austria placed second, as she had done in St. Moritz. In pairs skating, the 52-year-old American Joseph Savage, who partnered Gertrude Meredith, distinguished himself as the oldest contestant in Olympic history. The pairs skating event was won by a newly-wed couple, Pierre and Andree Brunet from France, champions in 1928. America's Sherwin Badger and Beatrix Loughran won the silver and Hungary's Emilie Rotter and Laszlo Szollas took the bronze. All of the figure skating events were held at an indoor arena for the first time. In the men's figure skating events, Austria's Karl Schaefer beat out the previous gold

*Situé dans l'État de New York à une altitude de 568 m seulement, Lake Placid est sujet aux caprices du climat. À grands renforts de neige transportée du Canada, la station nouvellement établie accueille les Jeux Olympiques d'hiver. Le gouverneur de l'État de New York, Franklin D. Roosevelt inaugure ces Jeux et on rapporte que son épouse Eleanor, casquée, s'est lancée sur la piste de bobsleigh. Pour la première fois, le drapeau britannique est porté par une athlète et le nombre de participantes est en hausse. Les Iers Jeux comptaient 13 concurrentes et les IIIes 21.*

*Soixante-cinq pays ont été invités mais 17 seulement, soit 307 athlètes, sont présents. Le climat économique est sombre. Les États-Unis ont été ébranlés par le krach de Wall Street et les pays industrialisés subissent encore la Crise de 1929. Pourtant, en 1932, grâce aux commentateurs de NBC dépêchés sur place, les spectateurs se chiffrent à plusieurs millions. En moins de deux semaines, tout le monde sait où se trouve Lake Placid et ce qui s'y passe.*

*Les épreuves de patinage tiennent la vedette. Une fois de plus, Sonja Henie est la plus jeune concurrente des Jeux. Classée première par les sept juges, elle remporte sa seconde médaille d'or. Comme à Saint-Moritz, l'Autrichienne Fritzi Burger décroche l'argent. Dans l'épreuve de patinage - couples, l'Américain de 52 ans Joseph Savage, qui a pour partenaire Gertrude Meredith, se distingue en devenant l'athlète le plus âgé de toute l'histoire. L'or est décerné à un couple de jeunes mariés, les Français Pierre et Andrée Brunet, déjà champions olympiques en 1928. Les Américains Sherwin Badger et Beatrix Loughran remportent la médaille d'argent, et les Hongrois Emilie Rotter et Laszlo Szollas la médaille de bronze. Pour la*

medallist, Swedish skater Gillis Grafstroem. It was the fourth and final Games for Grafstroem, who retired with a total of three gold medals and one silver.

Much to the chagrin of the Europeans, the USA took all four speedskating events. The Europeans attributed this triumph to American rules which forced all contestants to start at the same time. According to European rules, skaters raced in pairs, the fastest overall winning. In protest, Finland's four-time gold medallist Clas Thunberg refused to attend. The USA took all the golds and one silver, Canada took four bronze and one silver, and Norway took two silver medals. Although speedskating events were dominated by the USA, the Europeans evened the score by making a clean sweep in the Nordic skiing and ski jumping events. Sweden's Sven Utterstroem won the 18k cross-country run and Veli Saarinen of Finland won the 50k race. The Norwegians took all the ski-jump medals. Birger Ruud caused quite a stir among the crowd when he jumped 5.5 metres further than his compatriot Hans Beck, who had been leading by 5.0m up until then. In the combined event – a 15k cross-country race and a 70m jump – the winner was Johan Grottumsbraaten, who was taking part in his third and final Games. In the course of his Olympic career, the Norwegian athlete had accumulated three golds, one silver and two bronze.

Of the six bobsled medals, four of them went to USA. This was the year that the two-man bobsled event was offered for the first time. Americans had the advantage of having developed V-shaped runners which increased their speed. The day of the bobsled races, blizzard conditions necessitated postponement of the competition until after the official close of the Games. Spectators were delighted by a demonstration dog sled race, which was won by Canada's Emile St. Goddard. Another demonstration sport introduced was women's speed skating. Canada's Jean Wilson won the 500m, and Americans Elizabeth Dubois and Catherine Klein won the 1,000m and the 1,500m respectively. Women's speed skating events were not made official until 1960. There were altogether 14 sporting events at the Lake Placid Games, and by 1960 there would be 28.

Throughout their history, the Olympic Winter Games posters have always shown innovative design and graphic illustration. American artist Witold Gordon's poster for the 1932 Lake Placid Games (bold, black lettering and an Olympic skier against a pastel image of the western hemisphere) showcased quite admirably the trend of American design during the 30's era.

*première fois, toutes les épreuves se déroulent sur une patinoire couverte. Dans l'épreuve de patinage - messieurs, l'Autrichien Karl Schaefer triomphe de l'ancien médaillé d'or suédois Gillis Grafstoem. Ce sera la quatrième et dernière participation de Grafstroem, qui se retire des Jeux avec trois médailles d'or et une d'argent.*

*Au grand dam des Européens, les États-Unis remportent les quatre épreuves de patinage de vitesse. Les Européens attribuent ce triomphe au règlement américain qui fait partir tous les concurrents en même temps (alors qu'en Europe, les patineurs courent deux par deux – le plus rapide étant déclaré vainqueur). En signe de protestation, le Finlandais Clas Thunberg, quatre fois médaillé d'or, n'assiste pas aux Jeux. Les États-Unis récoltent toutes les médailles d'or et une d'argent, le Canada quatre médailles de bronze et une d'argent, et la Norvège deux médailles d'argent. Mais si les Américains dominent le patinage de vitesse, les Européens enlèvent toutes les épreuves de ski nordique et de saut à ski, une fois de plus. Le Suédois Sven Utterstroem remporte le 18 km et le Finlandais Veli Saarinen le 50 km. Les Norvégiens raflent toutes les médailles de saut à ski. Birger Ruud cause des émotions fortes aux spectateurs en dépassant de 5 m 5 son compatriote Hans Beck, qui devançait lui-même les autres concurrents de 5 m. Au combiné – la course de 15 km et le saut de 70 m – le vainqueur est Johan Grottumsbraaten, qui participe à ses troisièmes et derniers Jeux. Au cours de sa brillante carrière, il aura accumulé trois médailles d'or, une d'argent et deux de bronze.*

*Quatre des six médailles de bobsleigh vont aux États-Unis. Cette année-là, l'épreuve de bob à deux est présentée pour la première fois. Les Américains ont l'avantage d'avoir mis au point des patins en V qui leur permettent d'aller plus vite que tout le monde. Le jour des épreuves de bobsleigh, une terrible tempête de neige oblige les organisateurs à remettre la compétition après la clôture officielle des Jeux. Les spectateurs seront enchantés par une démonstration de course d'attelages de chiens remportée par le Canadien Émile St. Goddard. Le patinage de vitesse - dames est un autre sport de démonstration présenté aux Jeux de 1932. La Canadienne Jean Wilson remporte le 500 m et les Américaines Elizabeth Dubois et Catherine Klein le 1 000 m et le 1 500 respectivement. Cette discipline ne fera pas partie du programme officiel avant 1960. En tout, il y aura eu 14 épreuves aux Jeux de Lake Placid; en 1960, on n'en compterait pas moins de 28.*

*Tout au long de l'histoire olympique, les affiches des Jeux d'hiver se sont distinguées par leur conception innovatrice et leur qualité graphique. Avec son lettrage noir audacieux et la silhouette d'un skieur olympique se découpant sur le bleu pastel de l'hémisphère occidental, l'affiche que l'Américain Witold Gordon a dessinée pour les Jeux de 1932 illustre de façon assez remarquable le design américain des années trente.*

Opening ceremonies.

Commemorative pins.

*Cérémonie d'ouverture.*

*Épinglettes commémoratives.*

III Olympic Winter Games
Lake Placid
New York
February 4-13, 1932

Poster.

*Affiche.*

Postage stamp.

*Timbre-poste.*

Official diploma.

*Diplôme officiel.*

Olympic medal.

*Médaille olympique.*

Ribbon for Olympic Committee member.

*Ruban de membre du comité olympique.*

III OLYMPIC WINTER GAMES
LAKE PLACID 1932
DIPLOMA
awarded to

III OLYMPIC WINTER GAMES LAKE PLACID 1932

President
III Olympic Winter Games Committee
Godfrey Dewey

President
International Olympic Committee

AMERICAN BANK NOTE CO. LITHO.

OLYMPIC GAMES
JULY 30 1932 AUGUST 14
CALL TO
THE GAMES
OF THE
XTH OLYMPIAD
LOS ANGELES
CALIFORNIA
ALTIUS

Despite severe, worldwide economic depression, the city of Los Angeles was determined to celebrate the 1932 Olympics. As in the last North American Olympics, athletes from overseas would be few in number because of the high cost of travel. Much to their credit, the Los Angeles Olympic Committee, headed by William May Garland, sought out lower fares from steamship and railroad companies, and built the first Olympic Village (for men only), charging athletes only two dollars a day for room, board and local transportation. Even so, twenty nations sent their regrets. Many penniless athletes, in their determination to attend the Games, devised innovative ways to get there. The Brazilian team arrived on a ship loaded with coffee, which they hoped to barter to pay expenses. Unfortunately, they met with import restrictions, and only a few of the members were able to come ashore. Throughout the United States and Canada, many of the athletes made their way by train-hopping and panhandling.

For two exhilarating weeks the 1932 Olympics Games helped everyone forget about the Depression. Over 101,000 people attended the Opening Ceremonies in the Los Angeles Coliseum. The "Hollywood" atmosphere of the city made idols of the athletes, who for a time eclipsed film stars such as Douglas Fairbanks, Gary Cooper and Buster Keaton who were among the spectators. The introduction of the tri-level winners' podium must have enhanced the crowd's worship of the athletes. Announcer Bill Henry tried to calm the fervour of the fans with the admonishment "Remember, please, these people are our guests." If the fans were unruly who could blame them – it was an exciting time! Former world records were broken every day. In the 23 men's athletic events 20 Olympic records were set. There were new records set in track and field events, and in all seven of the women's events.

USA's Pete Mehringer won the gold medal in the 90kg freestyle wrestling match. Mehringer had never been coached – he came

*Malgré la crise économique mondiale, Los Angeles tient à célébrer les Jeux olympiques de 1932. Comme pour les derniers Jeux qui ont eu lieu en Amérique, la participation des athlètes européens sera compromise par l'absence de moyens et les coûts de voyage élevés. Notons que le Comité olympique de Los Angeles, dirigé par William May Garland, s'est efforcé d'obtenir des prix avantageux auprès des compagnies de navigation et de chemins de fer. Il a construit le premier village olympique (athlètes masculins) et demande 2 $ seulement de participation par jour, pension complète et frais de transport y compris. Malgré tout, vingt pays ne pourront être présents. Beaucoup d'athlètes feront preuve d'ingéniosité pour arriver à destination. L'équipe brésilienne voyage avec une cargaison de café qu'elle espère brader pour financer son séjour. Elle se heurte malheureusement à des restrictions à l'importation et seuls quelques athlètes réussiront à réaliser leur objectif. Partout aux États-Unis et au Canada, les athlètes voyagent dans les trains de marchandise et font la manche.*

*Pendant ces deux semaines enthousiasmantes, les Jeux olympiques de 1932 feront oublier la Crise. Plus de 101 000 personnes assistent à la cérémonie d'ouverture. Dans le climat hollywoodien de la ville, les athlètes éclipsent les stars – Douglas Fairbanks, Gary Cooper et Buster Keaton – pour devenir les étoiles du stade. L'introduction du podium à trois marches doit avoir contribué à renforcer l'ardeur de la foule. L'annonceur Bill Henry a fort à faire pour calmer les supporters : «S'il vous plaît, n'oubliez pas que ces athlètes sont nos invités.» Mais comment résister à de tels moments! Tous les jours, des records du monde sont pulvérisés; 20 records olympiques sont établis dans les 23 épreuves athlétiques pour hommes; on compte 16 records mondiaux en athlétisme et de nouveaux records dans les sept épreuves athlétiques féminines.*

from a small town in Kansas where he had learned wrestling through a correspondence course! Japan's Yasuji Miyazaki won the gold medal in the 100m freestyle men's swimming event and Masaji Kiyokawa took the gold in the 100m backstroke. Both men were on the Japanese 4 x 200m relay swim team that also captured gold, in a world record time of 8:58.4.

The legend of USA's Mildred "Babe" Didrikson began at the 1932 Games. Didrikson, 21 years old at the time, won a gold in the javelin event, another in the 80m hurdles and silver in the high jump. She lost a tie for first because her unorthodox jump violated the rules of that time. Her style incorporated diving head first, and though she protested that she had been consistent in her approach throughout the competition, her argument was rejected. At her first Olympics she had wanted to enter in more than three events but was told she could not. Babe excelled at everything she took on - shot put, javelin, broad jump, baseball, basketball, boxing and later in life, golf. Her accolades and achievements were legion. She was voted top woman athlete of the first half of the century by The Associated Press.

The 1932 Los Angeles Olympics marked the end of a decade of Finnish distance-running supremacy. A week before the Games, Paavo Nurmi learned that he would not be permitted to compete in the marathon, as he was not considered an amateur. The decision came after a three-year inquiry by the athletics federation into Nurmi's excessive expense payments. Nurmi attracted huge crowds wherever he ran, and to encourage him to compete, event organizers would offer him a generous cut of the gate admission. "My heart aches to end my career by winning the marathon," Nurmi pleaded. He could only watch as 19-year-old Juan Zabala of Argentina won the marathon in Olympic record time. While Nurmi sat, miserable, in the spectator stands, Jim Thorpe, stripped of his medals the year before, could not even afford the three dollar admission fee. Journalists took pity on him and invited Thorpe to sit in the press box.

Faithful to the ideals of Coubertin, who aspired to harmony between the physical and the spiritual, the Los Angeles Committee organized an arts festival featuring competitions in painting, music and writing. The official poster by Julio Kilenyi, who also designed the commemorative medal, was a superb exception to past Olympic posters. It depicted an ancient Greek athlete sent to announce the next Olympiad and request cessation of hostilities.

*Le lutteur américain Pete Mehringer remporte la médaille d'or 90 kg. Originaire d'une petite ville du Kansas, sans entraîneur, Mehringer a notamment perfectionné sa technique en suivant un cours par correspondance. Le Japonais Yasuji Miyazaki est médaillé d'or au 100 m nage libre et Masaji Kiyokawa au 100 m dos. Avec Hisakichi Toyoda, les deux hommes font partie de l'équipe japonaise du relai 4 x 200 m nage libre qui remportera l'or et établira un nouveau record du monde en 8 min 58 s 4.*

*La légende de l'Américaine Babe Didrikson commence également aux Jeux de 1932. Didrikson, alors âgée de 21 ans, remporte sa première médaille d'or au javelot, la seconde au 80 mètres haies et l'argent au saut en hauteur, perdant la première place ex-aequo à cause de son style peu orthodoxe. Elle proteste qu'elle a sauté de la même façon – en plongeant la tête en avant – pendant toute la durée de la compétition, mais son argument est rejeté. Aux cours de ses premiers Jeux Olympiques, elle n'a pas été autorisée à participer à plus de trois épreuves. Or Babe excelle dans toutes les disciplines – lancer du poids, javelot, saut en longueur, base-ball, basket, boxe et golf (comme elle l'a démontré plus tard). Son palmarès est exceptionnel. Elle sera votée athlète féminine de la première moitié du siècle par l'agence Associated Press.*

*Les Jeux de 1932 marquent la fin d'une décennie de domination par la Finlande dans les courses de fond. Une semaine avant l'ouverture, Paavo Nurmi apprend qu'il ne pourra participer au marathon. Cette décision couronne une enquête de trois ans qui porte sur les cachets excessifs de Nurmi. (À l'époque, les Jeux olympiques sont réservés aux sportifs amateurs.) Nurmi attirait toujours un public nombreux et, pour l'encourager à courir, les organisateurs avaient coutume de lui offrir une portion généreuse des recettes. «Je voudrais tellement terminer ma carrière en remportant le marathon», avait imploré Nurmi. Mais c'est en spectateur impuissant qu'il assiste à la victoire de l'Argentin Juan Zabala, le nouveau recordman olympique. Quant à Jim Thorpe, qui avait perdu ses médailles l'année précédente, il n'aurait même pas pu payer les trois dollars d'entrée et assister aux épreuves sans la générosité des journalistes qui l'ont invité dans la tribune de la presse.*

*Fidèle à l'idéal de Coubertin qui aspirait à l'harmonie entre le corps et l'esprit, le comité de Los Angeles a organisé un festival des arts et des concours à l'intention des peintres, des musiciens et des écrivains. L'affiche officielle, réalisée en couleur ocre par Julio Kilenyi – auteur de la médaille commémorative, se démarque superbement des affiches olympiques précédentes. Évoquant la tradition, elle représente un athlète grec chargé d'annoncer l'Olympiade suivante et d'exiger la cessation des hostilités.*

Opening ceremonies at the Los Angeles Memorial Coliseum. Compare with the 1984 Games on page 289.

Olympic stadium at night.

*Cérémonie d'ouverture des Jeux Olympiques de Los Angeles au Memorial Coliseum. (À comparer à celle des J.O. de 1984, page 289.)*

*Le stade olympique de nuit.*

The President of the International Olympic Committee, Baillet-Latour declares the 1932 Games closed.

*Le président du CIO, le comte Baillet-Latour, prononce le discours de clôture des Jeux de 1932.*

Mickey Mouse inspects the new stadium.

*Mickey Mouse inspecte le nouveau stade olympique.*

The German delegation arriving at Los Angeles City hall.

Car at a gas pump at the entrance to the Stadium.

*Arrivée de la délégation allemande à l'Hôtel de ville de Los Angeles.*

*Voiture devant une pompe à essence, à l'entrée du Stade.*

Building and street decorations in Los Angeles – time and creativity would eventually change the "Look of the Games". See the 1984 Los Angeles Games.

*Voici Los Angeles pavoisée – le temps et l'imagination transformeront l'apparence des Jeux. (Voir Los Angeles en 1984.)*

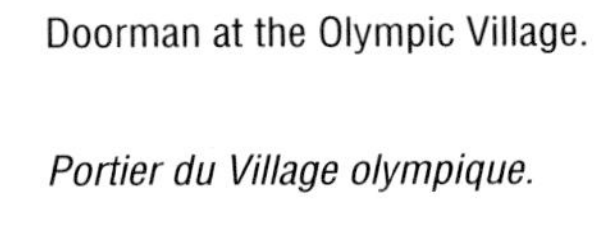

Doorman at the Olympic Village.

*Portier du Village olympique.*

Billboards by sponsors of the Games.

Hugo Ballin's huge medallion being raised to its place on the face of the stadium.

*Deux panneaux publicitaires sur le thème des J.O.*

*Mise en place du médaillon géant de Hugo Ballin, à l'entrée du stade.*

Various publication covers.

*Quelques couvertures traitant des Jeux Olympiques.*

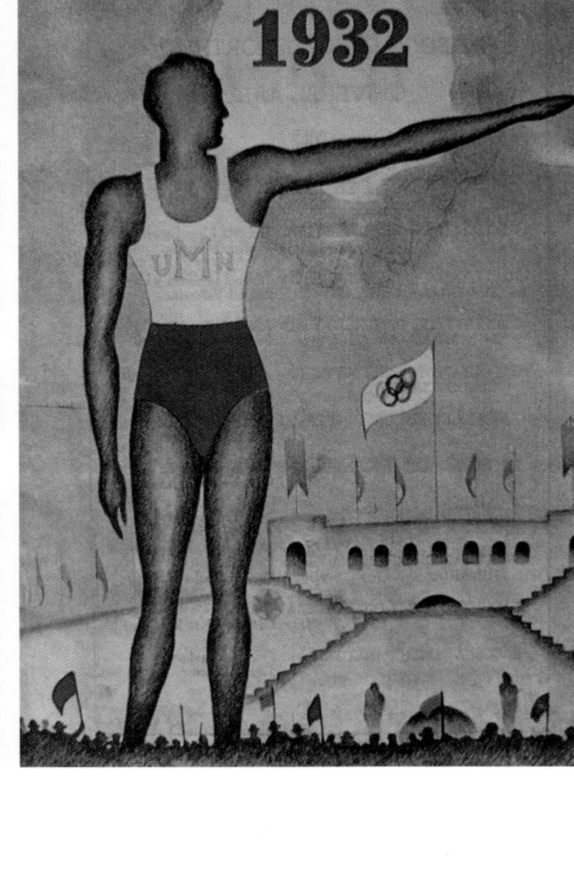

Guide map.

*Carte itinéraire.*

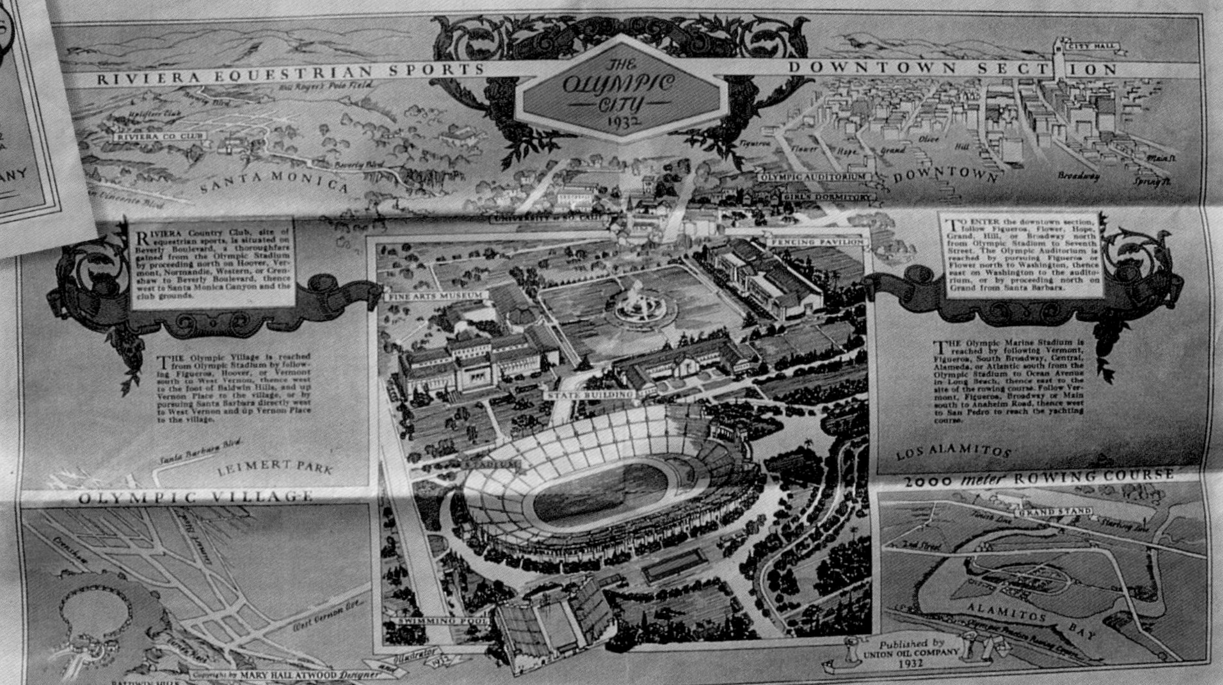

Envelope sticker.

*Vignette autocollante.*

Event ticket.

*Billet d'entrée.*

Xth OLYMPIAD LOS ANGELES
1932
AUTO PASS
Chief of Police City of Los Angeles
Traffic Manager, Xth Olympiade Committee
Not valid unless signed by person to whom this privilege is granted.
No 821
6
OLYMPIC STADIUM PARKING AREA

Parking permit sticker.

*Permis de stationnement autocollant.*

Commemorative playing cards.

Automobile registration plate.

Two examples of stationery.

*Jeu de cartes souvenir.*

*Plaque d'immatriculation.*

*Exemples d'en-tête et d'enveloppe.*

Diploma.

Events calendar.

*Diplôme.*

*Calendrier des J.O.*

Various oficial ribbons, commemorative pins, Olympic medal and cloth badges.

*Quelques rubans honorifiques, épinglettes-souvenirs, insignes en tissu et médailles olympiques.*

LUDWIG·HOHLWEIN MÜNCHEN
ALLEMAGNE 1936
IVES JEUX OLYMPIQUES D'HIVER
GARMISCH-PARTENKIRCHEN
DU 6 AU 16 FEVRIER 1936
COMITÉ D'ORGANISATION DES IVES JEUX OLYMPIQUES D'HIVER 1936
GARMISCH-PARTENKIRCHEN (BAVIÈRE)

**W**ith half a million paying spectators in attendance, this Olympic celebration was one of the most popular to date. The twin villages of Garmisch-Partenkirchen in the Bavarian Alps welcomed up to 500,000 visitors daily. Trains from Munich were scheduled 10 minutes apart, and many thousands came from the Innsbruck area as well. Weather conditions could not have been more perfect. It had rained up until the eve of opening, but the Games took place under ideal conditions of snow and ice, and the rain resumed only after the closing celebration. There were 28 countries represented by 755 competitors, 81 of whom were women. Of the 47 medals won, 28 were taken by Norway, Sweden and Finland, 12 by USA, 6 by Germany, 3 by the Swiss, and 3 by Great Britain. There were now 17 official sporting events on the Olympic programme.

Norway's Sonja Henie skated flawlessly to her fourth and final gold medal. She had started competing when she was 11, and now at the age of 24, was ending her Olympic career. Her talent and worldwide celebrity would serve her well during her career as professional skater and film star. Sonja Henie's last gold, however, was not an easy win. Great Britain's 15 year old Cecilia Colledge had also started competing at the age of 11, and her score was just 3.6 behind that of her role model. Henie barely edged ahead of Colledge in the freestyle segment of the contest to win her Olympic title. The men's figure skating event gave Austria two medals, with Karl Schafer winning yet another gold and Felix Kasper winning the bronze. Germany's Ernst Baier took the silver in the men's singles. Baier also took the gold medal, with partner Maxi Herber, in the pairs skating competition. Austria won the silver and Hungary the bronze.

In speed skating Ivar Ballangrud from Norway took three golds in the 500m, 5000m and 10,000m races and a silver in the 1,500 event. Finnish athletes took the second most medals, with two

***A**vec un demi-million de spectateurs, les Jeux Olympiques d'hiver de 1936 comptent encore parmi les Jeux les plus populaires. Situés dans les Alpes bavaroises, à proximité d'une grande ville, les deux villages de Garmisch et Partenkirchen accueilleront chaque jour des foules nombreuses. Au départ de Munich, les trains se suivent à dix minutes d'intervalle et des milliers de personnes affluent également de la région d'Innsbruck. Les conditions météorologiques sont idéales. Il a plu régulièrement jusqu'à la veille de l'ouverture, mais les Jeux vont se dérouler sous le givre et la glace, et la pluie reprendra après les festivités de clôture. Vingt-huit pays y sont représentés par 755 athlètes, dont 81 femmes. Des 47 médailles remises, 28 le sont à la Norvège, la Suède et la Finlande, 12 aux États-Unis, 6 à l'Allemagne, 3 à la Suisse et 3 à la Grande-Bretagne. Dix-sept épreuves figurent au programme officiel des Jeux.*

*La Norvégienne Sonja Henie remporte sa quatrième et dernière médaille d'or. Elle avait commencé à participer aux Jeux à l'âge de 11 ans, elle a désormais 24 ans. Son talent et sa célébrité assurent le succès de sa carrière de patineuse professionnelle et d'étoile de cinéma. Mais cette dernière médaille ne sera pas facile à décrocher. La Britannique de 15 ans Cecilia Colledge a commencé elle aussi à concourir à 11 ans; et elle termine à 3,6 points seulement de son modèle. Henie la dépasse de justesse dans le programme de style libre pour conquérir le titre olympique. Dans l'épreuve de patinage artistique - messieurs, l'Autriche remporte deux médailles – Karl Schafer gagnant une seconde médaille d'or et Felix Kasper le bronze. L'Allemand Ernst Baier enlève l'argent. Baier décroche également l'or avec Maxi Herber dans l'épreuve couples. L'Autriche remporte l'argent et la Hongrie le bronze.*

*Et en patinage de vitesse? Le Norvégien Ivar Ballangrud décroche l'or au 500 m, au 5 000 m et au 10 000 m, et l'argent au*

silvers and one bronze. USA won the gold and bronze in the two-man bobsled event and the Swiss, with driver Fritz Feierabend, earned the silver medal. Three new events were added to the Winter Olympic roster: the Nordic 40k cross-country relay, and the Alpine combined in both men's and women's competition. Finland won the 40k relay by six-tenths of a second over Norway, and Sweden won the bronze. The Alpine combined consisted of a downhill and a slalom race and Germany's Christl Cranz and Kathe Grasegger took the gold and silver in the women's contest. Norway's Laila Schou-Nielsen won the bronze. Germany also won gold and silver in the men's event, and France finished third.

One of the big surprises was Britain's ice hockey win. Canada had enjoyed a long reign as the only gold medallist in the sport since its introduction four Olympiads before. They would reign again in 1948 and 1952, but the ice hockey competition of 1936 belonged to Great Britain. A major uproar accompanied the revelation that the British 13-man team was made up of 11 Canadian-born players! All 11 men had qualified to play for Britain under the residency rules of the international hockey federation, but Canada protested that the Canadians belonged on the Canadian team. The British threatened to withdraw from all Olympic events unless the team they registered could play. Canada's appeal was overturned, and the final results were Great Britain, gold, Canada, silver and USA, bronze. It was Canadian-born goalie Jimmy Foster who won the gold for Great Britain. Considered one of the world's best hockey players, Foster allowed only three goals during the seven games. Shortly before the 1936 Winter Games began, Hitler recalled Rudi Ball, a Jew, from a self-imposed exile in France. Ball had been the best player on the 1932 bronze German ice hockey team. Hitler also recalled one other Jewish athlete to compete as a German in the Games.

Garmisch-Partenkirchen was, in a sense, a dress rehearsal for the Berlin Games. Hitler's soldiers and Nazi propaganda were omnipresent. The promotional art featured the same stern Aryan characteristics that would appear in the graphics for the 1936 Berlin Games. Just before the start of the Games, with racist signs everywhere, IOC President Henri Baillet-Latour had to insist that unless the offensive material were removed there would be no Olympics. Hitler complied but was extremely pleased that, by the end of the Games, all winners at Garmisch-Partenkirchen were Aryan. He continued his relentless campaign of propaganda in preparation for the Games that would take place in Berlin.

Baron Pierre de Coubertin did not attend the fourth Winter Olympics. A year later, in 1937, he died of a heart attack, and in accordance with his wishes, his heart was placed at Olympia.

*1 500 m. La Finlande est ensuite le pays le plus médaillé en remportant deux fois l'argent et une fois le bronze. Les États-Unis gagnent l'or et le bronze dans l'épreuve du bob à deux, et la Suisse reçoit la médaille d'argent grâce à son pilote Fritz Feierabend. Trois nouvelles épreuves figurent au programme des Jeux d'hiver : le fond hommes relais 4 x 10 km, et le combiné descente-slalom – messieurs et dames. La Finlande remporte l'or au 40 km avec une avance de 6/10 de seconde devant la Norvège, et la Suède gagne le bronze. Au combiné, les Allemandes Christl Cranz et Kathe Grasegger décrochent l'or et l'argent, et la Norvégienne Laila Schou-Nielsen le bronze. L'Allemagne remporte également l'or et l'argent dans l'épreuve messieurs et la France termine troisième.*

*La victoire britannique au hockey sur glace reste une des grandes surprises des Jeux, le Canada ayant jusque-là dominé cette discipline olympique. Il retrouvera d'ailleurs sa suprématie en 1948 et 1952. Scandale, cependant, quand on découvre que l'équipe britannique de 13 hommes compte 11 joueurs canadiens! D'après le règlement de la Fédération internationale de hockey, les 11 athlètes ont en effet le droit de défendre les couleurs britanniques, mais le Canada n'en proteste pas moins... Les Britanniques menacent de se retirer de toutes les épreuves olympiques, à moins que leur équipe ne puisse jouer. Le Canada est donc réduit au silence et la Grande-Bretagne termine avec l'or, le Canada l'argent et les États-Unis le bronze. En fait, c'est le gardien de but canadien Jimmy Foster qui a assuré la victoire à la Grande-Bretagne. Classé parmi les meilleurs joueurs de hockey du monde, Foster n'a concédé que trois buts durant les sept matchs. Peu avant l'ouverture des Jeux de 1936, Hitler a rappelé Rudi Ball, qui était Juif, de l'exile qu'il s'était imposé en France. Ball avait été le meilleur joueur de l'équipe allemande médaillée de bronze en 1932. Hitler a également fait appel à un autre athlète juif pour lui demander de participer aux Jeux en tant que citoyen allemand.*

*À certains égards, Garmisch-Partenkirchen est la répétition générale des Jeux de Berlin. Hitler et ses partisans nazis sont présents dans le stade et diffusent activement leur propagande. Hitler a prononcé le discours d'inauguration des Jeux. Comme pour Berlin, l'art graphique véhicule les qualités aryennes chères au régime. Peu avant les Jeux, le président du CIO, Henri Baillet-Latour a dû insister pour que les nombreux panneaux xénophobes disparaissent – sans quoi pas de Jeux, avait-il annoncé. Hitler a fini par obtempérer mais il est extrêmement satisfait, à la fin des épreuves, que tous les vainqueurs de Garmisch-Partenkirchen soient de race aryenne. Il poursuit sa propagande sans relâche en préparation des Jeux de 1936, qui auront lieu à Berlin.*

*Le baron Pierre de Coubertin n'assiste pas aux IV^es^ Jeux Olympiques d'hiver. Un an plus tard, en 1937, il meurt d'une crise cardiaque. Conformément à ses voeux, son coeur repose à Olympie.*

Nazi emblems dominated the Olympic rings at the 1936 Games.

*La croix gammée dominait les anneaux olympiques aux Jeux de 1936.*

Entrance to the Ice Palace.

Arrival of Adolf Hitler in Garmisch.

*Entrée du Palais de la Glace.*

*Arrivée d'Adolf Hitler à Garmisch.*

Hitler and officials at the grandstand.

Hitler dans la tribune officielle.

For the first time in the Winter Games history, the Olympic flame is lit.

The German ski team walk through streets adorned with simple village decorations.

*Pour la première fois dans l'histoire des Jeux d'hiver, la flamme olympique est allumée.*

*Les skieurs allemands se promènent dans les rues ornées de décorations rustiques.*

Postage stamp.

Ski jump site.

Official diploma.

Commemorative pins.

Olympic medal.

*Timbre-poste.*

*Les tremplins de saut à ski.*

*Diplôme officiel.*

*Épinglettes commémoratives.*

*Médaille olympique.*

1 9 3 6

GARMISCH-PARTENKIRCHEN

IV. OLYMPISCHE WINTERSPIELE
GARMISCH-PARTENKIRCHEN
6.-16. FEBRUAR 1936

ERSTER
VIERER/BOB
SCHWEIZ
MUSY/GARTMANN/BOUVIER/BEERLI
GOLDENE PLAKETTE

DAS ORGANISATIONSKOMITEE FÜR DIE IV. OLYMPISCHEN WINTERSPIELE 1936 E.V.

DAS INTERNATIONALE OLYMPISCHE KOMITEE

WÜRBEL
GERMANY
BERLIN-1936
1st-16th AUGUST
OLYMPIC GAMES

# XI

In 1931, when the IOC had voted to award the Olympic Games to Berlin, they could not forsee the ambitions of the Third Reich. They never imagined that Hitler, elected in 1932, would use the Olympics as a forum for National Socialist propaganda. An excessive print-run of 243,000 posters in 19 languages was the first hint of a suspicious agenda. Most of the artwork for the 1936 Games featured Aryan characteristics and Nazi gestures and symbols.

In March of 1936, Hitler sent troops to repossess the demilitarized Rhineland. The Western Allies, led by Britain and France, considered a boycott of the Games. The American team was also contemplating withdrawal to protest anti-Semitism. In 1935, when Hitler proclaimed the Nuremberg Laws which deprived Jews of their German citizenship, many Jews had emigrated to the United States with stories of Nazi terrorism. Avery Brundage, head of the United States Olympic Committee, insisted then, as he would on many occasions, that politics must not interfere with the conduct of the Olympic Games.

Amid Nazi swastikas, swarms of uniformed soldiers and chants of "Sieg Heil!" the Games began. Hitler, very much in attendance, personally congratulated the first three winners, who were all of Aryan stock. Hans Woellke, a German policeman, won the shot put competition, followed by Sulo Barlund of Finland and Gerhard Stock, another German. However when African-Americans Cornelius Johnson and David Albritton climbed the victory stand for first and second place in high jump, Hitler was nowhere to be found. The following day, Count Latour, president of the IOC, sent a message to Hitler saying that unless he was willing to congratulate every winner, he should not recognize any. Following this ultimatum, Hitler may have resorted to congratulating German winners under the stands, out of sight of the crowd.

*En 1931, quand il décide que Berlin sera la ville organisatrice des prochains Jeux, le CIO ne peut imaginer les intentions du III^e Reich. Il ne peut savoir que Hitler, élu un an plus tard, fera de la manifestation pacifique un outil de propagande nazi. À cet égard, notons que l'affiche des Jeux sera tirée en 243 000 exemplaires et en 19 langues. La plupart des réalisations graphiques traitant des Jeux Olympiques de Berlin reprennent les caractéristiques aryennes, la gestuelle et les symboles nazis.*

*En mars 1936, Hitler réoccupe la Rhénanie, démilitarisée à la suite du traité de Versailles. Les Alliés, la Grande-Bretagne et la France en tête, envisagent de boycotter les Jeux. L'équipe américaine songe également à ne pas participer pour s'élever contre l'anti-sémitisme. En 1935, Hitler a fait adopter les lois de Nuremberg privant les Juifs de la citoyenneté allemande. Cette mesure provoque un premier mouvement d'émigration vers les États-Unis. Le monde entend parler du terrorisme nazi. Avery Brundage, le président du Comité olympique des États-Unis insiste alors, comme il le fera en de nombreuses occasions, pour que la politique ne perturbe pas la tenue des Jeux Olympiques.*

*Les Jeux commencent parmi les croix gammées, les soldats en uniforme et aux cris de Sieg Heil! Très présent, Hitler félicite personnellement les trois premiers médaillés. Le policier allemand Hans Woellke triomphe au lancer de poids, suivi du Finlandais Sulo Barlund et de l'Allemand Gerhard Stock. Mais quand les Noirs américains Cornelius Johnson et David Albritton remportent l'or et l'argent à l'épreuve du saut en hauteur, Hitler se fait invisible – bien évidemment. Le jour suivant, le comte Latour, président du CIO, envoie un message à Hitler le priant de féliciter tous les vainqueurs ou de n'en*

Hitler imagined that the Olympics would demonstrate the supremacy of the Aryan race, but the superman of the Games was not blond and blue-eyed. He was legendary African-American athlete, Jesse Owens, who picked up four gold medals, setting records in the 200m dash, the broad jump, and the 400m relay. The day of Jesse Owens' big win, August 4, was affectionately dubbed "Black Tuesday" by his fans. The paradox of the 1936 Berlin Games was probably best expressed by silver medallist Mathew Robinson and his older brother Jackie, of baseball fame: "In Germany people treated us very well, and on the rest of the tour of that summer, at other track meets in Norway and England, we were held in high esteem. What was difficult was returning to the United States and again having to sit at the back of the bus as second class citizens."

In 1913 when Baron Pierre de Coubertin designed the Olympic symbol, the five coloured rings on white background were intended to represent the fraternity of all nations. The 1936 Games inaugurated the tradition of Olympic pageantry, but distorted Olympic ideals by flying the swastikas and the Olympic flag side by side. Berlin did however experience several memorable moments. For the first time, the Olympic flame was brought by torch relay from the temple of Zeus. It was carried by 3,000 runners, through seven countries. The Games were aired on closed-circuit television, allowing fans unable to attend to share the excitement. The events were well organized. The stadium first built for the cancelled 1916 Games was renovated and improved and surrounded by new stadia and practice facilities. For the benefit of some 3,000 journalists present, 14 languages were used in reporting. The latest technology for timing sporting events was installed. The Olympic Village was the best to date, with 38 dining halls and a separate women's complex near the stadium.

France saw a breakthrough in cycling: Robert Charpentier won a gold in the men's individual road race, and Guy Lapebie took silver. Together with Jean Goujon and Roger Le Nizerhy, they won the men's 4,000m team pursuit. Basketball and canoeing gained official status as Olympic events. Lack of indoor facilities forced the basketball event to be played outdoors. The American team captured the gold, thus beginning a 50 year tradition. Austria, the Netherlands, Germany, Czechoslovakia and Sweden distinguished themselves in canoeing. Canada came away with a silver, bronze, and Francis Amyot's gold medal in canoeing.

*reconnaître aucun. On suppose qu'après cet ultimatum, Hitler se contente de féliciter les médaillés allemands sous les gradins, loin des regards des spectateurs.*

*Hitler pensait bien que les Jeux olympiques démontreraient la suprématie de la race aryenne. Mais le dieu du stade ne sera pas blond. Ce sera le légendaire Jesse Owens, quatre fois médaillé d'or et détenteur de records au 200 m, au saut en longueur et au relais 400 m. Le mardi 4 août sera affectueusement baptisé le Mardi noir. Mathew Robinson et son illustre frère aîné, Jackie Robinson, champion de base-ball, expriment peut-être le mieux le paradoxe des Jeux de Berlin. «À Berlin, nous avons été très bien traités par tout le monde; et le reste de cet été-là, aux autres compétitions sportives qui ont eu lieu en Norvège et en Angleterre, nous étions très estimés. C'est le retour aux États-Unis qui a été pénible, et l'obligation de se retrouver de nouveau relégués au fond du bus, en citoyens de seconde classe.»*

*En 1913, le baron Pierre de Coubertin avait créé le drapeau olympique. Les cinq anneaux de couleur sur fond blanc devaient symboliser la fraternité entre tous les peuples, sans exception. Les Jeux de 1936 allaient hélas marquer le début d'un certain détournement idéologique – la croix gammée et le drapeau olympique flottant côte à côte.*

*Mais Berlin allait aussi connaître d'autres moments. Pour la première fois, la flamme olympique part du temple de Zeus. Elle est portée de ville en ville par 3 000 relayeurs, à travers sept pays. Les Jeux sont retransmis en circuit fermé, pour le plaisir de ceux qui ne peuvent être présents dans le stade. Les épreuves sont bien organisées. Le stade, initialement construit pour les Jeux annulés de 1916 a été rénové et amélioré. Les communiqués sont diffusés en 14 langues au profit des quelque 3000 journalistes participants. De tout nouveaux dispositifs de chronométrage ont été installés. Le village olympique surpasse toutes les installations antérieures. Il ne compte pas moins de 38 réfectoires et les femmes ont leurs propres locaux à proximité du stade.*

*La France connaît la gloire en cyclisme. Robert Charpentier gagne l'or en poursuite individuelle sur route, suivi du médaillé d'argent Guy Lapebie. Avec Jean Goujon et Roger Le Nizerhy, ils remportent la poursuite du 4 000 m par équipes. Le basket et l'aviron accèdent au statut de sports olympiques. Faute de local approprié, l'épreuve de basket est disputée à l'extérieur. L'équipe américaine capture l'or, entamant ainsi une tradition vieille de 50 ans. L'Autriche, les Pays-Bas, l'Allemagne, la Tchécoslovaquie et la Suède se distinguent à l'aviron. Le Canada obtient une médaille d'argent, une médaille de bronze, et une médaille d'or grâce à Francis Amyot en canoë monoplace 1 000 m.*

Opening ceremonies began with the arrival of the torch runner.

*Le porteur de la flamme olympique entre dans le stade.*

The Olympic bell measuring 2.8m in diameter and 4.8m high. The inscription reads “I call the youth of the world”.

*Voici la cloche olympique – 2,8 m de diamètre et 4,8 m de haut. Elle portait l’inscription: «J’appelle la jeunesse du monde.»*

The 1936 Olympic torch.

*Le flambeau olympique de 1936.*

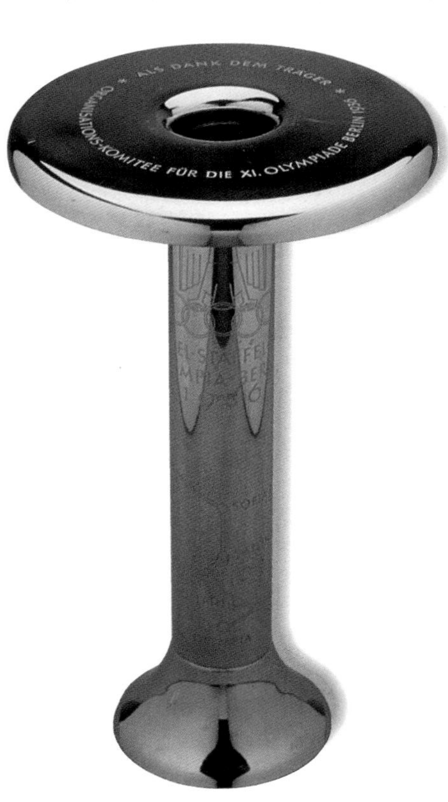

The Olympic torch on its way to the stadium.

Athletes preparing for the first ever torch relay.

Map indicating route of torch relay.

*Le porteur du flambeau se dirige vers le stade olympique.*

*Les athlètes se préparent au tout premier relais du flambeau olympique.*

*Itinéraire du relais du flambeau olympique.*

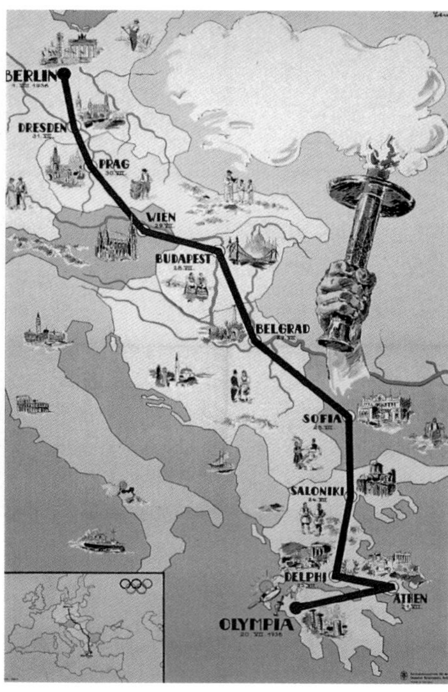

Poster for the German people to prepare them for the Games in Berlin.

*Affiche destinée à préparer l'opinion aux Jeux de Berlin.*

A rare print of the pictograms used. This is probably the first well-designed set of graphics used at the Olympics.

*Document unique réunissant les pictogrammes utilisés au XI^es J.O. Il s'agit probablement de la première création graphique de ce type.*

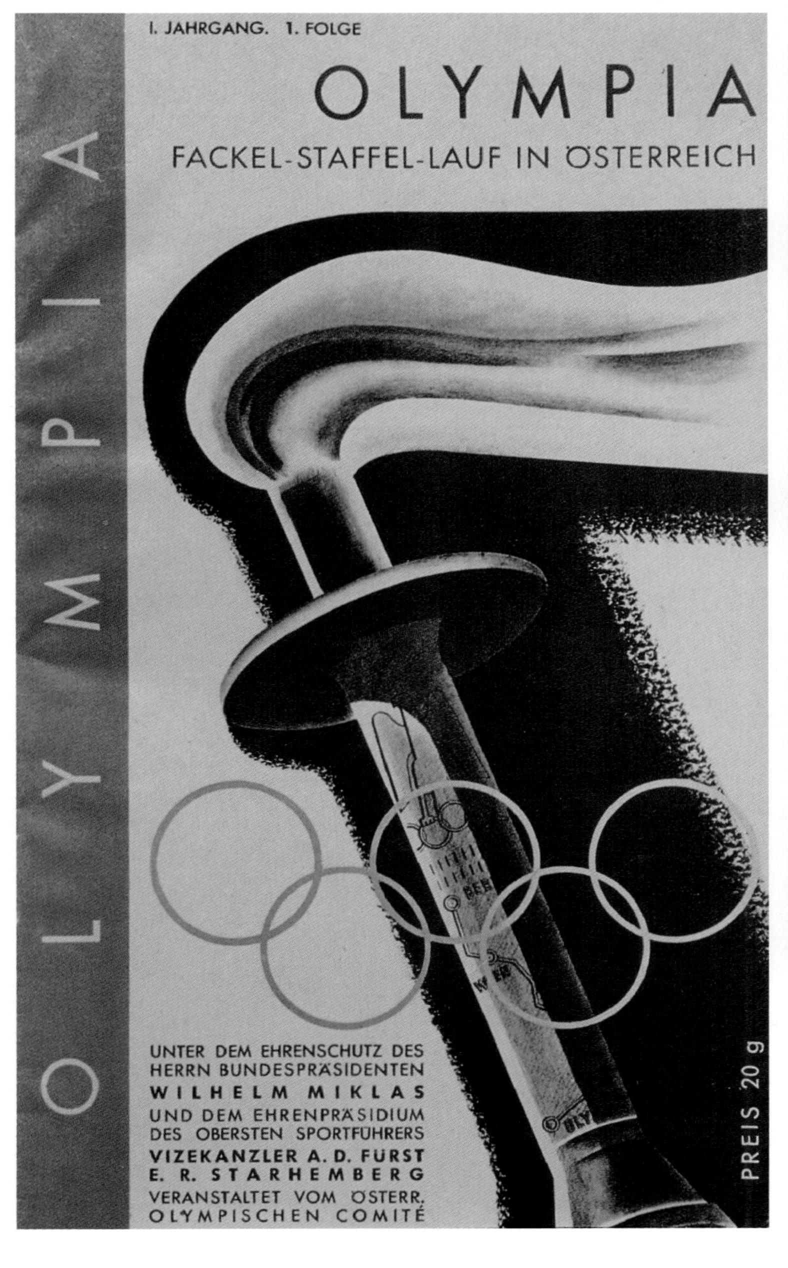


Cover of a brochure outlining the route of the torch relay.

*Couverture d'une brochure illustrant le parcours du flambeau olympique.*

Poster for the yachting events.

Diplomas and postcard.

*Affiche des épreuves de yachting.*

*Diplômes et carte postale.*

BVG

Der Arbeitskamerad
Wilhelm Seeger
war in der Zeit der
XI. Olympischen Spiele

Berlin, 1.–16. August 1936

im Dienste der Berliner Verkehrs-Aktiengesellschaft tätig.
Dank der Arbeits- und Verantwortungsfreudigkeit jedes einzelnen konnte die der BVG zufallende große Verkehrsaufgabe reibungslos gelöst werden.
Aufsichtsrat und Vorstand der BVG sprechen Ihnen hiermit Dank und Anerkennung aus.

Berliner Verkehrs-Aktiengesellschaft

Der Vorsitzende des Aufsichtsrats:
Der Betriebsführer:

URKUNDE

ÜBER DIE TEILNAHME AN DEM
FACKEL-STAFFEL-LAUF
OLYMPIA-BERLIN
20.VII. – 1.VIII. 1936.

JUC. Karel Němec
člen J.V.S. v Jindř. Hradci

ORGANISATIONSKOMITEE FÜR
DIE XI. OLYMPIADE BERLIN 1936

PRÄSIDENT

Map of the Olympic site.

Diploma.

*Plan des installations olympiques.*

*Diplôme.*

Diploma.

"Welcome to the Olympic Village" athletes message from the Reichs Minister of War, Field Marshal Von Blomberg.

*Diplôme.*

*«Bienvenue au village olympique», message du ministre de la Guerre du Reich, le feld-maréchal von Blomberg.*





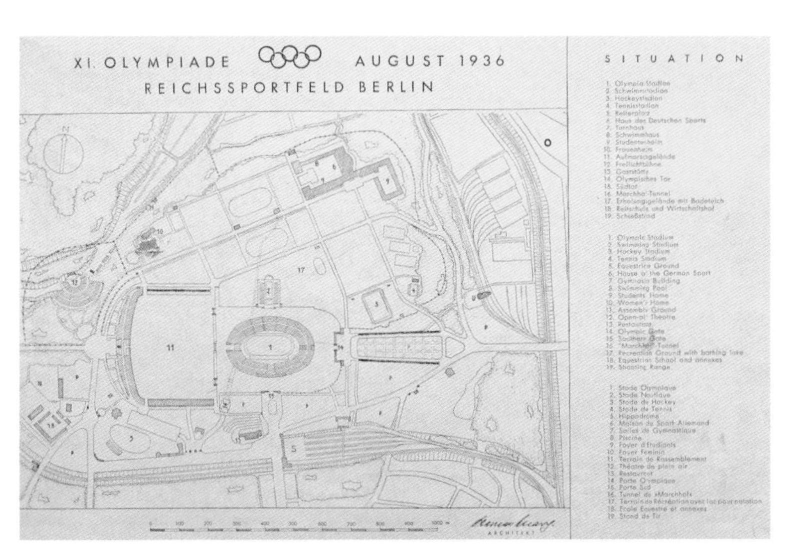


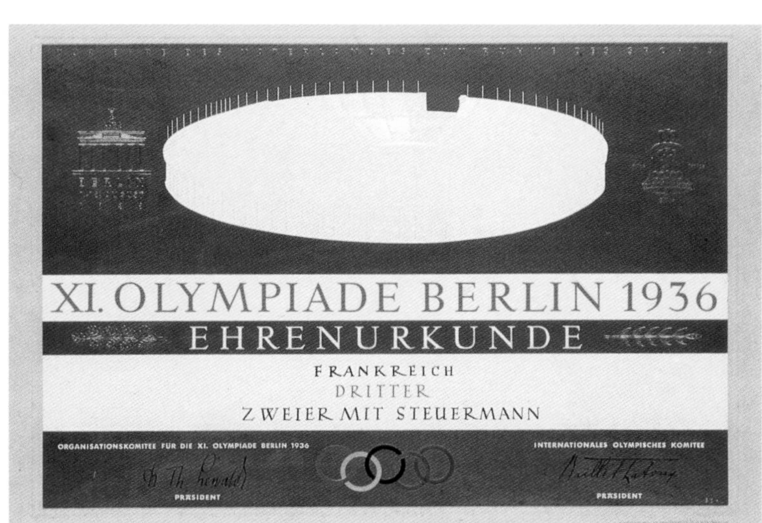


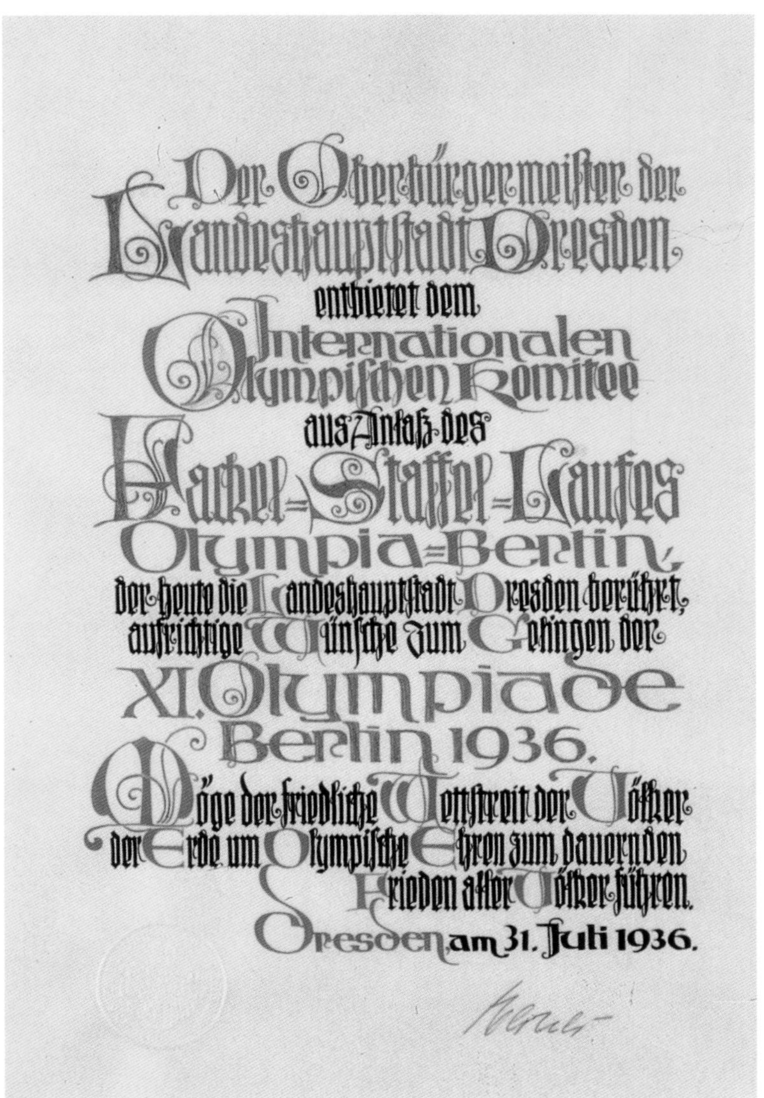

Der Oberbürgermeister der Landeshauptstadt Dresden entbietet dem Internationalen Olympischen Komitee aus Anlaß des Fackel-Staffel-Laufes Olympia-Berlin, der heute die Landeshauptstadt Dresden berührt, aufrichtige Wünsche zum Gelingen der XI. Olympiade Berlin 1936. Möge der friedliche Wettstreit der Völker der Erde um Olympische Ehren zum dauernden Frieden aller Völker führen.

Dresden am 31. Juli 1936.

**Welcome to the Olympic Village!**

Here is your home for the immediate future. Here your friends and fellow-competitors reside, a community of comrades serving the same ideal and rejoicing to see you, to live with you and to enjoy cheerful social hours along with you.

All has been created with the aim of serving your welfare, and the orders and regulations have been drawn up with careful thought for your sake so as to assure for each of you the undisturbed enjoyment of this home. The Olympic flags, including the flag of your country, wave over this Village. The bells each morning ring out the Olympic Hymn.

May the Olympic spirit and Olympic peace rule here from the first day to the last.

Help us to preserve and honour this peace.

The Village has been built by the German Army for the Olympic Games. For the Army, inspired with love of sport and loyal to the Olympic ideal, this has been a joyous task. The German Army joins with the German nation in bidding you a hearty welcome!

Reichs Minister of War
von Blomberg
Field Marshal

The President of the Organizing Committee
for the XIth Olympic Games, Berlin, 1936
Dr. Th. Lewald

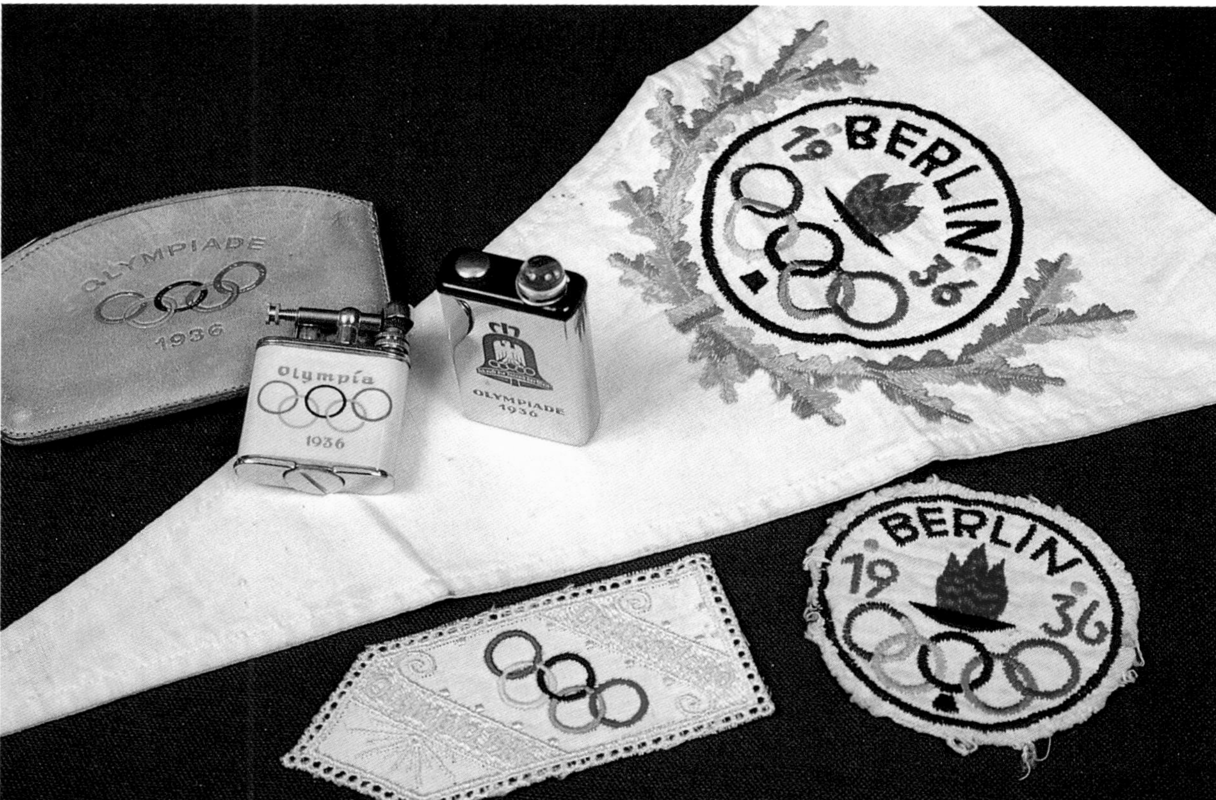

Souvenir gifts, awards and medals.

*Souvenirs, récompenses et médailles.*

Olympic medal and
commemorative pins.

*Médaille olympique et
épinglettes commémoratives.*

FOTO KEERL
JEUX OLYMPIQUES D'HIVER
1948 ST MORITZ SUISSE

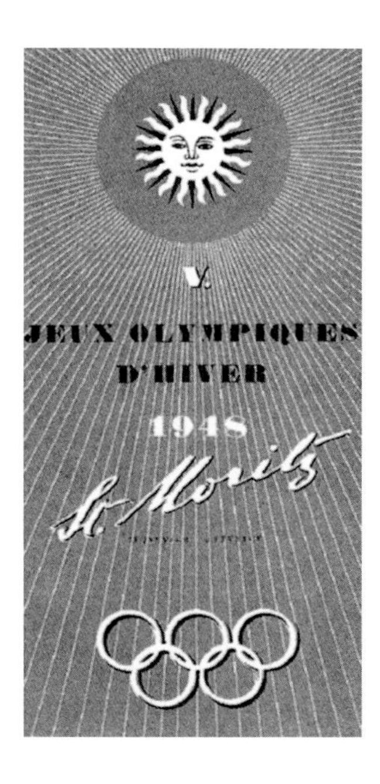


**A**fter a twelve-year hiatus due to World War II, the 1948 Winter Games in St. Moritz were a joyful sports reunion. Because of its neutral location in Switzerland, and the fact that it was one of the few places untouched by the war, St. Moritz was chosen a second time in twenty years. These Games were easy on the host's pocket book – there was very little preparation needed, as St. Moritz already had Olympic facilities from 1928. A well established playground for the rich, it had restaurants, hotels and experience in taking care of a cosmopolitan clientele. Participating nations numbered 28. Germany and Japan had been barred after the war.

The 1936 Winter Games had been a reunion, but this time around there were many new faces, and five of the nations were competing for the first time. Among the individual newcomers was Canadian Barbara Ann Scott, a 19-year-old who took the gold in women's figure skating, and 18-year-old American Dick Button, also new to the Games, who captured the gold in men's figure skating. Button, a Harvard freshman, revolutionized the art of figure skating. Graceful patterns on the ice would no longer be the only avenue of artistic expression. Dick Button's acrobatic prowess inspired spins, combinations, and double jumps. At St. Moritz, Button performed a routine that was thought impossible: he executed the first double Axel, and awed the audience with his dazzling sequences that made him appear airborne from start to finish.

Though the new athletes stood out from the rest of the crowd with their bold and innovative performances, the big surprise was the number of times veteran athletes mounted the podium to claim medals. By all accounts, these were champions who should have long since retired from the Olympics. Norwegian jumping

***A**près une sombre interruption de douze ans due à la Seconde Guerre mondiale, les Jeux Olympiques d'hiver de 1948 sont une joyeuse réunion sportive. Située en territoire neutre, et un des rares lieux qui n'aient pas été touchés par la guerre, Saint-Moritz est choisie pour la seconde fois en vingt ans comme ville d'accueil des J.O. d'hiver. Ces Jeux n'entraînent pas de grands frais. La plupart des installations sont en place depuis 1928 et, depuis des années, Saint-Moritz est une station de sports fréquentée par une clientèle riche, cosmopolite et nombreuse. Elle ne manque ni de restaurants, d'hôtels ou d'expérience. Vingt-huit nations participent aux Jeux de 1948. Les deux nations belligérantes, l'Allemagne et le Japon, en ont été bannies.*

*Les Jeux de 1936 avaient été ceux des retrouvailles. Il y aura beaucoup de visages inconnus aux J.O. de 1948. Cinq pays y assistent pour la première fois. Parmi les nouveaux venus, mentionnons la Canadienne Barbara Ann Scott, âgée de 19 ans, qui remportera la médaille d'or de patinage artistique; ou l'Américain de 18 ans, Dick Button, qui obtiendra la médaille d'or chez les hommes. Button, étudiant à Harvard, va par ailleurs révolutionner sa discipline. Désormais, les patineurs ne devront plus seulement prouver leur talent artistique. Après les prouesses acrobatiques de Dick Button, on exigera d'eux des pirouettes, des pirouettes combinées et des doubles sauts. À Saint-Moritz, Button présente un programme qui paraît impossible. Du début à la fin, il enchaîne une suite rapide de sauts et de pirouettes qui semble défier les lois de la gravité.*

*Bien que les jeunes athlètes se soient distingués par leurs performances audacieuses, les spectateurs ne sont pas moins surpris de voir de nombreux vétérans monter sur le podium.*

champion Birger Ruud pulled himself out of retirement on the eve of the 90m ski jump competition to serve as captain of the Norwegian team. He was 36 years old and a survivor of a Nazi concentration camp. The night before the contest, he surveyed the hill and found it to be terribly rutted by thawing conditions. Ruud then decided to substitute his name as the last member of the team. Sixteen years before, Birger Ruud had won his first gold in that event. This time he took the silver, flanked by two other Norwegians, Petter Hugsted who won the gold and Thorleif Schjelderup who took the bronze. Another older contestant was the American John R. Heaton, who won his second silver medal in the skeleton run at the age of 39. Both Ruud and Heaton were sentimental favourites and gave the 1948 Winter Games some of its fondest memories.

At St. Moritz in 1948, Alpine downhill skiing events were officially recognized as Olympic events. France's legendary Henri Oreiller won gold in the men's downhill with a time of 2:55.0, and gold again in the men's combined (downhill and slalom) with a time of 3.27. Oreiller also won a bronze in the slalom event. Oreiller was well-known not only as an Olympic skier but also as a racing driver. He met his death on October 7, 1962 in a racing crash at Montlhery, France.

The slalom gold in the men's division went to Edi Reinalter of Switzerland, and the silver to France's James Couttet. American Gretchen Fraser won the women's skiing events in the slalom and combined contests. The slalom race was tense. A 39-gate course, designed by Marc Hodler, head of the International Skiing Federation, was a tough challenge for all. Fraser, the first down the hill in the first run, posted the fastest time, which meant she would be the first to start on the second run. As she awaited the starting signal, telephone communication on the hill was temporarily interrupted, and she had to wait in position 17 minutes before the signal finally came. Fraser shot down the hill to gold with a time of 1:57.2; Switzerland's Antoinette Meyer won the silver with a time of 1:57.7; and Austria's Erika Mahringer got the bronze at 1:58.0. The women's downhill was another close race, between the Swiss Hedy Schlunegger (2:28.3) and the two Austrians Trude Beiser (2:29.1) and Rese Hammerer (2:30.2).

*Et pourtant, on aurait pu s'attendre à ce que ces champions se soient retirés des Jeux depuis longtemps déjà. Le sauteur norvégien Birger Ruud a repris la compétition la veille de l'épreuve du 90 m. Il est arrivé à Saint-Moritz au poste de capitaine de son équipe. Âgé de 36 ans, il a survécu à l'horreur des camps de concentration. La veille de la compétition, il part examiner le tremplin et le trouve terriblement endommagé par le dégel. Ruud décide alors de substituer son nom à celui du dernier membre de l'équipe. Seize ans plus tôt, Birger Ruud avait été couronné premier champion olympique de cette discipline. En 1948, il décroche l'argent, encadré par deux Norvégiens, le médaillé d'or Petter Hugsted et le médaillé de bronze Thorleif Schjelerup. Âgé lui-même de 39 ans, L'Américain John R. Heaton remporte sa seconde médaille d'argent, à vingt années d'intervalle, dans l'épreuve du skeleton. Ruud et Heaton sont très aimés du public et lèguent aux Jeux d'hiver de 1948 certains des souvenirs les plus chers.*

*La descente devient une épreuve olympique officielle. Le légendaire Français Henri Oreiller remporte l'or en 2 min 55 s et le combiné (descente et slalom) en 3 min 47. Oreiller décroche aussi le bronze dans le slalom. Oreiller n'est pas seulement un skieur olympique réputé. Passionné de vitesse, il pratique aussi la course automobile. Il mourra dans un accident le 7 octobre 1962, sur le circuit de Montlhéry, en France.*

*Le Suisse Edi Reinalter devient champion olympique de slalom et le Français James Couttet remporte l'argent. Une ménagère de 28 ans, l'Américaine Gretchen Fraser, remporte les épreuves féminines de slalom et de combiné. Le slalom est une course époustouflante. Avec ses 39 portes, la piste de Saint-Moritz pose un défi redoutable à tous les concurrents. Elle a été dessinée par Marc Hodler, le responsable de la Fédération internationale de ski. Fraser, la première à partir, affiche le chrono le plus rapide, ce qui signifie qu'elle sera aussi la première à partir dans la seconde descente. Alors qu'elle attend le signal de départ, la communication téléphonique est interrompue entre le sommet et le bas de la piste. Gretchen doit attendre ainsi 17 minutes avant de foncer vers la victoire avec un chrono de 1 min 57 sec 2. La skieuse suisse Antoinette Meyer décroche l'argent en 1 min 57 sec 7 et l'Autrichienne Erika Mahringer le bronze en 1 min 58 sec. Une autre course très serrée se joue dans l'épreuve de la descente dames entre la Suisse Hedy Schlunegger (2 min 28 sec 3), et les deux Autrichiennes Trude Beiser (2 min 29 sec 1) et Rese Hammerer (2 min 30 sec 2).*

Opening ceremonies at the 1948 Winter Games.

Olympic medal.

Logo of the Games decorates the entrance to the main stadium.

*Cérémonie d'ouverture des Jeux d'hiver de 1948.*

*L'emblème des Jeux décore l'entrée du stade principal.*

*Médaille olympique.*

Human scoreboard for the figure skating event.

The 1948 Olympic torch.

*Résultats de l'épreuve de patinage artistique ... avant l'affichage électronique.*

*Le flambeau olympique de 1948.*

Ski jump site.

Event ticket.

*Le tremplin de saut à ski.*

*Billet d'entrée.*

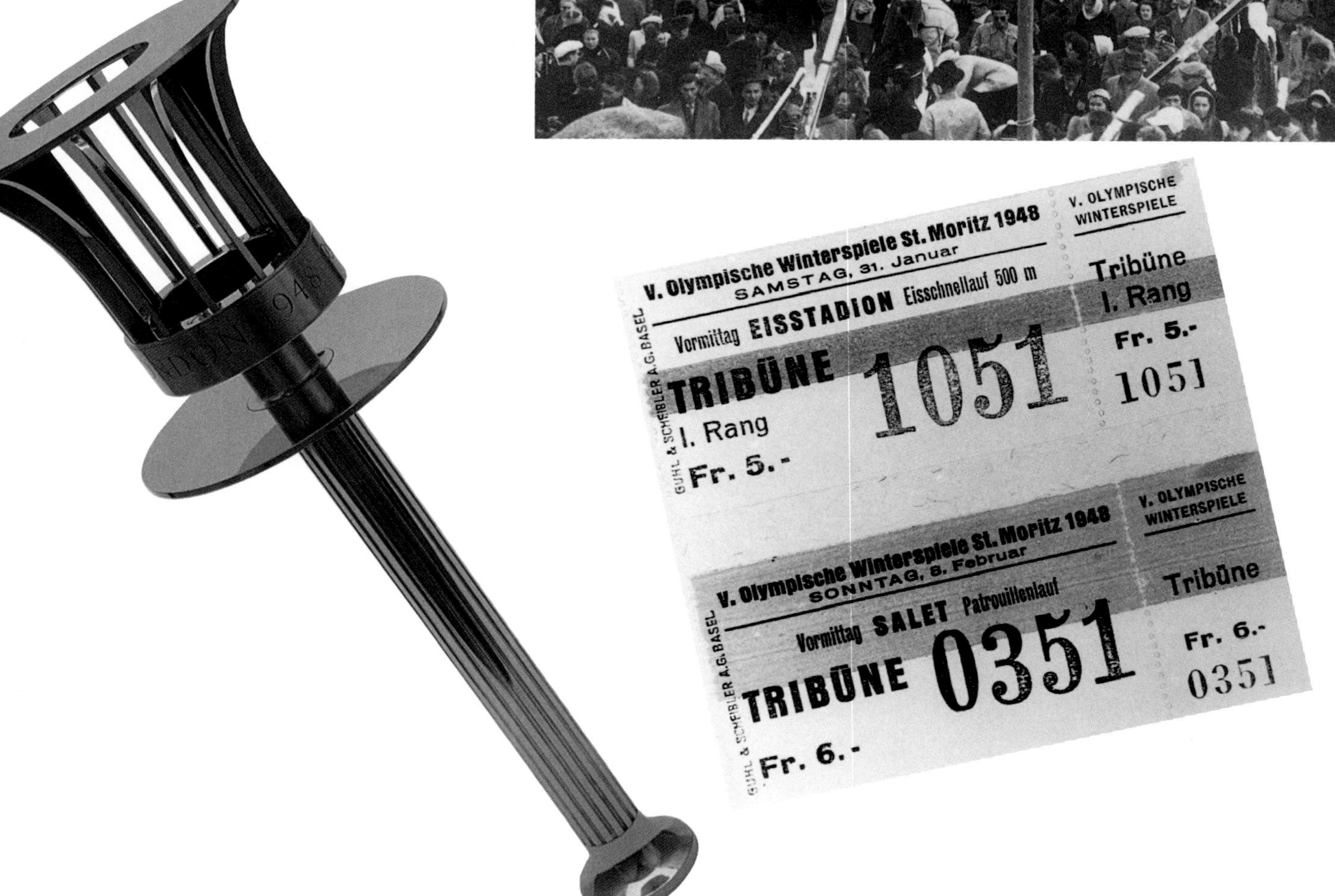

Official poster.

Map of the Olympic site.

Diploma.

Commemorative pins and stamps.

*Affiche officielle.*

*Plan des installations olympiques.*

*Diplôme.*

*Épinglettes et timbres-poste commémoratifs.*

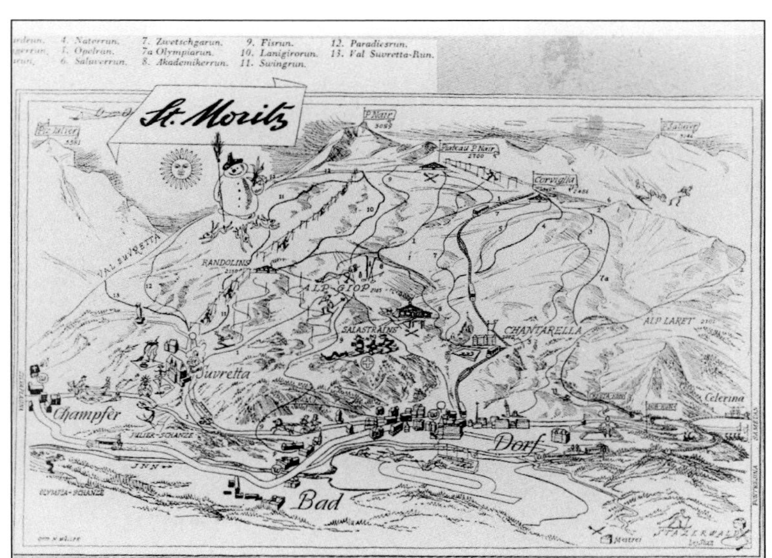

Vᴇs JEUX OLYMPIQUES D'HIVER
SAINT-MORITZ 1948

DIPLOME

Fritz Feierabend, 2e Rang

BOB

BOBS À DEUX

LE PRÉSIDENT DU COMITÉ OLYMPIQUE SUISSE ET DU COMITÉ D'ORGANISATION DES Vᴇs JEUX D'HIVER

LE PRÉSIDENT DU COMITÉ INTERNATIONAL OLYMPIQUE

OLYMPIC GAMES
HERZ
29 JULY 1948 14 AUGUST
LONDON

# XIV

After the ravages of war, the 1948 Games were necessarily austere. Desperate for a diversion from bomb damage and food-rationing, the British welcomed the Olympics with fervour. No new venues were built, but Wembley Stadium was modified to accommodate track and field, and the nearby Empire Pool could house swimming events and boxing. There was not enough money to build an Olympic village, so athletes were lodged in the Royal Air Force barracks and in converted schools. The Olympics were a financial success – by the end of the Games the host city had realized a small profit of about $25,000.

Televised for the first time, the 1948 Games helped to alleviate postwar depression for those who could not attend. There were about 50,000 viewers in Great Britain alone. For those without television, there were radio broadcasts in 40 languages. The traditional torch relay from Olympia in Greece bypassed the hostile Balkan countries of Albania, Bulgaria and Yugoslavia. Germany and Japan were still banned from the Olympics, and Israel, which had just achieved statehood, was excluded because of Arab protests. Attempts were also made to rescind former Olympic records set by German and Japanese athletes, but the IOC decided, with less than unanimous support, to deny the request. This was the first year that Communist nations participated, and the 1948 Olympics witnessed the first defections.

In the discus throw, Adolfo Consolini placed first and Giuseppe Tosi second, both Italians beating the previous world record with scores of 52.78m and 51.78m. Hungarian Imre Nemeth won the hammer throw with a distance of 56.07m, just 0.42m short of the Olympic record. It was Hungary's first win in men's athletics since 1900. Imre Nemeth would place bronze at the next Games with a throw of 57.74. America's golden boy was 17-year-old Robert Mathias. A competent football and basketball player, Mathias

*Au sortir de la guerre, les Jeux de 1948 sont évidemment austères. Après les bombardements et le rationnement alimentaire, Londres se réjouit d'accueillir les Jeux Olympiques et des foules de spectateurs impatients de connaître des lendemains plus souriants. Faute de moyens, on ne construit pas de nouveau stade ni de village olympique. Mais l'Angleterre dispose d'installations convenables – le stade de football de Wembley est aménagé en fonction des épreuves d'athlétisme, et la piscine Empire accueille les compétitions de natation et de boxe. Les athlètes sont hébergés dans des écoles et dans les casernes de la Royal Air Force. À la fin des Jeux, la ville-hôte a réalisé un modeste bénéfice d'environ 25 000 $.*

*Largement télédiffusés pour la première fois, les Jeux Olympiques de 1948 aident tous ceux qui ne peuvent être présents à surmonter la grisaille de l'après-guerre – soit 50 000 personnes en Grande-Bretagne seulement. Par ailleurs, les Jeux sont radiodiffusés en 40 langues. On respecte la tradition du relais de la flamme olympique, mais en évitant les pays hostiles des Balkans, l'Albanie, la Bulgarie et la Yougoslavie. L'Allemagne et le Japon n'ont pas le droit de participer et la toute nouvelle nation d'Israël est exclue suite aux protestations des pays arabes. On tente également d'annuler les records précédemment établis par les athlètes allemands et japonais, mais le CIO rejette finalement cette requête; 1948 est enfin l'année de la première participation des pays communistes, et des premières défections.*

*Au lancer du disque, les Italiens Adolfo Consolini et Giuseppe Tosi remportent l'or et l'argent respectivement, établissant tous les deux de nouveaux records mondiaux (52 m 78 et 51 m 78). Le Hongrois Imre Nemeth gagne le lancer du marteau avec un jet de 56 m 07 – à 0,42 m seulement du record olympique. Cette*

registered in the decathlon event, a sport he had competed in only twice before. By the end of the first day, after five events, Mathias was placed third, 49 points behind Argentina's Enrique Kistenmacher and 32 points behind France's Ignace Heinrich. The next day incessant rainstorms caused the decathlon to be stretched out over a period of twelve hours. By the seventh event, the discus throw, Mathias was in the lead, and by the end of the final event, the 1,500m race, Mathias had surpassed all others by 165 points.

The swimming events were remarkable, with new Olympic records set in eight events. The United States dominated: 15 of their 18 athletes reached the finals, and they made a clean sweep in all six men's events. In diving, USA won all four titles, and in the men's 4 x 200m relay they beat the previous record, set by Japan in 1936, by over five seconds. In women's swimming Ann Curtis won the 400m, and helped to win gold in the 4 x 100m relay. Denmark's Greta Andersen won the 100m freestyle swimming competition.

The gymnastics events, originally planned for Wembley Stadium, were forced by rainstorms to move into Empress Hall. There were 16 men's and 11 women's teams, and most events had to be scheduled simultaneously. The arena looked like clusters of three-ring circuses, with spectators trying to take in everything at once. Finland won in the men's team combined exercises and the individual pommel horse; Hungary took the individual floor exercises; and Switzerland was the winner in the rings, and parallel and horizontal bars.

Despite the economic legacy of war, 59 nations sent 4,062 athletes to compete at the Games. Some of the most memorable athletic performances came from the women's events. Holland's Francina Blankers-Koen was more than ready to compete. The Dutch athlete had, as a teenager, competed in the Berlin Games but then waited 12 years to participate again. The 30-year-old Blankers-Koen collected four gold medals in both sprints, hurdles and relay, becoming the only woman to collect four golds in one Games year. Audrey (Mickey) Patterson took bronze in the 200m and was the first Black woman to win a medal in the Olympics. Shortly after Patterson, Alice Coachman high-jumped to an Olympic record, and became the first Black woman to win a gold medal. Though American fencer Janice Lee Romary would never receive any medals, she entered her first Games at London and continued to compete for 20 years, ending her career in 1968.

*performance marque la première victoire de la Hongrie en athlétisme masculin depuis 1900. Imre Nemeth remportera encore la médaille de bronze aux Jeux suivants avec un lancer de 57 m 74. Le grand héros américain est un jeune athlète de 17 ans, Robert Mathias. Excellent joueur de football et de basket, Mathias s'est inscrit au décathlon, une discipline à laquelle il a participé deux fois seulement en compétition. Au terme de la première journée, Mathias est en troisième position, à 49 points de l'Argentin Enrique Kistenmacher et à 32 points du Français Ignace Heinrich. Le jour suivant, sous une pluie torrentielle, les épreuves durent plus de douze heures. À la fin de la septième épreuve, le lancer de disque, Mathias est passé en tête. À la fin du 1 500 m, Mathias a devancé tous ses adversaires de 165 points.*

*En natation, sous la très nette domination des USA, de nouveaux records olympiques sont établis dans huit épreuves. Quinze des dix-huit nageurs américains parviennent en finale et raflent les médailles des six épreuves pour hommes. Au plongeon, les USA remportent les quatre titres, et les nageurs de 4 x 200 m améliorent de plus de 5 secondes le record établi par le Japon en 1936. Chez les femmes, Ann Curtis triomphe au 400 m et contribue à la médaille d'or du relais 4 x 100 m. La Danoise Greta Anderson remporte le 100 m nage libre.*

*Suite à des pluies torrentielles, les épreuves de gymnastique initialement prévues au stade de Wembley sont transférées à l'Empress Hall. Étant donné le nombre de gymnastes, seize hommes et onze femmes, la plupart des compétitions masculines et féminines ont lieu simultanément. La salle ressemble à un cirque à trois pistes et les spectateurs ont bien du mal à suivre tous les événements. La Finlande remporte les épreuves combinées par équipes et l'épreuve individuelle du cheval d'arçon, la Hongrie les exercices individuels au sol, et la Suisse les anneaux, les barres parallèles et horizontales.*

*Bien que la guerre ait créé des pénuries et des conflits économiques à l'échelle mondiale, cinquante-neuf pays, soit 4 062 athlètes, participent aux Jeux. Certains des moments les plus mémorables des Jeux sont dus aux athlètes féminines. La Hollandaise Francina Blankers-Koen est au sommet de sa condition. Douze ans plus tôt, elle a déjà participé aux Jeux de Berlin. Âgée de 30 ans, elle recueille cette fois quatre médailles d'or aux deux épreuves de sprint, aux haies et au relais, devenant ainsi la première athlète olympique qui ait jamais obtenu quatre médailles d'or en une seule année. Audrey (Mickey) Patterson obtient le bronze au 200 m et devient ainsi la première athlète noire médaillée des Jeux olympiques. Peu après, Alice Coachman établit un nouveau record olympique au saut en hauteur et devient la première athlète noire médaillée d'or. Et bien que l'escrimeuse américaine Janice Lee Romary ne soit jamais montée sur le podium, elle assiste à ses premiers Jeux à Londres et continuera à participer jusqu'en 1968.*

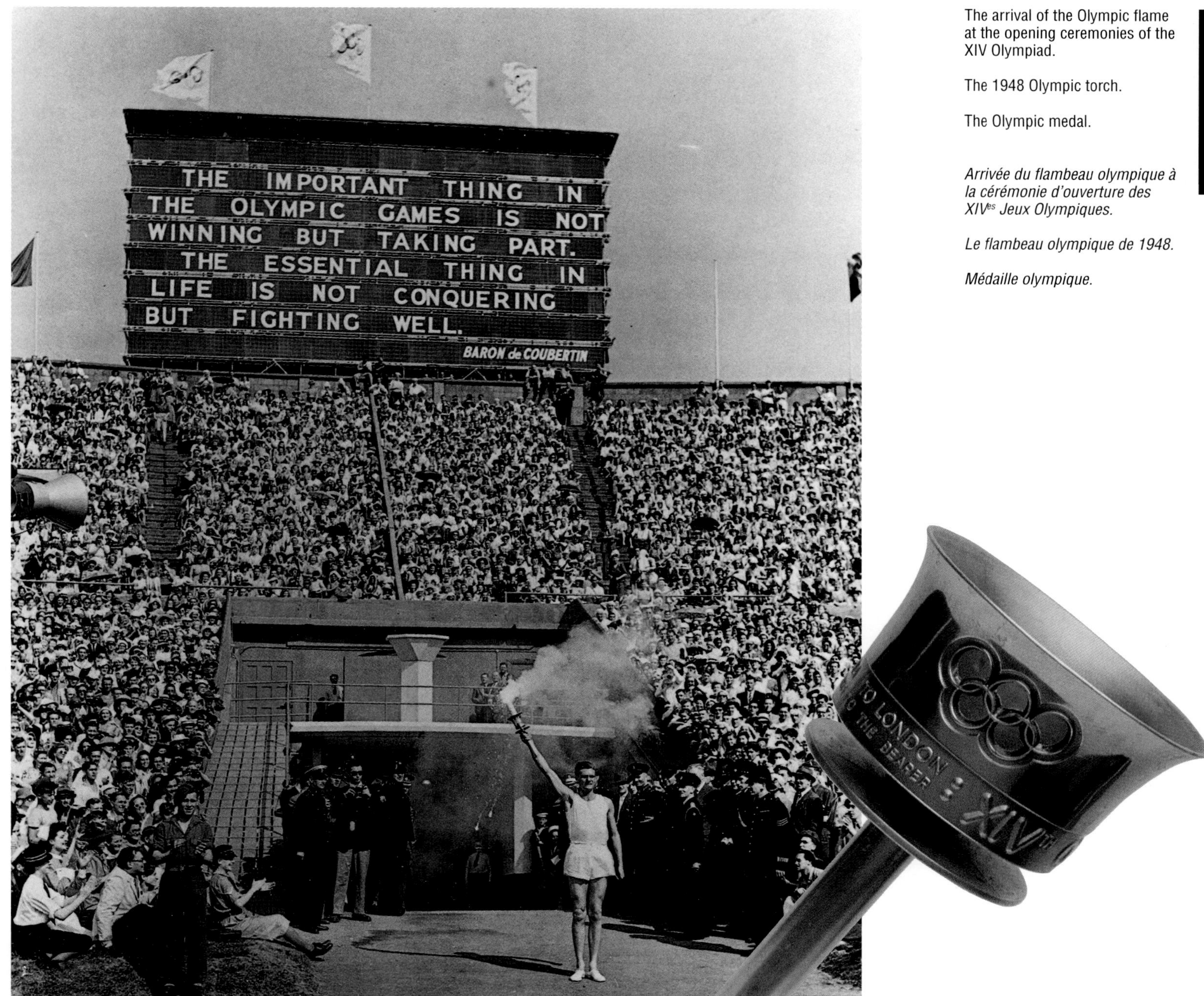


The arrival of the Olympic flame at the opening ceremonies of the XIV Olympiad.

The 1948 Olympic torch.

The Olympic medal.

*Arrivée du flambeau olympique à la cérémonie d'ouverture des XIVes Jeux Olympiques.*

*Le flambeau olympique de 1948.*

*Médaille olympique.*

Lord Bughley, president of the organizing committee, gives a speech at the inauguration of the Olympic Honour Board at Wembley Stadium.

Medal ceremony – note the simple and practical winners' dais.

*Lord Bughley, président du Comité d'organisation prononce un discours lors de l'inauguration du tableau d'honneur dans le stade impérial de Wembley.*

*La remise des médailles – notez la simplicité du podium.*

Closing ceremonies – scouts carry the flags of the participating nations.

*Cérémonie de clôture – défilé des drapeaux portés par des scouts.*

Commemorative stamp.

Official diploma.

*Timbre commémoratif.*

*Diplôme officiel.*

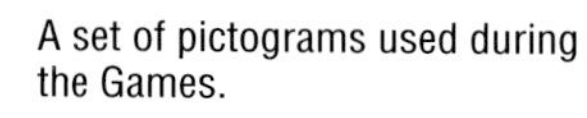

A set of pictograms used during the Games.

Commemorative pins and ribbons.

*Ensemble des pictogrammes utilisés aux Jeux de Londres.*

*Épinglettes et rubans commémoratifs.*

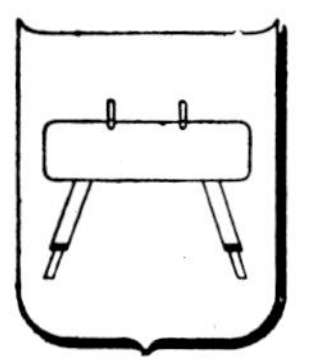

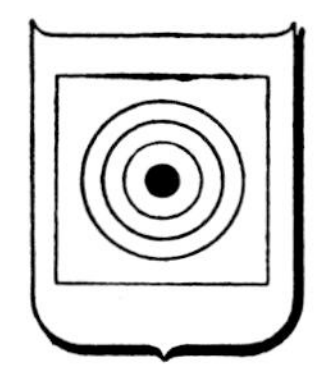
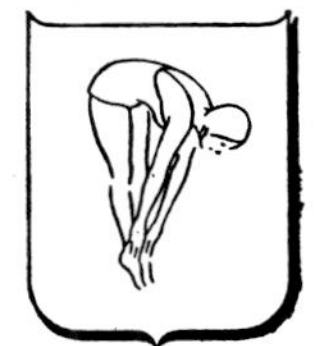
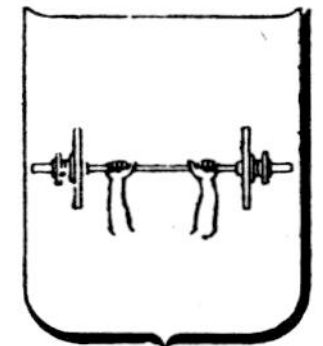

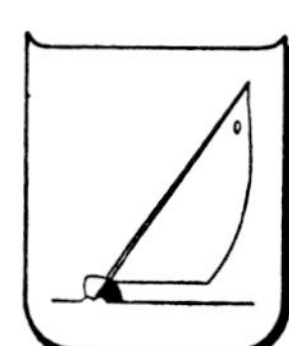

VI JUEGOS OLIMPICOS DE INVIERNO
14–25 FEBRERO OSLO NORUEGA 1952
Knut Yran
ISSUED BY: THE ORGANISING COMMITTEE FOR THE VI OLYMPIC WINTER GAMES, OSLO 1952 · SCANDINAVIAN AIRLINES SYSTEM · NORWEGIAN STATE RAILWAYS · PRINTED IN NORWAY BY: PEDERSENS LITO

# VI

The Oslo Games, with 700,000 spectators in attendance, were lauded as the best Winter Games to date. West Germany and Japan were invited back into the Olympic fold, but the Communist countries were noticeably absent. The capital of Norway, cradle of winter sports, was host to 732 athletes from 30 nations. For the first time, the Olympic flame was brought not from Greece but from a house in Morgedal in southern Norway, birthplace of the great ski jumper Sondre Nordheim. The torch was lit from the fireplace where Nordheim had sat fashioning his bindings and shaping his skis. A total of 94 skiers relayed the flame. The final skier was Eigil Nansen, grandson of Norwegian explorer Fridtjof Nansen, who introduced skiing to the world in his 1890 book *The First Crossing of Greenland*. On February 14, 1952 Princess Rahnhild declared the Games open after a two minute silence had been observed in honour of King George VI of Great Britain. This was the day of the King's funeral, and all British athletes wore black armbands.

Because of lack of snow for the Alpine events in Rodkleiva, Norwegian soldiers had to haul the equivalent of 100 box-cars of snow in back-packs up to the slope. A foundation of straw was used because the courses were so bare. There were several changes made in the official events programme at the 1952 Winter Games. The Alpine combined and the skeleton events were eliminated, and organizers added the giant slalom for men and women and a women's 10k Nordic cross-country. Andrea Mead Lawrence, a 19-year-old American, won the first gold medal in the giant slalom. Mead Lawrence had competed in the 1948 St. Moritz Winter Games when she was only 15 years old, but had not been considered a contender then. In 1952, she won not only the giant slalom but also the slalom, becoming the first American to win an

*Les Jeux d'Oslo attireront 700 000 spectateurs et restent pour beaucoup les meilleurs Jeux d'hiver de tous les temps. L'Allemagne de l'Ouest et le Japon y participent de nouveau, mais l'absence des pays communistes est notable. La capitale de la Norvège, berceau des jeux d'hiver, accueille 732 athlètes de 30 pays. Pour la première fois, la flamme olympique n'arrive pas de la Grèce, mais d'une maison de Morgedal dans le sud de la Norvège : elle a été allumée dans la cheminée du premier grand champion de saut norvégien, Sondre Nordheim. Au total, 94 skieurs se relayent pour transporter la flamme. Le dernier est Eigil Nansen, le petit-fils de l'explorateur norvégien Firdtjof Nansen, qui a initié le monde au ski dans un livre intitulé* La première traversée du Groenland *Les Jeux commencent le 14 février 1952. La princesse Rahnhild déclare les Jeux ouverts après deux minutes de silence observées en l'honneur de Georges VI. Ce jour-là, se déroulent en effet les funérailles du roi. Tous les athlètes britanniques portent un brassard noir en signe de deuil national.*

*L'absence de neige oblige les soldats norvégiens à transporter l'équivalent d'une centaine de wagons de neige pour permettre la tenue des épreuves de ski alpin. Les pistes sont si dégarnies qu'on doit d'abord y déposer une couche de paille. Il faut modifier le programme officiel des Jeux. Les épreuves de combiné alpin et de skeleton sont supprimées, et les organisateurs ajoutent un slalom géant hommes et femmes, et un 10 km femmes. Une jeune Américaine de 19 ans, Andrea Mead Lawrence remporte la première médaille d'or du slalom géant. Elle avait déjà participé aux Jeux de Saint-Moritz de 1948, mais elle avait alors 15 ans et ne faisait pas encore partie des concurrentes favorites. En 1952, elle enlève non seulement le slalom géant mais encore le slalom –*

Alpine double, despite a fall during her first run. In fact all three Americans took spills during the contest. After winning Mead Lawrence said, "I think my advantage lay in my nature. The pressure on Olympic competitors is just awful, which is why there are so many upsets. Someone who doesn't think she'll win is a bit more relaxed than the favourite."

Women's participation at the Games had risen steadily each Olympic year. At Oslo there were 108 female entrants. In the Nordic skiing events, Finland's Lydia Wideman, Mirja Hietamies and Siiri Rantanen took the gold, silver and bronze in the 10k cross-country. Great Britain's Jeanette Altwegg, who had won a bronze medal in figure skating at the 1948 Games, came back to claim gold at the Oslo Games. The 16-year-old American Tenley Albright took the figure skating silver and France's Jacqueline du Bief came in third. Altwegg, unlike most skaters who turn professional after their Olympic career, retired to help run the Pestalozzi Children's Village in Switzerland. Germany's Ria and Paul Falk won the gold in pairs figure skating, with Karol and Michael Kennedy of USA winning silver, and Hungary's Marianna and Laszlo Nagy taking the bronze. In men's figure skating, USA's Dick Button repeated as gold medallist.

Since Norway was host for the 1952 Games and had long enjoyed a tradition of winter sports, it is not surprising that it took many medals – seven gold, three silver and six bronze. The Norwegian national anthem was heard by an adoring crowd at almost every event. Simon Slattvik won the gold in the Nordic combined, and Hallgeir Brenden placed first in the Nordic 15k race. In the Nordic skiing events Norway's Arnfinn Bergmann took the gold in the 70m jumping event and Torbjorn Falkanger, who had recited the oath on behalf of all the athletes at the opening ceremonies, captured the silver medal. On three successive days, Norwegian speedskater Hjalmar Andersen won three gold medals and established two Olympic records. Andersen, a 29 year old truck driver, took the 5,000m (8:10.6), the 1,500m and finally the 10,000m, with an Olympic record time of 16 minutes, 45.8 seconds.

The ice hockey competition was held in an roofless arena where snowstorms often made players lose sight of the puck. The Canadian team, represented by the Edmonton Mercuries, won its second consecutive gold medal. USA got the silver and Sweden the bronze. After winning every ice hockey gold medal but one between 1924 and 1952, Canada never won gold again.

*devenant ainsi la première Américaine à remporter un doublé alpin, malgré une chute lors de la première descente. En fait, les trois skieuses américaines ont subi des chutes durant le slalom. Après sa victoire, Mead Lawrence déclare : «Je crois que mon caractère m'avantage. Les athlètes olympiques subissent une pression terrible, et c'est ce qui perturbe tellement de monde. Mais celle qui ne pense pas pouvoir gagner est un peu plus détendue que la grande favorite.»*

*La participation des femmes aux Jeux a augmenté d'année en année. À Oslo, on compte 108 femmes. Dans les épreuves de ski de fond, les Finlandaises Lydia Wideman, Mirja Hietamies et Siiri Rantanen raflent respectivement l'or, l'argent et le bronze au 10 km. La Britannique Jeanette Altwegg, patineuse artistique médaillée de bronze aux Jeux de 1948, gagne l'or aux Jeux d'Oslo. La patineuse américaine de 16 ans Tenley Albright remporte l'argent et la Française Jacqueline du Bief le bronze. Contrairement à la plupart des patineuses qui poursuivent ensuite une carrière professionnelle, Altwegg se retirera de la compétition pour aider à administrer le village d'enfants de Pestalozzi en Suisse. Le couple de patineurs allemands Ria et Paul Falk remporte la médaille d'or dans sa discipline; les Américains Karol et Michael Kennedy décrochent la seconde place et les Hongrois Marianne et Laszlo Nagy la troisième. Dans les épreuves de patinage artistique hommes, l'Américain Dick Button remporte de nouveau le titre olympique.*

*Vu que la Norvège était le pays hôte des Jeux d'hiver de 1952, mais compte tenu aussi de la longue tradition norvégienne des sports d'hiver, il était bien naturel qu'elle remporte à Oslo un éblouissant palmarès – soit sept médailles d'or, trois d'argent et six de bronze. L'hymne national vient ponctuer presque toutes les épreuves. Simon Slattvik enlève l'or au combiné nordique, et Hallgeir Brenden au 15 km. Dans les épreuves de ski nordique, le Norvégien Arnfinn Bergmann remporte l'or au saut 90 m, tandis que Torbjorn Falkanger, qui avait prêté serment au nom de tous les athlètes, capture la médaille d'argent. En trois jours consécutifs, le patineur de vitesse Hjalmar Andersen rafle trois médailles d'or et établit deux records olympiques. Ce chauffeur de camion âgé de 29 ans couvre le 5 000 en 8 min 10 sec 6, puis il remporte le 1 500 m le jour suivant et le 10 000 m le jour d'après en établissant un record olympique de 16 min 45 sec 8.*

*Les parties de hockey sur glace ont lieu sur une patinoire non couverte et, par mauvais temps, il arrive que les joueurs perdent la rondelle de vue. L'équipe canadienne, représentée par les Edmonton Mercuries, gagne sa seconde médaille d'or consécutive – et la dernière médaille d'or pour le Canada. Les États-Unis obtiennent la seconde place et la Suède la troisième.*

Opening ceremonies.

Athlete preparing to light the Olympic flame.

*Cérémonie d'ouverture.*

*Athlète se préparant à allumer la vasque olympique.*

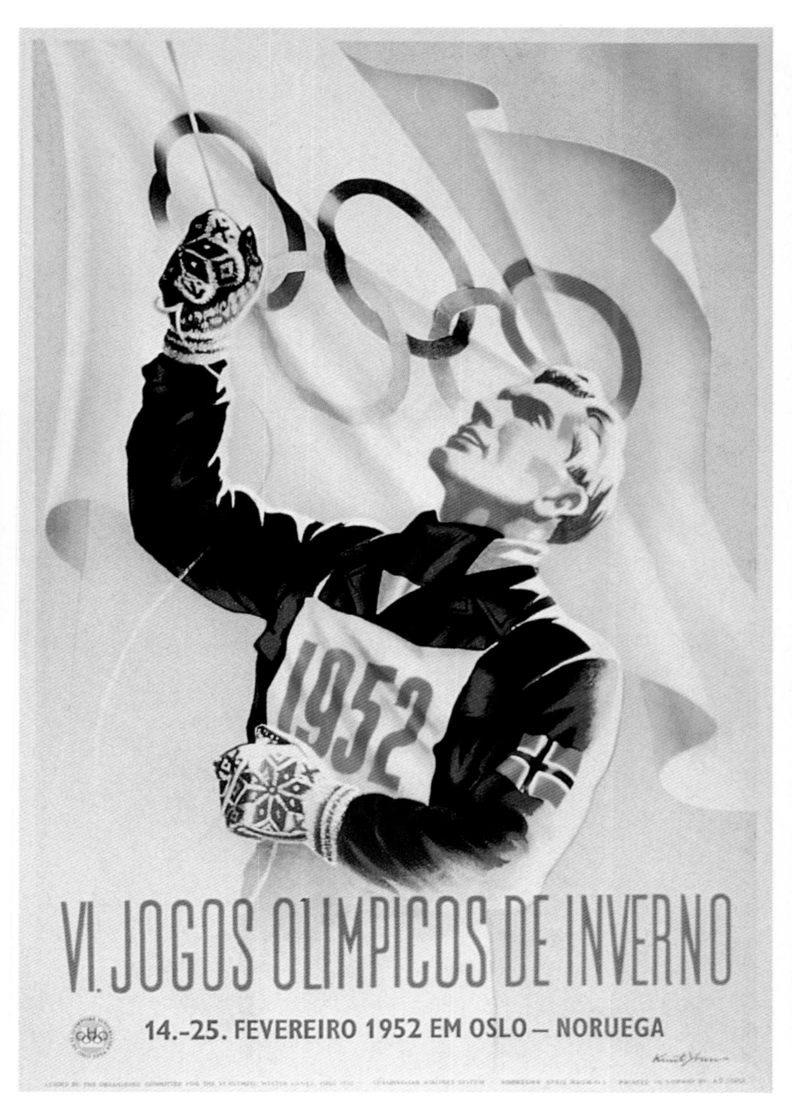

After an unsatisfactory competition for the official poster design, another contest was held. (among the prize-winning artists) Knut Yran's two chosen sketches were used – this one and the official poster on page 128.

The Olympic arch.

The 1952 Olympic torch – see photo on previous page for complete design.

*L'affiche officielle fut choisie au terme de deux concours. Deux oeuvres de Knut Yran furent retenues – l'affiche ci-dessus et l'affiche officielle reproduite page 128.*

*L'arche olympique.*

*Le flambeau olympique de 1952 (voir également la photo de la page précédente).*

Official diploma, commemorative pins, Olympic medal and stamps.

*Diplôme officiel et divers articles-souvenirs.*

I. Sysimetsä
XVth
OLYMPIC GAMES
HELSINKI FINLAND
19•VII — 3•VIII • 1952

**N**early 5,000 athletes from 59 nations took part in the Helsinki Olympic Games. The opening ceremonies took place in the stadium built for the cancelled 1940 Games. Crowds cheered madly and cried as 55-year-old Paavo Nurmi entered the arena carrying the Olympic torch that would officially start the Games. The legendary distance runner had finally realized his dream of running in the marathon. The Olympic Games in Helsinki were known as the friendly Games. The Finns won few medals but with great goodwill cheered all winners. A state-of-the-art Olympic village was built on the outskirts of Helsinki to house the athletes. However the Soviets preferred to lodge their team aboard one of their own ships. Hungary, Poland, Bulgaria, Romania and Czechoslovakia set up their own private Olympic village complete with high fences, far from the influences of other athletes.

For the most part, the Games were conducted peacefully and political skirmishes were few. IOC President Avery Brundage did have to reprimand both the Soviet Union and the United States for publicly arguing over who had won the most medals. The Soviets had never before participated, because Lenin believed the event to be decadent. By the end of their first Olympics, the Soviets had taken 71 medals and the United States 76. These results reflected the importance now accorded to the Olympics by Soviet leadership, and served notice to the United States that their Olympic dominance could no longer be taken for granted. Forty-three other countries took home one or more medals, an indication that both the USA and the USSR would face increasing competition in the future.

Almost 100 Olympic records were broken at the Helsinki Games. Robert Mathias, America's superstar of the 1948 decathlon, returned to set a world record of 7,887 points, the

***P**rès de 5 000 athlètes représentant 59 pays participent aux J.O. de 1952. La cérémonie d'ouverture se déroule dans le stade olympique qui a été construit pour les Jeux de 1940. Sous les cris de la foule, Paavo Nurmi, âgé de cinquante-cinq, entre dans le stade en portant la flamme olympique. Le légendaire coureur a enfin réalisé son voeu de participer au marathon. Les Jeux Olympiques d'Helsinki resteront inscrits dans les mémoires comme les Jeux de l'amitié. Les Finlandais remportent peu de médailles mais applaudissent généreusement leurs concurrents vainqueurs. Un complexe ultramoderne, situé à l'extérieur d'Helsinki, héberge les athlètes. Mais l'URSS a préféré loger sa délégation à bord d'un navire soviétique. La Hongrie, la Pologne, la Bulgarie, la Roumanie et la Tchécoslovaquie ont également établi et barricadé leur propre village olympique, à l'écart des autres athlètes.*

*En général, les Jeux se déroulent paisiblement et les incidents politiques sont peu nombreux. Le président du CIO Avery Brundage adresse cependant une réprimande à l'Union soviétique et aux États-Unis qui se sont querellés publiquement au sujet de leur palmarès respectif. Parce que Lénine estimait que les Jeux étaient décadents, les Soviétiques n'y avaient jamais participé auparavant. Mais à la fin de leurs premiers Jeux, ils ont remporté 71 médailles et les États-Unis 76. Cet exploit reflète toute l'importance que les dirigeants soviétiques accordent désormais aux Jeux Olympiques et montre aux États-Unis que leur suprématie olympique sera menacée. Quarante-trois pays remportent au moins une médaille. La distribution des médailles, comparée aux J.O. de 1896 où dix pays s'étaient partagés la gloire, démontre que l'URSS et les États-Unis devront compter avec beaucoup d'autres adversaires à l'avenir.*

largest single increase in points since Jim Thorpe's spectacular win in 1912. Hailed as the new Nurmi, Czechoslovakian Emil Zatopek won the 5,000m and 10,000m races, then went on to collect a third gold in the marathon. All three of Zatopek's golds were Olympic record breakers. Spectators were entranced by Zatopek's style: his pained expressions, supplicating glances towards the heavens and staggering stride. These theatrical gestures earned him the affectionate name "Emil the Terrible". Less than an hour after Emil won the 5,000m race, his wife, Dana Zatopkova, won a gold medal in the women's javelin event. Zatopkova's throw set an Olympic record of 50.47m.

At the end of the Games one other couple returned home with matching gold medals. Hungarian Dezso Gyarmati was a member of the winning water polo team, and his wife Eva Szekely won the women's 200m breaststroke in a record time of 2 minutes, 51.7 seconds. Hungarian women excelled in the swimming events, taking four of the five golds, two silvers and one bronze. Katalin Szoke, Valeria Gyenge and Eva Novak took the individuals and Novak won gold again in the women's 400m relay. The 100m backstroke was won by Joan Harrison from South Africa, giving that nation its first gold medal.

On the track, the men's 100m final saw an incredibly close finish, with Jamaica's Herb McKenley, Great Britain's Emmanuel McDonald Bailey, and the Americans, Lindy Remigino and Dean Smith all timed at 10.4 seconds. But the camera had determined the winner: Remigino's margin of victory was one inch, McKenley came second, Bailey was another three inches behind and Smith was fourth. Remigino thought McKenley had won and so did McKenley. "I feel certain I won. Yes, even after studying the picture of the photo finish until my eyeballs nearly fell out!"

One of the youngest gold medal winners of the Games was 17-year-old George Genereux, the Canadian shooter. After placing second in the world trapshooting championships, Genereux was asked what score he thought would win at the Olympics. He predicted 192 out of 200, exactly the score which earned him the gold. It has been 16 years since Canada's last gold medal. At the Helsinki Games the youngest gold medallist was 12-year-old Bernard Malivoire who coxed the French pairs in rowing.

*Une centaine de records olympiques sont battus aux Jeux d'Helsinki. La superstar du décathlon de 1948, l'Américain Robert Mathias, revient en force en accumulant 7 887 points – soit l'augmentation la plus spectaculaire depuis l'exploit de Jim Thorpe en 1912. Acclamé comme le nouveau Nurmi, le Tchèque Émile Zatopek remporte le 5000 m, le 10 000 m, puis le marathon, en battant du même coup trois records olympiques. Les spectateurs sont fascinés par le style de Zatopek : chaque effort reflété par l'expression torturée de son visage, ses regards implorants vers le ciel et sa foulée chancelante. Les célèbres grimaces de Zatopek, expression de l'effort ou style un peu théâtral peut-être, lui valent le surnom affectueux de Émile le terrible. Moins d'une heure après la victoire d'Émile au 5 000 m, Dana Zatopkova, son épouse, devint championne olympique du javelot en établissant également un nouveau record olympique avec un jet 50 m 47.*

*À la fin des Jeux, un autre couple rentre au pays double médaillé d'or. Le Hongrois Dezso Gyarmati, membre de l'équipe victorieuse de water polo, et son épouse Eva Szekely, championne du 200 m brasse en un temps record de 2 min 51 s 7. Les nageuses hongroises se distinguent en raflant quatre des cinq médailles d'or, deux d'argent et une de bronze. Katalin Szoke, Valeria Gyenge, Eva Novak remportent les épreuves individuelles et Novak triomphe de nouveau au 4 x 100 m. nage libre. Le 100 m dos est remporté par Joan Harrison, qui donne ainsi à l'Afrique du Sud sa première médaille d'or.*

*Lors de la finale du 100 m, la lutte est incroyablement serrée entre les Américains Lindy Remigino et Dean Smith, le Jamaïquain Herb McKenley et le Britannique Emmanuel McDonald Bailey. Tous sont chronométrés à 10 s 4 et il faut examiner la photo témoin pour déterminer l'ordre d'arrivée : Remigino 1er, McKenley 2e (à 1 po du vainqueur), McDonald Baily 3e (à 3 po de son rival) et Smith 4e. Remigino pensait que McKenley avait gagné, tout comme McKenley lui-même. «J'étais sûr d'avoir gagné. Oui, même après avoir étudié la photo témoin jusqu'à ne plus y voir clair.»*

*Alors âgé de 17 ans, le tireur canadien George Genereux devient un des plus jeunes médaillés des Jeux. Après une seconde place aux championnats mondiaux, il avait déclaré qu'il faudrait obtenir un score de 192 sur 200 pour décrocher le titre olympique. Ce fut exactement le résultat qui lui permit de remporter l'épreuve et la première médaille d'or du Canada depuis 16 ans. Le plus jeune champion est Bernard Malivoire, âgé de douze ans, le barreur qui contribue à la victoire des Français à l'épreuve d'aviron – deux avec barreur.*

Early scoreboard – triple jump gold medallist, A. Ferreira da Silva (BRA).

Legendary Finnish athlete, Paavo Nurmi lighting the Olympic flame during the opening ceremonies.

The 1952 Olympic torch.

*À ce premier tableau d'affichage, l'exploit du champion olympique du triple saut, A. Ferreira da Silva (BRA).*

*Le légendaire athlète finlandais, Paavo Nurmi, allume la flamme olympique au cours de la cérémonie d'ouverture.*

3-tiered winners' dais.

Events tickets.

Official diplomas.

Athlete identity card.

Olympic medal.

*Le podium des trois médaillés.*

*Billets d'entrée.*

*Diplômes officiels.*

*Carte d'identité olympique.*

*Médaille olympique.*

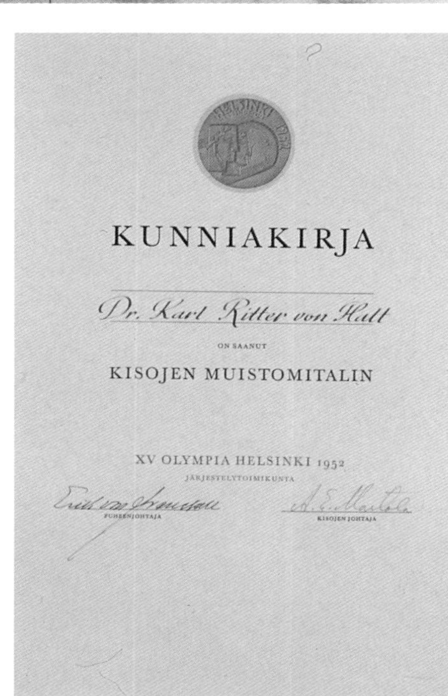

Pennant, commemorative pins, official ribbons and jigsaw puzzle.

*Fanion, épinglettes commémoratives, rubans honorifiques et puzzle.*

VIII GIOCHI OLIMPICI D'INVERNO
CORTINA D'AMPEZZO 1956

RONDINELLI
La Fiaccola - ROMA
C.O.N.I. - ESENTE DA BOLLO LEGGE 16 - 2 - 42 - N. 426

# VII

The 7th Winter Games were held at Cortina D'Ampezzo, the famous Alpine resort in the Dolomites. The town is nestled amid beautiful pastures and pine-clad slopes. Crown Prince Olav, Prince Harald, President Giovanni Gronchi and over 32,000 spectators turned out to watch 800 competitors from 32 nations. For the first time, the Games were televised throughout Europe, but black and white screens could not do justice to the colour and pageantry of the festival. The spectacular ceremonies culminated in a brilliant display of fireworks against mountain peaks. Italy's 1952 downhill skiing bronze medallist, Guiliana Chenal-Minuzzo, became the first woman to recite the Olympic oath at the opening ceremonies.

Participating in the Winter Games for the first time, the USSR began its long domination of ice hockey events. Hockey was a sport that the Soviets had been playing internationally only since the end of World War II. In 1956 the Soviets defeated the favourite, Canada, which was represented by the Kitchener-Waterloo Dutchmen. Starting team for the USSR included goalie Nikolai Puckov, Ivan Tregubov, Yevgeny Babich, Viktor Shuvalov and Usevolod Bobrov. The Soviets won all five games by a combined 25-5 margin. The USA also began its ascent by taking the silver, thus defeating Canada for the first but not the last time.

The Soviets out-raced everyone in the speed skating events as well. Yevgeni Grishine won the gold in the men's 500m. In the 1,500m both Grishine and countryman Yuri Mikhailov tied for gold. In the men's 5,000m, Boris Shilkov won the gold with a time of 7:48.7, Oleg Goncharenko won the bronze at 7:57.5 and Sweden's Sigvard Ericsson slipped between the two to win silver with a time of 7:56.7. In the Nordic skiing events, Soviet athletes also did well. The Soviet women won three of the six medals, and a silver in the

*Les VIIes Jeux Olympiques d'hiver ont lieu dans le nord-est de l'Italie, dans la célèbre station de sports d'hiver et de tourisme de Cortina d'Ampezzo, parmi les alpages et les forêts de sapins des Alpes dolomitiques. Le prince héritier Olav, le prince Harald, le président Giovanni Gronchi et plus de 32 000 spectacteurs viendront applaudir 800 athlètes représentant 32 pays. Pour la première fois, les épreuves sont télédiffusées dans toute l'Europe. Mais la télévision noir et blanc de l'époque ne rend pas tout à fait justice au festival de couleurs et de feux d'artifice qui se déroule parmi les pics enneigés. Médaillée de bronze en 1952, la skieuse Italienne Guiliana Chenal-Minuzzo est la première femme à réciter le serment olympique lors de la cérémonie d'ouverture.*

*Pour la première fois également, l'Union soviétique participe aux Jeux Olympiques d'hiver et commence à dominer les épreuves de hockey. Les Russes remportent les cinq matchs du tournoi en marquant au total 25 buts à 5. Au départ, l'équipe soviétique réunit en plus du gardien de but Nikolai Puckov, Ivan Tregubov, Yevgeny Babich, Viktor Shuvalov et Usevolod Bobrov. Le hockey sur glace est une discipline que les Soviétiques ont seulement commencé à pratiquer à l'échelle internationale depuis la fin de la Seconde Guerre mondiale. Les Soviétiques détrônent ainsi la grande équipe favorite, le Canada, qui est représenté par les Dutchmen de Kitchener-Waterloo. Les États-Unis entament leur ascension en décrochant l'argent, devançant le Canada pour la première fois, et non la dernière, aux Jeux Olympiques.*

*Les Soviétiques surpassent également tous leurs concurrents aux épreuves de patinage de vitesse. Grichine remporte l'or au 500 m, puis au 1 500 m avec son compatriote Mikhailov. Au*

3 x 5k relay. The men placed high in the Nordic events, taking three bronze medals and a gold in the 4 x 10k relay race. Overall, the Soviets won 16 medals, seven of which were gold.

The most astonishing performance at Cortina came from Austrian Alpine skier Anton "Toni" Sailer. Sailer aspired to follow in the footsteps of his mentor, Christian Pravda, who had won a silver and a bronze at the Oslo Games. He too wanted to return to Kitzbühl (also Pravda's hometown), with two Olympic medals. In fact he came home with three, all gold – one in every Alpine event he entered. Beauty, skill, speed and daring were some of the words used to characterize Sailer's extraordinary talent. Most remarkable about the 20-year-old's achievements were the margins by which he won: the giant slalom by 6.2 seconds, the slalom by 4 seconds and the downhill by 3.5 seconds. In the downhill event nearly half of the 85 racers had failed to finish because of the icy, uneven surface, and eight of the skiers were sent to the hospital. An opinion poll taken in 1958 to determine which Austrian had done the most for his country placed Anton Sailer fifth, just behind Mozart. Austria was very proud of its young athlete, awarding Sailer its most coveted honour, *The Golden Cross of Merit*. He was the first Austrian to win triple gold at the Winter Olympics, and only the fifth such winner in Winter Games history.

In the bobsled events, 47-year-old Italian Giacomo Conti won a gold medal with driver Lamberto Dalla Costa in the two-man bobsled, thus becoming the Winter Games' oldest medallist. The pair earned Italy's only gold medal at the Cortina D'Ampezzo Games. Switzerland won the four-man bobsled race, and the American team, which included a physicist named Art Tyler from Rochester, New York, came in third for the bronze.

The USA dominated individual figure skating events. American Tenley Albright won the women's individual. Austria captured the gold in pairs skating, with Canada winning  the silver, and Hungary the bronze medal.

*5 000 m, le Soviétique Chilkov décroche l'or en 7 min 48 s 7, Oleg Goncharenko le bronze en 7 min 57 sec 5 et le Suédois Sigvard Ericsson se glisse en seconde place avec un chrono de 7 min 56 sec 7. En ski nordique, les athlètes soviétiques – hommes et femmes, obtiennent d'excellents résultats. Les femmes remportent trois des six médailles, ainsi que l'argent au relais 3 x 5 km. Les hommes gagnent trois médailles de bronze et l'or au 4 x 10 km. Au total, les athlètes soviétiques vont obtenir 16 médailles, dont sept d'or.*

*Mais Cortina reste surtout la révélation du formidable skieur autrichien Toni Sailer. Son mentor, Christian Pravda, avait remporté une médaille d'argent et une médaille de bronze aux Jeux d'Oslo. Toni Sailer souhaite lui aussi rentrer à Kitzbühl, sa ville natale et celle de Pravda, avec deux médailles olympiques. Il y reviendra avec trois médailles d'or, une pour chaque épreuve de ski alpin où il courrait. Élégance, technique, vitesse et courage sont autant de mots qui caractérisent l'extraordinaire talent de Sailer. Le jeune athlète de 20 ans triomphe de ses concurrents par des marges considérables. Au slalom géant, son avance est de 6 sec 2, au slalom de 4 sec et à la descente de 3 sec 5. Dans cette dernière épreuve, près de la moitié des 85 descendeurs ont chuté sur la piste verglacée au tracé très accidenté, et huit d'entre eux ont été hospitalisés. Lors d'un sondage d'opinion effectué en 1958 et cherchant à déterminer le nom du citoyen autrichien le plus méritoire, Anton Sailer sera classé en cinquième place derrière Mozart. L'Autriche était très fière de son jeune champion et lui décernera la plus prestigieuse des décorations : la Croix d'or du Mérite. Sailer est le premier Autrichien triple médaillé d'or des J.O. d'hiver et le cinquième athlète des Jeux d'hiver à atteindre de tels sommets.*

*Dans les épreuves de bob à deux, un Italien de 47 ans, Giacomo Conti remporte l'or avec le pilote Lamberto Dalla Costa, devenant ainsi le médaillé le plus âgé des Jeux d'hiver. Ce sera la seule médaille d'or de l'Italie aux Jeux de Cortina d'Ampezzo. L'équipage italien de bob à quatre décroche également une médaille d'argent. Il a pour pilote Eugenio Monti, qui remporterait deux médailles d'or, deux d'argent et deux de bronze au cours de sa carrière olympique  La Suisse domine l'épreuve du bob à quatre et l'équipage américain, qui compte un physicien de Rochester (N.Y.), Art Tyler, arrive en troisième place.*

*En patinage artistique hommes et femmes, les États-Unis reçoivent cinq des six médailles. Les hommes enlèvent  les trois premières places, et Tenley Albright remporte le titre individuel dames. En patinage artistique - couples, les Autrichiens Schwarz-Oppelt décrochent le titre olympique, le Canada l'argent et la Hongrie le bronze.*

The old city.

*La vieille ville.*

Lighting the Olympic flame.

*Allumage de la Flamme.*

The 1956 Olympic torch.

*Le flambeau olympique de 1956.*

The Olympic flame at various sites.

Young Italians carrying Olympic flags enter the stadium.

Postage stamp.

*La Flamme olympique à divers endroits.*

*De jeunes Italiens entrant dans le stade avec les drapeaux olympiques.*

*Timbre-poste.*

Medal ceremony – note the 3-tier dais which is similar to that of the 1952 Helsinki podium.

Commemorative pins.

*Remise des médailles – notez que le podium est semblable à celui des Jeux d'Helsinki.*

*Épinglettes commémoratives.*

OLYMPIC GAMES
MELBOURNE
22 NOV–8 DEC
1956
RICHARD BECK

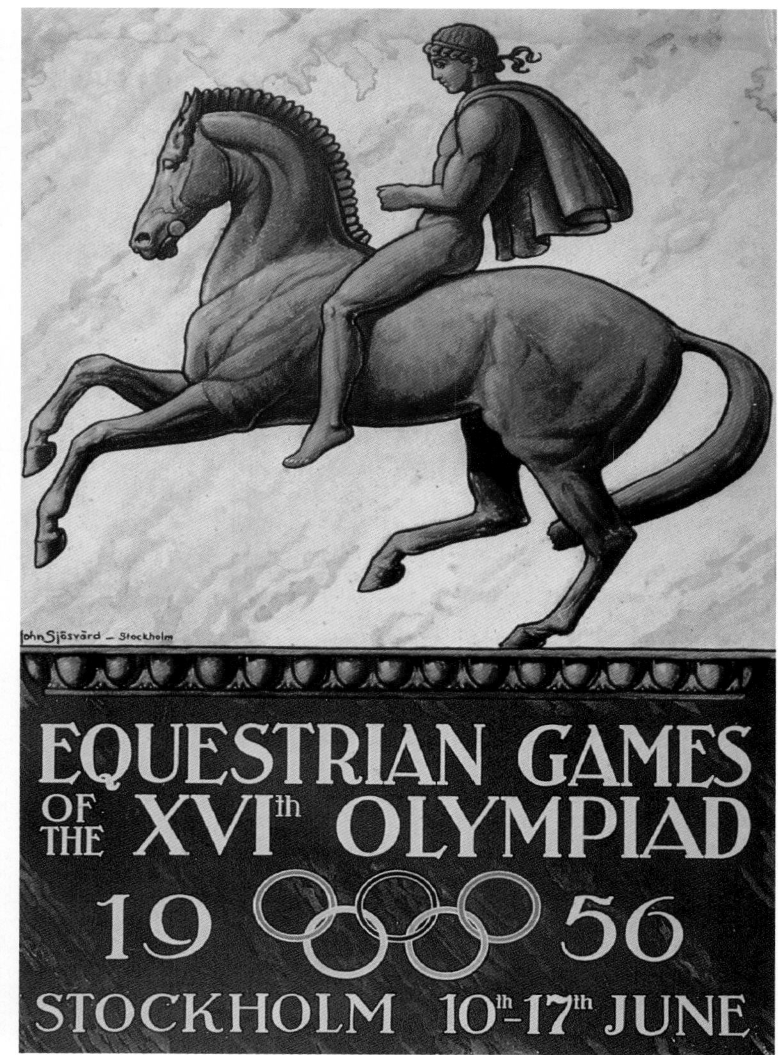
John Sjösvärd – Stockholm
EQUESTRIAN GAMES
OF THE XVIth OLYMPIAD
19 56
STOCKHOLM 10th-17th JUNE

# XVI

The Summer Games were held "down under", during Australia's spring season in late November. Sunshine and blue skies provided a welcoming backdrop as the Duke of Edinburgh opened the Melbourne Games. There were 3,184 participants from 67 countries. On the results board for all to see was the statement: "The Olympic Movement tends to bring together in a radiant union all the qualities which guide mankind to perfection."

Despite the efforts of the IOC, politics entered the arena of the Melbourne Olympic Games. This was a period of worldwide political turmoil. Following the Suez Canal crisis, Iraq, Egypt and Lebanon had withdrawn from the Games. Communist China boycotted the Games to protest the IOC's recognition of Nationalist China, which had not even sent any athletes. The USSR's invasion of Hungary promoted additional boycotts by Spain, the Netherlands and Switzerland. Surprisingly, the Hungarian team did compete, despite the knowledge that Soviet tanks were at that moment positioned in Budapest. The Hungarian team beat the Soviets 4-0 in a water polo qualification match. It was a vicious game, requiring intervention to break up underwater "boxing matches". The Soviets had to be escorted from the arena under heavy guard to escape the pro-Hungarian spectators.

There were also moments at the Melbourne Games when the IOC managed to transcend political strife. Since its exclusion following World War II, the German Democratic Republic had sought to re-enter the Olympic fold. The IOC was hesitant to grant membership to a state still not officially recognized by a large part of the world. IOC member Karl Ritter von Halt was charged with finding a solution. For years he had dreamed of reuniting East and West Germany under a single flag. Miraculously, Ritter von Halt was able to negotiate an agreement under which the two Germanies would compete in the Olympics as one team. In 1956,

*Les Jeux de 1956 ont lieu aux antipodes. Le 22 novembre, les Jeux de Melbourne commencent sous le soleil australien, en présence du duc d'Édimbourg et de 3 184 athlètes venus de 67 pays. On peut lire au tableau d'affichage : «Le mouvement olympique tend à rassembler en une rayonnante union, toutes les qualités qui guident l'humanité vers la perfection.»*

*Malgré les efforts du CIO, la politique est présente à Melbourne. C'est une période de graves affrontements partout dans le monde. Suite à l'escalade de la crise de Suez, l'Iraq, l'Égypte et le Liban se sont retirés des Jeux. La Chine communiste boycotte les Jeux pour s'élever contre le fait que le CIO a reconnu Taïwan, qui n'a pourtant envoyé aucun athlète. L'invasion de la Hongrie par l'URSS a provoqué un mouvement de boycottage observé par l'Espagne, les Pays-Bas et la Suisse. Pourtant, bien que les chars soviétiques soient entrés dans Budapest, l'équipe hongroise est à Melbourne et parvient même à se venger modestement en infligeant à l'URSS une défaite de 4 à 0 dans une épreuve éliminatoire de water polo. C'est une partie acharnée. L'arbitre suédois doit intervenir pour interrompre plusieurs matchs de pugilat. Les Soviétiques quittent le stade sous escorte pour échapper à l'indignation des spectateurs pro-hongrois.*

*Il y a des moments pourtant où le CIO réussit à transcender ces tristes réalités. Depuis son exclusion au lendemain de la Seconde Guerre mondiale, la DDR souhaitait ardemment refaire son entrée aux J.O. Mais le CIO hésitait à admettre un État que de nombreux pays refusaient toujours de reconnaître officiellement. Le CIO demanda à un de ses membres, Karl Ritter von Halt, de trouver une solution. Ce dernier avait longtemps espéré réunir les deux Allemagnes sous un même drapeau. Comme par miracle, il obtient que l'Allemagne de l'Ouest et de l'Est participent au sein d'une même équipe. En 1956 et aux deux*

and in two subsequent Olympic Games, German winners received their medals under a flag of compromise, with Beethoven's *Ode to Joy* as their anthem.

The Australian athletes acquitted themselves brilliantly in front of their hometown crowd. Led by Murray Rose, Dawn Fraser and Jon Henricks, Australian swimmers won eight gold, four silver, and two bronze medals. Their success was due in part to an intensive 12-week training camp held in July during the winter season, when athletes had a fresher climate in which to train. Unaccustomed to the heat of an Australian summer, the visiting athletes were training at a disadvantage. Betty Cuthbert from Sydney became a teenage star, with double gold in the 100m and 200m sprints and a third gold as anchor of Australia's relay team.

In men's gymnastics most of the medals went to the Soviet Union. The USSR claimed 17 and Japan 14. The USSR's Viktor Chukarin won three gold and a bronze, and Japan's Takashi Ono won one gold, three silver and a bronze, for a lifetime total of 13 Olympic medals. Germany's Helmut Bantz, long horse vaulter, was the only gold medallist in gymnastics not from the two dominant nations. In women's gymnastics, Hungary and the Soviet Union won three gold medals, thanks to their champions Agnes Keleti and Larissa Latynina.

Young American Al Oerter tossed the discus a record distance to win the first of four gold medals in his career. Another American athlete, Patricia McCormick, took two gold medals in the diving events. Vladimir Kuts of the USSR surpassed Emil Zatopek's 1952 Olympic record in distance running, and Hungarian Laszlo Papp achieved his third successive boxing title. In one of the most competitive distance races, Ireland's Ron Delany was the unexpected winner in the 1,500m. Delany was in fourth place when he burst forward, covering 400 metres in 53.8 seconds and the final 100 metres in 12.9 seconds. In field hockey, India continued its winning streak with their sixth consecutive gold. The team would not go on to win in 1960, but would reclaim their gold standing in 1964.

Because of Australia's strict quarantine laws, the Olympic equestrian events could not be held in Melbourne. This contravened the Olympic Charter, which mandates that all Olympic events be held in the same country. Reluctant to cancel the event, the IOC selected Stockholm to host the equestrian competitions in June, five months before the Melbourne Games. During the tournament there was an anxious moment for the Swedes when a fire broke out near the stables. Fortunately all the horses survived. The Swedish entries won three of the six gold medals in team and individual dressage, and the individual three-day event. Great Britain won the team three-day event and Germany took the gold in both the individual and team jumping competitions.

*J.O. suivants, les champions allemands reçoivent donc leurs médailles sous les mêmes couleurs et au son d'un même hymne du compromis –* l'Hymne à la joie *de Beethoven.*

*Devant leur public, les athlètes australiens se surpassent. Grâce à Murray Rose, Dawn Fraser et Jon Henricks notamment, les nageurs australiens remportent huit médailles d'or, quatre d'argent et deux de bronze. Leur succès est dû en partie à une préparation intensive de douze semaines effectuée en juillet, c'est-à-dire durant l'hiver australien où le climat est favorable aux athlètes – alors que les autres concurrents s'entraînent au plus fort de la canicule. La jeune Betty Cuthbert, originaire de Sydney, se distingue doublement au sprint (100 m et 200 m) et contribue aussi à la victoire de l'équipe féminine du 4 x 100 m.*

*En gymnastique messieurs, la plupart des médailles vont à l'URSS (17) et au Japon (14). Le Soviétique Tchoukarine gagne trois fois l'or et une fois le bronze; et le Japonais Ono une médaille d'or, trois d'argent et une de bronze, accumulant ainsi 13 médailles olympiques au cours de sa carrière. En remportant l'or à l'épreuve du saut de cheval en longueur, l'Allemand Helmut Bantz est le seul vainqueur qui n'appartient pas aux deux pays dominants. En gymnastique dames, la Hongrie et l'URSS dominent les Jeux en obtenant chacune 3 médailles d'or grâce à leurs championnes respectives Agnes Keleti et Larissa Latynina.*

*Le jeune Américain Al Oerter envoie le disque a une distance record, remportant ainsi la première des quatre médailles d'or de sa carrière. Un autre Américain, Pat McCormick, obtient deux médailles d'or aux épreuves de plongeon. Le Soviétique Vladimir Kuts réussit à battre le record de Zatopek au 10 000 m et le Hongrois Laszlo Papp décroche son troisième titre consécutif de boxe. L'Irlandais Ron Delany est le vainqueur inattendu du 1 500 m, l'une des courses les plus âprement disputées des Jeux. Il se trouve en quatrième place quand il accélère soudain pour couvrir 400 m en 53 s 8, puis les derniers 100 m en 12 s 9. Au hockey sur gazon, les spectateurs sont témoin d'une grande victoire de l'Inde, sa sixième médaille d'or consécutive. L'équipe ne gagnera pas en 1960 mais remontera sur le podium en 1964.*

*À cause de la rigueur des lois australiennes de mise en quarantaine, les épreuves équestres ne peuvent avoir lieu à Melbourne – en contravention de la Charte olympique dictant que la totalité des Jeux doit se dérouler dans le même pays. Hésitant à annuler ces épreuves, le CIO décréte qu'elles se tiendront à Stockholm en juin, soit cinq mois avant la tenue des J.O. de Melbourne. Pendant le tournoi, on craint un instant que les Suédois ne puissent participer après qu'un incendie a éclaté près des écuries. Mais aucun cheval n'a péri. L'équipe suédoise remporte 3 des 6 médailles d'or au dressage individuel et par équipes, ainsi que le concours complet individuel. La Grande-Bretagne gagne le concours complet par équipes, et l'Allemagne le saut d'obstacles individuel et par équipes.*

The Olympic torch bearer arriving in the stadium.

Australian delegation uniform.

The 1956 Olympic torch.

Map of Olympic Village.

*L'athlète porteur du flambeau olympique entre dans le stade.*

*Uniforme de la délégation australienne.*

*Le flambeau olympique de 1956.*

*Plan du Village olympique.*

Various Olympic publications. *Diverses publications olympiques.*

Diploma. *Diplôme.*

Poster for the official film of the Games. *Affiche annonçant le film officiel des Jeux.*

Olympic medal. *Médaille.*

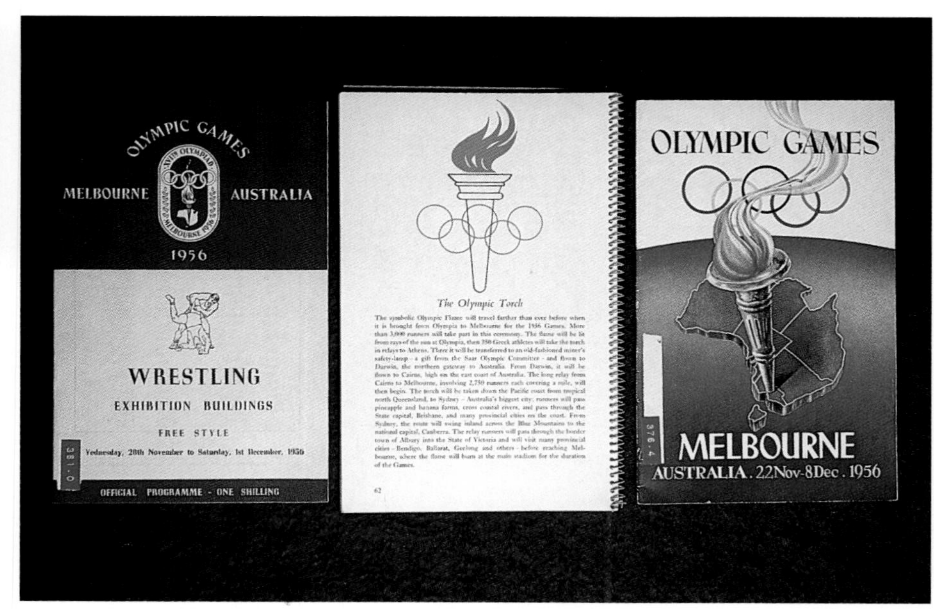

Commemorative stamps and pins.

*Épinglettes et timbres-poste commémoratifs.*

Equestrian diploma.

*Diplôme équestre.*

Olympic medals, ribbons, souvenir matches and pins.

*Médailles olympiques, ruban, allumettes et épinglettes souvenirs.*

SQUAW VALLEY CALIFORNIA
FEBBRAIO 1960
VIII GIOCHI
OLIMPICI INVERNALI

# VIII

The 8th Winter Olympics took place in Squaw Valley, California, a tiny town of 300 inhabitants in the Sierra Nevada, 200km from San Francisco. A group of entrepreneurs headed by Alexander Cushing had purchased 50 acres of undeveloped and inaccessible land several years before making their Olympic bid. There were only a few old Air Force cabins on the property, but Cushing and his group, which included Laurence Rockefeller, built a road, a chairlift and a restaurant. The group narrowly won the Olympic bid by a vote of 32 to 30. Cushing's motto "Return to the Olympic ideal in its Spartan sense – away from the fashionable hotels!" had struck a deep chord in many IOC members. Moreover, Cushing's team were in a position to raise funds approaching one billion dollars to improve the site and carry off the Olympics in style. Walt Disney was brought on board to create and supervise the *Look* and festivities of the Games.

Squaw Valley hosted 740 athletes from 30 nations. Organizers and participants persevered despite blizzards that delayed the opening ceremonies and the unexpected departure of the Master of Ceremonies, who was called away to stay an execution. Controversy arose over the organizers' announcement that bobsled events would be dropped, as nine bobsled registrants were insufficient to warrant the construction of an Olympic-calibre run. This decision ran counter to IOC rules but was not challenged. The bobsled events were reinstated at the 1964 Innsbruck Games. Two new events were added to the 1960 Winter Games roster: the men's biathlon and the women's speedskating. The biathlon was a combination of a 20k cross-country ski race and rifle marksmanship. Each competitor had four shooting stops during the race. Sweden won the gold, Finland the silver and the Soviet Union the bronze.

*Les VIII*es *Jeux Olympiques d'hiver ont lieu à Squaw Valley (Californie), une petite localité de 300 habitants située sur le versant est de la Sierra Nevada, à 200 km de San Francisco. Un groupe d'entrepreneurs dirigé par Alexandre Cushing ont acquis cette propriété bien avant de soumettre leur dossier de candidature au CIO. Le territoire de 50 acres compte seulement quelques baraquements appartenant à l'aviation américaine et n'est accessible jusque-là qu'aux randonneurs. Cushing et son groupe, qui inclut Laurence Rockefeller, aménagent une route, un télésiège et un restaurant. Leur candidature l'emporte par un vote de 32 à 30 voix. Cushing souhaite «retrouver l'idéal olympique dans toute sa vérité spartiate – loin des hôtels à la mode», un argument qui touche plus de la moitié des membres du CIO. De plus, Cushing et son groupe sont en mesure de recueillir près d'un milliard de dollars pour améliorer les installations et accueillir les Jeux Olympiques. Walt Disney est chargé de créer et d'orchestrer le* Look *et les festivités des Jeux.*

*Les 740 athlètes venus de 30 pays connaissent quelques imprévus – de violentes tempêtes de neige retardent la cérémonie d'ouverture et le maître de cérémonie doit s'absenter pour surseoir à une exécution. Les organisateurs annoncent que les épreuves de bobsleigh seront annulées. On a estimé qu'il était superflu d'aménager une piste pour les neuf athlètes inscrits à cette discipline. Bien que la décision soit illégale, elle n'est pas contestée. (Le bobsleigh figure de nouveau au programme des Jeux de 1964.) Deux nouvelles épreuves sont ajoutées au tableau des J.O. d'hiver de 1960, le patinage de vitesse dames et le biathlon messieurs, une épreuve combinée fond-tir, une course de 20 km ponctuée par quatre stations de tir. La Suède, la Finlande*

In women's speed skating there were four races. East Germany's Helga Haase won a gold medal in the 500m and a silver in the 1,000m. The USSR took five medals, including Lydia Skoblikova's 1,500m gold and 3,000m gold. Women's speedskating had appeared briefly as a demonstration sport at the 1932 Games. Its inclusion as an official sport at the 1960 Games was a giant leap forward for female athletes, who had until then been excluded from any sporting event that appeared too aggressive or strenuous.

Considered the underdogs in the ice hockey competition, the American team stunned the world by winning every one of its games. After the final match against the USSR, 8,500 spectators acknowledged this stellar performance with a standing ovation. The Canadian team finished second and the Soviet Union placed third. The Americans also became the first nation to win consecutive men's and women's individual figure skating championships. David Jenkins took the gold, which had been won four years earlier by his brother Hayes. Carol Heiss, who had promised her terminally-ill mother that she would win a gold medal, kept her word at the 1960 Games. The United States Olympic Committee reported, "Heiss's magnificent exhibition in the free skating stirred a capacity crowd of 8,500 to tears and cheers. Clad in a crimson costume, embellished with spangles and a tiara in her blonde hair, she bedazzled the judges, her opposition, and the spectators with her sheer artistry."

Although the United States was the host nation, its athletes did not dominate the Games. The USA won 10 medals (three gold) but the USSR boasted 21 (seven gold). The combined forces of East and West Germany, using Beethoven's *Ode to Joy* as their anthem, garnered eight medals including four gold. Germany took two medals in the Nordic skiing events: Georg Thoma became the first non-Scandinavian to win the Nordic combined, and Helmut Recknagel the first to take gold in Alpine ski jumping. The six gold medals in men's and women's Alpine skiing went to five different countries: France, Austria, Canada, Germany and Switzerland, which received two. For the first time, the French had abandoned wooden skis for metal ones, and employed a new technique – a position called "the egg". These innovations brought a gold medal win for Jean Vuarnet in the downhill, bronze for Charles Bozon in the slalom and bronze for Guy Périllat in the downhill.

Squaw Valley provided a comfortable and neutral haven for its guests. Almost half of the participating nations went home with medals. Because of the remote location, the Squaw Valley Games were conducted in a relaxed and informal atmosphere – a welcome change from the previous Olympic Games hosted by the United States in glamorous Los Angeles.

*et l'URSS sont, dans l'ordre, les premières médaillées de cette discipline. Le patinage de vitesse dames présente quatre courses. L'Est-Allemande Helga Haase remporte l'or au 500 m et l'argent au 1 000 m. L'URSS décroche cinq médailles, dont les deux médailles d'or de Skoblikova au 1 500 m et au 3 000 m. Le patinage de vitesse dames avait fait une brève apparition aux Jeux de 1932 en tant que sport de démonstration. Son accession au statut de sport olympique en 1960 marque un prodigieux bond en avant pour les athlètes féminines jusque-là exclues de toute épreuve sportive qui paraît trop agressive ou exigeante.*

*Donnée perdante au départ, l'équipe américaine de hockey stupéfie tout le monde en remportant chacun des matchs pour triompher enfin de l'URSS. Le match final se termine par une ovation enthousiaste des quelque 8 500 spectateurs. Les Canadiens prennent la seconde place et l'URSS la troisième. Mais les exploits des Américains ne s'arrêtent pas là. Ils sont aussi le premier pays à enlever deux championnats consécutifs de patinage artistique messieurs et dames. David Jenkins remporte l'or, gagné par son frère Hayes quatre ans plus tôt. Carol Heiss, qui avait promis à sa mère gravement malade de devenir championne olympique, tiendra parole aux Jeux de 1960.*

*Mais les États-Unis ne dominent pas les Jeux comme c'est souvent le cas pour les pays organisateurs. Les athlètes américains remportent 10 médailles (3 d'or) mais l'Union Soviétique règne incontestablement sur le palmarès avec 21 médailles, dont 7 d'or. Les forces combinées de l'Allemagne de l'Est et de l'Ouest (avec pour hymne national* l'Hymme à la joie *de Beethoven) raflent 8 médailles, dont 4 d'or. L'Allemagne remporte deux médailles en ski nordique, Georg Thoma devenant le premier non-Scandinave à remporter le combiné nordique, et Helmut Recknagel le premier à obtenir une médaille d'or à l'épreuve de saut à ski. En ski alpin, cinq pays se partagent les six médailles d'or (dames et messieurs) : la France, l'Autriche, le Canada, l'Allemagne et la Suisse, qui en reçoit deux. Pour la première fois, les Français ont abandonné les skis de bois pour les skis métalliques. Ils démontrent aussi une nouvelle technique, la position dite «de l'oeuf». Ces innovations vont rapporter la médaille d'or de la descente à Jean Vuarnet, la médaille de bronze du slalom à Charles Bozon et la médaille de bronze de la descente à Guy Périllat.*

*Plus de la moitié des pays participants quittent la Californie avec des médailles. Dans la vallée perdue de Squaw Valley, les Jeux se sont déroulés dans la détente et la bonne humeur – une atmosphère qui contraste agréablement avec les foules constellées d'étoiles qui ont caractérisé d'autres J.O. organisés par les États-Unis.*

Medal ceremony in front of the Tower of Nations – emblems depict each participating country.

*Remise des médailles devant la Tour des Nations – emblèmes représentant les pays participants.*

View captured during the Games.

*Vue générale prise durant les Jeux.*

Alpine skier, Andrea Mead Lawrence with the Olympic torch at the opening ceremonies in Squaw Valley.

The 1960 Olympic torch.

*La skieuse alpine Andrea Mead Lawrence présente le flambeau olympique à la cérémonie d'ouverture de Squaw Valley.*

*Le flambeau olympique de 1960.*

Commemorative pins.

*Épinglettes commémoratives.*

Poster.

*Affiche.*

View of participating countries' flags.

*Vue générale des drapeaux des différents pays présents aux Jeux.*

Sculptures representing the different Olympic sports adorn the arena entrance.

*Des sculptures représentant les différents sports olympiques décorent l'entrée de la patinoire.*

A picturesque view of the ice hockey arena with the Tower of Nations and the ski slope in the background.

*Vue pittoresque de la patinoire de hockey avec pour décor la Tour des Nations et la piste de ski.*

Olympic diploma.

*Diplôme olympique.*

Map of the Squaw Valley Olympic site.

Obverse and reverse sides of Olympic medal.

Commemorative pins.

*Plan du site olympique de Squaw Valley.*

*Médaille olympique – avers et envers.*

*Épinglettes commémoratives.*

GAMES OF THE XVII OLYMPIAD
ROMA
25.VIII-11.IX
ROMA MCMLX
ARMANDO TESTA
IGAP

# XVII

**R**ome played the perfect host to the 1960 Olympics. The opening ceremony was a brilliant and colourful pageant. The Italians had been planning for the Games since 1908, and the result of their efforts was a magnificent blend of ancient and modern. Many of the Olympic events took place amid the ancient ruins where Romans had held their own sporting events 2000 years before. Brand new stadia and an Olympic Village, complete with banks and a post office, offered comfort and luxury to the more than 5,000 athletes from 84 nations. The availability and ease of air travel had improved access to the Games and attendance surpassed all previous Olympic Games. By 1960, athletic standards had risen so high that even some previous medallists failed to qualify for the finals.

The Ethiopian Abebe Bikila achieved the fastest marathon of all time, running barefoot over the cobblestones of the Appian Way. He was 1.75m, weighed 61kg and had practised for the event by running in high altitudes. Bikila finished the course in 2 hours, 15 minutes and 16.2 seconds. Of the win Bikila said, "We are a poor country and not used to mechanized transport. We run everywhere. Twenty-six miles is nothing to me. Of course I could have kept going for a long time." Bikila returned home to his job as a uniformed guard at the royal palace in Addis Ababa. In four years he would return to the next Olympic Games, clad this time in running shoes, to win the gold again.

American athlete Wilma Rudolph won gold medals in the 100m, 200m and sprint relay. Rudolph finished the 100m in the record-breaking time of 11.0 seconds, but the record was not officially accepted because of wind assistance. These were miraculous wins for a woman who had been crippled by polio in childhood, and had spent half of her early years in a special shoe and leg brace. At the Rome Olympics, the Italians called her "the black pearl" and the

***R**ome est l'hôte exemplaire des XVIIes Jeux Olympiques. La cérémonie d'ouverture est un événement haut en couleurs. Se préparant à cette mémorable manifestation depuis 1908, les Italiens ont conjugué l'ancien et le moderne, et les résultats sont spectaculaires. Beaucoup d'épreuves olympiques se déroulent dans des lieux légendaires, à l'endroit même où les Romains présentaient leurs propres compétitions sportives, 2 000 mille ans plus tôt. On a construit de nouveaux stades. Un village olympique doté de sa propre banque et d'un bureau de poste accueille dans le confort et le luxe plus de 5 000 athlètes venus de 84 pays. Grâce aux progrès de l'aviation commerciale, il y a un nombre record de participants et beaucoup de records olympiques sont pulvérisés. Le niveau est si élevé que plusieurs anciens médaillés ne réussissent pas à se qualifier pour les finales.*

*L'Éthiopien Abebe Bikila remporte le marathon le plus rapide de tous les temps en courant pieds nus sur les pavés de la voie Appienne. Il mesure 1 m 75, pèse 61 kg et s'est entraîné à haute altitude. Il termine le parcours en 2 h 15 min 16 s 2. Bikila dira : «Nous sommes un pays pauvre et nous ne sommes pas habitués au transport mécanisé. Nous allons partout au pas de course. Vingt-six miles n'est rien pour moi. J'aurais encore pu à courir longtemps.» Après sa victoire, Bikila reprend son poste de garde royal au palais d'Addis Ababa. Quatre ans plus tard, il participe de nouveau au marathon, chaussé cette fois, et remporte l'or une fois de plus.*

*L'Américaine Wilma Rudolph enlève l'or au 100 m, au 200 m et au 4 x 100 m. Rudolph termine le 100 m en 11 s, un record non homologué à cause du vent. Ce sont des victoires miraculeuses pour cette femme qui a été victime de la polio durant son enfance et qui a passé sept ans à l'hôpital. Les Italiens la baptisent la perle noire et les Français la gazelle noire. Les athlètes féminines*

French dubbed her "la gazelle". In the field events, Soviet female athletes claimed six of the ten gold medals, challenged only by Romanian Iolanda Balas. Balas won the women's high jump with a record height of 1.85m. She was the first woman to jump over 1.83m, and in the course of the next 10 years would set 14 world records. In women's long jump, Vyera Krepkina of the USSR won with a distance of 6.37m.

In the beautiful Palazzo dello Sport, spectators burned newspaper torches as they cheered the boxing events. 18-year-old Classius Clay, (later known as Muhammad Ali) won the light heavyweight boxing championship. Italy's heavyweight champion, Franco de Piccolo, took only 1 minute and 30 seconds to knock out his opponent Andrei Abramov. Olympic wrestlers competed among the ruins of the Basilica di Maxientius. The Turkish team swept up seven gold medals and Mustafa Dagistanli won the 62kg freestyle gold. Dagistanli had previously won the freestyle bantamweight title at the Melbourne Games. West Germany's Wilfried Dietrich was an exceptional wrestler. Most contestants concentrated on one form of wrestling, but Dietrich's versatility permitted him to win gold in the freestyle and silver in the Greco-Roman.

Proud fans from New Zealand saw two of their track athletes win gold medals in the space of an hour. Murray Halberg won the 5,000m and Peter Snell the 800m track events, a remarkable exploit for a nation of only three million. The 1960 Games marked the end of India's 32-year reign in field hockey, Pakistan winning the event with a final score of one to zero. Britain's only gold medal was won by Donald Thompson in the 50m walk. Compact in stature, Thompson was nicknamed "little mouse" by the Italians. Thompson reportedly trained in his own bathroom to acclimatize himself to the heat and humidity of Rome.

The ruins of the ancient Baths of Caracalla were modified to accommodate 5,000 spectators. Against this magnificent backdrop, Soviet gymnasts performed magic. Their female athletes won 15 of the 18 medals: five gold, five silver and five bronze, most of which went to Larissa Latynina. In men's gymnastics the battle was between the USSR and Japan. The Soviets finished with a total of three gold, five silver and three bronze. The Japanese won four gold, two silver and two bronze. Japan claimed the team title, and would continue to do so for the next five Olympics. One member of the Japanese team was 40-year-old Masao Takemoto, the oldest gold medal gymnast in the history of the Games.

The graphic designer for the 1960 Games poster was Armando Testa, best known for his Pirelli tire ads. His striking official poster for the Games depicts the Roman she-wolf surmounting a column and a victorious athlete crowning himself according to Roman tradition.

*soviétiques récoltent six des dix médailles d'or et auraient dominé toutes les épreuves d'athlétisme sans la Roumaine Iolanda Balas. Balas remporte le saut en hauteur en franchissant la barre à 1 m 85. C'est la première femme à dépasser 1 m 83. Au cours des dix années suivantes, elle établira 14 records mondiaux. Au saut en longueur, la Soviétique Vyera Krepkina remporte l'or avec un bond de 6 m 37.*

*Les épreuves de boxe ont lieu dans le magnifique Palazzo dello Sport, où les spectateurs créent des effets spéciaux en faisant brûler des torches de papier. Cassius Clay, Mohammed Ali, âgé de 18 seulement, remporte le titre olympique des mi-lourds. Franco de Piccolo, le champion italien des super-lourds terrasse Andrei Abramov en 1 min 30 s. Les lutteurs olympiques s'affrontent parmi les ruines de la basilique de Maxientius. L'équipe turque rafle sept médailles d'or. Dans l'épreuve de lutte libre - 62 kg, Mustafa Dagistanli décroche l'or. Il a déjà remporté le titre de lutte libre - 57 kg aux Jeux de Melbourne. Le lutteur ouest-allemand Wilfried Dietrich est exceptionnel. Plutôt que de s'attacher à la forme comme la plupart des autres concurrents, Dietrich décroche l'argent en lutte libre et l'or en lutte gréco-romaine - 130 kg.*

*La Nouvelle-Zélande remporte deux médailles d'or à une heure d'intervalle, grâce à Murray Halberg au 5 000 m et à Peter Snell au 800 m. Remarquable exploit pour un pays de trois millions d'habitants! Les Jeux de 1960 marquent également la fin des 32 années de suprématie de l'Inde au hockey sur gazon, le Pakistan enlevant la victoire finale par 1 à 0. La Grande-Bretagne obtient une seule médaille d'or avec Don Thompson au 50 km marche. Les Italiens surnomment ce sportif de petite taille la «petite souris». On rapporte que Thompson s'est entraîné dans sa propre salle de bain pour s'habituer aux conditions climatiques de Rome.*

*Les anciens thermes de Carcalla ont été restaurés et modifiés pour accueillir 5 000 spectateurs. Les gymnastes soviétiques y donnent un remarquable spectacle – les athlètes féminines raflent 15 des 18 médailles : cinq d'or, cinq d'argent et cinq de bronze, la plupart remportées par Larissa Latynina. En gymnastique messieurs, les Soviétiques s'opposent aux Japonais. L'URSS remporte trois fois l'or, cinq fois l'argent et trois fois le bronze; le Japon quatre fois l'or, deux fois l'argent et deux fois le bronze. Le Japon s'empare du titre par équipes et renouvelle cet exploit pour les cinq J.O. suivants. L'un des gymnastes de leur équipe est Masao Takemoto, alors âgé de 40 ans, le plus «vieux» gymnaste médaillé d'or.*

*Armando Testa, le créateur bien connu des annonces de pneus Pirelli, est l'auteur de l'affiche des Jeux de 1960. Son affiche est spectaculaire : la louve romaine domine le chapiteau qui représente un athlète victorieux se couronnant lui-même, selon la tradition romaine.*

Commemorative pin featuring the she-wolf with Romulus and Remus – founders of the Roman Empire.

Official diplomas and the 1960 Olympic torch.

Épinglette représentant la louve allaitant Romulus et Remus, les fondateurs légendaires de Rome.

Diplômes officiels et la flambeau olympique de 1960.

Poster for the film of the Olympic Games in Rome.

*Affiche annonçant le film des Jeux Olympiques de Rome.*

Poster from the official airline.

*Affiche des lignes aériennes officielles.*

Commemorative coins and pins.

*Pièces et épinglettes commémoratives.*

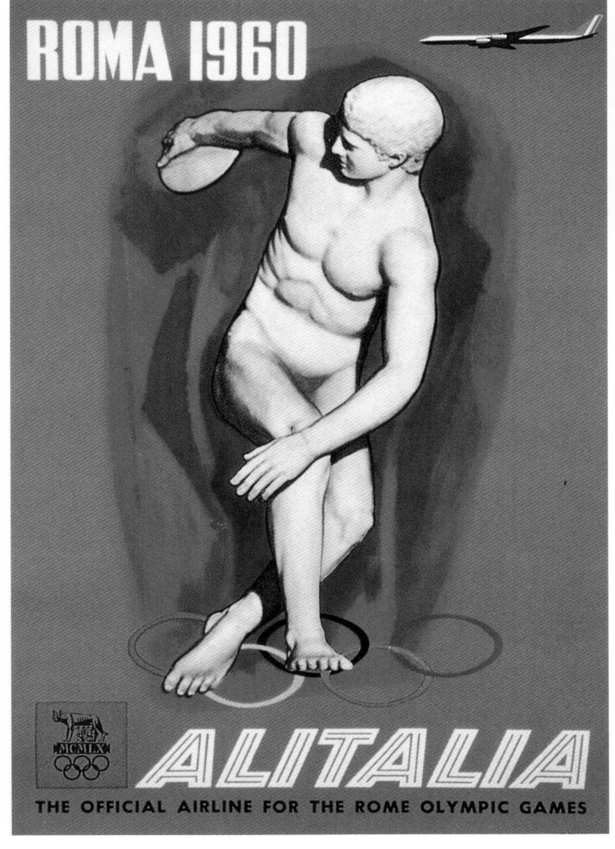

W. JARUSKA
PUBLISHED BY ORGANISATIONSKOMITEE DER IX. OLYMPISCHEN WINTERSPIELE INNSBRUCK 1964 · GEDRUCKT IN ÖSTERREICH · IMPRIMÉ EN AUTRICHE · PRINTED IN AUSTRIA BY WAGNER'SCHE UNIV.-BUCHDRUCKEREI BUCHROITHNER & CO., INNSBRUCK
INNSBRUCK
1964
29.1.-9.2.
TYROL
AUTRICHE

**P**icturesque Innsbruck, situated in the Austrian Alps, played host to the 1964 Winter Games. The introduction of computer technology at the Innsbruck Games transformed Olympic competition, and IBM, still relatively unknown, underwrote these new technologies with corporate sponsorship approaching one million dollars. Transportation and communications problems were easily resolved by IBM technology. Where once it had taken judges eight hours to tally figure skating scores, results were now available in a matter of seconds. The 1964 Winter Olympics were on a grand scale – more countries and athletes participated, spectator interest rose dramatically, and media coverage proliferated, with journalists outnumbering athletes. There were 34 television networks represented. Weeks before the Games began, people around the world watched nightly newscast on the weather conditions at Innsbruck. Unfortunately, Innsbruck was experiencing its mildest weather in 58 years and had virtually no snow for the sporting events. A huge television audience watched 3,000 Austrian soldiers haul 40,000 cubic metres of snow up to an altitude of 2,500m, to pack the Nordic trails and Alpine ski runs. More snow was carried to the sites to have on hand for emergencies. Six snow-making machines worked day and night to make enough snow for the bobsled and luge runs.

Ticket sales soared dramatically and a record one million spectators attended the Games. News coverage preceding the Games had given tourism a boost far beyond the organizers' expectations. Opening ceremonies were held at the bowl of the Berg Isel ski jump in order to accommodate 60,000 spectators. Innsbruck added a novel and spectacular note by including the Olympic torch relay in the opening ceremonies. The large crowds seemed to set the Austrian authorities on edge, and there were several reports of strong-arming and brutality by local soldiers. The

***S**ituée dans les Alpes autrichiennes, Innsbruck accueille les tout premiers Jeux entièrement informatisés. IBM, société encore peu connue, investit près d'un million pour assurer le bon déroulement des Jeux. Les problèmes de transport et de communication sont aisément résolus grâce aux nouvelles inventions d'IBM. En patinage artistique notamment, où les fastidieux calculs prenaient autrefois huit heures, on peut désormais obtenir les résultats en quelques secondes. Ce sont des Jeux Olympiques à grand déploiement – beaucoup d'athlètes souhaitent participer, beaucoup de spectateurs désirent être présents. Mais les 1 332 athlètes venant de 36 pays sont surpassés en nombre par les journalistes. Près de 1 500 représentants des divers médias couvrent les Jeux – plus d'un par concurrent. Trente-quatre réseaux de télévision sont à Innsbruck. Plusieurs semaines avant les Jeux, de partout dans le monde, on suit chaque soir les bulletins de la météo. Malheureusement, le Tyrol subit son hiver le plus doux depuis 58 années. Il n'y a presque pas de neige. Sous l'oeil angoissé de millions de téléspectateurs, 3 000 soldats autrichiens transportent 40 000 mètres cubes de neige à 2 500 m d'altitude pour aménager les pistes de ski alpin et nordique. Ils constituent des réserves de 20 000 mètres cubes sur les lieux de compétition pour parer à toute éventualité. Six canons à neige fonctionnent jour et nuit en vue des épreuves de bobsleigh et de luge.*

*Vente record de billets, également : un million de spectateurs assisteront aux Jeux. Le battage médiatique qui a précédé les Jeux attire une foule de touristes qui surpasse les prévisions des organisateurs. Au pied du tremplin de saut de Berg Isel, plus de 60 000 spectateurs assistent à la cérémonie d'ouverture. Innsbruck ajoute une note spectaculaire en y incluant le relais du flambeau olympique. Mais cette affluence considérable semble provoquer une certaine inquiétude nerveuse parmi les autorités autrichiennes. Au cours des deux semaines, beaucoup de spectateurs, notamment des*

IOC was concerned about rampant commercialism among the athletes. The Alpine skiers in particular were facing newspaper photographers with the brand names on their skis prominently displayed. IOC President Avery Brundage criticized the athletes for this departure from amateurism.

The Innsbruck Games witnessed a number of tragedies that cast a pall over the entire event. Kazimierz Kay-Skrzypeski, a 50-year-old British luge contestant who had fled Poland after the Nazi occupation, died in a crash during a practice run. Three days later, 19 year old Australian skier Ross Milne smashed into a tree during a practice run. A black ribbon was tied around the Olympic rings in memory of these athletes. Then after the close of the Games, two skiers, German Barbi Henneberger and American Wallace "Bud" Werner, were killed in a Swiss avalanche during the filming of a motion picture.

The luge event had three competitions: men's singles, women's singles and men's doubles. East Germany ruled the contests. The idea of tearing down an iced hill without means of steering didn't appeal to many athletes. In fact, the luge competition had not been allowed at the Olympics before because it was considered too dangerous. In the men's singles, East Germany won the gold and silver, and West Germany took the bronze. Austria placed first and second, and Italy third in the men's doubles. In the woman's singles, East Germany came in first and second and Austria placed third. In the bobsledding events, *The Pierre de Coubertin Fair Play Trophy* was awarded to Italian bobsledder Eugenio Monti for supplying a replacement bolt to the British team. The British team went on to win the gold in the two-man, with Monti and Sergio Siorpaes winning the bronze medal. The Italian team, Sergio Zardini and Romano Bonagura received the silver medal. The four-man bobsled race was won by Canada, Austria placing second, and the Italians, whose team included Eugenio Monti, capturing the bronze. Monti's day of glory was to come four years later, when he won the gold medal in the two-man bobsled at Grenoble.

A number of nations were entering the Winter Games for the first time. India was represented by one athlete, Gerry Bujakowski. In the men's downhill ski event, Bujakowski was injured and could not finish the race. Both North and South Korea competed in these Games, North Korea capturing a silver medal. Iran's Prince Karim competed in two skiing events but placed poorly in both. Overall, the USSR dominated the Games with 11 gold medals, eight silver and six bronze. Host nation Austria was second with four gold medals, five silver and three bronze.

*femmes, un entraîneur de ski français et des journalistes, rapportent avoir été malmenés par des soldats locaux. Le CIO a lui-même du mal à s'accommoder de la vague de mercantilisme qui semble déferler sur les athlètes. Les skieurs alpins, en particulier, posent de façon ostentatoire devant les photographes, arborant des marques connues sur la semelle de leurs skis. Le président du CIO, Avery Brundage, s'insurge contre ce passage de l'amateurisme (un des critères des Jeux) au «professionnalisme».*

*Les Jeux d'Innsbruck sont aussi assombris par un certain nombre de tragédies. Kazimierz Kay-Skrzypeski, un lugeur britannique de 50 ans qui avait fui sa Pologne natale après l'occupation nazie, meurt dans un accident à l'entraînement. Trois jours plus tard, un skieur australien de 19 ans, Ross Milne, s'écrase contre un arbre pendant une descente d'entraînement. On noue un ruban noir autour des anneaux olympiques à la mémoire des deux hommes. Peu après la clôture des Jeux, deux skieurs, l'Allemande Barbi Henneberger et l'Américain Wallace "Bud" Werner sont emportés dans une avalanche en Suisse, pendant le tournage d'un film.*

*Il y a trois épreuves de luge : messieurs, monoplace; messieurs, biplace; et dames, monoplace. L'Allemagne de l'Est remporte la plupart des honneurs. L'idée de se lancer à tombeau ouvert du haut d'une piste verglacée sans possibilité de contrôler son engin attire peu d'athlètes. En fait, les épreuves de luge ont toujours été bannies des J.O. parce qu'on les estimait trop dangereuses. Dans l'épreuve messieurs-monoplace, l'Allemagne de l'Est remporte l'or et l'argent, et l'Allemagne de l'Ouest le bronze. L'Autriche se place première et seconde, et l'Italie troisième dans l'épreuve messieurs-biplace. Chez les athlètes féminines, l'Allemagne de l'Est arrive première et seconde, et l'Autriche troisième. Dans les épreuves de bobsleigh, le* Trophée International du Fair Play Pierre de Coubertin *est attribué au bobeur italien Eugenio Monti, qui avait offert un boulot de remplacement à l'équipe de bobsleigh britannique. Ce geste permet à l'équipe britannique d'enlever l'or dans l'épreuve de bob à deux, tandis que Monti et Sergio Siorpaes remportent le bronze. L'équipe italienne de Sergio Zardini et Romano Bonagura reçoit la médaille d'argent. L'épreuve de bob à quatre est dominée par le Canada, l'Autriche se hissant en seconde place, et les Italiens parmi lesquels figurait Eugenio Monti, capturant le bronze. (Monti deviendra médaillé d'or de bob à deux à Grenoble). Chez les Français, François Bonlieu est médaille d'or du slalom géant, Christine Goitschel remporte le slalom et sa soeur Marielle est seconde.*

*Plusieurs pays participent à leurs premiers Jeux Olympiques d'hiver. L'Inde est représentée par un seul athlète, Gerry Bujakowski, dans la descente hommes. Mais Bujakowski se blesse et ne peut terminer la course. Les deux Corées participent aux épreuves, et la Corée du Nord capture une médaille d'argent. Le prince Karim d'Iran participe, sans obtenir de très bons résultats, aux épreuves du slalom géant et de la descente. L'URSS rafle le plus grand nombre de médailles, soit 11 d'or, 8 d'argent, et 6 de bronze; suivie de l'Autriche, le pays hôte, avec 4 médailles d'or, 5 d'argent et 3 de bronze.*

Pictorial view of Olympic site.

Olympic flame at the ski jump site.

*Vue panoramique du site olympique.*

*La flamme olympique et le tremplin de saut.*

The 1964 Olympic torch.

*Le flambeau olympique de 1964.*





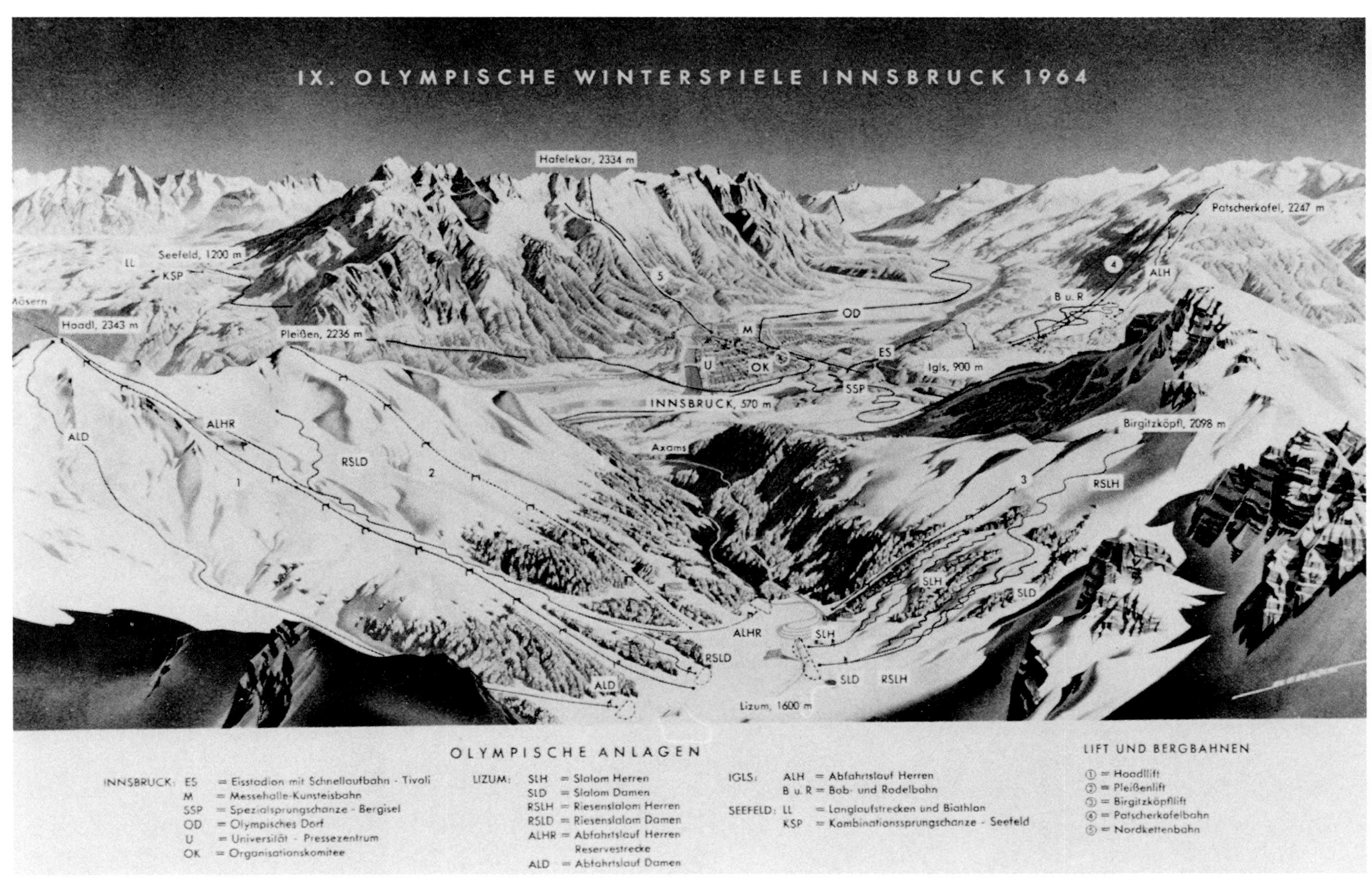

Aerial view of Olympic site.

Commemorative postage stamps.

Diploma.

*Photo aérienne du site olympique.*

*Timbres-poste commémoratifs.*

*Diplôme.*

Diploma.

Olympic medal (obverse and reverse sides).

Commemorative pins.

*Diplôme.*

*Médaille olympique – avers et envers.*

*Épinglettes commémoratives.*

TOKYO 1964

# XVIII

**W**hen the IOC awarded the 1960 Games to Tokyo, the first Asian Olympic site, Japan recognized an opportunity to regain prestige in the International community. The Tokyo Olympics, dubbed "The Happy Games", showed that the world's largest city was a splendid host. Organization and production were flawless. Japan had invested 2 billion dollars in preparations that included a seventeen-story hotel, a new expressway, and a precision-built Olympic village. Emperor Hirohito opened the ceremonies and 19- year-old Yoshinori Sakai, born near Hiroshima the fateful day of August 6, 1945, carried the Olympic flame.

Only one political issue threatened to mar the 1960 Games. The South Africans had passed a law in 1956 requiring segregation of white and non-white athletic teams. Moreover, South Africa would not permit racially mixed teams to leave or enter the country. To compete against South Africa at the Olympics would signify tacit acceptance of this racist policy. Rather than risk a boycott by the growing number of African nations participating, the IOC banned South Africa from competition.

The Tokyo Games were distinguished by overall excellence. Ethiopian runner Abebe Bikila became the first to receive a second consecutive gold in the marathon. To the great consternation of Japan, the gigantic Dutchman Anton Geesink took the open class judo title. Iolanda Balas of Romania collected her second high jump gold with a 1.90m jump, and Dawn Fraser of Australia won her third consecutive victory in the 100m free style swim. Later on, Fraser led a night-time raid to "borrow" a souvenir flag from Emperor Hirohito's palace. In the spectacular women's gymnastics, Vera Caslavska of Czechoslovakia collected three gold medals, surpassing Larissa Latynina and ushering in a new era in the sport. Latynina left Tokyo with six medals, bringing her total to 18, the largest Olympic collection by any single athlete.

***Q**uand le CIO accorde les Jeux de 1960 à Tokyo, la première capitale asiatique ainsi honorée, le Japon y voit l'occasion d'une reprise de ses relations publiques avec la collectivité internationale. Tokyo lui réservera un accueil inoubliable. L'organisation est exemplaire et le déroulement des manifestations sportives et culturelles sans faille. Le Japon a investi 2 milliards de dollars pour l'occasion – un hôtel de dix-sept étages, un nouvel autoroute, et un Village olympique remarquablement pensé. À la cérémonie d'ouverture, les athlètes américains défilent devant l"Empereur Hiro-Hito. Yoshinori Sakai, né à Hiroshima le jour fatidique du 6 août 1945, porte le flambeau olympique.*

*Un seul conflit politique risque de perturber les Jeux de 1960. En 1956, les Sud-Africains ont adopté une loi exigeant la ségrégation entre les athlètes blancs et noirs. De plus, l'Afrique du Sud n'autorise pas les équipes de races mixtes à quitter le pays ou à y entrer. Aux Jeux Olympiques, se mesurer à l'Afrique du Sud aurait signifié l'acceptation plus ou moins tacite de la politique d'Apartheid. Plutôt que de risquer un boycottage de la part des pays africains de plus en plus nombreux aux Jeux, le CIO n'autorise pas l'Afrique du Sud à participer aux Jeux Olympiques de 1960.*

*Les Jeux de Tokyo de 1964 se distingueront tout particulièrement par leur excellence. Le coureur de marathon Abebe Bikila devient le premier double médaillé d'or dans sa discipline – pieds nus quatre ans plus tôt, chaussé à Tokyo. À la grande consternation du Japon, le gigantesque Hollandais Anton Geesink remporte le titre de judo toutes catégories. La Roumaine Iolanda Balas récolte sa seconde médaille d'or de saut en hauteur avec un bond de 1 m 90. L'Australienne Dawn Fraser se distingue d'abord en remportant sa troisième victoire consécutive au 100 m*

More than 5,500 athletes from 94 nations participated in the Tokyo Games. Of the 94 nations, 44 of them went home with medals. USA ranked first in medals with 36 gold, 26 silver and 28 bronze. USSR was a close second with 30 gold, 31 silver and 35 bronze medals. Japan, the host, finished in third place with 16 gold, 5 silver and 8 bronze medals. Competitors, officials and journalists were all impressed by the hospitality of the Japanese. Thanks to the new satellite Telstar, the whole world watched the "friendly games".

Olympic design entered a new era at the Tokyo Games. Organizers had extended an invitation to the young generation of designers to help create "the look" of the Games. The winning entrant Yusaku Kamekura was the first to achieve conceptual unity of all aspects of Olympic design – posters, venues, signage and tickets. This established an important precedent. Mr. Kamekura described the effort and inspiration for the *look* of the 1964 Tokyo Summer Games this way:

"When we say "Olympic", we think first of the poster and then of the design of the Olympic site. A successful poster is the first step in making the festival a success. If you succeed in creating a strong first impression of the Olympic site to the public, this also becomes a success. It is important to have a perfect balance between the power of the poster and the power of the architect.

It is difficult for outsiders to comprehend the magnitude of the task of designing for an international sports festival. High level design is expected for the immense Olympic stadium, the information billboards, pamphlets, admission tickets, the actual Olympic awards and medals, and numerous other items. The most important element is the pictogram, a universal element for communication.

This phenomenal amount of work was done collectively by eminent Japanese designers and young artists. I believe this was the first time in Olympic history that designers of this calibre pooled their talents. The success was due to one art director's strong drive and excellent judgement. That director was the world renowned design critic Mr. Masaru Katsumi."

*nage libre, puis en «empruntant» un drapeau souvenir au palais de l'Empereur Hiro-Hito. Spectacles et performances spectaculaires des gymnastes féminines : la Tchécoslovaque Vera Caslavaska remporte trois médailles d'or, triomphant de Latynina, qui quittera le Japon avec six médailles de plus et le palmarès olympique le plus impressionnant de l'histoire des Jeux, soit 18 médailles.*

*Plus de 5 500 athlètes sont présents et 44 des 94 pays représentés remporteront des médailles. Les États-Unis sont en tête avec 36 médailles d'or, 26 d'argent et 28 de bronze; suit l'URSS avec 30 médailles d'or, 31d'argent et 35 de bronze; et le Japon est en troisième place avec 16 médailles d'or, 5 d'argent et 8 de bronze. Tous les athlètes, les entraîneurs, les juges et les journalistes sont impressionnés par l'accueil des Japonais. Grâce au nouveau satellite Telstar, les Jeux n'ont jamais attiré autant de spectateurs. Le monde entier suivra les Jeux de l'amitié.*

*Sur le plan graphique, les Jeux Olympiques connaissent un souffle nouveau à Tokyo. Les organisateurs ont invité la génération montante de concepteurs à contribuer à l'image de marque des Jeux. Le lauréat, Yusaku Kamekura, établit une unité thématique visuelle entre les affiches, la signalisation et les billets des Jeux. Cette unité caractérisera tous les Jeux à venir. M. Kamekura décrit ainsi son travail de création pour le Look des Jeux Olympiques d'été de Tokyo :*

*«Quand nous pensons Jeux Olympiques, nous pensons d'abord à l'affiche, puis au design des installations olympiques. L'affiche officielle est le premier élément qui fait du festival des Jeux un succès. Si l'on parvient ensuite à transmettre une première impression forte et sans précédent des installations olympiques au public, le succès est renforcé. Il est important de réaliser un parfait équilibre entre la puissance de l'affiche et la puissance de l'architecte.*

*Parce que les Jeux constituent un festival sportif d'envergure internationale, il est difficile de saisir l'ampleur du projet à moins d'avoir soi-même participé à sa planification. Dans l'Empire des signes, il était de rigueur qu'un design du plus haut niveau soit évident à tous les niveaux : l'immense stade olympique, les panneaux d'information, la documentation, les billets d'entrée, les récompenses et les médailles olympiques, notamment. L'élément essentiel est le pictogramme, élément de communication universelle.*

*Ce travail considérable fut réalisé collectivement par des concepteurs éminents et de jeunes artistes de la relève. Pour la première fois de toute l'histoire des Jeux, des concepteurs de cette qualité conjuguaient leurs talents, guidés et inspirés par l'énergie et l'excellent jugement d'un directeur artistique et critique de renom international : M. Masaru Katsumi."*

The Tokyo Olympic stadium is considered one of the finest ever designed for the Games. The architect is the world renown Kenzo Tange.

*Oeuvre du célèbre architecte Kenzo Tange, le stade olympique de Tokyo est une des plus belles installations du genre.*

Venue for the swimming and diving events.

The 1964 Olympic torch.

*Centre nautique où se sont déroulées les épreuves de natation et de plongeon.*

*Le flambeau olympique de 1964.*

TOKYO 1964
Art Direction & Layout:
Photo Direction:
Photograph:
Printed by
Japan

Posters.

Diploma.

*Affiches.*

*Diplôme.*

THE INTERNATIONAL OLYMPIC COMMITTEE
HAS PLEASURE IN AWARDING TOKYO TROPHY
TO

IN PRAISE OF HIS OUTSTANDING SPORTSMANSHIP
IN THE YACHTING EVENT IN THE GAMES
OF THE XVIII OLYMPIAD IN TOKYO, 1964.

**Avery Brundage**
PRESIDENT
INTERNATIONAL OLYMPIC COMMITTEE

賞状

國際オリンピック委員會は
第十八回オリンピック大會における
顯著なスポーツマンシップを讃え
ここに東京トロフィーを贈る

國際オリンピック委員會
會長 エブリ ブランデージ

Commemorative pins and cultural events posters.

Official diplomas.

*Épinglettes commémoratives et affiches des manifestations culturelles.*

*Diplômes officiels.*

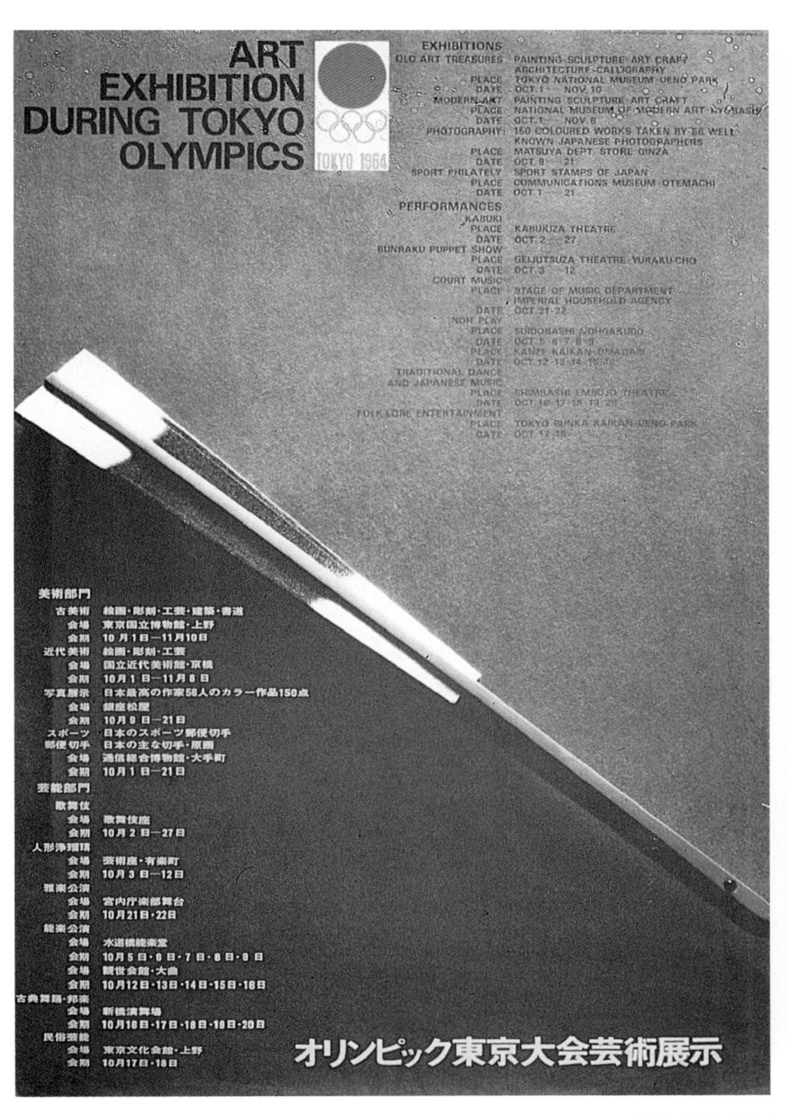

TOKYO 1964
XVIII
OLYMPIC GAMES
OCT.10-24

Commemorative coins and pins.

Olympic medal and ribbon.

*Pièces et épinglettes commémoratives.*

*Médaille olympique et ruban.*

X$^{mes}$ JEUX
OLYMPIQUES
D'HIVER
6/18 Février 1968
GRENOBLE FRANCE

The university and industrial town of Grenoble, situated in the French Alps, played host to the 1968 Winter Games. A stadium with seating capacity of 60,000 was built for the occasion and later dismantled. Competitions took place in venues up to 40km away: L'Alpe d'Huez hosted the bobsled competitions, Chamrousse the downhill skiing events, Autrans the Nordic skiing and Villard-de-Lans the luge contests. The sporting events were so spread out that athletes had to be accommodated at several miniature Olympic villages situated near the various sites. The French spared no expense, and by the end of the Games had spent approximately 240 million dollars on Olympic facilities, road construction and festivities. At the opening ceremonies, five parachutists, each sporting one of the Olympic colours, landed inside corresponding Olympic rings in the stadium. Thousands of artificial roses were dropped from helicopters as President Charles de Gaulle declared the Games open. Unfortunately, the weather was stormy and many events had to be postponed. At least a dozen skiers were injured during runs in treacherous weather conditions and had to be hospitalized.

Spectator attendance was low at 70,000, but at least 500 million fans were watching from the comfort of their homes. Commercialism was still a concern for the IOC. Many of the skiers relied on the sponsorship of manufacturers, but after much argument the athletes and the Committee reached a compromise. The skiers could not wear any of their equipment bearing manufacturers' trade marks when being interviewed or photographed for television and newspapers. In 1968 there were 37 countries participating, East and West Germany finally competing as separate countries. The 1,293 athletes included 228 women. Major controversy surrounded the women's luge event. East Germany's Ortrun Enderlein (1964 luge gold) and two other

*Centre industriel et universitaire, lieu de passage vers les stations de sport d'hiver, Grenoble est située dans les Grandes-Alpes, au confluent de l'Isère et de la Drac. En 1968, elle accueille les Xes Jeux Olympiques d'hiver. On construit d'abord un stade de 60 000 places (rasé depuis). Les compétitions se déroulent dans un rayon de 40 km. Les épreuves de bobsleigh ont lieu à L'Alpe d'Huez, celles de descente à Chamrousse. Autrans accueille le ski nordique et Villard-de-Lans la luge. Cette situation a donné lieu à la construction de plusieurs mini-résidences à proximité des aires de compétitions respectives. Les Français ont tout mis en oeuvre pour réserver le meilleur accueil aux visiteurs et aux athlètes. À la fin des Jeux, les installations olympiques, l'aménagement routier et les festivités auront coûté quelques 240 millions de dollars. À la cérémonie d'ouverture, cinq parachutistes, arborant chacun une couleur olympique, atterrissent sur le stade au centre de leurs anneaux respectifs. Pendant l'allocution d'ouverture prononcée par le président Charles de Gaulle, des hélicoptères larguent des milliers de roses artificielles. Malheureusement, les conditions météorologiques ne sont pas favorables. De nombreuses épreuves sont retardées. La piste de Chamrousse est trop rapide, verglacée, dangereuse. À l'entraînement, il y a des blessés. Une douzaine de skieurs au moins sont hospitalisés.*

*Sur place, les spectateurs se font rares, 70 000 environ. Mais 500 millions de téléspectateurs assistent aux Jeux dans le confort de leurs chez-soi. La commercialisation des Jeux continue à préoccuper le CIO. Beaucoup de skieurs comptent sur le soutien des fabricants de ski. Après de nombreuses tergiversations, les athlètes et le comité parviennent à un compromis. Au cours des entrevues ou séances de photo destinées à la télévision et à la presse, les skieurs n'ont le droit de montrer aucun article portant*

East German women were disqualified for heating the runners of their sleds in an effort to gain greater speed. Italy's Erica Lechner won the gold medal with her time of 2:28.66, and West Germany's Christa Schmuck and Angelika Dunhaupt won the silver and bronze respectively.

For the first time in Winter Games history, Italy was a prominent winner. The Italian athletes took only four medals, but these were all gold, in sporting events up until now dominated by other countries. Eugenio Monti, two time silver and bronze medallist, finally won two gold medals at the age of 40, in the two-man bobsled and four-man bobsled. With his partner Luciano De Paolis, Monti drove the sled to a two-run tie with the West German team. Officials determined that the Italians won by having the fastest single run. Upon hearing the decision, Eugenio Monti sank to his knees on the bobsled track and exclaimed, "Now I can retire a happy man." For Italian skier Franco Nones, the gold medal was improbable. Nones was the first athlete from outside Scandinavia or the USSR to win the Nordic cross-country 30k event.

In the final medal standings, Norway came away with six gold, six silver and two bronze medals. The USSR was second with five gold, five silver and three bronze. The host nation France won third place in the medal standings with four gold, three silver and two bronze. For Canada, the 1968 Winter Games had three very proud moments. They took home a gold and a silver, thanks to champion skier Nancy Greene. She won the women's giant slalom with a time of 1:51.97 and placed second in the slalom race, after France's Marielle Goitschel. Canada also won bronze in the ice hockey event, in which the USSR took gold and Czechoslovakia silver. It was to be Canada's last medal in Olympic ice hockey for a very long time. The USA won one gold medal and five silvers. Their only gold medal was won easily by Peggy Fleming, who awed the audience with her effortless poise and agility in figure skating.

France's Jean Brian broke with tradition when he created the 1968 Winter Games poster. This light-hearted depiction of the five Olympic rings racing each other down a hill was a departure from the usual solemnity of Olympic graphics. While the organizing committee were delighted with the design, they were uncertain about its possible reception elsewhere, so they distributed a second, more conventional poster with the national and Olympic flags flying side by side.

*une marque de commerce. Trente-sept pays sont présent, y compris les deux Allemagnes, enfin reconnues en tant que nations distinctes; 228 femmes figurent parmi les 1 293 athlètes. L'épreuve de luge dames est le théâtre d'un des incidents graves des Jeux de 1968. L'Allemande de l'Est Ortrun Enderlein (médaillée d'or en 1964) et deux autres de ses compatriotes sont disqualifiées pour avoir réchauffé les patins de leurs luges dans l'espoir d'améliorer leur performance. L'Italienne Erica Lechner remporte l'or en 2 min 28 sec 66 et les Allemandes de l'Ouest Christa Schmuck et Angelica Dunhaupt enlèvent respectivement l'argent et le bronze.*

*Pour la première fois de l'histoire des Jeux d'hiver, l'Italie fait moisson de médailles – quatre médailles, toutes d'or, dans des disciplines jusqu'ici dominées par d'autres pays. À l'âge de 40 ans, Eugenio Monti, double médaillé d'argent et médaillé de bronze, remporte finalement deux médailles d'or dans l'épreuve du bob à deux, puis du bob à quatre. Avec son partenaire Luciano De Paolis, il arrive ex-aequo avec les Allemands de l'Ouest, mais les juges décident d'attribuer la victoire aux athlètes qui ont effectué le parcours le plus rapide de la série. À cette nouvelle, Eugenio Monti tombe à genoux sur la piste et s'écrit : «Maintenant je peux quitter la compétition en homme heureux.» L'or paraissait improbable au skieur italien Franco Nones. Il devient cependant le premier athlète à remporter le 30 km fond en dehors des pays scandinaves et de l'URSS.*

*Au total, la Norvège aura gagné six médailles d'or, six d'argent et deux de bronze. L'URSS est seconde avec cinq médailles d'or, cinq d'argent et trois de bronze. Et le pays hôte, la France, termine avec quatre médailles d'or, trois d'argent et deux de bronze. En ski alpin, le Français Jean-Claude Killy remporte la descente devant son compatriote Guy Périllat, le slalom spécial et le slalom gíant; et la Française Marielle Goitschel devient championne olympique du slalom spécial. Le Canada connaît aussi des heures de gloire en enlevant une médaille d'or, une d'argent et une de bronze. Les deux premières sont remportées par la skieuse Nancy Greene, au slalom géant et au slalom, respectivement; et la troisième, bien évidemment, par l'équipe de hockey – l'URSS décrochant l'or et la Tchécoslovaquie l'argent. Le Canada devra attendre longtemps avant de remonter sur le podium. Les États-Unis remportent une médaille d'or et cinq d'argent, cette unique médaille d'or venant couronner le talent et la suprême élégance de la merveilleuse patineuse Peggy Fleming.*

*Le Français Jean Brian rompt avec la tradition en créant l'affiche des Jeux d'hiver de 1968. Il propose une interprétation ludique des cinq anneaux olympiques dévalant une pente enneigée. Séduit par l'originalité du créateur, le comité d'organisation s'inquiète toutefois de l'accueil qu'on pourrait lui réserver ailleurs et décide de diffuser une seconde affiche plus conventionnelle.*

The Olympic flame.

*La flamme olympique.*

Panoramic view of the opening ceremonies.

The Olympic flame assessible only by a very long flight of stairs.

*Vue panoramique de la cérémonie d'ouverture – avec la longue rampe d'accès à la vasque olympique.*

The Olympic flame at Chamrousse.

Medal ceremony for the 2-man bobsled event – the 3-tier dais features a unique design.

*La flamme olympique à Chamrousse.*

*Les champions olympiques de l'épreuve de bob à deux – notez le design original du podium.*

Closing ceremony – the flame enshrined in a cauldron which features complementary design elements from the 3-tier dais.

Map of the Olympic site.

The 1968 Olympic torch.

*La cérémonie de clôture – la flamme olympique se trouve dans un brasero qui reprend les éléments graphiques du podium.*

*Plan du site olympique.*

*Le flambeau olympique de 1960.*

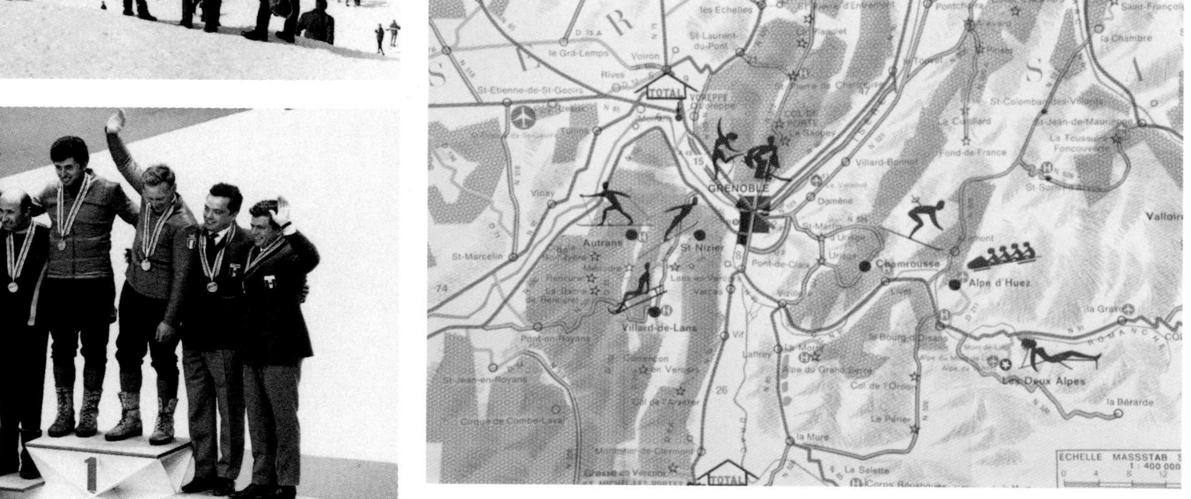


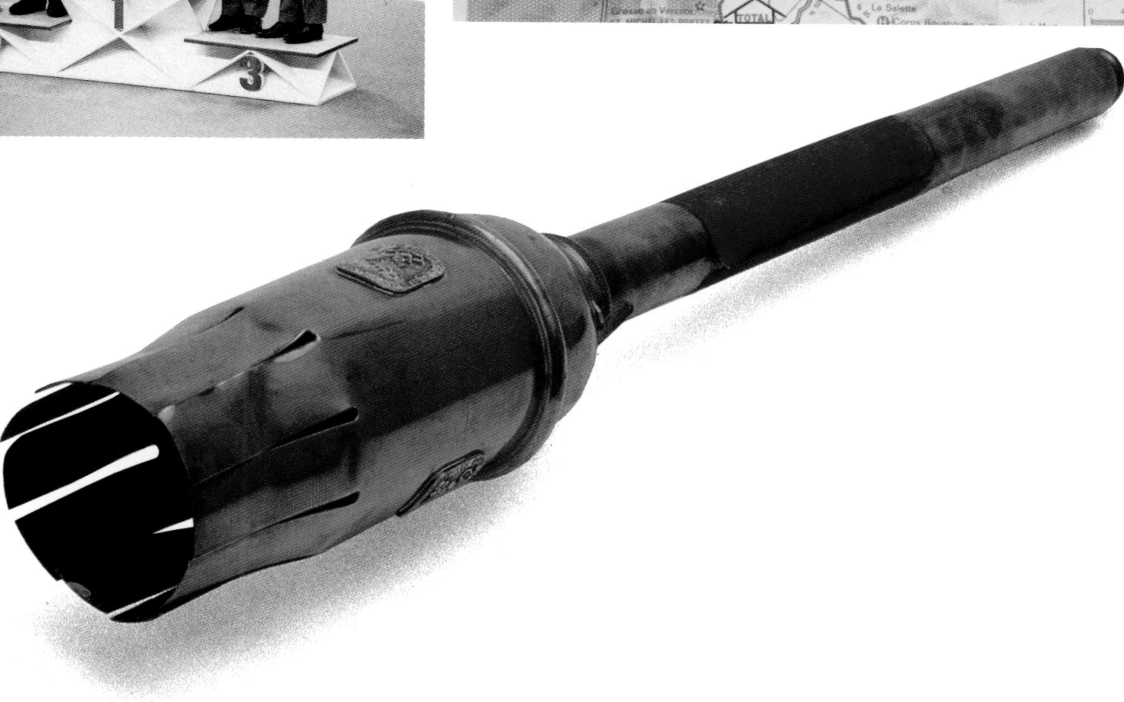

Site signage featured at the biathalon and the down hill ski sites.

*Signalisation utilisée pour les épreuves de biathlon et de ski alpin.*

Events tickets.

*Billets d'entrée.*

Athlete identity card.

*Carte d'identité olympique.*

Pictograms.

*Pictogrammes.*

Olympic medals with pictograms on the obverse side and official logo on the reverse side.

*Médailles olympiques reprenant les pictogrammes à l'endroit et le logo officiel au revers.*

Posters. *Affiches.*

Uniform. *Uniforme.*

Diploma.

Postage stamps.

Commemorative pins.

*Diplôme.*

*Timbres-poste.*

*Épinglettes commémoratives.*

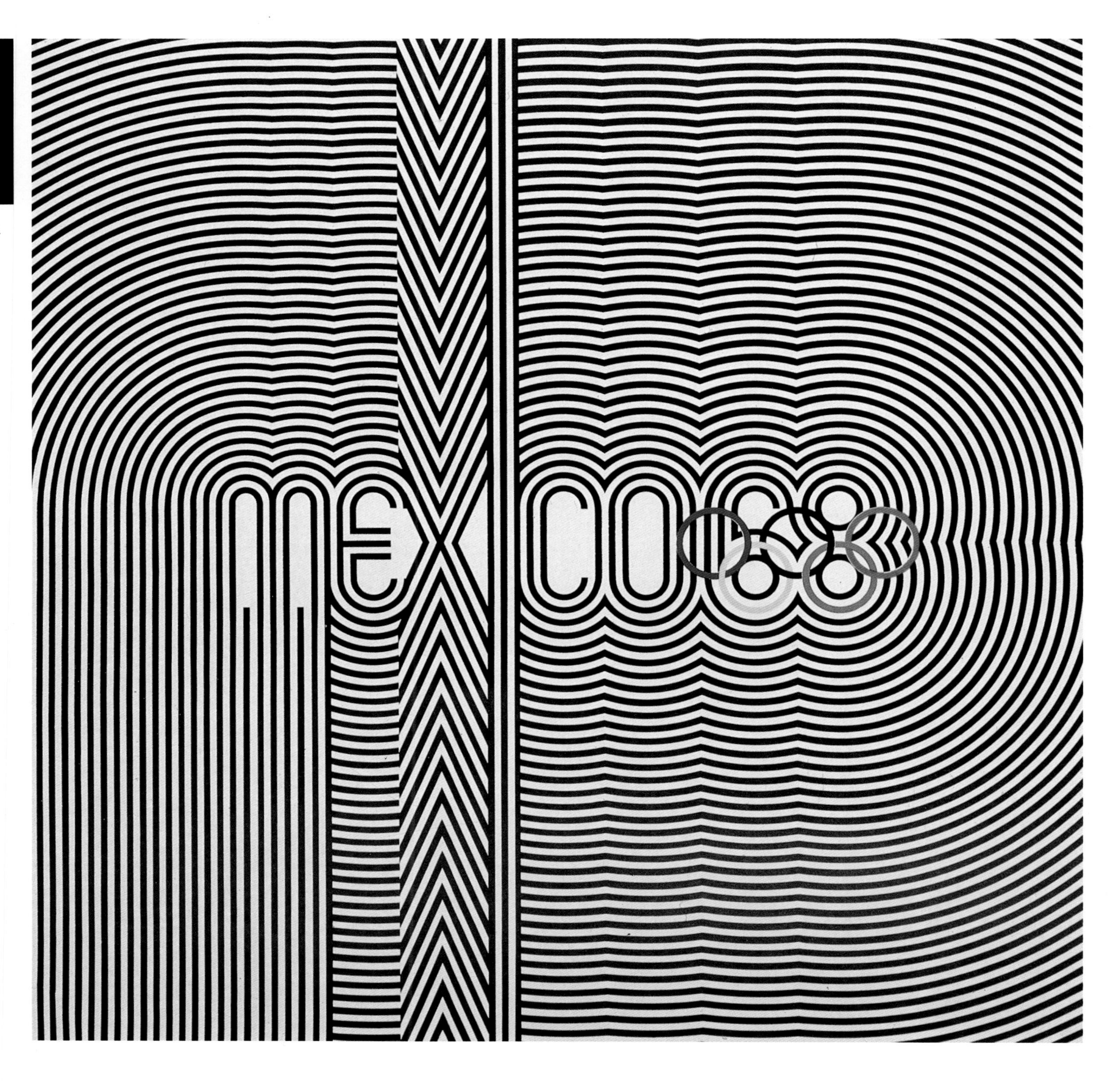
mexico68

En route to Mexico, the Olympic torch retraced the voyage of Christopher Columbus. Among the athletes who participated in the relay were 17 swimmers who passed the sacred flame from one to another in Veracruz Bay. For the first time in the history of the Olympics, the flame was lit at the opening ceremonies by a woman. Norma Enriqueta Basilo, a young runner entered in the 400m, jogged up the ninety steps to the cauldron. Six thousand athletes, 800 of them women, came from 112 countries to compete in the 1968 Games. In the medal standings, the USA dominated with 45 gold, 28 silver and 34 bronze. The USSR took second place with 29 gold medals, 32 silver and 30 bronze. Hungary was third with 10 gold, 10 silver and 12 bronze.

The *look* of the 1968 Olympics was described by Games designer Lance Wyman from New York:

"Graphic design became an important visual ambassador for the 1968 Mexico Olympic Games. It was the first time the games were hosted by a Latin American nation. In planning for the games, Mexico, an emerging third world nation, could not afford to make the extensive architectural statement made in Tokyo four years earlier. Graphic design contributed to the ambiance of the Mexican games and helped to make a meaningful visual impact for fewer pesos.

I first went to Mexico from New York in November, 1966 with British designer Peter Murdoch to participate in, and fortunately win, an international competition to design the graphics for the Games which would be held in October, 1968. The team that formulated the design program was headed by Pedro Ramírez Vázquez, Chairman of the Organizing Committee and an important Mexican architect. Along with his responsibilities for the entire Olympics, Vázquez took special interest in the design program, enabling rapid development of ideas, keeping everything on track

*Le flambeau olympique emprunte le même itinéraire que Christophe Colomb. Parmi les athlètes qui participent au relais, 17 nageurs se transmettent la flamme sacrée dans la baie de Veracruz. Pour la première fois, une femme, la jeune spécialiste du 400 m Enriqueta Basilo, gravit en courant les 90 marches qui conduisent à la vasque olympique, le flambeau olympique à la main. Six mille athlètes venus de 112 pays participent aux Jeux de 1968, dont près de 800 femmes. Au tableau des médailles, les États-Unis dominent avec 45 médailles d'or, 28 d'argent et 34 de bronze. L'URSS occupe le second rang avec 29 médailles d'or, 32 d'argent et 30 de bronze. La Hongrie est en troisième place avec 10 médailles d'or, 10 d'argent et 12 de bronze.*

*Mexico 1968 – les Jeux Olympiques du graphisme sont décrits ainsi par Lance Wyman :*

*"Aux Jeux Olympiques de 1968, le graphisme est devenu un ambassadeur visuel important. Pour la première fois, les Jeux sont accueillis par une nation latino-américaine. Le Mexique n'a pas les moyens économiques de rivaliser avec les grandes réalisations architecturales de Tokyo. Le graphisme lui permet donc d'établir l'atmosphère des Jeux Olympiques de Mexico et de créer un impact visuel significatif à moindre coût.*

*En novembre 1966, j'ai quitté New York pour Mexico en compagnie du graphiste britannique Peter Murdoch afin de participer au concours international visant à sélectionner le concepteur graphique des Jeux de 1968 – et par bonheur, de le remporter. L'équipe chargée de concevoir le programme était dirigée par Pedro Ramírez Vázquez (PRV), président du comité organisateur et éminent architecte mexicain. En plus de ses lourdes responsabilités générales, PRV s'intéressa tout particulièrement au programme de conception graphique, assurant ainsi l'élaboration rapide des idées, le bon déroulement et la fidélité de leur réalisation. Son équipe de*

and making sure things were implemented as designed. His team of design directors included: Eduardo Terrazas, for urban design; Beatrice Trueblood, for Olympic publications; Manuel Villazon, for the student design team; Peter Murdoch, for special projects; and myself, for graphic design. We were a multi-disciplined, multi-cultural team that worked efficiently together to design and direct the basic program."

As I recall there were only two mandatory requirements; that we use the official five ring Olympic symbol to identify the games, and that we use three languages, Spanish, English and French, for all written communication. The Mexico 1968 logotype, based on traditional forms from the Mexican culture as well as being Sixties Op-art kinetic typography, set the tone for the entire graphics system. It was designed by integrating the official five ring Olympic symbol into the number 68 to create a parallel line typography that suggested imagery found in Mexican preHispanic art and Mexican folk art. The logotype powerfully expressed a sense of place and culture and visually exclaimed the Games were in Mexico. Applications ranged from postage stamps to a two ton stadium entrance sculpture. An important kinetic application of the logotype was created by radiating its parallel lines outward, creating an image of Mexico as an emitting or expanding centre. The image was applied as painted wall murals throughout Mexico City, as a cast pattern on the Olympic torch, as film titles, as a postage stamp, as the fabric used for the uniforms of the Olympic guides, as helium filled balloons that identified the Olympic venues from the roadways and as large scale patterns of pure parallel lines painted directly on the plazas of the sport venues radiating outward from the pedestrian entrance portals. It became the *Look* of the Mexican Olympics.

The parallel line typeface based on the letter forms of the logotype was used for official inscriptions on coins and medals, for titles in Olympic publications, and to identify each of the sport venues by name on site signs and entry tickets. Written messages in the parallel line typeface were easily recognized as part of the Olympic program. In designing our icons we were lucky to have the icon systems designed four years earlier under the direction of Katzumi Masaru for the Tokyo Olympics as a guiding light. A major difference between Katzumi's icons and ours is that the Tokyo sport icons were bold stick figures that incorporated the entire human figure. Our sport icons focused on an expressive detail, a part of the athlete's body or a piece of equipment, creating images similar to glyphs found in Mexican preHispanic cultures. We relied heavily on the sport icons as communicators that could cross cultural and language barriers.

Last, but by no means least, is colour. Colour and Mexico are synonymous. We used bright colour to code the sport events, the motor routes, the entry tickets, and the seating sections in the venues. We applied colour liberally to postage stamps, publication mastheads, souvenirs, and stadium plazas. Colour helped transform the 1968 Summer Olympic Games into a Mexican fiesta."

*direction incluait : Eduardo Terrazas pour la décoration urbaine, Beatrice Trueblood pour les publications, Manuel Villazon pour l'équipe d'étudiants en graphisme, Peter Murdoch pour les projets spéciaux, et moi-même pour le graphisme. Nous avons formé une solide équipe multidisciplinaire et multiculturelle, qui a collaboré efficacement à la conception et à la gestion du programme de base.*

*Le logotype de Mexico 1968, inspiré à la fois des formes traditionnelles de la culture mexicaine et de la typographie cinétique op'art des années soixante, donne le ton de tout le système graphique des Jeux. Il intègre le symbole officiel des cinq anneaux et le chiffre 68 pour créer une typographie de lignes parallèles qui évoque l'imagerie présente dans l'art pré-hispanique et l'art folklorique du Mexique. Le logotype exprime un fort sentiment d'appartenance à un espace et à une culture, et affirme visuellement au monde entier que les Jeux sont à Mexico. Dans une application importante du logotype, les lignes parallèles créent un champ de rayonnement vers l'extérieur faisant de Mexico un centre d'énergie en pleine expansion. Le motif a fait l'objet de peintures murales dans tout Mexico. On le retrouve dans la forme sculpturale du flambeau olympique, dans les titres de film, les timbres-poste, le dessin textile des uniformes des guides, les ballons d'hélium qui signalent les lieux de compétition à distance et les grandes compositions de lignes parallèles pures qui ont été peintes à même les esplanades des lieux de présentation des épreuves. Le logotype incarne véritablement le style particulier des Jeux Olympiques de Mexico.*

*Le caractère typographique de la ligne parallèle, inspiré du dessin des lettres du logotype, a été repris pour les inscriptions officielles de la monnaie et des médailles, les titres des publications olympiques, et a servi à identifier chaque lieu de présentation par son nom, sur place et sur les billets d'entrée. Les messages ainsi rédigés sont instantanément reconnus comme appartenant au programme des Jeux. Dans la conception de nos icônes, nous avons eu la chance d'être guidés et éclairés par les systèmes créés quatre ans plus tôt sous la direction de Katzumi Masaru pour les Jeux Olympiques de Tokyo. Mais il existe une différence importante entre nos réalisations. Les icônes de Tokyo étaient des figures audacieuses faites de bâtonnets qui incorporaient la silhouette humaine dans son ensemble; les nôtres sont axés sur un détail expressif, une partie du corps de l'athlète ou d'un engin sportif, créant des images évocatrices des glyphes propres aux cultures préhispaniques. Nous avons voulu que ces icônes soient compris au-delà des cultures et des langues.*

*Et enfin, la couleur, un dernier point qui n'est pas des moindres. Car Mexico est bien synonyme de couleurs. Nous avons utilisé des couleurs vives pour coder les épreuves sportives, les itinéraires routiers, les billets d'entrée et la répartition des places. Nous avons coloré librement les timbres-poste, les cartouches de titre, les souvenirs et les entrées de stade. La couleur a fait des Jeux Olympiques d'été de 1968 une véritable fiesta mexicaine."*

Olympic stadium plaza pattern.

Mexico 68 logo sculpture.

The Olympic flame.

The 1968 Olympic torch.

*Design original de l'esplanade du stade olympique.*

*Sculpture-logo des J.O. de Mexico.*

*La flamme olympique.*

*Le flambeau olympique de 1968.*

Information kiosk.

Temporary exhibit.

Olympic signage.

*Kiosque d'information.*

*Exposition temporaire.*

*Système de signalisation olympique.*

Sailing symbol.

Information kiosk.

Sign for the press media.

*Emblème de la voile.*

*Kiosque d'information.*

*Panneau destiné à la Presse.*

Signage featuring pictograms, sign panel and directional sign.

*Système de signalisation – pictogrammes, signes et panneaux de direction.*

Mexico 68 pattern on guide uniforms.

Model with souvenir dress. Information kiosk in background.

*Le motif des J.O. de Mexico sur l'uniforme des guides.*

*Modèle présentant la robe souvenir devant le kiosque d'information.*

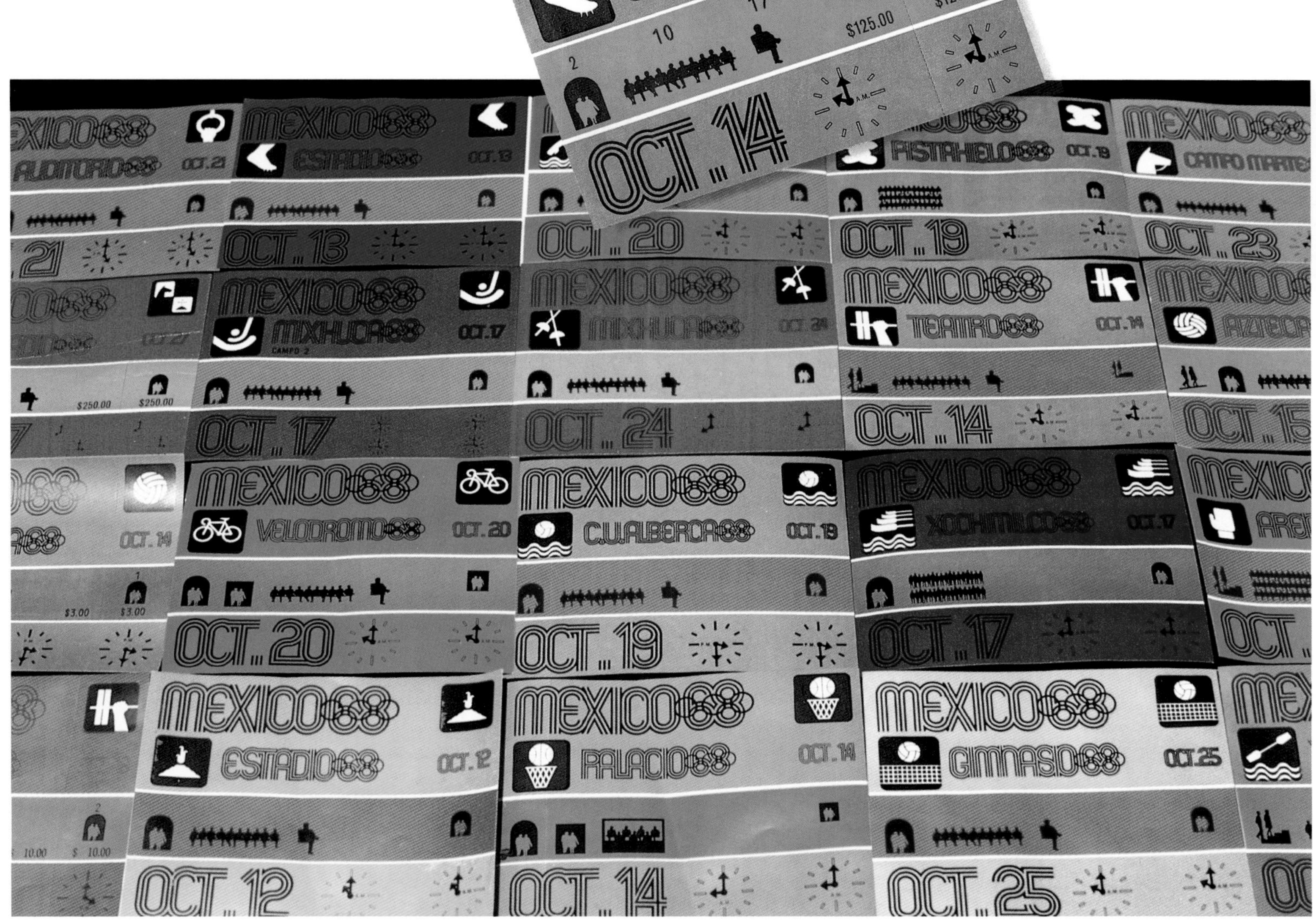


Events tickets.

*Billets d'entrée.*

EL COMITE
ORGANIZADOR
DE LOS JUEGOS DE LA
XIX OLIMPIADA
OTORGA
DIPLOMA

A Dr. Giorgio de Stefani

DE Italia

POR SU PARTICIPACION COMO Miembro
del Comité Olímpico Internacional

MEXICO, D. F., OCTUBRE 1968

COMITE OLIMPICO INTERNACIONAL
AVERY BRUNDAGE
PRESIDENTE

COMITE ORGANIZADOR DE LOS
JUEGOS DE LA XIX OLIMPIADA
PEDRO RAMIREZ VAZQUEZ
PRESIDENTE

MEXICO68

Olympic diploma.

*Diplôme olympique.*

Olympic newsletters and posters.

*Bulletins et affiches des J.O.*

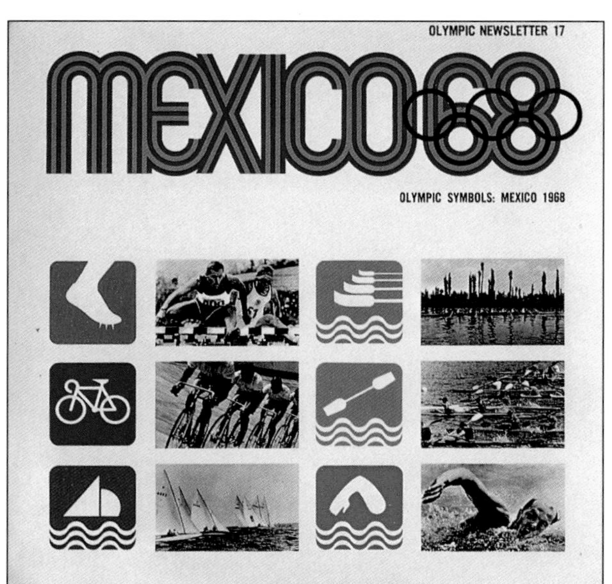


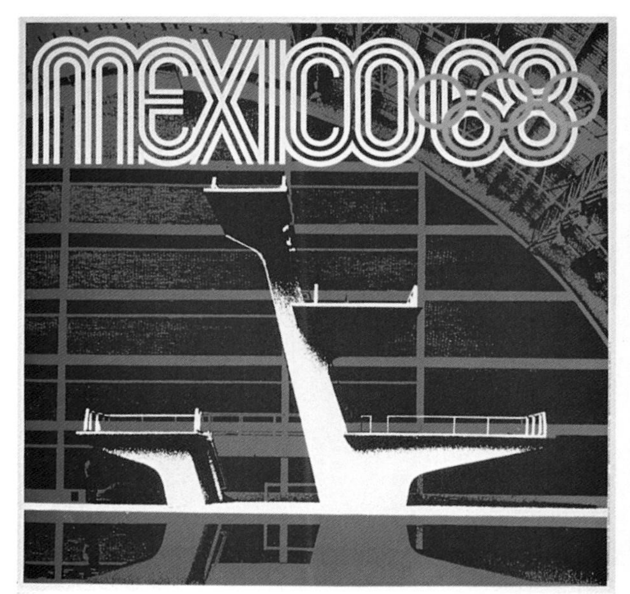

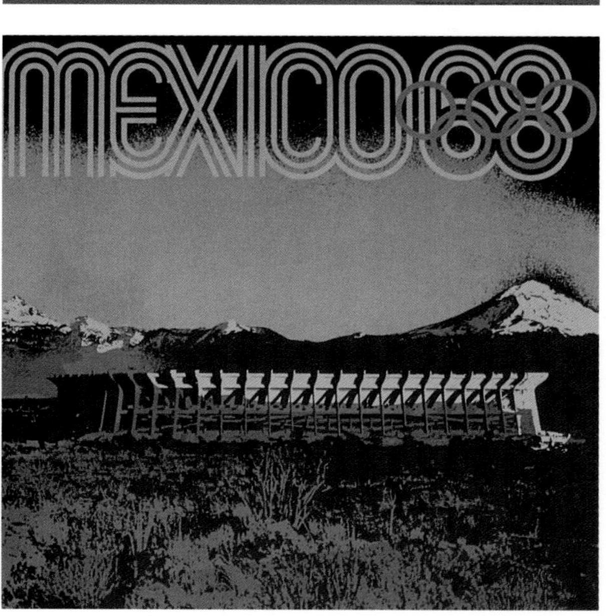

Olympic posters for cultural and sports events.

*Quelques manifestations culturelles et épreuves sportives à l'affiche.*

1968

Olympic site maps.

*Plans du site olympique.*

Olympic stamps issued by the Hungarian postal service.

*Timbres émis par le service postal hongrois.*

Commemorative stamps.

*Timbres-poste commémoratifs.*

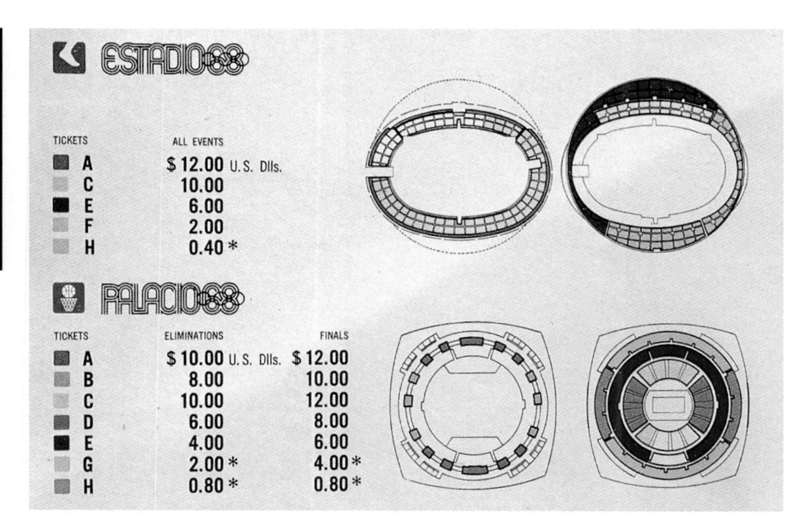

ESTADIO 68

| TICKETS | ALL EVENTS |
|---|---|
| A | $ 12.00 U.S. Dlls. |
| C | 10.00 |
| E | 6.00 |
| F | 2.00 |
| H | 0.40 * |

PALACIO 68

| TICKETS | ELIMINATIONS | FINALS |
|---|---|---|
| A | $ 10.00 U.S. Dlls. | $ 12.00 |
| B | 8.00 | 10.00 |
| C | 10.00 | 12.00 |
| D | 6.00 | 8.00 |
| E | 4.00 | 6.00 |
| G | 2.00 * | 4.00 * |
| H | 0.80 * | 0.80 * |

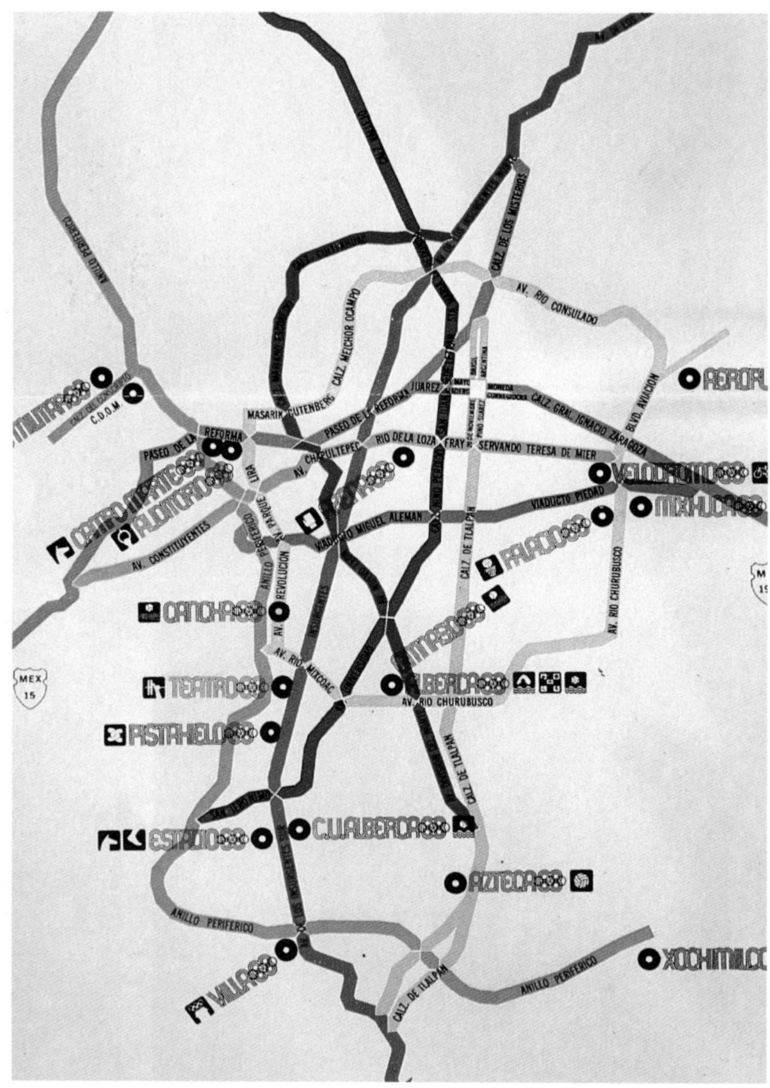

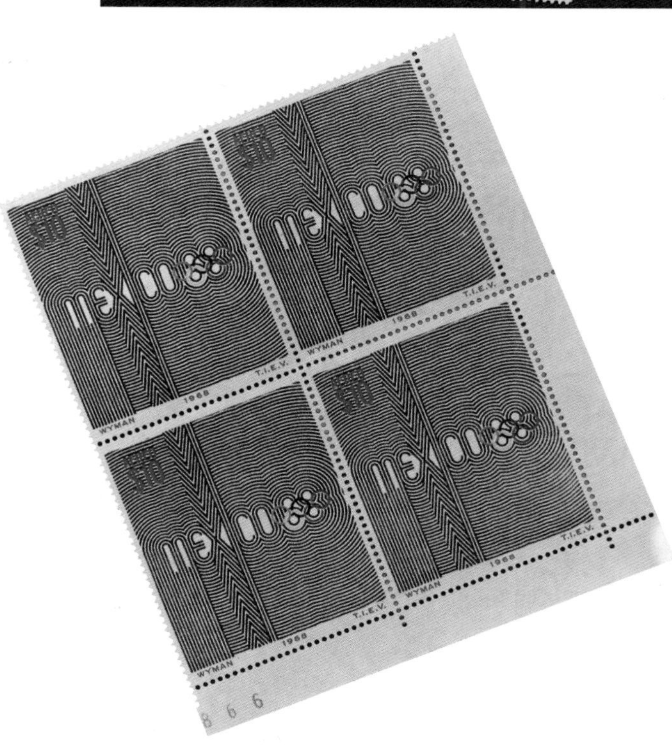

Olympic medal.

Commemorative pins.

Olympic mascot.

*Médaille olympique.*

*Épinglettes commémoratives.*

*Mascotte des Jeux.*

SAPPORO'72
XI OLYMPIC WINTER GAMES

**T**hese were the first Winter Games to be held in Asia. Located on Hokkaido, the northernmost island of Japan, Sapporo provided a memorable setting for the Olympics. The majestic 1,220m Mount Eniwa, hitherto undeveloped, was transformed by the creation of two downhill ski runs, two cable cars capable of transporting 330 people an hour and a chairlift. Within weeks of the end of the Games, the mountain was returned to its pristine state in compliance with local conservation laws. The cost of the construction and dismantling facilities was 2 million dollars. Another 2 million dollars was spent on a bobsled run at Mount Teine. Part of the long-range plan for Sapporo was to turn it into a popular ski resort after the Games. The Japanese hosts built expressways and subways, large apartment complexes and spectacular Olympic facilities. The final cost of the Winter Games was 600 million dollars.

The Japanese hosts had thought of everything. The Games were praised for their friendliness, festivities and publicity. The 3,000 media personnel in attendance outnumbered the athletes by more than two to one. The data-processing centre and broadcasting facilities which cost over half a million dollars, were capable of transmitting 13 different signals simultaneously. The official opening of the Games by Emperor Hirohito was accompanied by the release of 18,000 colourful balloons. Otaru Park hosted a snow sculpture festival.

The figure skating events were held in the Makomanai ice palace. Austrian Beatrix "Trixi" Schuba won the gold medal in women's figure skating, Canadian Karen Magnussen the silver and American Janet Lynn the bronze. There was much controversy over the scoring and judging system. Compulsory figures and the

***V**oici les premiers Jeux d'hiver accueillis en Asie. Située sur l'île la plus septentrionale du Japon, dominée par le mot Eniwa (1 220 m), Hokkaido offre un somptueux décor. Les Japonais ont aménagé sur cette montagne jusqu'ici intouchée, deux pistes de descente, deux cabines de téléphérique de 330 places et un télésiège. Deux semaines après la clôture des Jeux, la montagne a été rendue à son état naturel, ainsi que l'exigeaient les lois du pays. Les coûts de construction et déconstruction s'élèvent à 2 millions de dollars et 2 millions de plus ont été consacrés à l'aménagement d'une piste de bobsleigh sur le mont Teine. On espère en fait que Sapporo restera une grande station de sports d'hiver après les Jeux. Les hôtes japonais ont construit des autoroutes et un métro, des immeubles et un Village olympique spectaculaire. Le budget total des Jeux atteindra 600 millions de dollars.*

*Rien n'est laissé au hasard. Les Jeux restent également gravés dans le souvenir pour leur climat amical, la publicité et les festivités. Trois mille agents des médias – presse, radio et télévision – sont présents, plus de deux pour chaque athlète. Au coût d'un demi-million, le centre de traitement des données et les installations de radio-télédiffusion assurent la retransmission simultanée de 13 programmes différents. La proclamation de l'ouverture des Jeux par l'Empereur du Japon est saluée par le lâcher de 18 000 ballons de couleurs. Au parc Otaru, connu pour son Festival de sculpture en neige, de merveilleuses fleurs sont exposées dans des vitrines de glace.*

*Les épreuves de patinage artistique ont lieu à la patinoire Makomanai. L'Autrichienne Beatrice Schuba remporte l'or, la Canadienne Karen Magnussen l'argent, et l'Américaine Janet*

free skating programme each counted for 50 percent of the total score. Although Schuba was only in seventh place in the free skating portion of the competition, her perfection in the compulsory figures gave her an insurmountable lead. In the men's figure skating event, Czechoslovakian Ondrej Nepela finished first, even though he had fallen and placed fourth in the free skating. Here, too, compulsory figures were the deciding factor in a victory. The USSR's Sergei Chetveroukhin, and France's Patrick Pera placed second and third, respectively. The scoring procedures were changed after the 1972 Games.

Dianne Holum became the first American to take a gold medal in a women's speed-skating event. Holum finished the 1,500m race in a record 2:20.85, and came second in the women's 3,000m race to Christina Baas-Kaiser of the Netherlands. The women's 500m race was won by another American athlete, Anne Henning. West Germany's Monika Pflug won the 1,000m race. Both American medallists were from Illinois, which calls itself the "Speed Skating Capital of America." Adrianus "Ard" Schenk of the Netherlands took centre stage in the men's speedskating. "The Flying Dutchman" won three gold medals in the 1,500, 5,000 and 10,000 metre events. This 1.92m, 90kg powerhouse set astonishing world records: in the 10,000m race Schenk won with a time of 15:01.35, eclipsing by an amazing 22.25 seconds the record set in 1968 by the Swede Jonny Hoglin. Three days earlier, Adrianus Schenk had battled a snowstorm during the 5,000m race, defeating others who had better weather conditions. Schenk, a physiotherapist by profession, also set an Olympic record of 2:02.96 in the 1,500m. Dutch fans cheered their hero with the chant, "Ard is always world champion."

Japan athletes excelled in the Nordic ski jumping competitions. In the 70m event they won all three medals; gold for Yukio Kasaya, silver for Akitsugu Konno and bronze for Seiji Aochi. These were Japan's first skiing medals at the Winter Olympics. The USSR took eight medals in cross-country skiing, including four in the women's events, and Norway won seven. Poland's Wojciech Fortuna made his country proud with a gold medal in the 90m jump.

In Alpine skiing the Swiss garnered six of the 18 available medals, including three gold for the men's downhill, the women's downhill and the women's giant slalom. Spain's Francisco Fernandez Ochoa won the gold in the men's slalom and Italy's Gustov Thoni won the men's giant slalom.

*Lynn le bronze. La répartition des points crée une certaine controverse. Les figures imposées et le programme libre comptant chacun pour la moitié des points. Bien que Schuba soit en septième place après les figures libres, son impeccable précision lui donne une avance insurmontable et la médaille d'or après les figures imposées. Le Tchécoslovaque Ondrej Nepela remporte le titre olympique de patinage artistique, malgré une chute et une quatrième place au programme libre, mais l'exécution remarquable du programme imposé. Le Soviétique Sergei Chetveroukhin et le Français Patrick Pera reçoivent respectivement l'argent et le bronze. Après ces deux médailles d'or contestées, la comptabilisation des résultats sera révisée après les Jeux de 1972.*

*En patinage de vitesse dames, Dianne Holum devient la première Américaine à remporter l'épreuve. Elle termine le 1 500 m en un temps record de 2 min 20 s 85 et obtient également l'argent au 3 000 m, que gagne la Hollandaise Christina Baas-Kaiser. Le 500 m est remporté par une autre Américaine, Anne Henning, et le 1000 m par l'Allemande de l'Ouest Monika Pflug. Les deux Américaines viennent de l'Illinois, la «Capitale américaine du patinage de vitesse». Chez les hommes, le Hollandais Adrianus Schenk règne en maître. Il gagne trois médailles d'or aux 1 500, 5 000 et 10 000 m. Ce puissant athlète de 1 m 92 et de 90 kg établit des records du monde époustouflants. Il remporte le 10 000 m en 15 min 01 sec 35, améliorant de 22 sec 25 le record établi par le Suédois Jonny Hoeglin en 1968. Trois jours plus tôt, Schenk avait remporté le 5 000 m en pleine tempête de neige, en battant des concurrents qui avaient pourtant bénéficié de bien meilleures conditions que lui. Schenk, qui est physiothérapeute, a également gagné le 1 500 m en établissant un record olympique de 2 min 02 sec 96. Ses supporters hollandais lui rendent gloire en chantant : «Ard est toujours champion du monde!»*

*Le Japon connaît un succès remarquable dans les épreuves de saut en raflant les trois médailles au saut 70 m : l'or pour Yukio Kasaya, l'argent pour Akitsugu Konno et le bronze pour Seiji Aochi, soit les trois premières médailles de ski du Japon aux Jeux d'hiver. L'URSS enlève huit médailles dans les épreuves de ski nordique, dont quatre chez les femmes, et la Norvège s'en réserve sept. Le Polonais Wojciech Fortuna réjouit son pays en remportant l'or au saut 90 m.*

*En ski alpin, les Suisses gagnent six des dix-huit médailles, dont trois d'or dans la descente messieurs, la descente dames et le slalom géant dames. L'Espagnol Francisco Fernandez Ochoa remporte le titre olympique de slalom et l'Italien Gustov Thoni celui de slalom géant.*

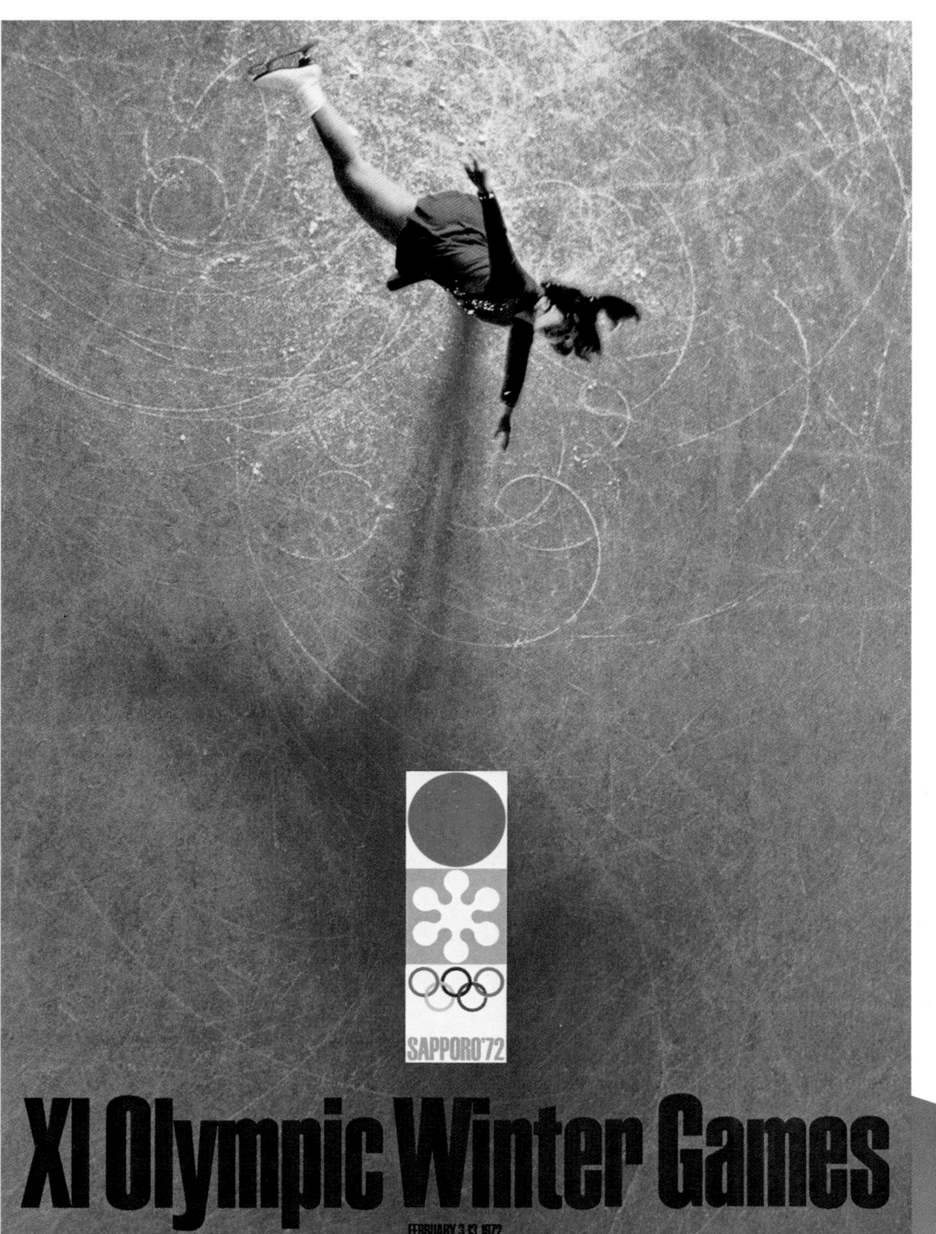


Posters.

The 1972 Olympic torch.

*Affiches.*

*Le flambeau olympique de 1972.*

Welcome tower with official logo.

Pictograms.

Bus and subway pass.

Identity card.

*Tour d'accueil décorée de l'emblème officiel.*

*Pictogrammes.*

*Permis de stationnement.*

*Carte d'identité.*

| | |
|---|---|
| Meal ticket. | *Bon de repas.* |
| Olympic medal. | *Médaille olympique.* |
| Official ribbon. | *Ruban officiel.* |
| Commemorative pins. | *Épinglettes commémoratives.* |

München
1972
26.8.–10.9.
07.70.07 Printed in Germany by Mandruck München

*(Editor's note: The tragedy of the Munich Games – the death of eleven Israeli athletes and officials – has been addressed in numerous books on the history of the Olympics. We wish to honour their memory by listing the names of the victims: David Marc Berger, Zeev Friedman, Yosseff Gutfreund, Eliezer Halfin, Yossef Romano, Kehat Shorr, Amitzur Shapira, Mark Slavin, Andrei Spitzer, Yacov Springer and Moshe Weinberg.)*

Germany was determined to make the 1972 Olympic Games an unprecedented extravaganza. Television fees and rigorous lottery fund-raising raised part of the 1 billion dollars expended. Luxury apartments were built for the athletes in close proximity to the sites. The main stadium boasted a sports hall and swimming pool enclosed by an enormous canopy of undulating acrylic. The Olympic flame had been ignited one month earlier in Olympia by Maria Mosjoliu. The flame travelled a distance of 5,538km, relayed by 7,477 men and women – runners, riders, cyclists, motorcyclists, rowers and disabled athletes. The torch made its triumphant entrance with German athlete Gunther Zahn, who was escorted by Kip Keino from Africa, Kenjo Kimiliara from Asia, Derek Klayton from Oceania, and Jim Ryan from America.

After Munich was awarded the Games, graphic designer Otl Aicher developed a set of pictograms for the signage system as well as for the official poster and companion pieces. Aicher created a rich palette of greens, blues, yellows, silver and white, with secondary colours of orange and green. The designer had omitted red from the palette, creating a light-hearted look without hint of aggression. The symbol of the Games, known as "the Universe", was a radiant spiral that created an optical illusion of approaching

*(Note de la rédation : La tragédie des Jeux Olympiques de Munich, la mort tragique des onze athlètes et entraîneurs israéliens, a été traitée par les historiens des Jeux mieux que nous ne pourrions prétendre le faire ici. Nous souhaitons seulement honorer la mémoire des victimes en donnant la liste de leurs noms – David Marc Berger, Zeev Friedman, Yosseff Gutfreund, Eliezer Halfin, Yossef Romano, Kehat Shorr, Amitzur Shapira, Mark Slavin, Andrei Spitzer, Yacov Springer et Moshe Weinberg.)*

*Le pays organisateur a tenu à faire des Jeux Olympiques de 1972 un événement qui éclipsera tous les autres. Des droits de télévision et une énergique campagne de financement par les loteries ont permis de recueillir un milliard de dollars. Des résidences de luxe ont été construites pour les athlètes à proximité des installations. Le stade principal abrite une piscine olympique. Il est recouvert d'une énorme verrière en acrylique ondulé, soutenue par des mâts d'acier. La flamme olympique, allumée un mois plus tôt à Olympie par Maria Mosjoliu, a parcouru 5 538 km. Elle a été portée par 7 477 hommes et femmes – coureurs, cavaliers, cyclistes, motocyclistes, rameurs et athlètes handicapés. La flamme fait son entrée triomphale dans le stade avec l'Allemand Gunther Zahn. Un groupe d'athlètes l'escorte : Kip Keino de l'Afrique, Kenjo Kimiliara de l'Asie, Derek Klayton de l'Océanie et Jim Ryan de l'Amérique.*

*Dès l'annonce de la tenue des Jeux à Munich, le graphiste Otl Aicher a immédiatement entamé l'élaboration d'un ensemble de pictogrammes destinés à la signalisation, la création de l'affiche officielle et d'autres pièces. Aicher a créé une riche palette de couleurs – verts, bleus, jaunes, argent, blanc, et couleurs*

infinity. The posters were photographic, designed to reflect the sporting atmosphere and symbolism of the 1972 Olympics rather than depict individual events. Aicher's designs for the Munich Olympics paved the way for future creativity in Olympic design. The Montreal and Los Angeles pictograms clearly reflected his influence.

Over 7,000 competitors from a record 122 nations registered for the Munich Games. In the final medal standings, the USSR won 50 gold, 27 silver and 22 bronze. The United States was second with 33 gold, 30 silver and 30 bronze. East German athletes finished third in the medal standing with 20 gold, 23 silver and 30 bronze. John Akii-Bua won Uganda's first Olympic gold medal. One of over forty children, the 22-year-old son of a Ugandan tribal chief won the 400m hurdles in a time of 47.82 seconds. His technical perfection and power not only took the gold but broke the world record of 48.1 set by Great Britain's David Hermery in the 1968 Mexico Games. In the 1972 Games Hermery won the bronze with his time of 48.52, and the USA's Ralph Mann placed second with a time of 48.51.

Finland won its first distance races in 36 years, thanks to Lasse Viren, a 23-year-old police officer. The Finnish athlete captured the 5,000m and 10,000m golds. Viren set an Olympic record in the 5,000m with his time of 13:26.4. Defending champion Mohamed Gammoudi of Tunisia crossed the finish line one second later for the silver medal, and Great Britain's Ian Stewart was third. Despite a fall during the 10,000m, Viren set yet another world record with a time of 27:38.4. Belgian runner Emiel Puttemans came in second and Ethiopian Miruts Yifter won the bronze.

In the swimming events, 30 world records and 80 Olympic records were established at Munich. American Mark Spitz set an Olympic record by winning seven gold medals and setting world records in each one of the contests. In all, American swimmers won 17 of the possible 29 gold medals. The Australian star was Shane Gould, who picked up three gold, one silver and one bronze in the women's swimming events. Japan dominated the gymnastics events for the second consecutive Games. There were 18 medals to be won, of which Japanese gymnasts took home 12. Sawao Kato competed again and increased his medal collection to six gold, two silver and one bronze. His team-mate, Akinori Nakayama, won two gold medals, bringing his total count to six gold, two silver and two bronze medals.

*complémentaires oranges et vertes. Seul le rouge a été omis, par souci de créer une certaine légèreté exempte de toute agressivité. Le symbole des Jeux, l'Univers, une spirale rayonnante qui semble tourner à l'infini, est associé aux cinq anneaux olympiques. Les affiches sont créées à partir de photographies et reflètent l'engagement sportif et le symbolisme de l'Olympiade plutôt que des disciplines individuelles. Toutes les réalisations d'Aicher ont laissé une trace durable et ouvert la voie aux futurs créateurs des Jeux, ceux de Montréal et de Los Angeles, notamment, dont les pictogrammes sont inspirés de ceux de Munich.*

*Plus de 7 000 concurrents représentant 122 pays sont inscrits aux Jeux de Munich. Au palmarès des médailles, l'URSS aura remporté 50 médailles d'or, 27 d'argent et 22 de bronze. Suivent les États-Unis avec 33 médailles d'or, 30 d'argent et 30 de bronze; puis l'Allemagne de l'Est avec 20 médailles d'or, 23 d'argent et 30 de bronze. L'Ouganda gagne sa toute première médaille d'or grâce à John Akii-Bua. L'un des 40 enfants d'un chef de tribu ougandais entouré de huit femmes, le jeune coureur de 22 ans enlève le 400 mètres haies en 47 sec 82. La perfection de sa technique et sa puissance lui permettent également de battre le record du monde de 48 sec 1 établi par le grand athlète britannique David Hermery, à Mexico (1968). En 1972, Hermery remporte le bronze en 48 s 52 et l'Américain Ralph Mann se place second en 48 sec 51.*

*La Finlande triomphe dans ses premières courses longue distance en 36 années, grâce à Lasse Viren, un policier de 23 ans. Le jeune Finlandais triomphe au 5 000 m et au 10 000 m. Il établit également un nouveau record olympique au 5 000 m en 13 m 26 s 4. Le détenteur du titre, le Tunisien Mohamed Gammoudi remporte l'argent à 1 s et le Britannique Ian Stewart termine troisième. Au 10 000 m, malgré une chute pendant la course, Viren établira un nouveau record du monde avec un chrono de 27 min 38 s 4. Le Belge Emile Puttemans décrochera l'argent et l'Éthiopien Miruts Yifter le bronze.*

*En natation, 30 records du monde et 80 records olympiques sont affichés à Munich. Exploit sans précédent! l'Américain Marc Spitz remporte remporte sept médailles d'or en établissant chaque fois un nouveau record du monde. Collectivement, les nageurs américains enlèvent 17 des 29 médailles d'or. L'étoile australienne est la nageuse Shane Gould, qui récolte trois médailles d'or, une d'argent et une de bronze. Le Japon domine les épreuves de gymnastique pour les deuxièmes Jeux consécutifs en enlevant 12 des 18 médailles. Sawao Kato est de nouveau présent et arrondit sa collection à six médailles d'or, deux d'argent et une de bronze. Son compagnon d'équipe Akinori Nakayama remporte deux médailles d'or, soit un grand total de six médailles d'or, deux d'argent et deux de bronze.*

The Olympic stadium has a vast 75,000 sq. metre acrylic roof of superimposed panels on a metal skeleton. The silhouette is reminiscent of the Alps.

Event posters display.

Site identification and signage.

The 1972 Olympic torch.

*Le stade olympique est couvert d'un vaste toit de 75 000 m² composé de panneaux en acrylique tendus sur une armature métallique. Sa silhouette évoque la ligne des Alpes.*

*Exposition d'affiches.*

*Signes et panneaux de direction.*

*Le flambeau olympique de 1972.*

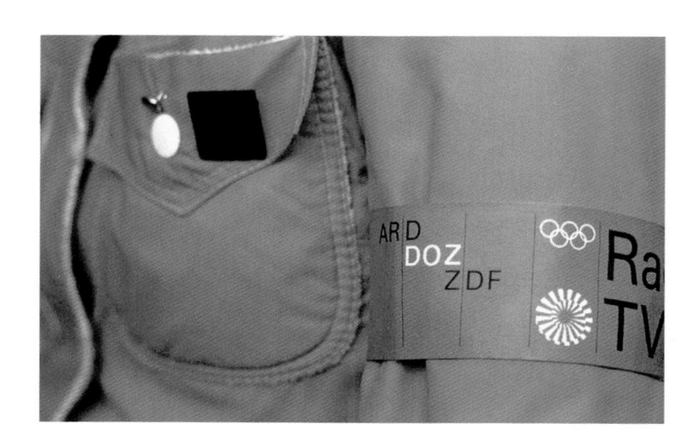

The Munich Games presented the very first coordinated "Look of the Olympics". Uniforms and banners reflect a complementary palette of colours.

*Aux Jeux de Munich, premier* Look *coordonné de l'histoire des J.O. – uniformes et bannières présentant une palette de couleurs complémentaires.*

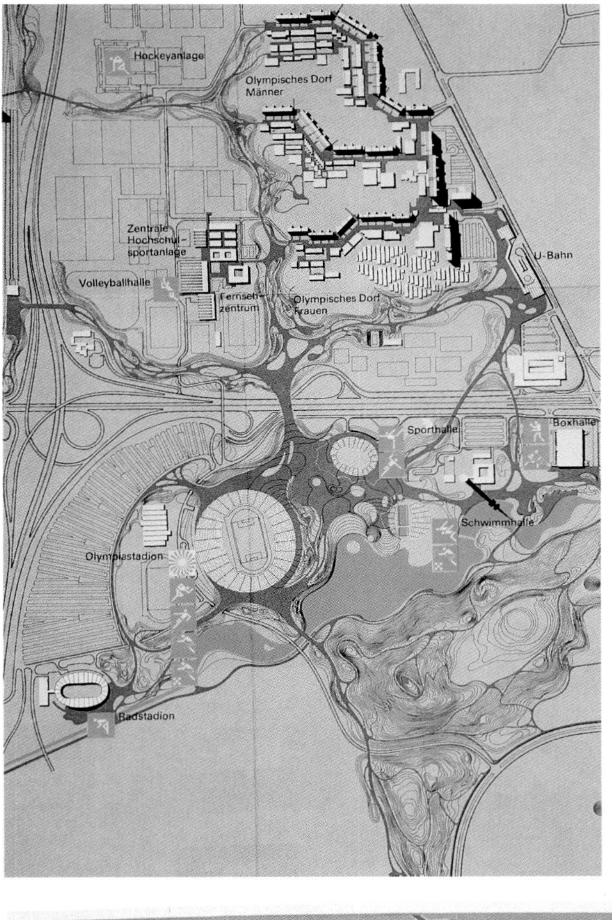


Verkehrsnetz, Wettkampfstätten München und Region

Conduisant aux sites de competition

Public Transport to the Competition Sites

Posters and maps of the Olympic site.

*Affiches et plans du site olympique.*

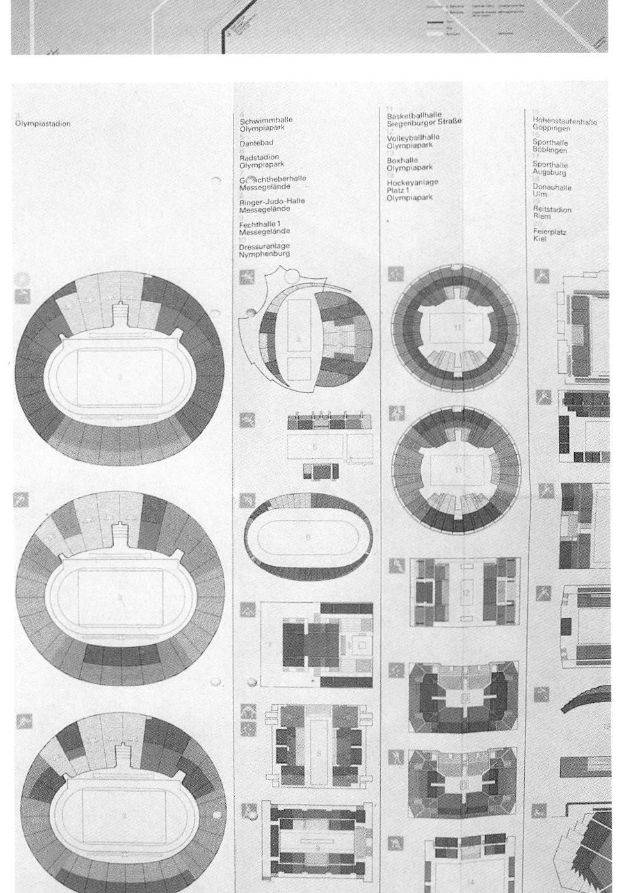

Event tickets.

Individual sports brochure.

Meal vouchers.

Identification tags.

*Billets d'entrée.*

*Brochures traitant de divers sports olympiques.*

*Bons de repas.*

*Insignes d'identité.*

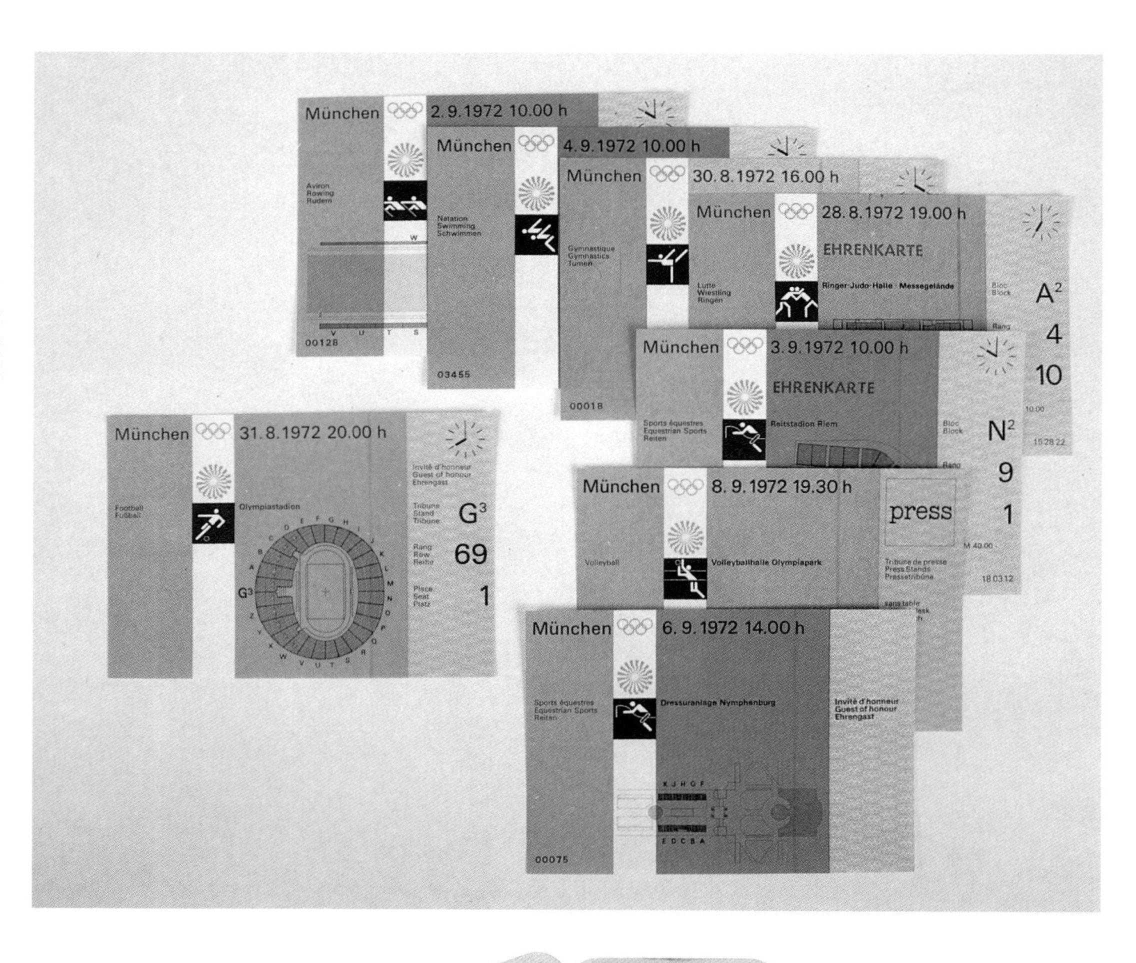


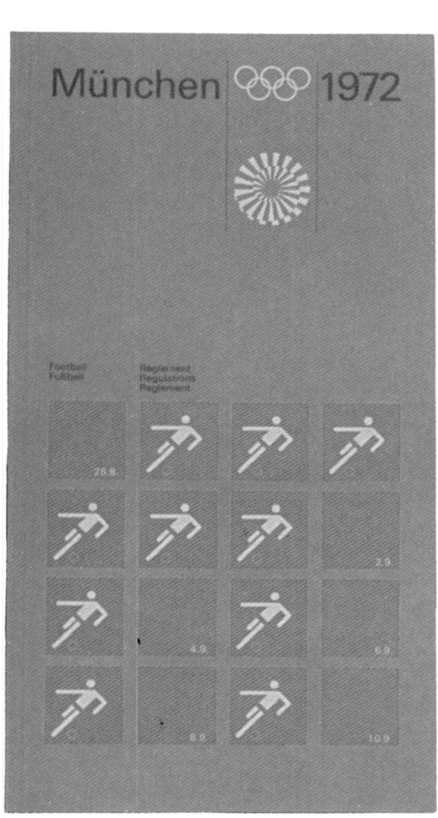


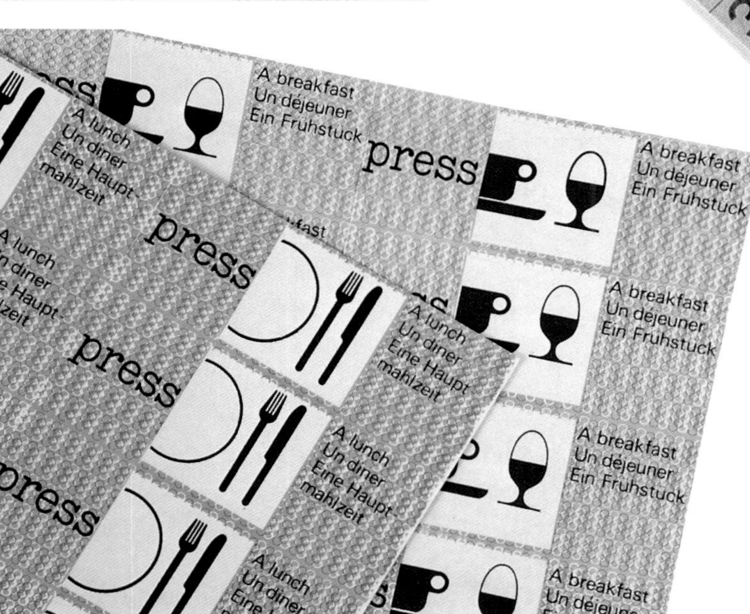

Olympic mascot, Waldi.

Examples of souvenirs and licensed products.

Commemorative stamps issued by the Australian postal service.

*Waldi, la mascotte des Jeux.*

*Exemples de souvenirs et d'articles fabriqués sous licence.*

*Timbres émis par le service postal australien.*

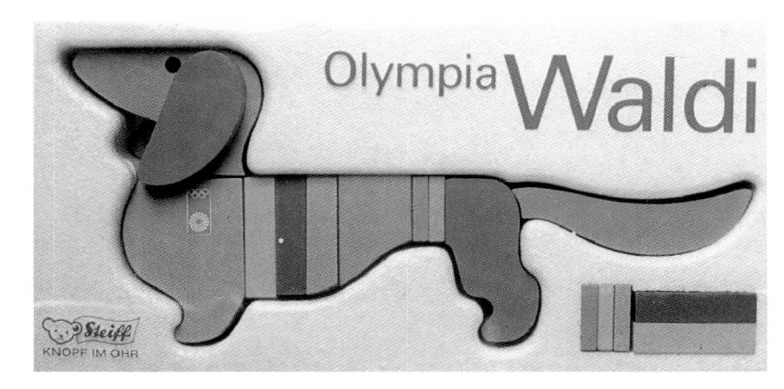

Hard hat with 1972 Olympic logo.

Commemorative sports cards.

Commemorative pins and official mascot, Waldi.

*Casque portant le logo des J.O. de 1972.*

*Cartes sportives commémoratives.*

*Épinglettes commémoratives et Waldi, la mascotte officielle des Jeux.*

Official guide and individual sports guide.

*Guide officiel et guide des sports individuels.*

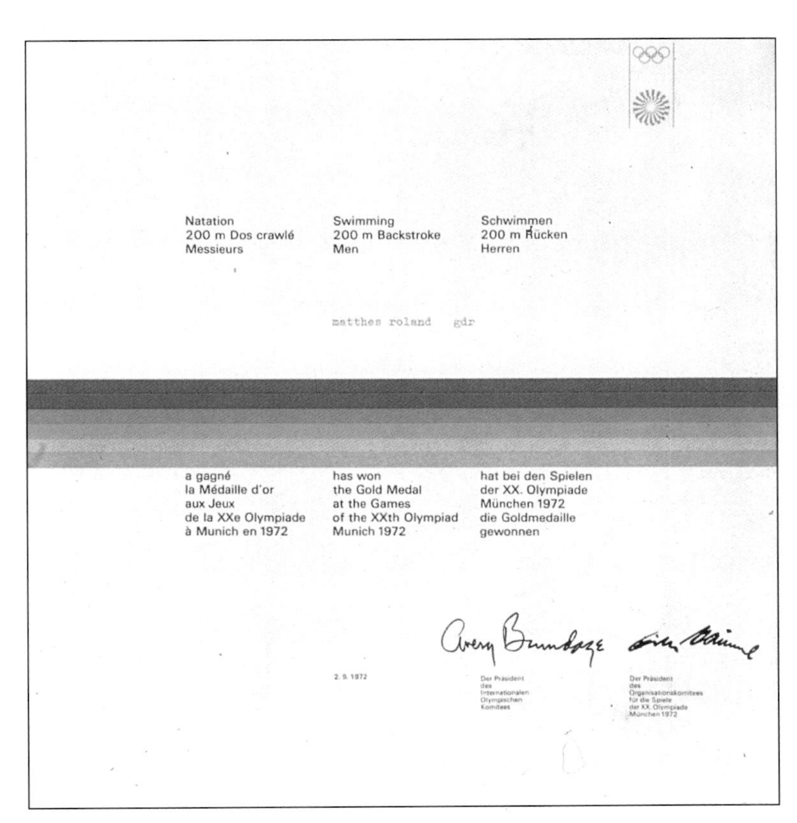


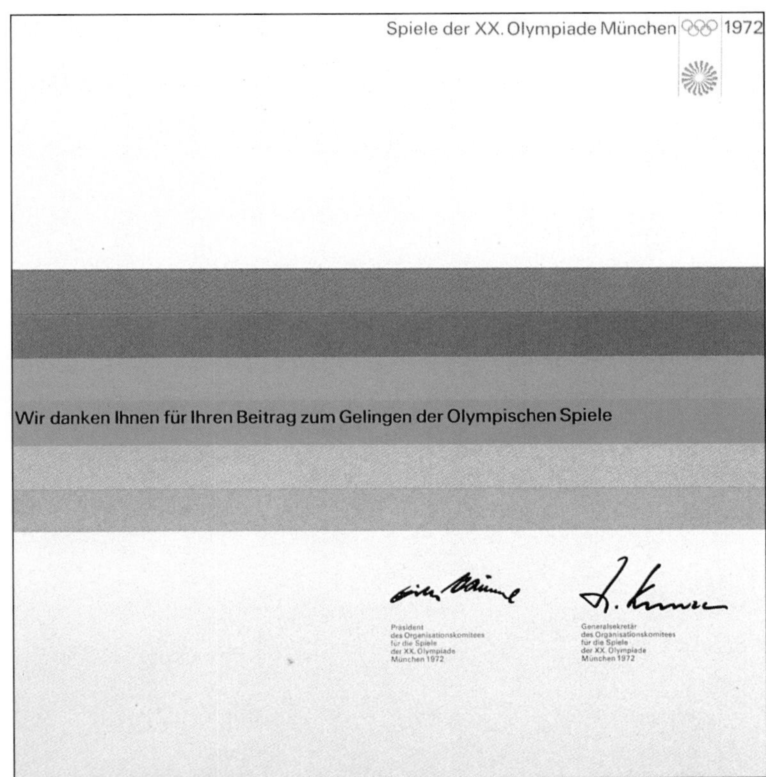

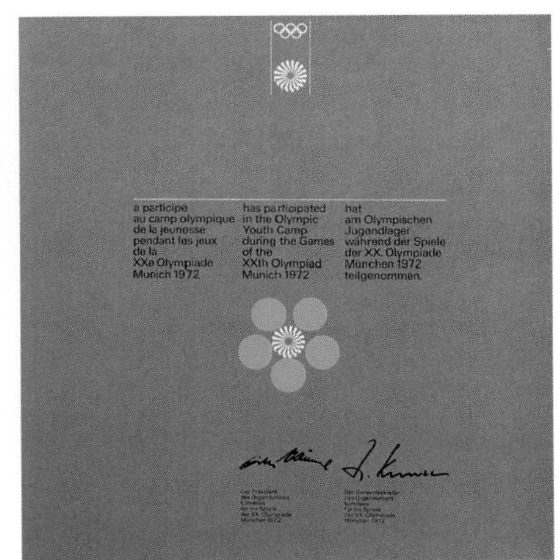


Diplomas.

Olympic medal (obverse and reverse sides)

*Diplômes.*

*Médaille olympique – avers et revers.*

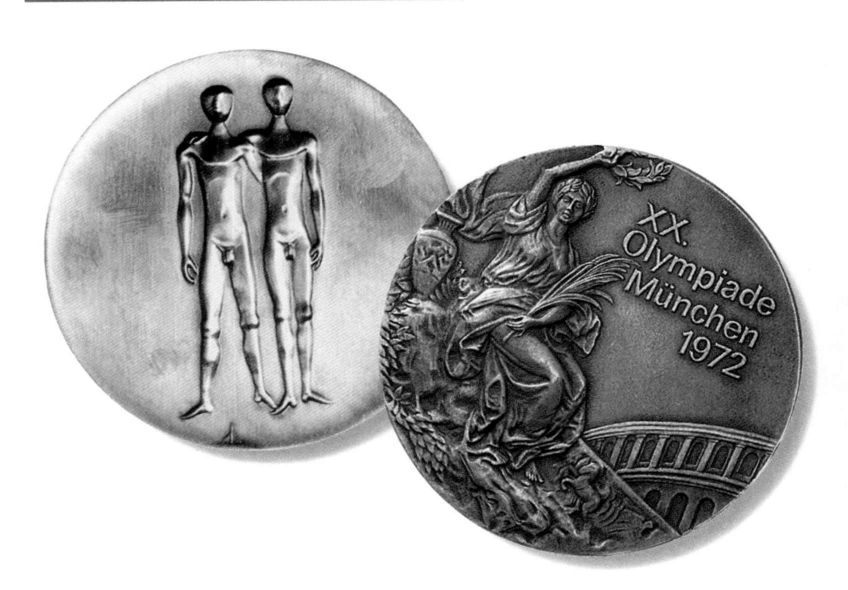

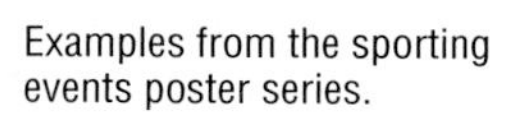

Examples from the sporting events poster series.

*Quelques affiches de la série consacrée aux sports individuels.*

München 1972

München 1972

München 1972

München 1972

MÜNCHEN
1972

München 1972

München 1972

München 1972

Munich 1972
Olympic
Games
Aug 26th-
Sept 10th

München 1972

MÜNCHEN 1972

OLYMPIASTADT
MÜNCHEN

München 1972

München 1972

Kiel 1972

München 1972

München 1972

Posters for special and cultural events.

*Affiches annonçant des manifestations culturelles et événements spéciaux.*

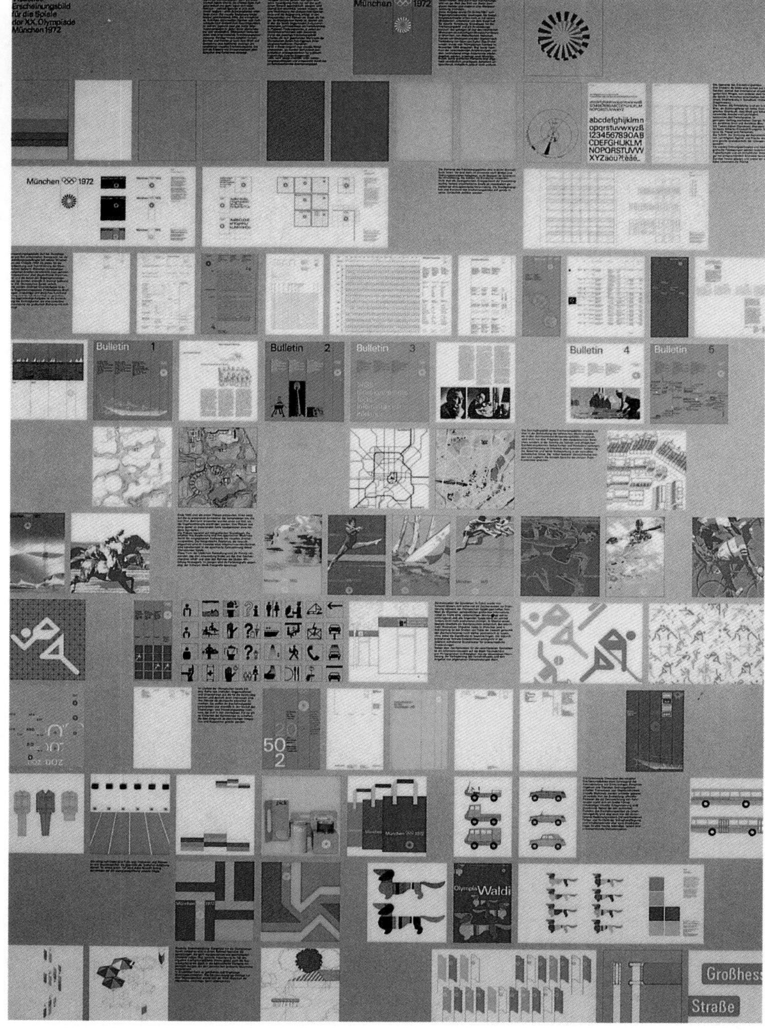

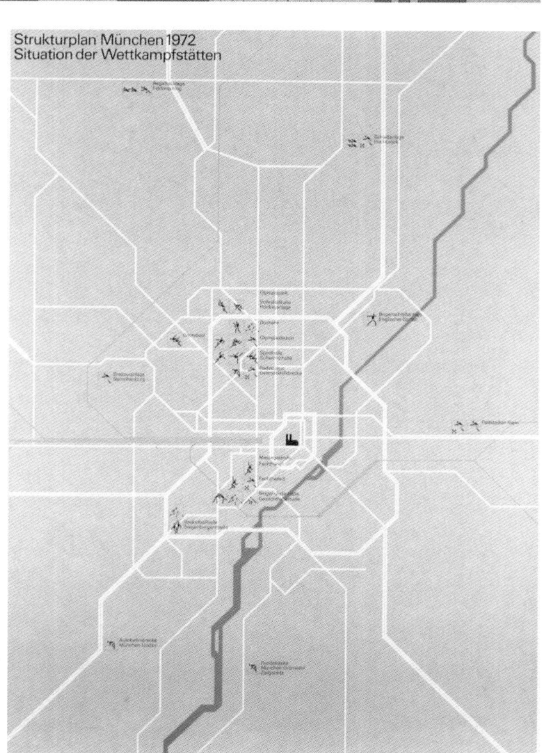


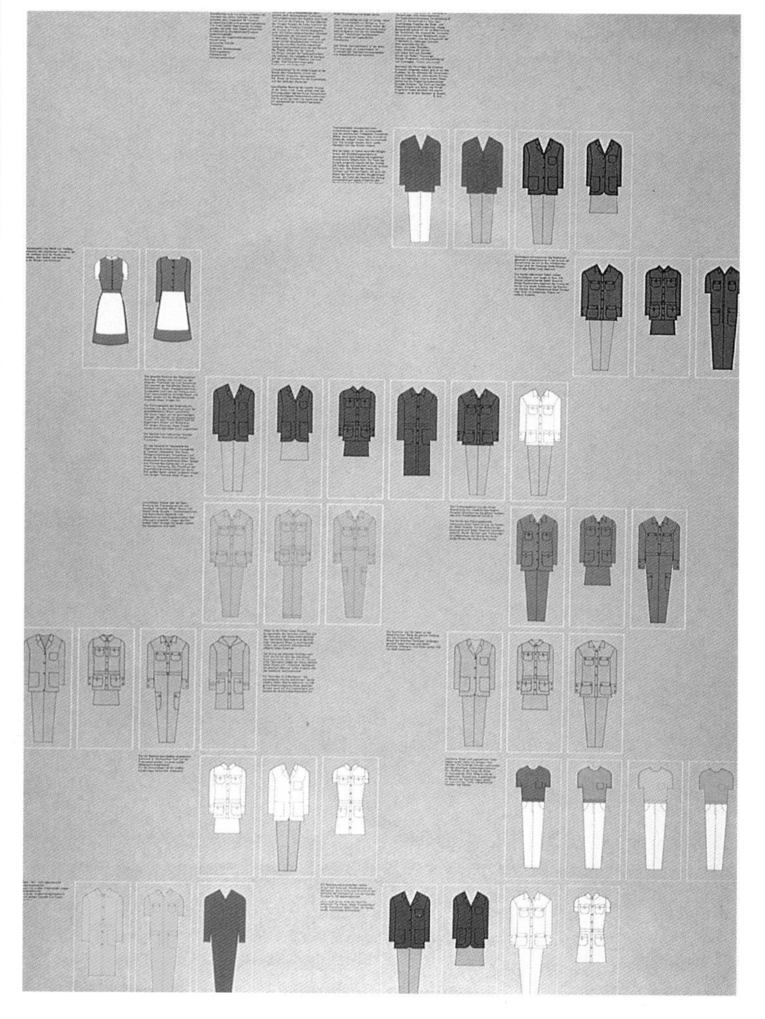

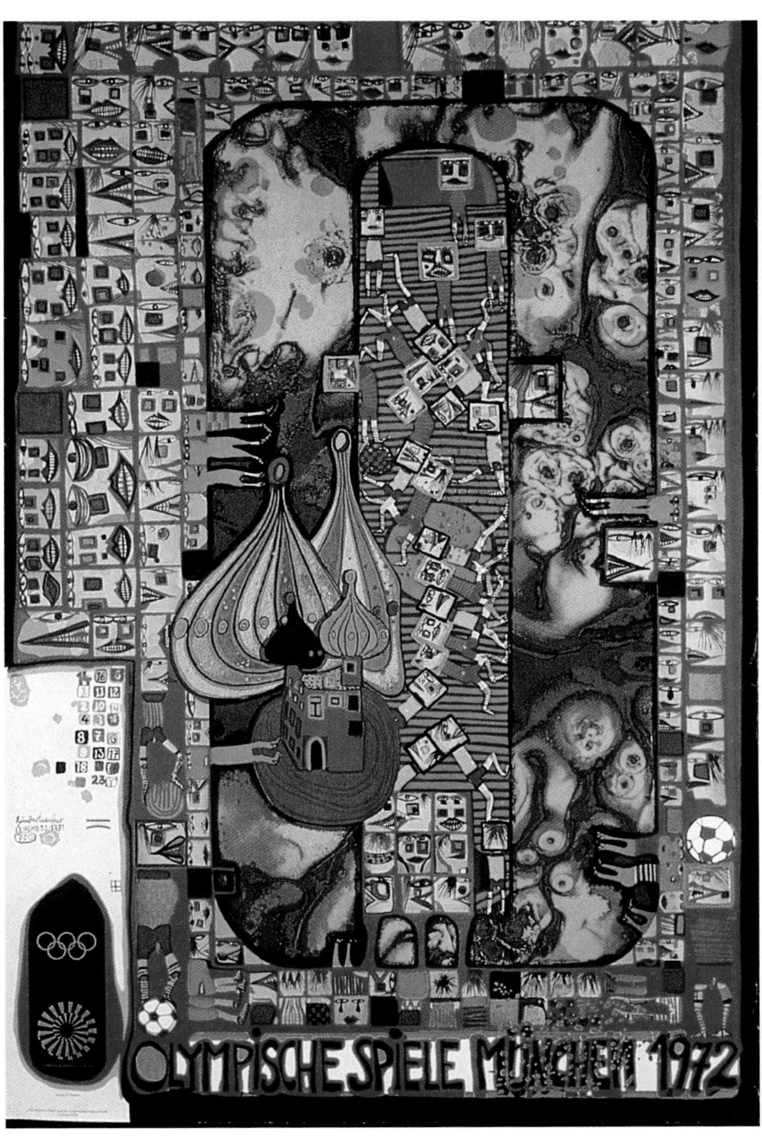
Olympische Spiele München 1972

Olympische Spiele München 1972

Olympische Spiele München 1972

München
Olympia
1972

1
2
3
Olympische Spiele München 1972

Spiele der XX. Olympiade
München 1972

Olympic Art series posters.

*Quelques affiches du Festival olympique des arts.*

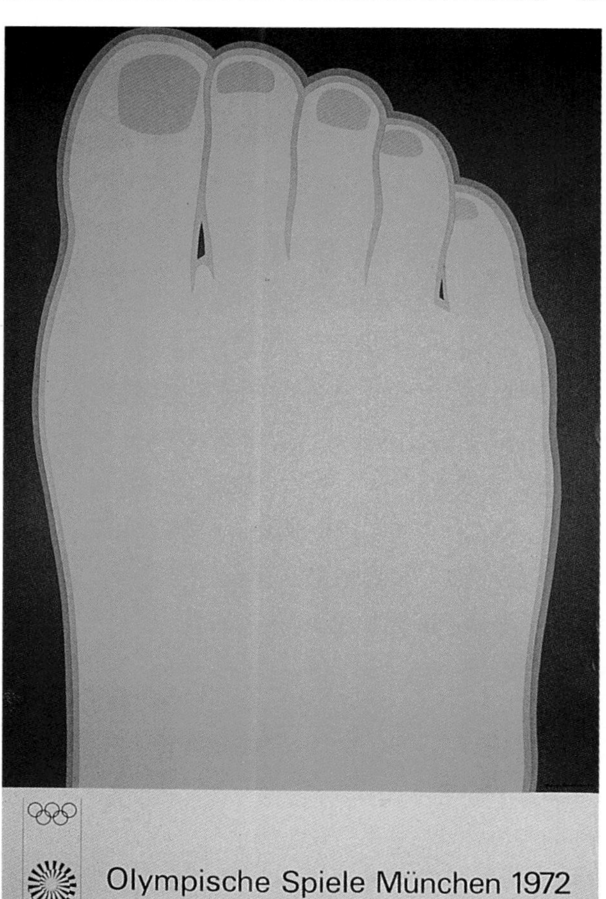

Alan Davie
1
2
3
4
Olympische Spiele München 1972

Olympische Spiele München 1972

Olympische Spiele München 1972

Olympia-Gast
München
1972

KOREA
München
1972

Olympische Spiele München 1972

INNSBRUCK'76
TIROL AUSTRIA
4.2.-15.2.
Published by Organisationskomitee der XII. Olympischen Winterspiele 1976, Innsbruck
Gestaltung: A. Zelger, Innsbruck · Gedruckt in Österreich · Imprimé en Autriche · Printed in Austria by Alpina-Offset, Innsbruck

The 1976 Winter Games marked the official debut of a new IOC president. Following the Munich Games, Michael Morris, 3rd Baron Killanin, succeeded Avery Brundage, who had served as IOC president from 1952 to 1972. Avery Brundage died in Garmisch-Partenkirchen, West Germany in 1975.

The Winter Games came to Innsbruck for a second time. The Austrian Organizing Committee erected two Olympic torches at the bowl of the ski jump, where the opening ceremonies took place. The two torches commemorated Innsbruck's 1964 Games and the 1976 Games. The opening ceremonies began with the raising of the Olympic flag, the release of multi-coloured balloons and a three-gun salute. Josef Feistmantl, Austria's luge gold medallist and Christl Haas, Austria's downhill gold medallist, lit the torches. Bells pealed softly throughout the valley as Austria's President, Dr. Rudolf Kirschenschager, proclaimed the Olympic Games open.

The hosts had only three years to prepare for the Games, but were better organized than they had been in 1964. Innsbruck was able to control costs by modernizing and upgrading their 1964 Olympic facilities. Of the approximate 44 million dollars spent on these Games, 20 million was used for publicity. Television technology and innovative design formats provided interviews, background landscapes and expert commentary to fans watching the Games around the world. By necessity, all host cities from 1972 onward would spend hundreds of millions on security measures. To their credit, the ever-present Austrian army and police did not dampen the spirit and style of the Winter Games.

There were 1,040 athletes from 37 nations participating in the Games, with a live audience of 1.5 million. One of the most spectacular performances in the history of the Winter Games came from Austrian skier Franz Klammer. As 1975 World Cup downhill

*Les Jeux d'hiver d'Innsbruck marquent les débuts officiels d'un nouveau président du CIO. Un baron irlandais, Michael Morris, lord Killanin, succède à Avery Bundage, qui est resté à la tête du CIO de 1952 à 1972. Avery Bundage est décédé à Garmisch-Partenkirchen, en Allemagne de l'Ouest, en 1975.*

*Les Jeux d'hiver viennent à Innsbruck une seconde fois. Le comité d'organisation autrichien a fait ériger deux vasques olympiques à proximité du tremplin de saut, où a lieu la cérémonie d'ouverture. Après le lever du drapeau olympique, un lâcher de ballons et une salve d'artillerie, le lugeur médaillé d'or Josef Feistmantl allume une des vasques, et Christl Haas, le descendeur médaillé d'or allume la seconde. Les deux flambeaux commémorent la double participation d'Innsbruck aux Jeux de 1964 et de 1976. Le président autrichien, Rudolf Kirschenschager proclame l'ouverture officielle des Jeux tandis que les cloches carillonnent dans la vallée.*

*Les hôtes ont eu seulement trois ans pour préparer les Jeux, mais l'expérience aidant, ils forment un groupe bien organisé. Innsbruck parvient à limiter ses coûts en réutilisant la plupart des installations de 1964. Une nouvelle piste de bob est aménagée et les lieux de compétition sont modernisés. Les dépenses se chiffrent à 44 millions de dollars, dont 20 millions sont consacrés à la publicité. Grâce aux progrès de la technologie télévisuelle et aux innovations de design, les spectateurs du monde entiers peuvent apprécier les paysages, les entrevues et les commentaires des spécialistes. Après 1972, les villes hôtes devront également investir des centaines de millions de dollars dans les mesures de sécurité. Mais l'omniprésence de l'armée autrichienne ne ternira ni l'esprit ni le style des Jeux d'hiver.*

*Sur place, un million et demi de spectateurs suivront les 1 040 athlètes représentant 37 pays. Les exploits sont si nombreux que*

champion and winner of 12 of the past 16 World Cup downhills, he was under tremendous pressure to win the event. He was 15th out of the starting gate and knew he had to beat Bernhard Russi's time of 1:46.06, which was nearly 10 seconds better than the record. Klammer hurled himself out the gate and sped dangerously down the run. (He later said, "I thought I was going to crash all along the way.") Passing the midpoint, he cornered the Bear's Neck with a line so sharp and controlled that his fellow downhillers gasped in awe. Clocked at a speed of 102.828 km/h, Klammer picked up a gold for his amazing performance. He broke previous downhill Olympic records, finishing a third of a second faster than Russi of Switzerland. Klammer's victory enhanced one of the most innovative public relations tactics ever used by a manufacturer. The company had spent 400,000 marks to develop a new ski, and on the eve of Klammer's race announced that Klammer would use the product known as "The Wonder Ski". The ski was designed with a hole in the toe to reduce the amount of air balling – a perennial problem with normal tips. When Russi heard that Klammer was going to use the "Wonder Ski", he said, "There are no miracles – only facts."

Speedskater Sheila Young became the first woman from the United States to medal three times in a single Winter Games. Young had previously won the gold medal in cycling during the Summer Games. The 25-year-old from Detroit had sold her racing bike in order to have her boyfriend Jim travel to Innsbruck with her. Young won the 500m race in Olympic record time, went on to win the silver in the 1,500m and finished with a bronze in the 1,000m race. After her gold triumph, Young said to interviewers, "As I came around the first turn I could hear Jim screaming 'fight, fight, fight'." Another American star was figure skater Dorothy Hamill, who won the gold medal in the women's competition. Great Britain's John Curry won the men's event. Both Hamill and Curry were coached by Carlo Fassi, who had also coached 1968 gold medallist, Peggy Fleming. The 1976 Winter Games introduced ice dancing as an official event. The Soviet pair Ljudmila Pakhomova and Alexandr Gorshkov won the gold with their style and grace. Soviets Irina Moiseeva and Andrei Minenkov captured the silver and Americans Colleen O'Connor and James Millins took the bronze.

The Soviet Union and East Germany collected 46 of the 111 medals. The Soviets claimed 13 gold medals, six silver and eight bronze. East Germany won seven gold, five silver and seven bronze medals. Liechtenstein's Hanni Wenzel gave her country its first medal, a bronze, in the women's slalom.

*tout le monde aura l'occasion d'être témoin d'un moment mémorable. Toute l'Autriche compte sur la victoire de l'enfant du pays : le grand skieur Franz Klammer, champion du monde de descente en 1975 et détenteur de 12 des 16 dernières coupes du monde dans la discipline. Il est le 15e concurrent à prendre le départ. Il sait qu'il doit battre le Suisse Bernhard Russi, qui a déjà amélioré le record de 10 secondes. Klammer part en trombe et prend tous les risques. Il déclarera plus tard : «J'ai pensé tout le long de la course que j'allais tomber.» À mi-parcours, il négocie le passage du Col de l'Ours avec un contrôle et une précision d'exécution stupéfiante. Il enlève l'or à une vitesse de 102,828 km/h, pulvérisant tous les records et devançant Russi d'un tiers de seconde. La victoire de Klammer favorise également la stratégie de relations publiques la plus brillante qu'ait jamais conçue un fabricant. La compagnie a dépensé 400 000 marks pour mettre au point un nouveau ski et, la veille de la course, elle annonce que Klammer chaussera son produit miracle. Le ski en question est à la fine pointe de la technologie. Apprenant que Klammer allait utiliser le ski miracle, Russi déclare que le miracle n'existe pas. Seulement des faits.*

*La patineuse de vitesse Sheila Young devient la première Américaine triple médaillée au cours des mêmes Jeux d'hiver. Young avait déjà décroché le titre olympique de cyclisme aux Jeux d'été. L'athlète de 25 ans, originaire de Detroit, avait dû vendre sa bicyclette de compétition pour permettre à son fiancé de l'accompagner à Innsbruck. Young remporte donc le 500 m avec un nouveau record olympique, puis elle enlève l'argent au 1 500 m et finit avec le bronze au 1 000 m. Après la médaille d'or, Young déclare aux journalistes : «Je pouvais entendre Jim (son fiancé) hurler «vas-y, vas-y, vas-y». En patinage artistique, le titre olympique individuel est remporté par l'Américaine Dorothy Hamill et le Britannique John Curry, qui ont tous deux pour entraîneur Carlo Fassi – entraîneur, déjà, de Peggy Fleming en 1968. En 1976, la danse devient également une discipline officielle. Les États-Unis remportent la médaille de bronze grâce au couple Colleen O'Connor et James Millins. Le couple soviétique Pakhomova-Gorskhov enlève la première place avec grâce et élégance, et leurs compatriotes Moiseeva-Minenkov sont en seconde place.*

*L'URSS et l'Allemagne de l'Est recueillent 46 des 111 médailles. Les Soviétiques enlèvent 13 médailles d'or, six d'argent et huit de bronze. L'Allemagne de l'Est gagne sept médailles d'or, cinq d'argent et sept de bronze. Avec une troisième place, Hanni Wenzel, du Liechtenstein, remporte au slalom la toute première médaille de son pays.*

Spectators gather around the Olympic flame during the opening ceremonies.

The 1976 Olympic torch.

*Spectateurs réunis autour de la flamme olympique lors de la cérémonie d'ouverture.*

*Le flambeau olympique de 1976.*

Promotional posters.

*Affiches de promotion.*

Posters.

*Affiches.*

Poster designed by the famous surrealist artist, Helmut Leherb.

*Affiche du célèbre surréaliste, Helmut Leherb.*

Pictograms. — *Pictogrammes.*

Identity card. — *Carte d'identité.*

Commemorative pins. — *Épinglettes commémoratives.*

Ticket to the 2-men bobsled. — *Billet d'entrée (épreuve de bob à deux).*

Diploma, mascot, commemorative coins & pins, and Olympic medal (obverse and reverse sides shown).

*Diplôme, mascotte, pièces et épinglettes commémoratives, et médaille olympique (avers et revers).*

Montréal 1976

# XXI

**M**ontreal's opening ceremonies were nothing short of spectacular. The IOC President welcomed Queen Elizabeth II to the Olympic Stadium as the Olympic flame began its decent from Mount Royal through the streets of Montreal. The ceremony had begun days earlier on Mount Olympia, where a young woman used sunlight and a magnifying lens to light the torch. From Mount Olympia, 500 runners took part in a two-day relay to Athens. An electronic signal was then conveyed by satellite to ignite a flame in Ottawa, capital of Canada. From there, a relay team of 230 runners carried the flame to the summit of Mount Royal. Its resting place was the foot of the cross that commemorates the safe arrival of Paul de Chomedey, Sieur de Maisonneuve, founder of the city of Montreal. In the Olympic Stadium, following a three-gun salute, 80 young women representing the vestal virgins of ancient Greece released 80 pigeons carrying messages of friendship to the people of the world. The number 80 signified the 80th anniversary of the founding of the modern Olympics. A resounding trumpet call heralded the arrival of the Olympic flame.

Political problems plagued the Montreal Games. As a trading partner with the People's Republic of China, Canada refused to recognize Taiwan as a part of the Republic. Unable to come up with a compromise, both Taiwan and the People's Republic of China packed their bags and went home. The problem of Apartheid resurfaced at the 1976 Games. South Africa refused racial integration of official teams, and New Zealand appeared to condone their laws by playing a touring South African rugby team the previous winter. In protest against New Zealand's action, twenty Black African nations and a few Caribbean nations

*L'es cérémonies d'ouverture des Jeux Olympiques de Montréal sont spectaculaires. Le président du CIO accueille la reine Elizabeth au stade olympique, alors que la flamme olympique partie du mont Royal traverse les rues de la ville; elle aura été portée par 35 hommes et femmes. En fait, la cérémonie a commencé quelques jours plus tôt à Olympie, où un groupe de jeunes femmes ont allumé la flamme aux rayons du soleil à l'aide d'une lentille. Du mont Olympe à Athènes, 500 coureurs ont participé au relais de deux jours. D'Athènes à Ottawa, le transfert de la flamme s'est effectué en une fraction de seconde, grâce au miracle de l'électronique et de l'électricité, par voie de satellite. De la Capitale nationale du Canada, 230 coureurs se sont relayés pour amener la flamme au sommet du mont Royal et la déposer au pied de la croix géante qui commémore l'arrivée de Paul de Chomedey, Sieur de Maisonneuve, fondateur de Montréal. Dans le stade olympique, après une salve d'artillerie, 80 jeunes filles évoquant les vestales de la Grèce antique libèrent 80 pigeons transportant des messages d'amitié aux peuples de la terre. Le nombre 80 représente le 80ᵉ anniversaire des Jeux Olympiques de l'ère moderne. Une sonnerie de trompette signale l'arrivée de la flamme dans le stade.*

*Les problèmes politiques perturbent les Jeux de Montréal. Le Canada, partenaire commercial de la République populaire de Chine, a refusé de reconnaître Taïwan. Incapables de parvenir à un compromis, la Chine et Taïwan bouclent leurs valises et quittent Montréal. Les problèmes d'Apartheid font de nouveau surface aux Jeux de 1976, l'Afrique du Sud refusant toujours que ses équipes officielles intègrent Blancs et Noirs. L'hiver précédent,*

withdrew at the eleventh hour. Some of the world's greatest competitors were lost to the Games, much to the dismay of millions of fans who had wanted to see these great athletes.

Track and field and boxing events were especially affected by the withdrawal of so many athletes. Still, given the brilliant performances that did take place, it is hard to evaluate how altered the 1976 Games really were. Hasely Crawford, a tall powerful sprinter from Trinidad, won all his heats and, in the final 100m race, won his country's first gold medal. In 1972, Crawford and 1976 silver medallist Don Quarrie of Jamaica both lost their chances of winning because of injuries. Now the two raced to the finish, trailed by Valeri Borzov of the Soviet Union. Finland's Lasse Viren distinquished himself by winning both the 5,000m and the 10,000m for the second time.

The real star of the Montreal Olympics was everyone's darling, 14-year-old Romanian gymnast Nadia Comaneci. Comaneci was perfection incarnate, and the judges voted accordingly. The gymnast scored seven perfect "10's" during her sixteen routines, and somersaulted away with five medals: three gold, one silver, and one bronze. In Olympic competition, no one had ever achieved a perfect score.

In the final medal standings USSR placed first, with 47 gold medals, 43 silver and 35 bronze. East German athletes took home 40 gold, 25 silver and 25 bronze medals. USA placed third with their 34 gold, 35 silver and 25 bronze medals. Though it did not win any gold, the host nation Canada had one of its better Olympic years, capturing five silver and six bronze medals.

The graphics for the Montreal Games, conceived by designers Pierre-Yves Pelletier and Georges Huel, combined simplicity with originality. The design team decided that Otl Aicher's exceptional pictograms for the Munich Games could be adopted as an Olympic standard. Georges Huel also created the official logo for the Games, incorporating into his design the shape of the stadium, the winners' podium, "M" for Montreal and red for the Canadian flag.

*la Nouvelle-Zélande avait joué contre une équipe de rugby sud-africaine. Pour beaucoup d'observateurs, ce geste signifiait que la Nouvelle-Zélande approuvait les lois ségrégationnistes de l'Afrique du Sud. En signe de protestation, vingt pays d'Afrique et quelques pays des Caraïbes retirent leurs délégations juste avant l'ouverture. Les Jeux perdent ainsi quelques-uns des plus grands champions du monde, au grand désespoir des millions d'admirateurs qui souhaitaient assister aux exploits des Africains.*

*Les épreuves d'athlétisme et de boxe, notamment, se ressentent de l'absence d'un si grand nombre d'athlètes. Et pourtant, compte tenu du nombre de performances exceptionnelles qui marqueront les Jeux de 1976, comment peut-on mesurer l'incidence réelle que ces conflits auront eue sur les Jeux de 1976! Hasely Crawford, le puissant sprinter de Trinité-et-Tobago remporte toutes les épreuves éliminatoires et devient le tout premier champion olympique de son pays au 100 m. En 1972, Crawford et le médaillé d'argent Don Quarrie de la Jamaïque avaient tous deux perdu toute chance de gagner à la suite de blessures. À Montréal, ils dominent les autres concurrents, suivis du Soviétique Valeri Borsov. Comme aux Jeux précédents, le Finlandais Lasse Viren se distingue en remportant à la fois le 5 000 m et le 10 000 m.*

*La vraie étoile des Jeux Olympiques de Montréal est la jeune gymnaste roumaine Nadia Comaneci, qui incarne la perfection de l'avis unanime des juges. Au terme de ses seize programmes, elle obtient sept fois la note 10 sur 10, et remporte cinq médailles – trois d'or, une d'argent et une de bronze. Jusqu'ici personne n'avait jamais obtenu une note parfaite aux Jeux Olympiques.*

*Dans le classement des médailles, l'URSS se place en tête avec 47 médailles d'or, 43 d'argent et 35 de bronze. En seconde place, vient l'Allemagne de l'Est avec 40 médailles d'or, 25 d'argent et 25 de bronze; suivie des États-Unis avec 34 médailles d'or, 35 médailles d'argent et 25 médailles de bronze. Bien qu'il n'ait remporté aucune médaille d'or, le Canada a toutefois connu une des ses meilleures années olympiques en capturant cinq fois l'argent et six fois le bronze.*

*À Montréal, le succès de la conception graphique s'explique à la fois par sa simplicité et son originalité. Le travail a été admirablement exécuté par les concepteurs Pierre-Yves Pelletier et Georges Huel. Ils ont contribué à standardiser la série exceptionnelle de pictogrammes qu'avait créée Otl Aicher. Georges Huel a par ailleurs conçu le logo qui représente à la fois le M de Montréal, le podium des champions, le rouge du drapeau canadien – le M central associé aux anneaux olympiques évoquant le stade olympique.*

Aerial view of the Olympic site and the Olympic Village (in a shape of a pyramid).

Site identification and directional signs.

*Vue aérienne des installations olympiques et du Village olympique (en forme de pyramide).*

*Pictogrammes et panneaux indicateurs.*

Inside the pool complex that seats 9,000 spectators. It is an extension of the main stadium.

*Intérieur du complexe stade-piscine, prolongement du stade principal pouvant accueillir 9 000 spectateurs.*

Volunteers in uniform and some 70,000 spectators join in the opening ceremonies.

*Les bénévoles en uniforme et quelque 70 000 spectateurs assistent à la cérémonie d'ouverture.*

The 1976 Olympic torch.

Two young athletes after lighting the flame.

Athletes taking part in the torch relay.

The Olympic flame.

*Le flambeau olympique de 1976.*

*Ces deux jeunes athlètes viennent d'allumer la flamme.*

*Athlètes participant au relais du flambeau.*

*La flamme olympique.*

A typical set of furniture for the Olympic Village.

The four half-pyramids which make up the Village, accommodated 9,019 participants.

*Mobilier typique du Village olympique.*

*Les quatre demi-pyramides constituant le Village peuvent accueillir 9 019 participants.*

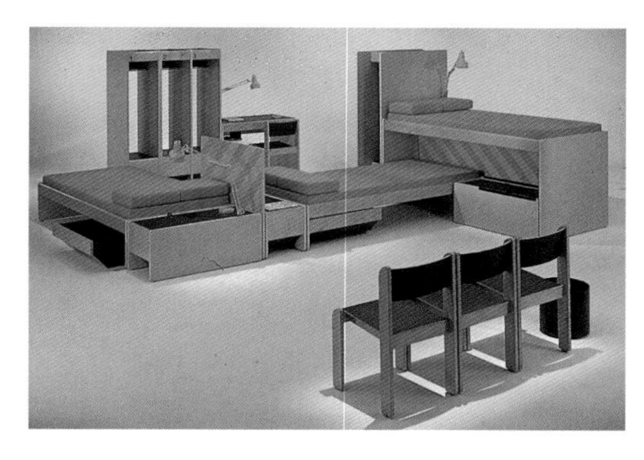

The yachting events held at Kingston, Ontario.

*Les épreuves de yachting, à Kingston (Ontario).*

Wrestling event arena.

Receptionists in specially designed uniforms.

*Centre des épreuves de lutte.*

*Hôtesses d'accueil en uniforme.*

Examples of the identification and directional signage showing pictograms on a red background.

*Exemples du système de signalisation montrant les pictogrammes sur fond rouge.*

The pictograms were similar to those of the 1972 Munich Games. New pictograms were designed in the same style.

*Les pictogrammes étaient identiques à ceux des Jeux de Munich (1972) ou de même style.*

Red banners used to decorate the venues.

*Bannières rouges décorant les lieux de compétition.*

Event ticket.

*Billet d'entrée.*

Event ticket.

*Event ticket.*

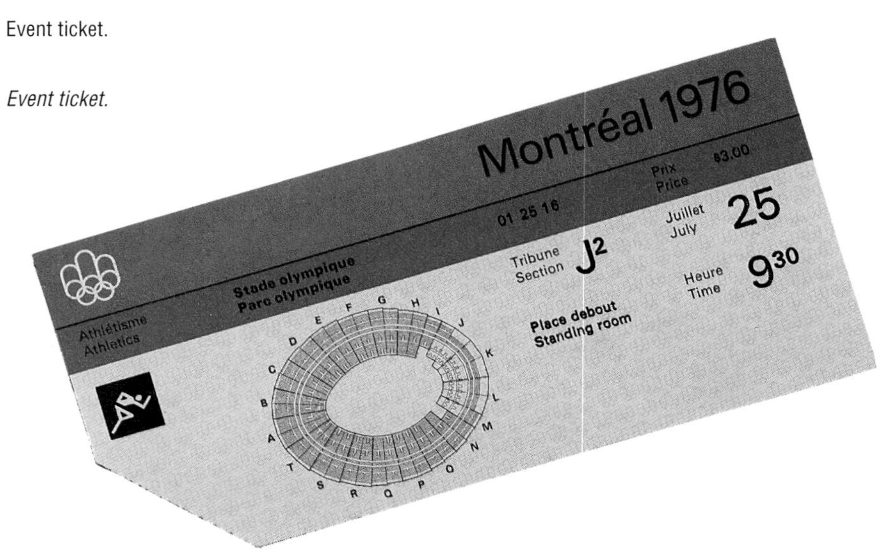

Two poster series were produced – 8 "theme" posters and a larger series of 21 posters.

*Deux séries d'affiches ont été réalisées – la première comprend 8 affiches thématiques et la seconde 21 affiches.*

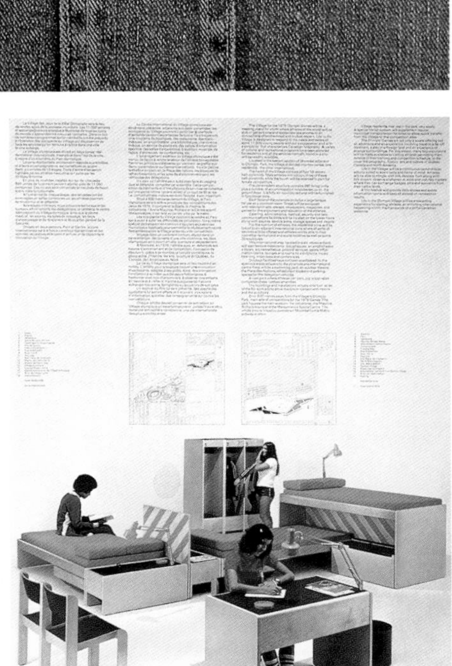

# Jeux de la XXIe Olympiade **Montréal 1976**

# Games of the XXI Olympiad **Montréal 1976**

## Lieux de compétition

## Competition Sites

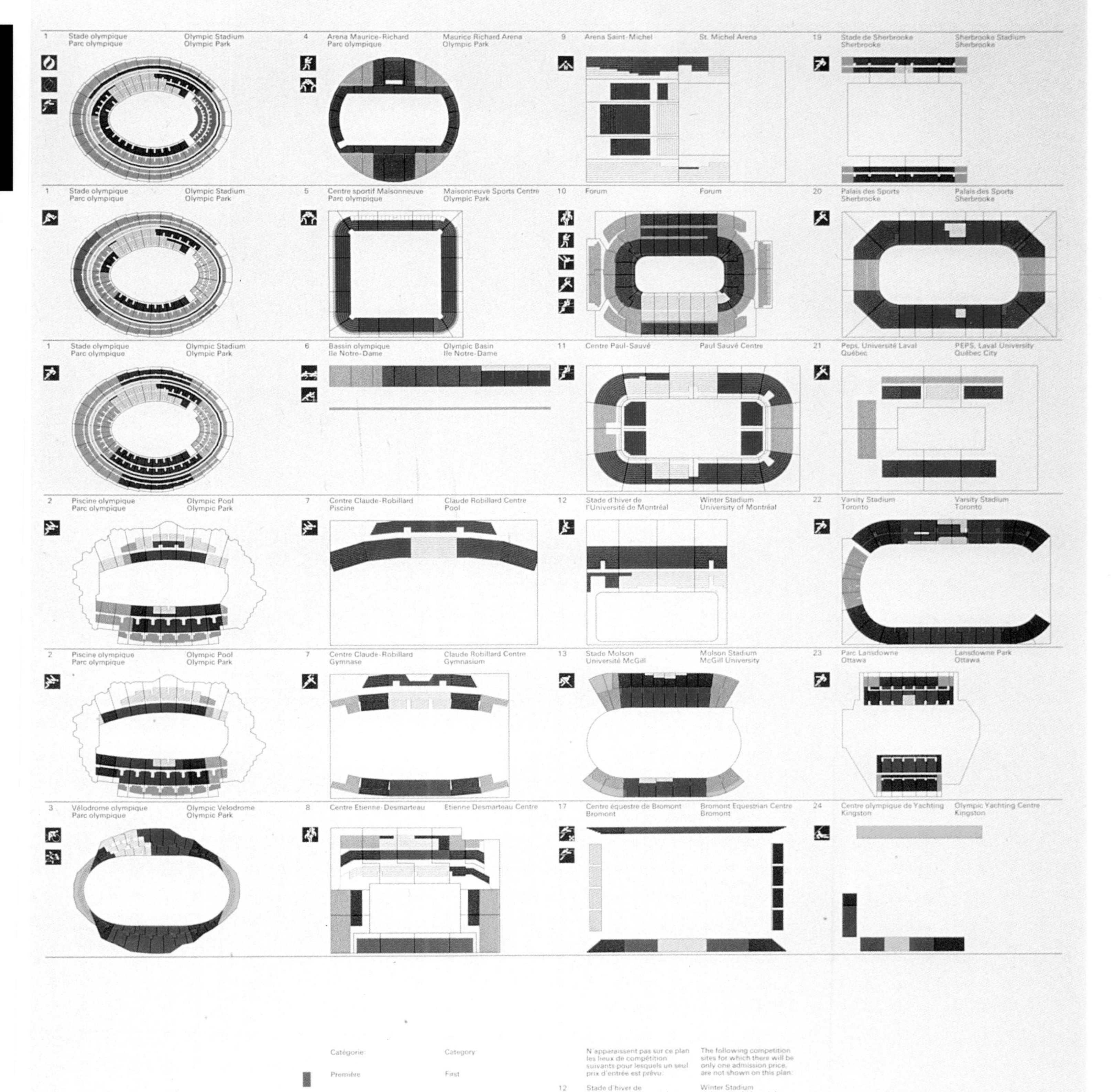


| Catégorie: | Category: |
|---|---|
| Première | First |
| Deuxième | Second |
| Troisième | Third |

N'apparaissent pas sur ce plan les lieux de compétition suivants pour lesquels un seul prix d'entrée est prévu:

The following competition sites for which there will be only one admission price, are not shown on this plan:

| | | |
|---|---|---|
| 12 | Stade d'hiver de l'Université de Montréal (Pentathlon moderne) | Winter Stadium University of Montréal (Modern Pentathlon) |
| 15 | Circuit Mont-Royal | Mount Royal Circuit |

Examples from the sports poster series.

Poster for the Arts & Cultural Programme.

*Exemples de la série d'affiches consacrée aux sports.*

*Affiche du programme Art et Culture.*

Montréal 1976

Montréal 1976

Jeux de la
XXIe Olympiade
Montréal
1976
Games of the
XXI Olympiad
Montréal
1976

Jeux de la
XXIe Olympiade
Montréal
1976
Games of the
XXI Olympiad
Montréal
1976
Programme
Arts et Culture
Arts and Culture
Program

Commemorative postage stamps, souvenirs and pins.

*Timbres-poste commémoratifs, épinglettes et autres articles-souvenirs.*

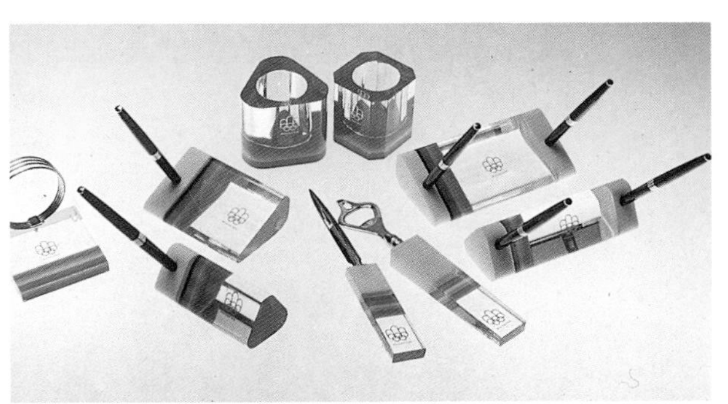

Commemorative coins.

Lottery ticket to raise revenue.

Official diploma.

*Pièces commémoratives.*

*Billet de loterie émis dans le cardre d'une campagne de financement.*

*Diplôme officiel.*

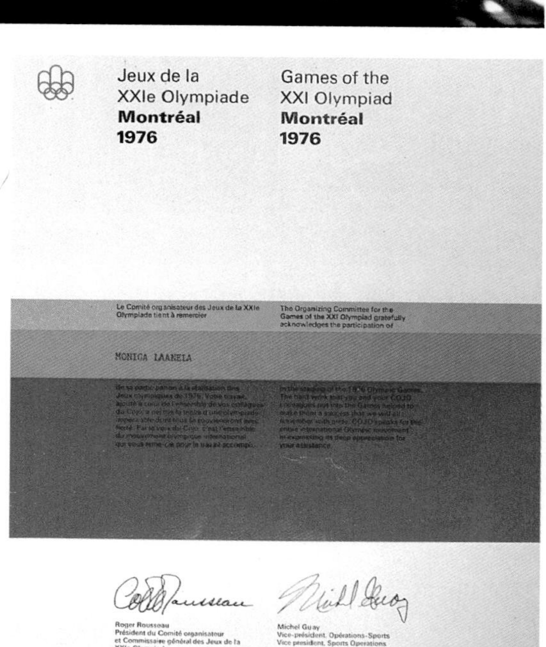

Poster announcing the sale of Olympic stamps.

*Affiche-réclame de la Société canadienne des postes.*

Commmemorative pins.

*Épinglettes commémoratives.*

Olympic mascot “Amik” (Algonquin name for beaver).

*La mascotte des Jeux,* Amik *(«castor» en algonquin).*

XIII OLYMPIC
WINTER
GAMES
LAKE
PLACID
1980

TM

# XIII

The opening ceremonies of the Winter Games at Lake Placid thrilled spectators with sky-written Olympic rings, the release of thousands of homing pigeons and a host of helium balloons scattering millions of flowers among the crowd. American Vice-President Walter Mondale opened the Games and the Olympic torch was borne into the arena by Charles Morgan Kerr. The words "I love New York" were written across the sky in giant letters to welcome the "Olympic family" of over 6,000 – 1,567 athletes from 37 nations, coaches, officials, organizers and the media. For the next two weeks more than 50,000 spectators came on foot or by bus to the tiny hamlet which had previously hosted the 1932 Winter Games. By 1976, summer tourism was the town's only source of revenue, so residents were eager to host the Winter Games again. The town looked upon the Olympics as a way of preserving the natural beauty of Lake Placid and protecting it against a dangerous reliance on forest industry.

For American fans and athletes, the 1980 Winter Games were a triumph. Speedskater Eric Heiden, who had sworn the Olympic oath on behalf of the athletes at the opening ceremonies, reached new heights of achievement. The 21-year-old Heiden triumphed in the 500m, 1,000m, 5,000m and 10,000m events breaking both world and Olympic records. The young American was the only athlete to win five individual golds at a single Olympic Games. He excelled at both sprints and endurance races. Of this unprecedented achievement, Norwegian coach Sten Stenson said, "In Norway, we say that if you can be good in the 5,000 and 10,000, you can't do the 500. But Eric can do it. We have no idea how to train to beat him. We just hope he retires." Eric's sister Beth Heiden also competed in speed skating and, despite an injured ankle, captured

*Tracé des anneaux olympiques dans le ciel, lâcher de milliers de pigeons et de multiples ballons d'hélium déposant des millions de fleurs parmi les spectateurs – ce sont là quelques-uns des éléments mémorables de la cérémonie d'ouverture des Jeux Olympiques de Lake Placid, en 1980. Le vice-président américain, Walter Mondale, proclame l'ouverture officielle des Jeux et le flambeau olympique entre dans le stade, porté par Charles Morgan Kerr. Le message «J'aime New York» écrit sur le bleu du ciel en lettres géantes accueille les quelque 6 000 membres de la famille olympique : 1 500 athlètes de 37 pays, leurs entraîneurs, les juges, les organisateurs et les représentants des médias. Pendant les deux semaines qui suivent, plus de 50 000 spectateurs se déplaceront en autocar ou à pied pour atteindre le petit hameau qui avait déjà reçu les Jeux Olympiques de 1932. En 1976, le tourisme estival représentait la seule source de revenus de Lake Placid, qui tenait donc beaucoup à accueillir de nouveau les Jeux Olympiques. Les habitants de la petite localité pensaient aussi que seuls les J.O. leur permettraient de préserver la beauté naturelle de leur région et de la soustraire aux visées de l'industrie forestière.*

*Pour les amateurs et les athlètes américains des Jeux Olympiques, les Jeux d'hiver de 1980 sont exceptionnels. Le patineur de vitesse Eric Heiden, qui a prononcé le serment des athlètes à la cérémonie d'ouverture, collectionne un nombre de médailles d'or et de records sans précédent. Il triomphe au 500 m, au 5 000 m, au 1 000 m et au 10 000 m dans cet ordre. Le jeune athlète de 21 ans remporte cinq médailles d'or et bat des records du monde et des records olympiques dans les cinq épreuves. C'est un phénomène unique dans l'histoire de sa discipline. Il reste le*

a bronze in the women's 3000m race. Norway's B.E. Jensen won the 3,000m gold. Annie Borckink of the Netherlands won gold in the 1,500m and Ria Visser took silver. The USSR's Natalia Petruseva won gold in the 1,000m race and East Germany's Karin Enke sped to gold in the 500m.

The American ice hockey team was not considered a favourite to win. USSR had won five of the last six gold medals, and for four straight Olympics, the Czechs had placed in the medals. The USA, however, was triumphant, defeating Finland 4-2 in the final game. ABC commentator Al Michaels asked millions of television spectators, "Do you believe in miracles?"

The USSR, although unable to defend its hockey title, continued to dominate the Nordic ski events. The USSR won six events in the men's and women's skiing competitions. Nikolai Zimiatov won the 30k and 50k cross-country races, and then went on to win a third gold medal in the relay. Raisa Smetanina won the gold in the women's 5k event, and a silver in the relay race. Smetanina had won the silver medal in the 5k and gold in the 10k competitions in 1976. By the end of her Olympic career in 1988, Smetanina's medal total was three gold, five silver and one bronze. She and her team-mate Galina Kulakova tied as the most decorated competitors in the history of the Olympic Winter Games. East Germany's female athletes won the gold medal in the women's relay. The gold in the 10k race went to East Germany's Barbara Petzold. Sweden's 15k champion, Thomas Wassberg, was the only other non-Soviet gold medallist in the men's Nordic events.

The closing ceremony of the 1980 Lake Placid Games began with an exciting and dramatic exhibition of skating by major Olympic competitors. Flanked by 52 torchbearers, the Olympic flag was carried into the arena. In an innovative display of pageantry, the Olympic flame was slowly extinguished – plunging the arena into momentary darkness before lights flared again, and a finale of banners, balloons and music marked the end of the Olympics. Outside, fireworks lit up the sky.

By 1980 there was no doubt that Olympic memorabilia such as promotional posters, mascots and pins had become prized souvenirs. Now at each Games, athletes and fans alike trade their pins at venues, in the streets, before and after every event. Pins have proliterated into an Olympic passion, and the Olympic Museum in Lausanne describes its own pin collection as "countless".

*seul concurrent à avoir remporté cinq médailles d'or individuelles au cours de mêmes Jeux et à exceller, de plus, au sprint et aux courses d'endurance à la fois. Selon l'entraîneur norvégien Sten Stenson, «En Norvège, on a toujours dit qu'un bon athlète au 5 000 m et au 10 000 m ne pouvait pas faire le 500 m. Mais Eric peut tout faire. On ne sait pas quel entraînement adopter pour le battre. On peut seulement espérer qu'il abandonnera la compétition.» Chez les femmes, la soeur d'Eric, Beth Heiden, participe aussi au patinage de vitesse et, malgré une blessure à la cheville, elle obtient la troisième place au 3 000 m, remporté par la Norvégienne B.E. Jensen. Les Hollandaises Annie Borckink et Ria Visser enlèvent l'or et l'argent au 1 500 m, la Soviétique Natalia Petruseva décroche l'or au 1 000 m, et l'Allemande de l'Est Karin Enke triomphe au 500 m.*

*L'équipe américaine de hockey ne part pas grande favorite. Les Soviétiques ont déjà gagné les six dernières médailles d'or et les Tchèques ont obtenu des médailles aux cours des quatre J.O. précédents. Pourtant, les Américains battent la Finlande par 4 à 2 en finale. Le commentateur d'ABC, Al Michaels se contente de répéter aux millions de téléspectateurs incrédules : «Vous croyez aux miracles?»*

*Mais si l'URSS n'a pu conserver son titre olympique de hockey, elle continue à dominer le ski nordique en remportant au total six épreuves dames et messieurs. Nikolai Zimiatov enlève le 30 km et le 50 km, puis le relais. Raisa Smetanina enlève le 5 km dames et une médaille d'argent au relais. En 1976, elle avait gagné l'argent au 5 km et l'or au 10 km. À la fin de sa carrière olympique en 1988, Raisa Smetatina aura récolté en tout trois médailles d'or, cinq d'argent et une de bronze, ce qui la place ex-aequo avec la skieuse soviétique Galina Kulakova, l'athlète la plus décorée de toute l'histoire des Jeux d'hiver. Les athlètes est-allemandes ont enlevé l'or au relais et au 10 km grâce à la skieuse Barbara Petzold. Le champion suédois des 15 km, Thomas Wassberg, est le seul médaillé d'or non soviétique dans les épreuves de ski nordique.*

*En 1980, il ne fait aucun doute que les souvenirs des Jeux Olympiques, qu'il s'agisse des affiches, des mascottes ou des épinglettes, sont devenus des articles très recherchés par toutes les personnes qui assistent aux Jeux, de près ou de loin. Désormais, à tous les J.O., athlètes et amateurs échangent leurs épinglettes avant et après chaque épreuve. Cet article connaît une véritable prolifération, et le Musée olympique de Lausanne admet que sa propre collection est difficile à estimer.*

Balloons in the Olympic colours were released during the opening ceremonies.

*Lâcher de ballons aux couleurs olympiques, lors de la cérémonie d'ouverture.*

Events tickets.

*Billets d'entrée.*

The 1980 Olympic torch.

*Le flambeau olympique de 1980.*

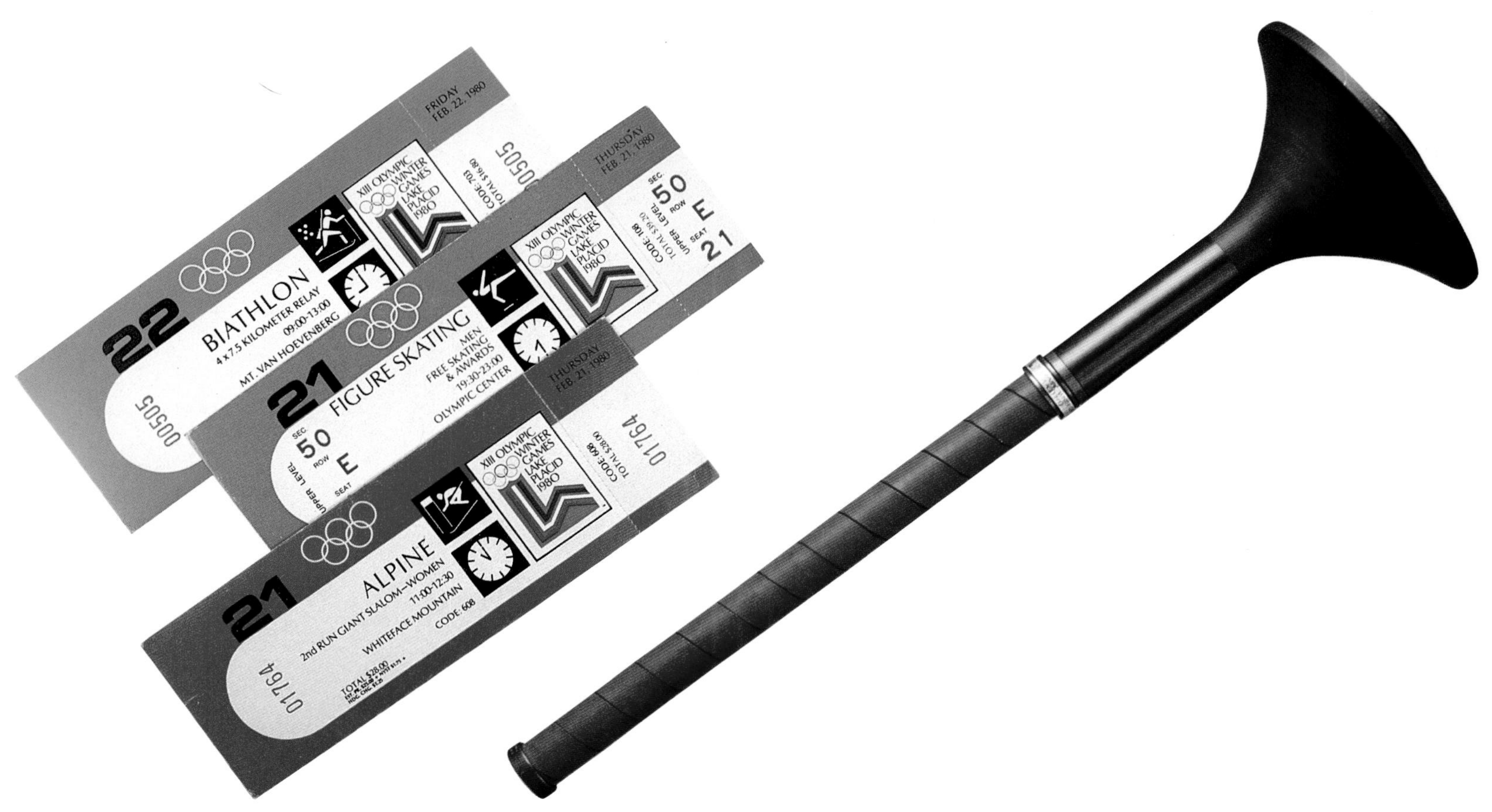

Olympic medal (obverse and reverse sides shown).

Views of the Olympic flame.

*Médaille olympique – avers et revers.*

*La flamme olympique.*

Medal ceremony on the 3-tier dais.

Security identification.

*Remise de médailles.*

*Laisser-passer de sécurité*

Examples from two series of commissioned posters.

*Exemples de deux séries d'affiches commandées.*

Official mascot and pictograms.

*Mascotte officielle et pictogrammes.*

Posters.

Postage stamp.

Diploma.

Commemorative pins.

*Affiches.*

*Timbre-poste.*

*Diplôme.*

*Épinglettes commémoratives.*

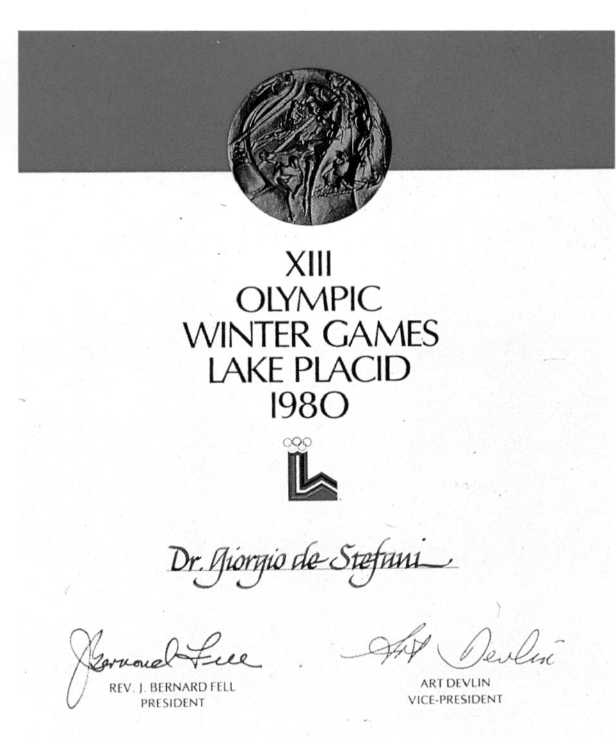

OLYMPIAD 80
MOSCOU MOSCOW MOCKBA
©
© Copyright 1976 The Organizing Committee of the 1980 Olympic Games in Moscow. Litho Canada.

# XXII

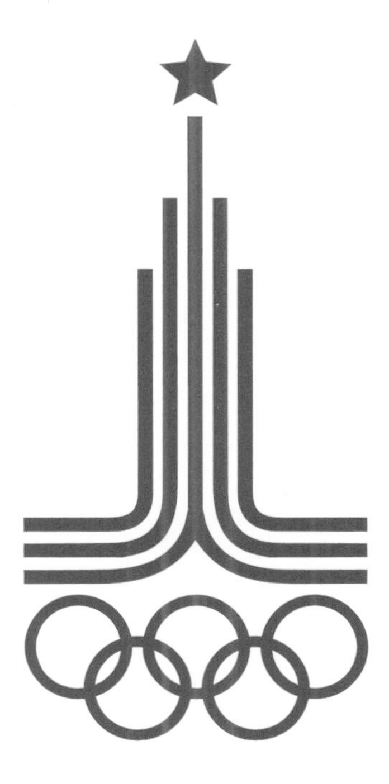





**D**espite a boycott by more than 60 non-communist countries, Moscow opened the Summer Games with a dazzling ceremony four hours in length. Soviet pageantry surpassed that of any other previous Olympics. Some 16,000 performers took part in a massive display of athletics in the Olympic Stadium. In the grandstand 3,500 people formed a gigantic image of Misha, the official mascot. Breaking with tradition, the Olympic flame was ignited electronically – no athlete ascended the pedestal as in previous Games. About 120,000 people were involved in the organization of the Moscow Games, which cost 53 billion rubles.

These were the first Games to be held in a Communist country. Only 80 nations participated, with a total of 5,929 athletes. The Soviets had long ranked as one of the top three medal winning countries. Now as host country competing against fewer athletes than usual they had an even greater edge. The USSR won 80 gold, 69 silver and 42 bronze medals: an amazing total of 195 Olympic medals. Gymnast Aleksander Dityatin won eight medals in the eight men's events. He won gold in the individual, team (combined exercises) and the still rings. Dityatin also won silver medals for the horse vault, horizontal bar, pommel horse and parallel bars, and a bronze in the floor exercise. Prior to 1980, Soviet men had never won an Olympic swimming event, but now their swimmers won six medals. Vladimir Salnikov led the way, winning gold in the 4 x 200m freestyle and in the 1,500m freestyle, where his spectacular performance of 14:58.27 for the first in the history of the event broke the 15 minute barrier. Team-mate, Sergei Kopliakov won two golds and a silver, and broke the 200m freestyle record with a time of 1:49.81. Whatever might be said of the USSR

***M**algré l'absence des pays de l'Ouest, les Jeux Olympiques d'été de 1980 s'ouvrent sur une cérémonie spectaculaire de quatre heures. Les organisateurs des festivités ont dépassé de beaucoup les ambitions de leurs prédécesseurs. Quelque 16 000 figurants exécutent différents exercices au centre du stade olympique. Dans l'une des tribunes, 3 500 personnes forment la gigantesque silhouette de la mascotte des Jeux de Moscou, le petit ourson Misha. La flamme est allumée électroniquement à partir de la tribune officielle, afin que les athlètes n'aient pas à monter jusqu'à la vasque, comme aux Jeux précédents. Cent vingt mille personnes ont participé à l'organisation des Jeux de Moscou, qui coûtent 53 milliards de roubles à la ville hôte.*

*Ce sont les premiers Jeux organisés par un pays communiste. Seules 80 nations y participent, soit 5 929 athlètes au total. Les Soviétiques ont toujours figuré parmi les trois premiers pays les plus médaillés, mais il est possible que les J.O. de 1980 leur aient donné un léger avantage – l'URSS étant le pays hôte et le nombre d'athlètes ayant baissé. L'URSS remporte 80 médailles d'or, 69 d'argent et 42 de bronze, soit un total surprenant de 195 médailles olympiques. Le gymnaste Ditiatin décroche huit médailles dans les huit épreuves messieurs. Il remporte l'or au concours général individuel et par équipes (exercices combinés), et aux anneaux; l'argent au saut de cheval, à la barre fixe, au cheval d'arçon et aux barres parallèles; et il reçoit une médaille de bronze aux exercices au sol. Avant les Jeux de 1980, les nageurs soviétiques n'avaient jamais gagné une seule épreuve de natation. Cette année-là, ils enlèvent 6 médailles. Vladimir Salnikov domine avec trois médailles d'or – au 400 m libre, au*

medal haul, several of the victories were record breakers, improving on marks set at more competitive Olympics.

East Germany finished in second place in the medal standings with a total count of 126 medals – 47 gold, 37 silver and 42 bronze. With the exception of the boxing events, both USSR and East Germany were winners in every sporting event. East German women were unbeatable in the swimming events, capturing 26 of the 35 medals.

India's field hockey team regained world dominance for the first time in 14 years. Spain placed second and USSR placed third. Women's field hockey entered the Olympic arena for the first time. The women's team from Zimbabwe won the gold medal, Czechoslovakia won the silver and USSR won the bronze medal. In gymnastics, the Romanian champion Nadia Comaneci returned to win two more gold medals and two silver.

In the men's fencing sports, Sweden's Johan Harmenberg won the gold in the individual épée, with Hungary winning the silver and France winning the bronze. In the men's team épée, France finished first, Poland second and USSR third. The French athletes won a gold in the men's team foil and a bronze in the individual foil. The French also took golds in both women's contests; the team foil event, and in the individual foil, led by the skilful Pascale Trinquet-Hachin.

Cuban heavyweight Teofilo Stevenson became the first boxer to win three consecutive golds in the same weight division. In fact, in the 11 boxing events of 1980, Cuban athletes won medals in all but two. The Cuban heroes included Andres Aldama (gold), Jose Aguilar (bronze), Jose Gomez (gold), Armando Martinez (gold), Ricardo Rojas (bronze) and Hipolito Ramos (silver). Italy's Patrizio Oliva won the light welterweight match and Yugoslavia's Slobodan Kacar won the light heavyweight contest. The women's javelin event was won by Cuban Maria Colon.

The British, the French, and the Cubans most successfully challenged the Eastern European athletes. Britain dominated men's track and field events, thanks to legendary Sebastian Coe who won the 1,500m gold, and his team-mates Allan Wells and Steve Ovett, who won the 100m and the 800m.

*4 x 200 m nage libre, et une victoire spectaculaire au 1 500 m libre en 14 min 58 s 27, le premier chrono sous la barrière des 15 min dans cette épreuve. Son compatriote, Sergei Kopliakov remporte deux médailles d'or, une d'argent et bat le record du monde du 200 m style libre en réalisant un temps de 1 min 49 s 81. Quoiqu'on puisse penser de la moisson de médailles soviétiques, il faut noter que certaines viennent couronner des exploits encore jamais réalisés aux cours des J.O. non boycottés.*

*L'Allemagne de l'Est vient en seconde place avec un total de 126 médailles : 47 d'or, 37 d'argent et 42 de bronze. Excepté en boxe, l'URSS et l'Allemagne de l'Est se distinguent dans chacun des sports olympiques. Imbattables, les nageuses est-allemandes raflent 26 des 35 médailles.*

*Longtemps dominé par l'Inde, qui avait perdu son rang aux Jeux de 1968, le tournoi de hockey revient de nouveau à l'Inde. L'Espagne se classe seconde et l'URSS troisième. Pour la première fois, les femmes ont leur propre épreuve de hockey sur gazon. L'équipe du Zimbabwe décroche la médaille d'or, la Tchécoslovaquie l'argent et l'URSS le bronze. En gymnastique, la championne roumaine Nadia Comaneci gagne encore deux médailles d'or et deux d'argent.*

*En escrime, le Suédois Johan Harmenberg enlève le titre olympique d'épée individuel; la Hongrie reçoit l'argent et la France le bronze. À l'épreuve d'épée par équipes, la France se classe première, la Pologne seconde et l'URSS troisième. Les Français gagnent une médaille d'or au fleuret par équipes, une médaille de bronze au fleuret individuel et deux médailles d'or aux épreuves dames – Pascale Trinquet-Hachin remportant à la fois l'épreuve du fleuret individuel et par équipes.*

*Le super-lourd cubain Toefilo Stevenson devient le premier boxeur à gagner trois médailles d'or successives dans la même division. En fait, dans les 11 épreuves de boxe de 1980, les Cubains décrochent des médailles dans toutes les divisions sauf deux. Les héros cubains incluent Andres Aldama - l'or, José Aguilar - le bronze, José Gomez - l'or, Armando Martinez - l'or, Ricardo Rojas - le bronze, et Hipolito Ramos - l'argent. L'Italien Patrizio Oliva remporte le titre des super-légers et le Yougoslave Slobodan Kacar celui des mi-lourds. Au lancer du javelot, la Cubaine Maria Colon décroche également une médaille d'or.*

*En conclusion, les Britanniques, les Français et les Cubains ont été les concurrents les plus redoutables des athlètes de l'Europe de l'Est. Les Britanniques ont dominé les courses grâce au légendaire Sebastian Coe, médaillé d'or du 1 500 m; à Allan Wells, médaillé d'or du 100 m et à Steve Ovett, médaillé d'or du 800 m.*

Opening ceremonies.

The 1980 Olympic torch.

Pictograms on labels.

*La cérémonie d'ouverture.*

*Le flambeau olympique de 1980.*

*Pictogrammes sur étiquettes.*

Colourful display of placards creating giant Soviet emblem.

Spectators at the opening ceremonies.

*Dans les gradins, l'emblème soviétique géant.*

*Spectateurs lors de la cérémonie d'ouverture.*

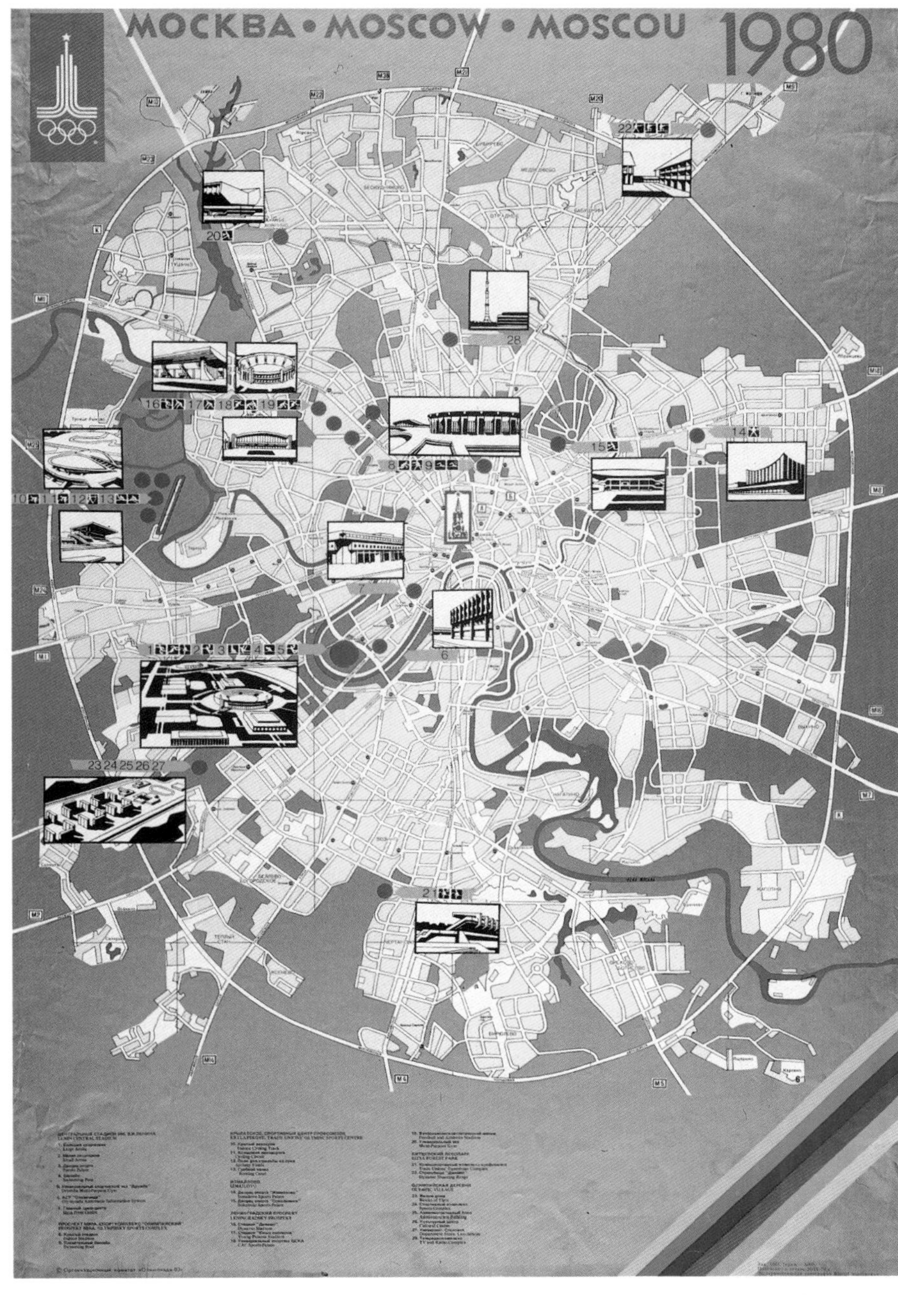

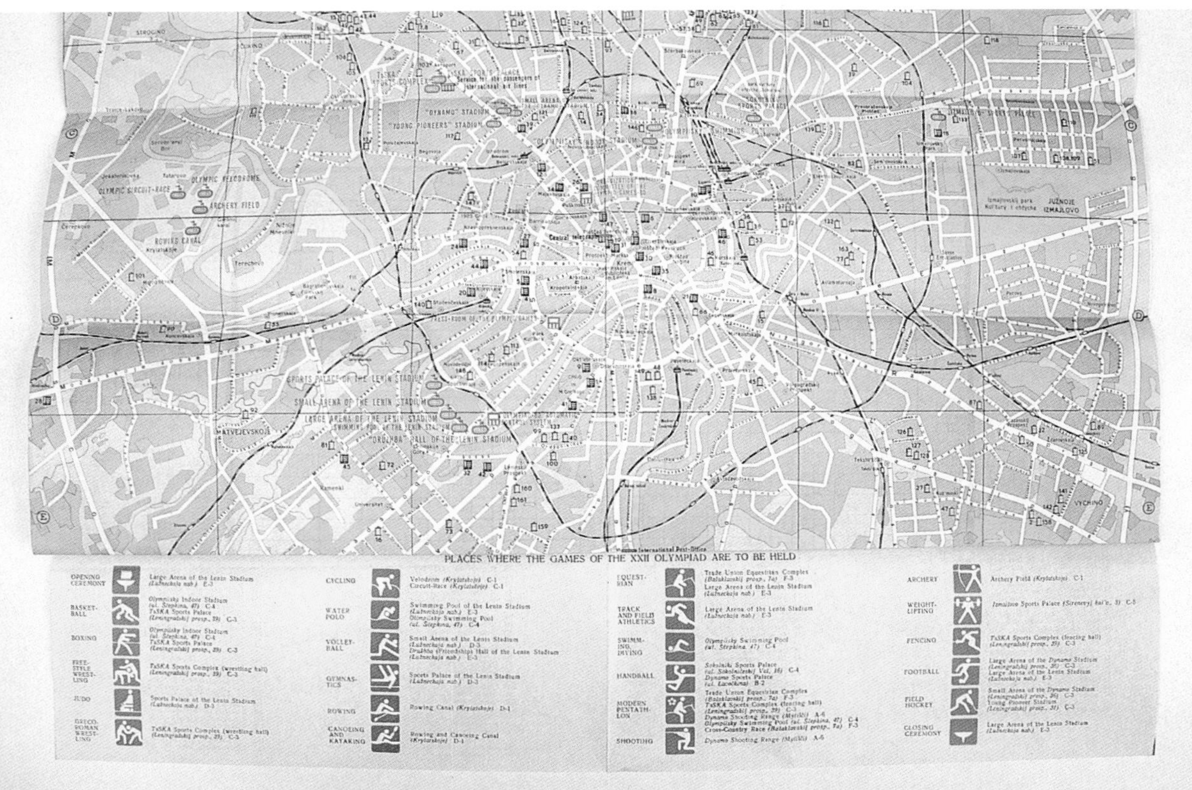


Poster and map of Olympic venues.

Pictograms.

*Affiche et plan des installations olympiques.*

*Pictogrammes.*

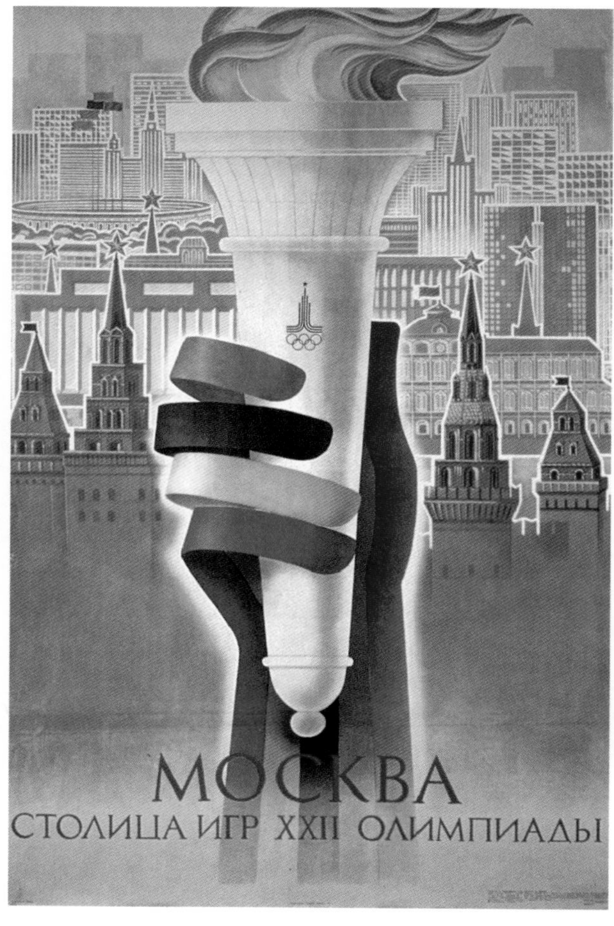

Examples of the many posters designed for the sports and cultural events – all of which reflect the distinct tradition of the host nation.

*Exemples des nombreuses affiches annonçant les manifestations culturelles et sportives – reflétant toutes la tradition particulière du pays organisateur.*

ДОБРО ПОЖАЛОВАТЬ • YOU ARE WELCOME • SOYEZ LES BIENVENUS
Игры XXII Олимпиады Москва 1980
Games of the XXII Olympiad Moscow 1980
Jeux de la XXIIe Olympiade Moscou 1980
МОСКВА-КРАСАВИЦА ГОСТЕПРИИМСТВОМ СЛАВИТСЯ!

МОСКВА · 80
XXII ОЛИМПИАДА

СПОРТИВНЫЙ ПРАЗДНИК ДРУЖБЫ
Игры XXII Олимпиады Москва 1980
Games of the XXII Olympiad Moscow 1980
Jeux de la XXIIe Olympiade Moscou 1980
МОСКВА – СТОЛИЦА ИГР XXII ОЛИМПИАДЫ
ОТ ЗНАЧКА ГТО-К ОЛИМПИЙСКОЙ МЕДАЛИ
СПОРТ – ПОСОЛ МИРА
ОЛИМПИЙСКИЙ ГОД-НЕ ТОЛЬКО ДЛЯ ОЛИМПИЙЦЕВ
добро пожаловать!
YOU ARE WELCOME!
¡BIENVENIDOS!
SOYEZ LES BIENVENUS!
HERZLICH WILLKOMMEN!
ПАПА, МАМА, Я - СПОРТИВНАЯ СЕМЬЯ
ЧЕРЕЗ КОМПЛЕКС ГТО–К ВЫСШЕЙ ПРОИЗВОДИТЕЛЬНОСТИ ТРУДА, К ОТЛИЧНОМУ КАЧЕСТВУ РАБОТЫ
СПОРТ И ТРУД РЯДОМ ИДУТ

ДОБРО ПОЖАЛОВАТЬ!
SOYEZ LES BIENVENUS!
YOU ARE WELCOME!
Игры XXII Олимпиады Москва 1980
Games of the XXII Olympiad Moscow 1980
Jeux de la XXIIe Olympiade Moscou 1980

Posters.

*Affiches.*

ДИПЛОМ

За активное участие
в подготовке и проведении
церемоний открытия и закрытия
Игр XXII Олимпиады.

ОРГАНИЗАЦИОННЫЙ КОМИТЕТ
ОЛИМПИЙСКИХ ИГР 1980 г.
В МОСКВЕ

ЦЕНТРАЛЕН ОРГАНИЗАЦИОНЕН КОМИТЕТ

ГРАМОТА

ЦЕНТРАЛНИЯТ ОРГАНИЗАЦИОНЕН
КОМИТЕТ НАГРАЖДАВА

ДР

ЗА УЧАСТИЕ В ЩАФЕТАТА НА ОЛИМПИЙСКИЯ ОГЪН
ЗА ИГРИТЕ НА XXII ОЛИМПИАДА– МОСКВА'80 ПРЕЗ
ТЕРИТОРИЯТА НА НРБЪЛГАРИЯ 25 ЮНИ–1 ЮЛИ 1980

ГЛ. СЕКРЕТАР: СОФИЯ ПРЕДСЕДАТЕЛ:

ИГРЫ
XXII ОЛИМПИАДЫ
МОСКВА 1980 г.

THE GAMES
OF THE XXII OLYMPIAD
MOSCOW 1980

ДИПЛОМ
DIPLOMA

С ПРИЗНАТЕЛЬНОСТЬЮ ЗА ВАШЕ СОТРУДНИЧЕСТВО
В ПРОВЕДЕНИИ ИГР XXII ОЛИМПИАДЫ

IN RECOGNITION OF YOUR KIND COOPERATION
DURING THE GAMES OF THE XXII OLYMPIAD

ПРЕДСЕДАТЕЛЬ ОРГАНИЗАЦИОННОГО КОМИТЕТА
ОЛИМПИЙСКИХ ИГР 1980 г. В МОСКВЕ
PRESIDENT OF THE ORGANISING COMMITTEE
OF THE 1980 OLYMPIC GAMES IN MOSCOW

БЪЛГАРСКИ ОЛИМПИЙСКИ КОМИТЕТ

ГРАМОТА

БЪЛГАРСКИЯТ ОЛИМПИЙСКИ
КОМИТЕТ
УДОСТОЯВА

ЗА
ОЛИМПИЙСКА
ЗАСЛУГА

ГЛ. СЕКРЕТАР: ПРЕДСЕДАТЕЛ:

СОФИЯ

Diplomas.

*Diplômes.*

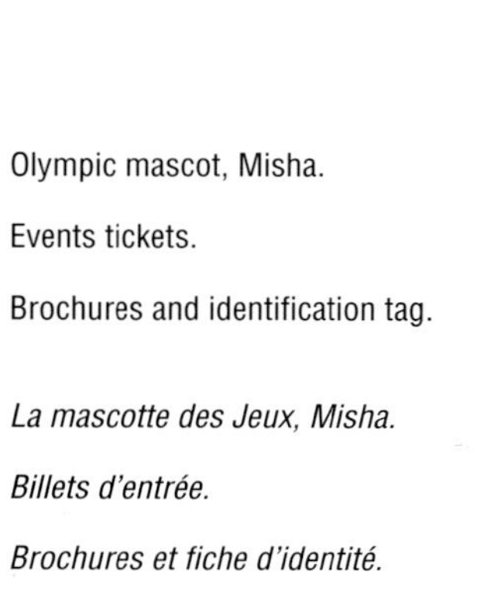

Olympic mascot, Misha.

Events tickets.

Brochures and identification tag.

*La mascotte des Jeux, Misha.*

*Billets d'entrée.*

*Brochures et fiche d'identité.*

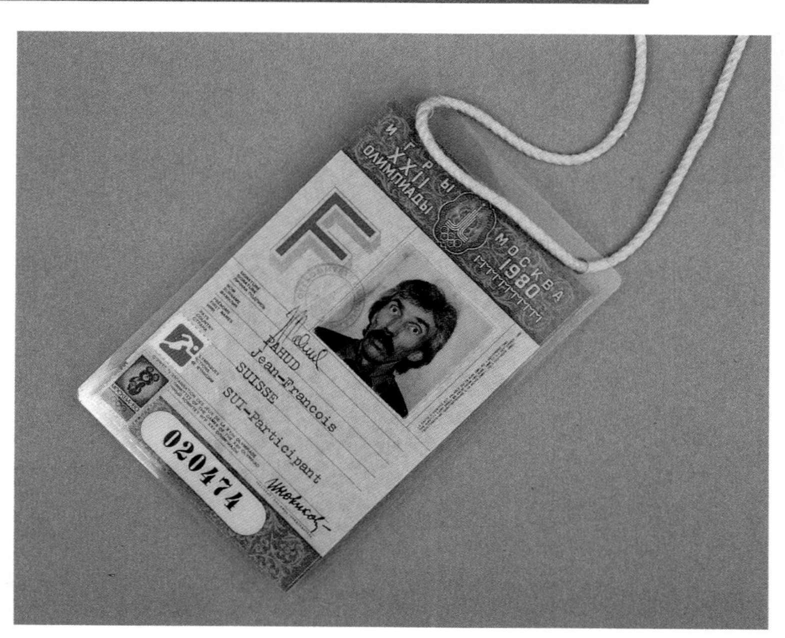

Olympic medals.

Commemorative pins and button.

*Médailles olympiques.*

*Insigne et pins commémoratifs.*

Sarajevo ´84
XIV zimske olimpijske igre Sarajevo 1984
XIV Olympic Winter Games Sarajevo 1984
XIVémes jeux olympiques d´hiver Sarajevo 1984

# XIV

The capital city of Yugoslavia successfully won the bid to host the 1984 Olympic Games. Forty-nine nations sent 1,274 athletes to compete in these Winter Games, which proclaimed the Olympic message of peace in a city now devasted by conflict. Tom West, curator of the Calgary Olympic Museum, travelled to the Sarajevo Games as a journalist. His memories of the Games contrast sharply with current realities:

"Sarajevo was proud to be the first city from a socialist nation to serve as a host city for the Olympic Winter Games. As a journalist attending the games on behalf of Canadian television, I saw Sarajevo and the surrounding Bosnian countryside as a mix of contrasts blending different cultures, and ancient and new technologies in a rural and industrial landscape. Like many other of my colleagues who attended the Olympics there in the winter of 1984, our memories are now heavily coloured with sadness and pain as we have witnessed daily, these past years, a city writhing in ethnic strife.

There was so much hope when we arrived in early February, 1984. The city was experiencing its version of a Canadian *chinook*, and there was little snow to be seen. Mother Nature took care of that quickly. Snow began to fall during the Opening Ceremonies and continued to fall through much of the Games. I have lasting memories of heaps of snow piled throughout the city. Sarajevo was a city of mosques and minarets, reflecting its history as a trading and administrative centre receiving the ancient camel trains from the east and the traders from the European west. That history also had its dark side, and even the presence of the Olympics, one of the greatest forces for peace in the twentieth century, could not make us forget that this was the place where the assassination of the Austrian Archduke Ferdinand precipitated the outbreak of World War I.

*Dans la capitale de la Yougoslavie, 1 274 athlètes venus de 49 pays se sont réunis pour célébrer les Jeux Olympiques d'hiver de 1984. Tom West, le conservateur du Musée olympique de Calgary, y assistait à titre de journaliste. Il a gardé de son séjour des souvenirs qui tranchent avec les événements d'actualités.*

*«Sarajevo était fière d'être la première ville d'un pays socialiste à accueillir les Jeux Olympiques d'hiver. En tant que journaliste dépêché par la télévision canadienne, j'ai vu Sarajevo et sa campagne environnante comme un mélange de contrastes où se fondaient différentes cultures, et des technologies anciennes et nouvelles dans un paysage rural et industriel. Comme beaucoup de collègues qui étaient à mes côtés à cette époque-là, mes souvenirs sont maintenant fortement emprunts de tristesse et de souffrance, tandis que nous observons tous les jours, depuis ces trois dernières années, une ville en proie aux différends ethniques.*

*Il y avait un tel espoir à notre arrivée au début février 1984. Un vent sec et chaud comparable à notre chinook albertain soufflait sur la ville et la neige était à peu près inexistante. Mais la Nature transforma vite la situation. La neige commença à tomber pendant la cérémonie d'ouverture et accompagna presque tous les Jeux. Il m'en reste des souvenirs durables de monceaux de neige accumulés dans toute la ville. Les véhicules non autorisés pour la période des Jeux, et qui avaient été abandonnés sur les terrains de stationnement, s'étaient transformés en petites collines de neige dans tout le périmètre des Jeux. Sarajevo était une ville de mosquées et de minarets, qui évoquaient son histoire d'ancien centre administratif et commercial, carrefour où se rencontraient les anciennes caravanes venues de l'Est et les négociants de l'Ouest de l'Europe. Cette histoire avait aussi sa part d'ombre et même la présence des Jeux Olympiques, une des plus grandes forces pacificatrices de notre siècle, ne pouvait nous*

So for me, images of snow against a backdrop of conflict set the stage for these Games. The Opening Ceremonies were charming. The colour of the costumes was effectively used to create an atmosphere of youthful celebration. With just a nod to their past, designers emphasized their forward thinking with the strong futuristic look in the clothing of the dancers who performed before us. It was a good start for an Olympics that produced some of the most enduring moments in Olympic history. Most will recall the great ice dancers, Jane Torvill and Christopher Dean, whose performance of "Bolero" successfully transcended whatever barriers existed between sport and art. These were the Olympics where Katarina Witt skated her way into the hearts of 35,000 young men, each of whom wrote her a love letter following her Olympic victory. Canadians rejoiced at the success of Gaetan Boucher with his three medals, two of them gold, making him still our most successful Olympian. Finns fell in love with a young blond cross-country skier with an almost lyrical name, at least to North American ears, Marja Liisa Haemalaenin, for her triple gold medal achievement.

The graphics program had little impact on me. The snowflake symbol for Sarajevo with its four sided symmetry, has a socialistic rigidity to it. This is only slightly softened by a splash of white behind it in the official poster created by Cedomir Kastovic and Kemal Hadzic. Kastovic was from the Academy of Arts in Sarajevo while Hadzic taught at the College of Sarajevo. The strongest and most enduring posters were designed by Ismar Mujezinovic, also from the Academy of Arts. This was a series that illustrated each of the sports. The colours are subdued with a splash of red or yellow yet each has a dynamism which captures movement rarely seen in sport art. The official mascot of the Games was a little wolf cub named Vucko. A somewhat saucy looking character, his spirit was wonderfully created in a poster by Joze Trobec from Ljubljana. Hadzic, Mujezinovic and Trobec were all born shortly after the Second World War, making them part of my generation. As I look at their work and realize that they are my age, I wonder if they have survived the recent civil war and if they are still able to create the way they did 12 years ago.

As the Games closed, my final script for CTV expressed the belief that these Olympic Games would endure as a symbol of peace and illustrate how people torn by ethnic bitterness could overcome their past and be an example for the future. I was bitterly wrong."

*faire oublier qu'à cet endroit l'archiduc François-Ferdinand d'Autriche avait été assassiné – événement qui avait déclenché la Première Guerre mondiale.*

*Pour moi, ces images de neige sur fond de conflit plantent le décor des Jeux. La cérémonie d'ouverture était charmante. La couleur des costumes avait servi à créer un climat de fête et un air de jeunesse. Avec un bref clin d'oeil au passé, les concepteurs avaient voulu exprimer leur ouverture vers l'avenir en donnant un style décidément futuriste aux vêtements des danseurs qui se produisaient devant nous. C'était un excellent départ pour des J.O. qui contribueraient certains des souvenirs les plus attachants de l'histoire olympique. On se souviendra du merveilleux couple de danseurs, Jane Torvill et Christopher Dean, qui avaient transcendé par leur interprétation du Boléro, les barrières qui peuvent parfois séparer le Sport et l'Art. C'était là aussi que Katarina Witt avait conquis le coeur des 35 000 jeunes soupirants qui allaient lui écrire une lettre d'amour après sa victoire olympique. Les Canadiens se réjouissaient du succès de Gaétan Boucher, qui avait remporté trois médailles, dont deux fois l'or, faisant de lui le meilleur athlète olympique canadien que le pays ait connu. Les Finlandais avaient été séduits par une jeune athlète blonde au nom presque lyrique, à nos oreilles nord-américaines tout du moins, Marja Liisa Haemalaenin, triple médaillée d'or de ski de fond.*

*Le programme graphique ne m'a pas laissé une impression profonde. Le symbole du flocon de neige et sa symétrie à quatre côtés représentait pour moi une certaine rigidité socialiste. Cette impression est légèrement adoucie par une touche de blanc sur l'affiche officielle créée par Cedomir Kastovic et Kemal Hadzic. Kastovic était issu de l'Académie des Beaux-Arts de Sarajevo et Hadzic enseignait au collège de Sarajevo. Les affiches les plus puissantes et les plus mémorables étaient celles d'Ismar Mujezinovic, qui appartenait lui aussi à l'Académie. C'était une série qui illustrait chacun des sports. Les couleurs sont adoucies par une touche de rouge ou de jaune, et pourtant chacune a son propre dynamisme qui capture le mouvement avec un bonheur rarement vu chez les artistes des sports. La mascotte officielle des Jeux était un petit loup appelé Vuchko. Une petite créature espiègle dont l'esprit a été merveilleusement croqué sur une affiche de Joze Trobec, de Lubiana. Hadzic, Mujezinovic et Trobec sont nés juste après la Seconde Guerre mondiale et font donc partie de ma génération. Quand j'examine leur travail et quand je songe que nous avons le même âge, je me demande s'ils ont survécu à la guerre civile et s'ils sont encore capables de créer comme il y a 12 ans.*

*À la clôture des Jeux, mon dernier communiqué pour CTV exprimait le sentiment que ces Jeux Olympiques resteraient un symbole de paix et illustreraient comment des peuples jadis déchirés par les différends ethniques pouvaient surmonter leur passé et donner un exemple pour l'avenir. Je me suis amèrement trompé."*

The torch bearer lights the Olympic flame amidst the colourful celebrations.

*Le porteur du flambeau allume la vasque olympique dans un climat d'allégresse.*

Volunteer in one of several uniforms designed for the Games.

Official mascot, Vucko.

*Bénévole portant un des nombreux uniformes créés en l'honneur des Jeux.*

*La mascotte des Jeux, Vucko.*

The 1984 Olympic torch

*Le flambeau olympique de 1984.*

Examples of uniforms.

A procession of children with flags of the official logo.

*Exemples d'uniformes.*

*Défilé d'enfants portant le drapeau décoré du logo officiel.*

Time-keeping and location of competitors displayed graphically on electronic scoreboard.

Graphics on race number identification and ski gate.

*Tableau d'affichage électronique montrant le chrono et la position des athlètes.*

*Exemple d'éléments graphiques sur le dossard d'un athlète et la porte de ski.*

Sporting events poster series designed and illustrated by Ismar Mujezinovic.

*Affiches de la série consacrée aux épreuves sportives, conçue et illustrée par Ismar Mujezinovic.*

XIV zimske olimpijske igre
Sarajevo 1984
Jugoslavija

XIVèmes jeux olympiques d'hiver
Sarajevo 1984
Yougoslavie
XIV Olympic Winter Games
Sarajevo 1984
Yugoslavia
XIV zimske olimpijske igre
Sarajevo 1984
Jugoslavija

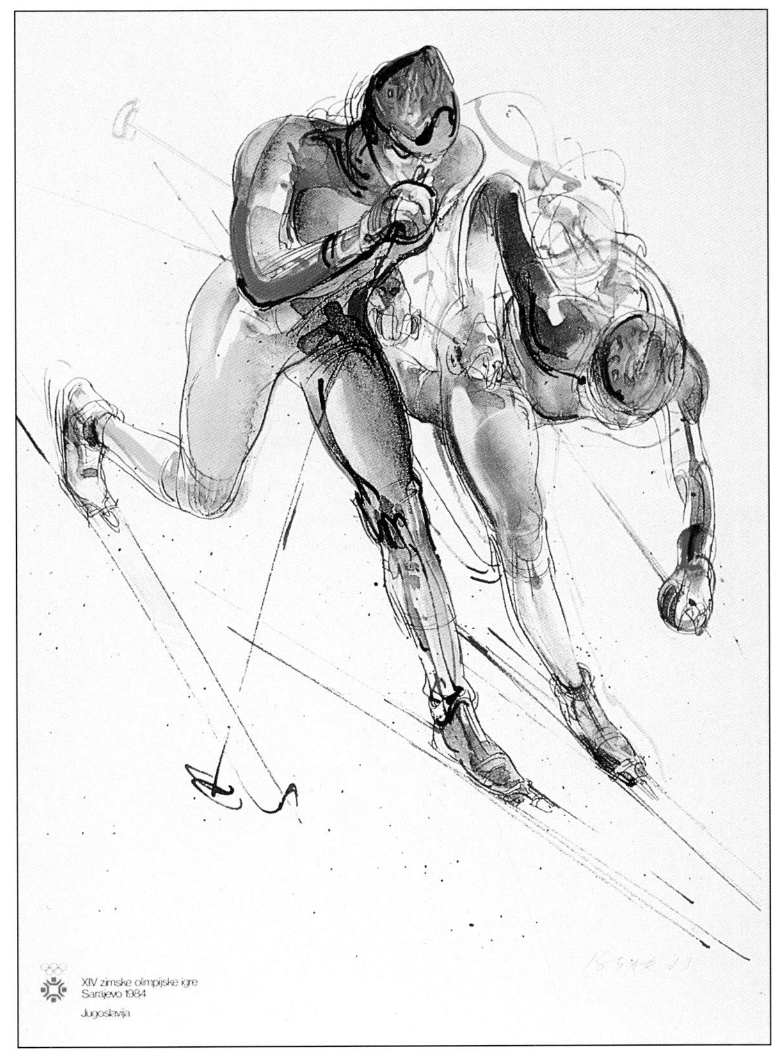
XIV zimske olimpijske igre
Sarajevo 1984
Jugoslavija

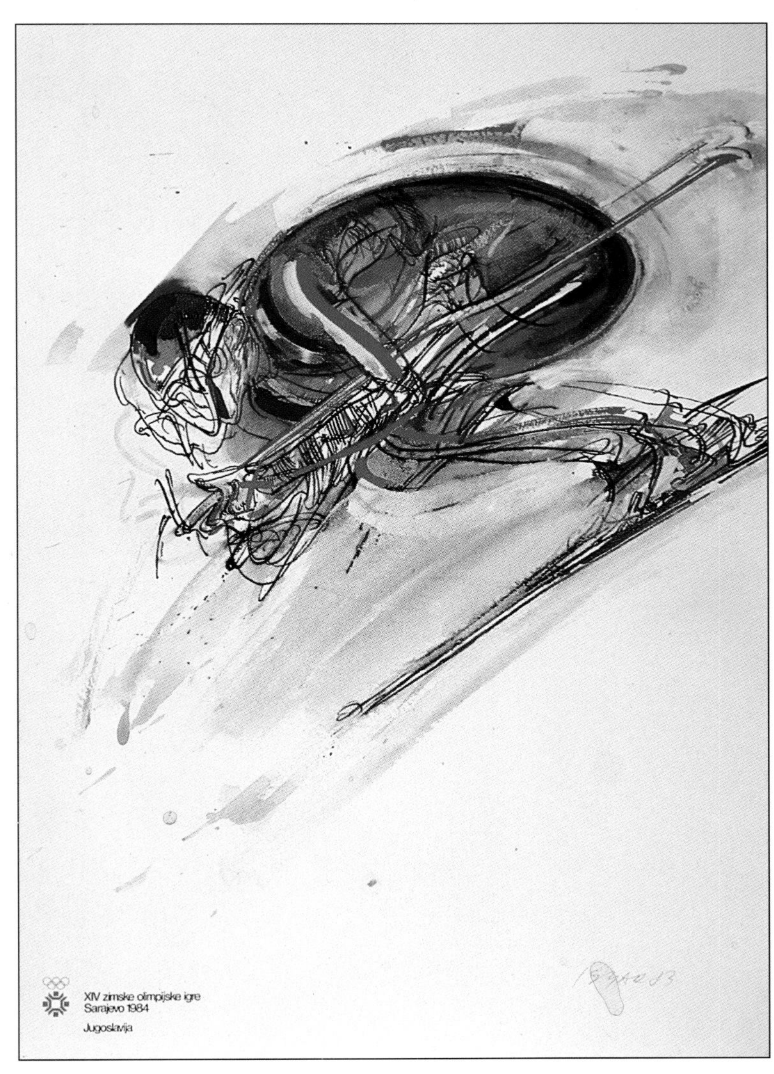
XIV zimske olimpijske igre
Sarajevo 1984
Jugoslavija

A series of Olympic Art posters.

*Série d'affiches réalisée pour le Festival olympique des arts.*

XIVèmes jeux olympiques d'hiver
Sarajevo 1984
Yougoslavie
XIV Olympic Winter Games
Sarajevo 1984
Yugoslavia
XIV zimske olimpijske igre
Sarajevo 1984
Jugoslavija

XIVèmes jeux olympiques d'hiver
Sarajevo 1984
Yougoslavie
XIV Olympic Winter Games
Sarajevo 1984
Yugoslavia
XIV zimske olimpijske igre
Sarajevo 1984
Jugoslavija

XIVèmes jeux olympiques d'hiver
Sarajevo 1984
Yougoslavie
XIV Olympic Winter Games
Sarajevo 1984
Yugoslavia
XIV zimske olimpijske igre
Sarajevo 1984
Jugoslavija

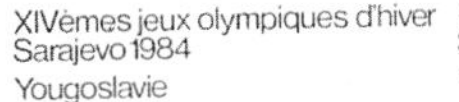

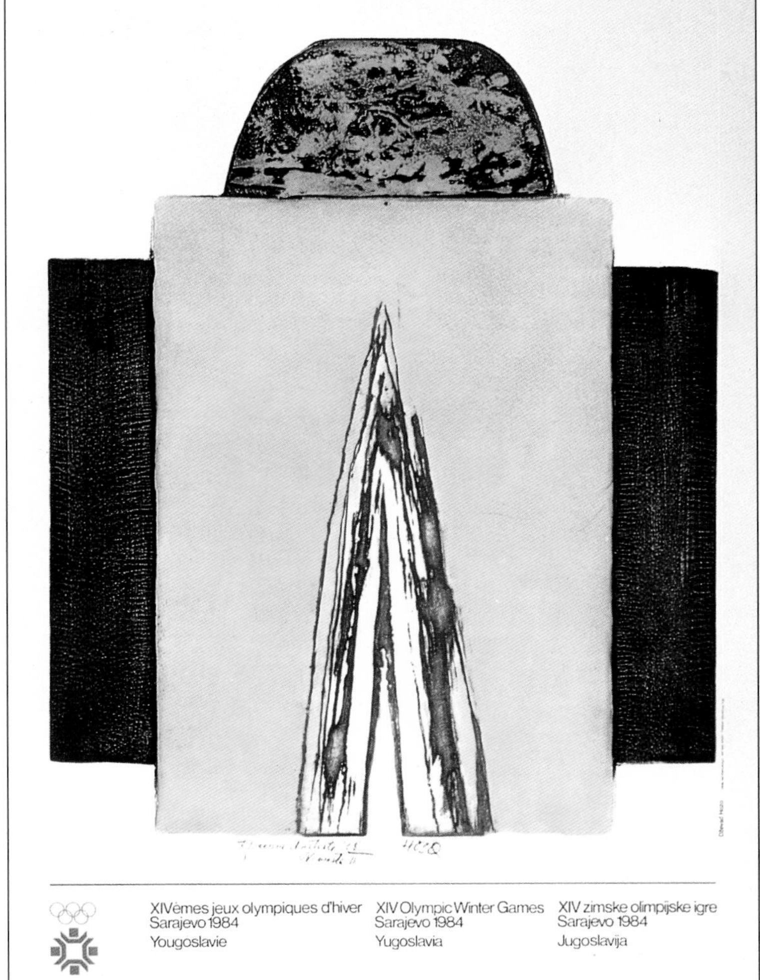
XIVèmes jeux olympiques d'hiver
Sarajevo 1984
Yougoslavie
XIV Olympic Winter Games
Sarajevo 1984
Yugoslavia
XIV zimske olimpijske igre
Sarajevo 1984
Jugoslavija

Posters.

Pictograms.

Buttons.

*Affiches.*

*Pictogrammes.*

*Insignes.*

Commemorative coins, diploma, Olympic medals, pins and mascot.

*Pièces commémoratives, diplôme, médailles olympiques, épinglettes et mascotte.*

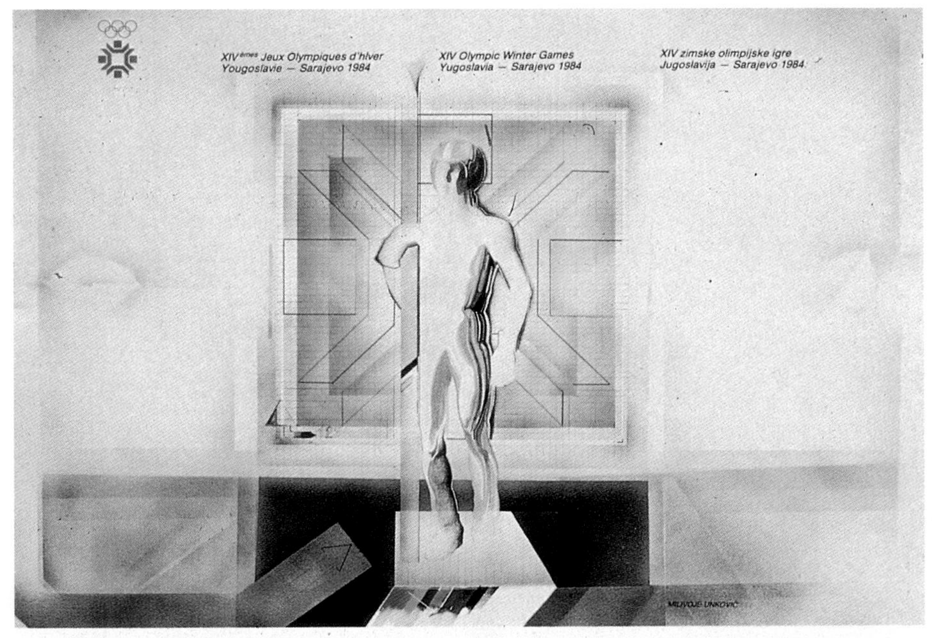

**DIPLOME**
**DIPLOMA** ______________________

*Classement*
*Rankink*
*Plasman* ______________________

*Epreuve*
*Event*
*Disciplina* ______________________

*Président du Comité International Olympique*
*President of the International Olympic Committee*
*Predsjednik Međunarodnog olimpijskog komiteta*
*Juan Antonio Samaranch*

*Président du Comité d'organisation des XIVèmes JOH*
*President of the Organizing Committee of the XIV OWG*
*Predsjednik Organizacionog komiteta XIV ZOI*
*Branko Mikulić*

Los Angeles 1984 Olympic Games

# XXIII

The 1984 Los Angeles Games opened with the electrifying entrance of a rocket-propelled aerialist. The party was on. Hundreds of gigantic helium balloons spelled out "WELCOME" across the floor of the Coliseum before being released to float skyward, where skywriting planes echoed the greeting at 20,000 feet. The Olympic torch had travelled through 33 states on a 15,000km route and was relayed by 3,436 runners. An integral part of its journey was fund-raising for Olympic youth organizations. When the torch reached the stadium it was carried in by the granddaughter of the great American athlete of the 1936 Berlin Games, Jesse Owens. The torch was then passed to Rafer Johnson, decathlon champion from the 1960 Rome Games, who lit the flame. The Olympic Arts Festival, which ran for 10 weeks, was a cultural extravaganza showcasing international performers such as The Royal Shakespeare Company, The Royal Winnipeg Ballet, Les Ballets Africains, The China Performing Arts Company, and stunning visual arts exhibits such as *Kahurangi: Treasures from New Zealand*.

Los Angeles allocated 500 million dollars to the Olympics and at the end of the celebration realized a profit of approximately 225 million dollars. Corporate sponsorship, television rights and existing facilities all contributed to the economic success of the Los Angeles Games. Only two major new facilities were built – the Olympic cycling velodrome in Dominquez Hills and a swimming stadium, both provided by corporate sponsors. The Olympic Coliseum, built in 1923, was renovated and retrofitted to meet the architectural standards set by past host cities such as Munich and Montreal. Organizers upgraded the stadium floor and built a synthetic track.

The 1984 Summer Olympics hosted 7,458 participants from 139 nations. The expense of travel and accommodations

*La cérémonie d'ouverture des Jeux Olympiques de Los Angeles est marquée par l'atterrissage spectaculaire d'un homme propulsé par une fusée. Puis, les festivités commencent. Des centaines de ballons géants qui composaient le mot "Welcome" sur la pelouse du stade s'élèvent vers le ciel, où des avions reprennent leur message de bienvenue, à 20 000 pieds du sol. Porté par 3 436 athlètes, le flambeau olympique a parcouru 33 États et 15 000 km de route. À son arrivée dans le stade, il est porté par la petite-fille du grand champion américain des Jeux de Berlin (1936), Jesse Owens. Puis le flambeau est transmis à Rafer Johnson, champion du décathlon aux Jeux de Rome (1960), qui allume la vasque olympique.*

*Contrairement aux autres villes hôtes, Los Angeles peut se permettre d'investir 500 millions de dollars dans les Jeux et terminer avec des profits de 225 millions de dollars, grâce aux commandites privées, aux droits de télévision et aux installations existantes. Il a seulement fallu construire la piste de vélodrome dans les collines Dominquez et un complexe de natation, dont les frais ont été assumés par des commanditaires privés. Le stade olympique, construit en 1923, a été rénové et redécoré en vue de rivaliser avec les réalisations architecturales des autres villes organisatrices, Munich et Montréal par exemple. Les organisateurs ont réaménagé la surface du stade et construit une piste synthétique.*

*Bien que nous soyons en 1984 et que la terre se transforme de plus en plus en village planétaire, les frais de déplacement et d'hébergement empêchent quelques invités étrangers d' assister aux festivités. Les athlètes sont présents, eux, à l'exception des 15 pays qui ont respecté le boycott décrété par l'URSS. Les Jeux Olympiques de 1984 comptent 7 458 participants issus de 139 pays. On note également quelques visages nouveaux. La Chine a*

prevented some foreign guests from attending the festivities, and a Soviet boycott eliminated 15 countries from the competition. There were new faces as well. China sent a delegation of 200 athletes – the country's first presence at the Olympics since 1932. The Chinese athletes would take home 15 gold medals. The nation of Djibouti was represented by three great marathon runners. Bhutan sent six men and women to compete in the archery events. The hero of the Ivory Coast, Gabriel Tiacoh, won the silver medal in the 400m running race.

The element that contributed most to the party atmosphere of the 1984 Los Angeles Games was the *look* created by architect Jon Jerde and graphic designers Deborah Sussman and Paul Prejza. Together they conceived the building blocks of colour, pattern and form that served as a basis for the comprehensive design scheme of the Games. In their own words Deborah Sussman and Paul Prejza describe the creative process of their work:

"The 1984 Olympics covered an area from Santa Barbara to San Diego, from ocean to desert, from urban downtown to suburban valley. The sprawl was the canvas upon which the ephemeral environment known as 'festive federalism' was painted. We were challenged to bring a unifying look to the complexity of the 1984 Games, which encompassed many diverse elements. The solution was fundamentally graphic – a 'kit of parts' that could be produced in quantity and applied to innumerable and vastly different conditions. Of the parts, colour played a major role. A palette of brilliant colours, principally magenta, identified all the elements of the 84 Summer Games.

The 'kit of parts' also included a language of iconography. Black and white striped columns and white pictograms on magenta background indicated entries. Scaffolding painted magenta and ornamented with simple forms signalled the approach to sports venues; high peaked yellow tents supplied information; souvenir tents were violet and refreshment tents were aqua. Over 129km of fabric covered fences in a variety of designs surrounded the venues and villages. Painted cardboard tubes delineated colonnades and plazas. Entries of play were surrounded by graphics. The *Look* touched everything from walls to judges' benches to the badges and uniforms. Everywhere you looked the design was there; you walked on it, ate out of it, wore it, .... It would have been impossible to produce all of it without the design collaboration of so many, including landscape architects who planted acres of flowers in the style, and the state division of highways who allowed the *Olympic Look* on the freeway signs. Everyone was involved. No one needed language - everyone followed the magenta 'bread crumbs' to attend the 1984 Los Angeles Games."

*envoyé une délégation de 200 athlètes, après être restée à l'écart des Jeux depuis 1932. Les athlètes chinois vont remporter 15 médailles d'or. Djibouti est représentée par trois grands marathoniens, le Bhoutan par six archers (hommes et femmes) et la Côte d'Ivoire par son héros national, Gabriel Tiacoh qui remportera une médaille d'argent au 400 m.*

*L'élément unique qui a peut-être le plus contribué à l'atmosphère de fête des J.O. de 1984 est le fameux Look conçu par l'architecte Jon Jerde, directeur du design des Jeux, et les co-directeurs Deborah Sussman et Paul Prejza. Ensemble, ils ont créé les cubes de couleur, les configurations et les formes qui constituent l'essentiel du style particulier des Jeux. Deborah Sussman et Paul Prejza ont décrit ainsi leur processus de création :*

*"Le périmètre des Jeux Olympiques couvrait une superficie qui allait de Santa Barbara à San Diego, d'un océan à un désert, d'un centre-ville à une vallée de banlieue. Cette étendue constituait la toile sur laquelle nous avons peint le milieu éphémère que Jon Jerde a qualifié de «festive federalism». Nous étions en effet mis au défi de trouver un style unificateur pour cet univers complexe des Jeux de 1984. La solution était essentiellement graphique – un ensemble d'éléments ou parties qui pourraient être produits en masse et se prêter à une multitude d'applications radicalement différentes. La couleur jouait un rôle capital au niveau des éléments. Une palette de couleurs vives, dominée principalement par le magenta, identifiait toutes les composantes des Jeux d'été de 1984.*

*L'ensemble d'éléments incluait aussi un langage iconique. Les colonnes rayées de blanc et de noir et les pictogrammes sur fond magenta signalaient les entrées. Les échafaudages magenta ornés de simples formes géométriques indiquaient l'approche des aires de compétition; les tentes au long toit pointu étaient des kiosques d'information; les tentes souvenirs étaient violettes et les points de distribution de rafraîchissements étaient des tentes bleu pacifique. Autour des installations et des villages, 129 km de bandes d'étoffes ornées de motifs divers recouvraient les clôtures. Des tubes de carton peint délimitaient avenues et esplanades. L'entrée des aires de spectacles était entourée de créations graphiques. Le style des Jeux était visible partout, des murs jusqu'aux bancs des juges, aux insignes et aux uniformes – partout où le regard portait, où le pied se posait, vous le mangiez, vous le portiez... Il aurait été impossible de tout produire sans la collaboration d'un nombre incalculable de gens, les architectes-paysagistes qui ont planté des ares de parterres de fleurs conformément au style des Jeux, et les services de voirie qui nous ont permis de réaliser notre grand projet jusque sur les panneaux routiers. Tout le monde a participé. Et, comme dans le conte, tout le monde a suivi sur le chemin, les "petits cailloux" magenta qui conduisaient aux Jeux Olympiques de Los Angeles en 1984."*

A temporary facade of the ubiquitous “Look” covers the east end of the Los Angeles Memorial Coliseum.

The 1984 Olympic torch.

*Un décor de style antique «au goût du jour» orne l’extrémité Est du Memorial Coliseum de Los Angeles.*

*Le flambeau olympique de 1984.*

Sam the Olympic eagle mascot was never used as part of the *Look*. It was developed by Walt Disney Productions and was used almost exclusively for youth activities.

*L'aigle Sam, la mascotte des Jeux, n'a jamais fait partie du* Look. *Créé par Walt Disney Productions, il servit presque exclusivement aux activités de jeunes.*

More views of the colourful peristyle.

*Le péristyle pittoresque vu sous divers angles.*

The *Look* as applied to sidewalks.

*Le* Look *et la décoration des trottoirs.*

These kit-of-parts tents were used at sports venues – the quarter-round tops with zebra columns for the entrance and the tall wizard's hat pyramids for the information kiosks.

*Ces éléments d'architecture étaient fonctionnels – les unités à colonnes zébrées marquaient l'entrée des aires de compétition, et les pyramides au long chapeau pointu servaient de kiosques d'information.*

Examples of sonotubes with an infinite combination of colourful graphic banding. These were used as stand alone pieces or grouped in colonnades.

*Exemples de tubes Sonoco ornés d'une combinaison infinie d'éléments graphiques. Ils étaient utilisés seuls ou en colonnades.*

Spectacular gateway scaffolding tower near the Coliseum in Exposition Park.

*Spectaculaire tour-portique située près du Coliseum au Parc d'exposition.*

An avenue instantly created with sonotubes to lead spectators to the competitions.

*Avenue instantanée de tubes sonoco conduisant les spectateurs sur les lieux des compétitions.*

Monumental gateway at USC Village.

*Entrée monumentale de USC Village.*

Commemorative plaque.

*Plaque commémorative.*

Colourful balloons mimicked the rowing lanes at Lake Caritas.

*Au lac Caritas, des ballons de couleurs délimitaient les couloirs des épreuves d'aviron.*

The bus station was the gateway to the training and competition sites.

Graphic backdrop as seen in the gymnasium arena.

*La gare routière était le point d'accès aux aires d'entraînement et de compétition.*

*Exercice à la poutre sur fond graphique.*

23 official pictograms were designed and used in the signage program. These were also licensed for use in advertising and promotions.

*23 pictogrammes officiels ont été conçus et utilisés dans le cadre du programme de signalisation. Leur usage a également été autorisé aux fins de publicité et de promotion.*

Examples of site signage including the 20 foot pictogram suspended from the scaffolding made of vermillion louvres and silver spheres.

*Exemples de signalisation. Notamment, pictogramme de 20 pieds de haut suspendu à un échafaudage constitué d'éléments vermillon et de sphères d'argent.*

1984

Medal ceremony.

Official certificates.

*Remise de médailles.*

*Certificats officiels.*

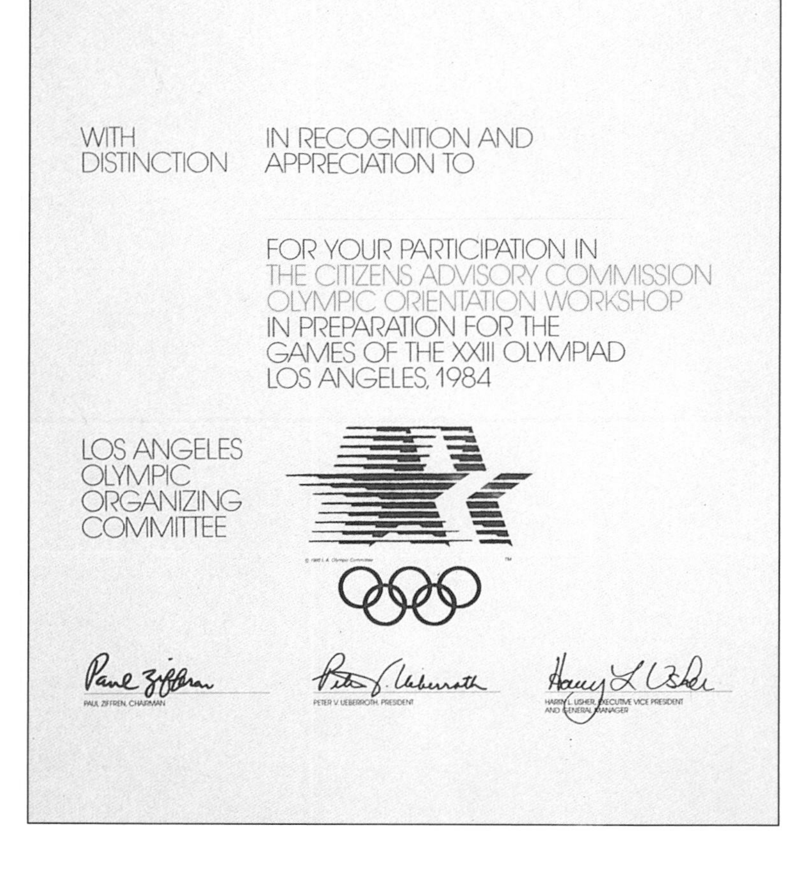

WITH DISTINCTION

IN RECOGNITION AND APPRECIATION TO

FOR YOUR PARTICIPATION IN
THE CITIZENS ADVISORY COMMISSION
OLYMPIC ORIENTATION WORKSHOP
IN PREPARATION FOR THE
GAMES OF THE XXIII OLYMPIAD
LOS ANGELES, 1984

LOS ANGELES OLYMPIC ORGANIZING COMMITTEE

PAUL ZIFFREN, CHAIRMAN

PETER V. UEBERROTH, PRESIDENT

HARRY L. USHER, EXECUTIVE VICE PRESIDENT AND GENERAL MANAGER

THIS CERTIFICATE IS AWARDED TO

IN APPRECIATION FOR YOUR CONTRIBUTION
TO THE SUCCESS OF THE
1984 INAUGURAL CHAMPIONSHIPS
OF THE OLYMPIC SHOOTING RANGES
PRADO DAM
SAN BERNARDINO COUNTY, CALIFORNIA, U.S.A.
APRIL 9–16, 1984

PAUL ZIFFREN, CHAIRMAN
LOS ANGELES OLYMPIC ORGANIZING COMMITTEE

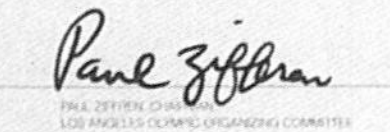

PETER V. UEBERROTH, PRESIDENT
LOS ANGELES OLYMPIC ORGANIZING COMMITTEE

ROBERT E. PETERSEN, COMMISSIONER OF SHOOTING
LOS ANGELES OLYMPIC ORGANIZING COMMITTEE

Commemorative plaque.

Olympic medals.

Certificate.

*Plaque commémorative.*

*Médailles olympiques.*

*Certificat.*

We always knew
it was going to be terrific!

84 LAOOC
Operations Center

was a staff member of the
OPERATIONS CENTER
LOS ANGELES OLYMPIC ORGANIZING COMMITTEE
July 9 through August 15, 1984.

Harry L. Usher
Vice President & General Manager

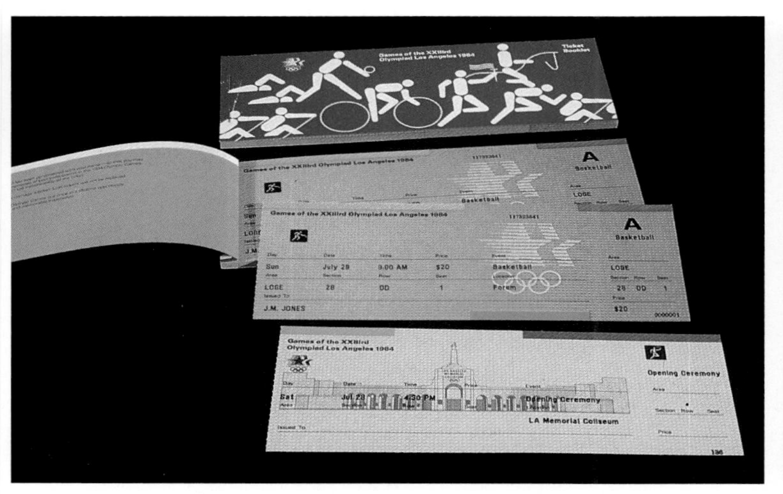

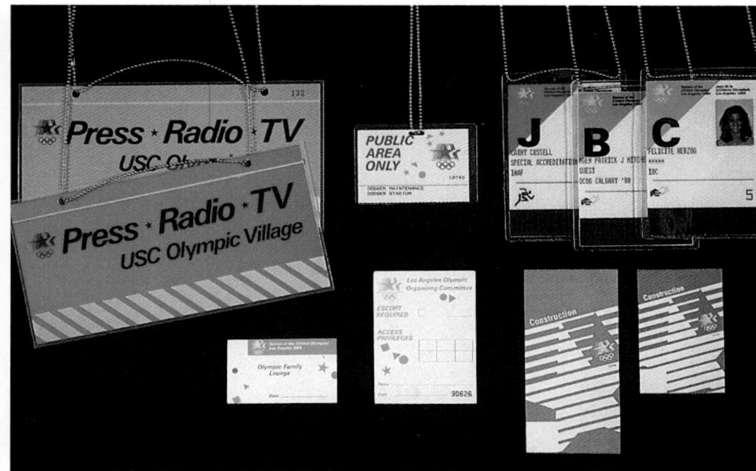


Amateur Athletic Foundation T-shirt.

Events tickets.

Identification cards.

Information guides and brochures.

*T-shirt de la Fondation d'athlétisme amateur.*

*Billets d'entrée.*

*Cartes d'identité.*

*Guides et brochures d'information.*

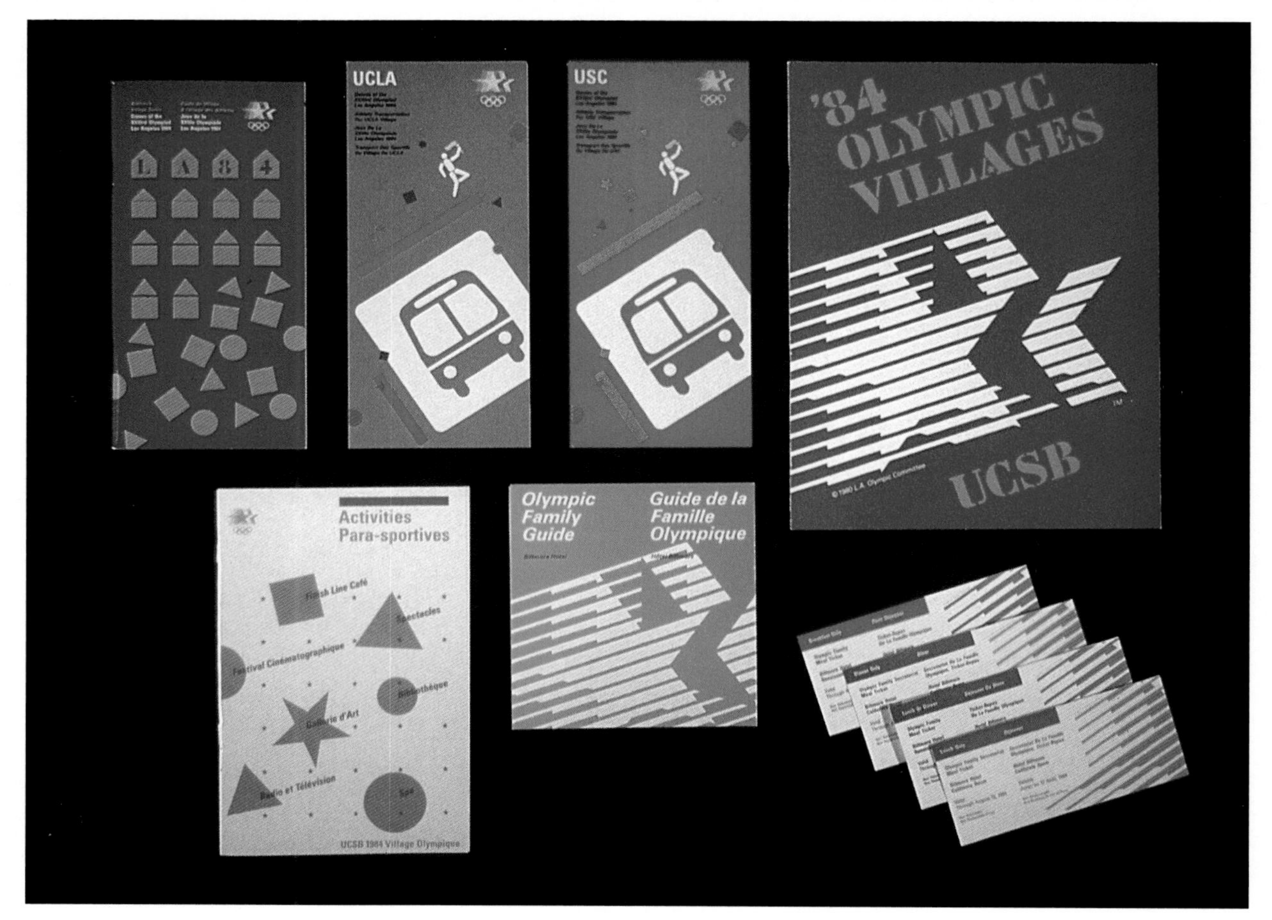

Ticket information brochures.

Examples of the *Olympic Record* which was published every day during the Games.

*Documentation destinée aux acheteurs de billets.*

*Exemple du bulletin quotidien* Olympic Record *publié durant les Jeux.*

Packaging for fast food products sold at the venues.

*Emballages des produits de restauration rapide vendus sur place.*

Commemorative T-shirts.

Gift mailed to ticket buyers.

Australian postal service commemorative stamps.

*T-shirts commémoratifs.*

*Cadeau envoyé aux acheteurs de billets.*

*Timbres commémoratifs émis par le service postal australien.*

T-shirt for the Olympic Torch Relay.

Sam the Olympic mascot.

Olympic Arts Festival tote bag.

*T-shirt célébrant le relais du flambeau olympique.*

*Sam, la mascotte des Jeux.*

*Sac en toile du Festival olympique des arts.*

Giant fragments of Olympic stars and bars identify the Arts Festival venues.

Olympic Arts Festival poster.

*Des fragments géants d'étoiles et de bandes signalent les activités du Festival olympique des arts.*

*Affiche du Festival olympique des arts.*

More picturesque views of the Olympic Arts Festival venues decorated with the consistent *Look*.

*Autres prises de vue pittoresques des lieux de présentation du Festival décorés d'éléments graphiques caractéristiques.*

Olympic Arts Festival programme information and ticket order brochure.

*Programme du Festival olympique des arts et bulletin de commande de billets.*

Arts Festival billboard.

*Panneau annonçant le Festival des arts.*

Arts Festival ticket.

*Billet d'entrée.*

Olympic Arts Festival

Program Information
Ticket Order Form

Los Angeles
June 1–August 12, 1984

Having survived over 1,000 years of cultural change, Bugaku remains a highly ceremonial form of dance/drama rarely seen outside the Imperial Palace and sacred shrines of Japan. Master dancers and musicians from the Kasuga Shrine, wearing exquisite masks and robes of ancient origin, perform this elegant ritual for the first time in Los Angeles. They bring to life a corresponding exhibition of priceless Bugaku artifacts in the JACCC's George J. Doizaki Gallery. (See Exhibitions: *Bugaku: Treasures from the Kasuga Shrine.*)

| Program |
|---|
| ***Bugaku (Dance)*** |

**United States Premiere*

### San Francisco Ballet — Pasadena Civic Auditorium

The oldest ballet company in the United States begins its second half century in 1984. It has won Emmy awards for its appearances on PBS' *Dance in America* series; toured Italy, Israel, Greece, South America and Mexico; appeared at Spoleto (Italy), Wolf Trap, Blossom, Ravinia and Edinburgh festivals; and pioneered numerous dance innovations. With five premieres—two of them world premieres—included in its 1984 repertory season, San Francisco Ballet has earned the slogan: "Creating history is a company tradition."

| Program | Date | | Time | Ticket Prices | | |
|---|---|---|---|---|---|---|
| ***Selections from the company's repertory, including highlights from the 50th anniversary gala*** | Wed | Jul 25 | | $20 | $15 | $10 |
| | Thu | Jul 26 | 8:00 pm | $20 | $15 | $10 |

### The Joffrey Ballet ★ — Pasadena Civic Auditorium

The Joffrey Ballet is noted for high-voltage energy and for programming that balances original ballets with important revivals from international 20th-century repertory. Directors Robert Joffrey and Gerald Arpino dazzle, delight and move audiences with ballets by Robbins, de Mille, Tharp, Cranko and Dean, as well as their own. There are only five Festival performances by the company the New York Times calls "unsurpassed."

| Program | Date | | Time | Ticket Prices | | |
|---|---|---|---|---|---|---|
| ***Suite Saint-Saëns / Love Songs / Rodeo*** | Sun | Jul 29 | 8:00 pm | $20 | $15 | $10 |
| | Tue | Jul 31 | 8:00 pm | $20 | $15 | $10 |
| | Thu | Aug 2 | 8:00 pm | $20 | $15 | $10 |
| ***Dream Dances / Italian Suite / The Green Table*** | Mon | Jul 30 | 8:00 pm | $20 | $15 | $10 |
| | Wed | Aug 1 | 8:00 pm | $20 | $15 | $10 |

### American Jazz Tap — Japan America Theatre, JACCC

Four exhilarating evenings highlight one of America's indigenous and most enjoyable art forms—tap—by some of its high-spirited original creators. Exuberant tap artists demonstrate various styles from jazz to modern, from musical theatre to pop. It's a richly-deserved and rousing tribute to some of the foremost practitioners of a rare and enduring dance specialty.

| Program | Date | | Time | Ticket Prices | | |
|---|---|---|---|---|---|---|
| ***Original Show*** | Tue | Jul 31 | 8:00 pm | $15 | $12 | $7 |
| | Wed | Aug 1 | 8:00 pm | $15 | $12 | $7 |
| | Thu | Aug 2 | 8:00 pm | $15 | $12 | $7 |
| | Fri | Aug 3 | 8:00 pm | $15 | $12 | $7 |

### Twyla Tharp Dance — Pasadena Civic Auditorium

She has collaborated with the Beach Boys, created ballet with Baryshnikov, borrowed music from Sinatra, Bach and the Talking Heads. She's eclectic at its best. American. Fast. Contemporary. Nonstop. "...Dance of brilliant effects, kamikaze bravura, sheer hell-for-leather energy" (Financial Times). "Her dancers look like people," says Rolling Stone, "not like stars or acrobats... and their dancing keeps on coming, pouring forth in unstoppable waves of energy."

| Program | Date | | Time | Ticket Prices | | |
|---|---|---|---|---|---|---|
| ***Telemann / Lay Me Down / Nine Sinatra Songs / Bad Smells*** | Sat | Aug 4 | 8:00 pm | $15 | $12 | $7 |
| | Sun | Aug 5 | 8:00 pm | $15 | $12 | $7 |

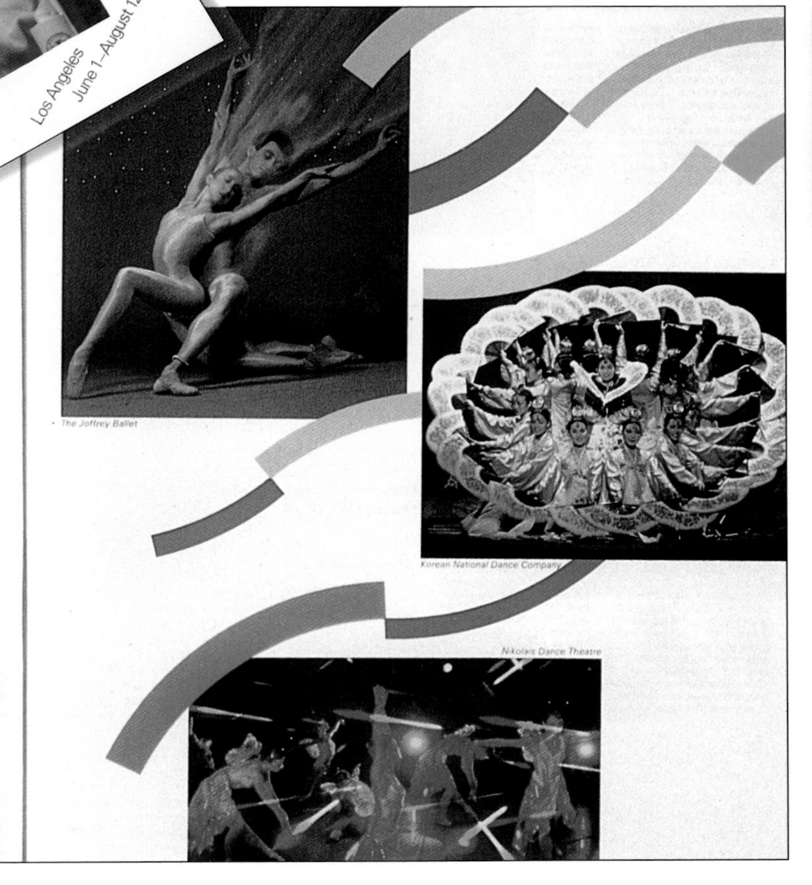

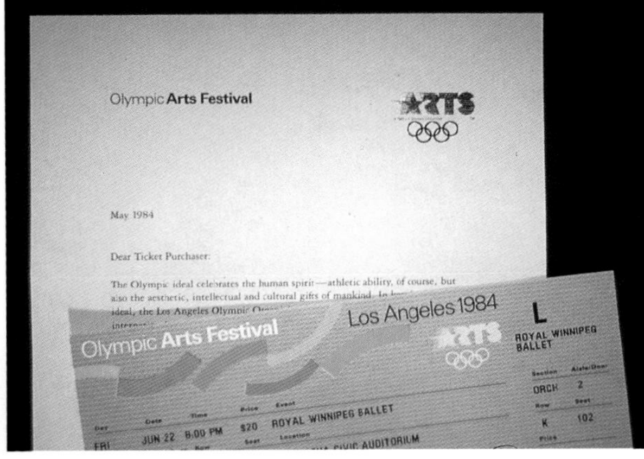

The Los Angeles Olympic Organizing Committee commissioned twelve noted graphic designers from the Los Angeles area to design posters as part of an Olympic signature series.

*Le comité d'organisation des J.O. de Los Angeles demanda à douze artistes graphiques renommés de la région de L.A. de créer des affiches dans le cadre d'une série prestigieuse célébrant les Jeux.*

Los Angeles 1984
Games of the XXIIIrd Olympiad

Games of the XXIIIrd Olympiad · Los Angeles 1984

Los Angeles 1984 Olympic Games

Games of the XXIIIrd Olympiad. Los Angeles, 1984.

Poster series.

*Autres d'affiches.*

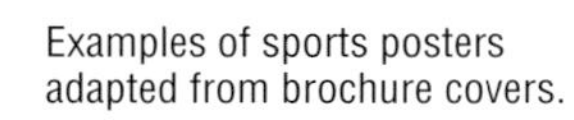

Examples of sports posters adapted from brochure covers.

*Exemples d'affiches reprenant des couvertures de brochures.*

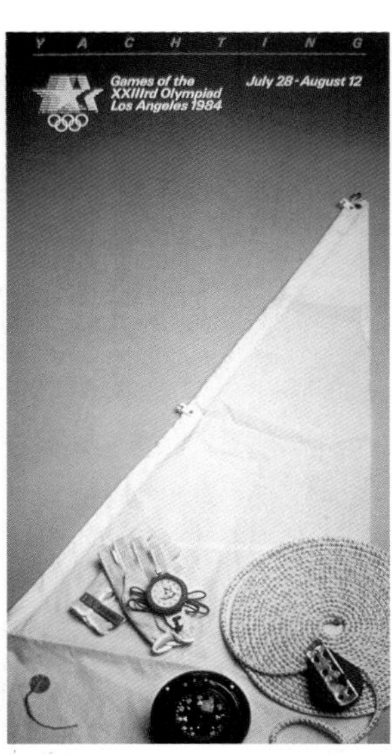

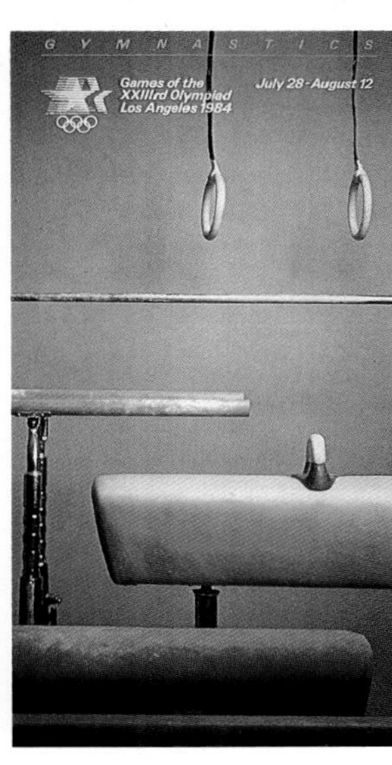

Examples of popular commemorative pins produced for both complimentary distribution and commercial sales.

*Exemples d'épinglettes populaires distribuées gracieusement ou destinées à la vente.*

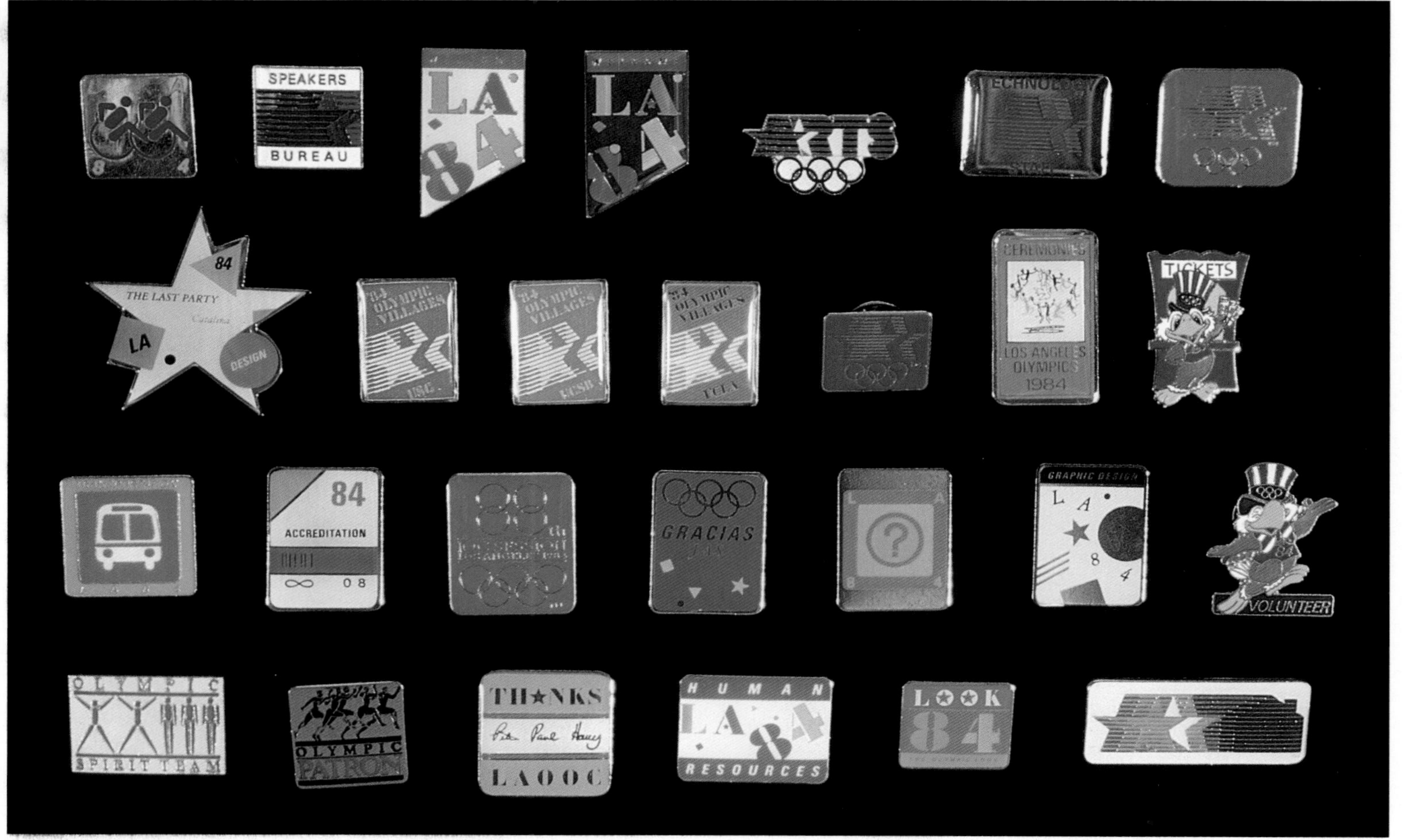

The Olympic Experience exhibit held in the Los Angeles County Museum of Natural History from 12 August, 1985 to 5 January, 1986.

At a cost of US $1.1million, the exhibit recreated the excitement and spirit of the Games.

*Exposition qui a eu lieu au musée d'histoire naturelle du County de Los Angeles, du 12 août 1985 au 5 janvier 1986.*

*Organisée au coût de 1,1 million de $ US, cette exposition recréait la passion et l'esprit des Jeux.*

**Come Together in Calgary**

Host City for the
XV Olympic Winter Games
February 13 - 28, 1988
**Calgary, Alberta, Canada**

**Rassemblez-vous à Calgary**

Ville hôte des
XVes Jeux Olympiques d'hiver
Du 13 au 28 février 1988
**Calgary (Alberta) Canada**

In the winter of '88 the Olympic torch was flown to Saint John's Newfoundland, where it began its 18,000 kilometre journey across Canada. For the first time, the Olympic torch went beyond the Arctic circle, to Inuvik in the North West Territories. It passed through more than 800 towns and cities before arriving on the 88th day in Calgary, Alberta. A record 1,750 athletes from 57 nations participated in the Games. Calgary's state-of-the-art facilities included the 20,000-seat Saddledome Stadium, Canada Olympic Park, exceptional ski runs at Mount Allen and a special medals pavilion. In the final medal standings, USSR won eleven gold, nine silver and nine bronze. East German athletes were second with nine gold, ten silver and six bronze, and Switzerland was third with five gold, five silver and five bronze. Host nation Canada won two silver and three bronze medals.

Tom West, the curator of the Calgary Olympic Museum offered some insights into the design, heritage and hospitality of the 1988 Winter Olympic Games:

"Calgary, Alberta takes pride in its western heritage, of which it is the leading exponent among Canadian cities. With roots in its renowned annual Stampede, when all Calgarians participate by dressing in western cowboy garb during the week long festival, it is not surprising that much of the western flavour would influence all aspects of design and festivity of the 1988 Winter Games. The graphics program reflected the heritage of the Canadian west as well as the geographic surroundings of the host city, including the wide sweeping expanse of the prairies, the soft ascent of the foothills and the powerful height of the Rocky Mountains.

The mascot program was one of the most successful in Olympic history to that point. Calgary broke from tradition by

*La flamme olympique arrive à St. John's (Terre-Neuve) par avion. Puis, elle entame un voyage de 18 000 kilomètres. Pour la première fois, elle franchit le cercle polaire et atteint Inuvik, dans les Territoires du Nord-Ouest. Elle traverse plus de 800 villes et localités avant d'arriver à destination : Calgary, en Alberta. Un nombre record de 1 750 athlètes représentant 57 pays sont accueillis dans des installations ultramodernes – le stade Saddledome de 20 000 places, par exemple, le Parc Olympique Canada, des pistes de ski de qualité. Au classement des médailles, l'URSS arrive en tête avec 11 médailles d'or, 9 d'argent et 9 de bronze. L'Allemagne de l'Est est en seconde place avec 9 médailles d'or, 10 d'argent et 6 de bronze; et la Suisse au troisième rang avec 5 médailles d'or, 5 d'argent et 5 de bronze. Le Canada, le pays hôte, remportera 2 médailles d'argent et 3 de bronze.*

*Tom West, le conservateur du Musée olympique de Calgary, a évoqué ainsi la conception graphique, le patrimoine et l'hospitalité des Jeux Olympiques d'hiver de 1988 :*

*"Calgary (Alberta) est fière de son patrimoine western et en est certainement l'un des promoteurs les plus actifs parmi toutes les villes canadiennes. Enracinée dans le célèbre Stampede annuel, auquel tous les citadins participent en revêtant leurs costumes de cow-boy pendant une semaine, Calgary était tout naturellement disposée à imprégner de saveur western tous les aspects du graphisme et des festivités des Jeux Olympiques d'hiver de 1988. Le programme graphique reflète donc le patrimoine de l'Ouest et le spectaculaire décor naturel de la ville hôte – la vaste étendue de prairies, le relief vallonné des contreforts et le profil majestueux des montagnes Rocheuses.*

*Le programme de la mascotte est un des plus réussis de*

choosing to use both male and female mascots – polar bears. The polar bears were seen as the symbols best suited for a northern country like Canada. The names HIDY and HOWDY were chosen from a public contest. A high school student, Kim Johnstone, submitted the entry – a creative blend of proper names and typical western greetings.

There were three official posters produced. The first had the red snow flake superimposed over a view of the city with the Rocky Mountains in the background. It was well received by the public but there was some slight controversy over the choice of photography as the main creative medium. The second poster featured the mascots Hidy and Howdy with a Royal Canadian Mounted Policeman and the third focused on the Olympic Winter Games medals. All the graphics for the Arts Festival were designed by a team of Edmonton designers led by Wei Yew. Of special interest was the poster created for the Olympic Arts Festival. Against a pink background were four bobsledders racing in a pink ballet slipper. The poster was not only visually appealing but highly representative of the blending of arts programme and sporting events at the 1988 Winter Games. One of Calgary's proudest moments was hosting the prestigious Governor General Literary Awards. It was the first time and, so far, the last time the event has been taken place in a western province.

OCO (Organizing Calgary Committee) Frank King explained in his book *It's How you Play the Game*, that the idea for the torch design came from a family member who suggested that it should look like Calgary's most famous landmark and tourist attraction, the Calgary Tower. During the Games the Olympic flame burned brightly at cauldrons located at each of the venues, and at the top of the Calgary Tower.

Calgary's western heritage and natural landscape were seen throughout the pageantry program. The colour palette consisted of the five Olympic ring colours as well as nine additional colours recommended by the firm of Justason and Tavender. These colours, echoing the prairies, foothills and mountains, were described as: Peyto Lake Green, Sunset Orange, Larkspur Purple, Spring Poplar Green, Wild Rose Pink, Alpine Blue, Fireweed Magenta, Grain Yellow, and Glacier Ice Silver. Altogether, 15,000 major pageantry pieces were used at 140 locations throughout and around the city, projecting heritage and hospitality to the world."

*l'histoire olympique à ce jour. Calgary s'éloigne de la tradition et choisit un couple féminin/masculin d'ours polaires. Les ours polaires semblent le symbole le plus approprié d'un pays nordique tel que le Canada. Les noms HIDY et HOWDY sont choisis au terme d'un concours public. Une jeune lycéenne, Kim Johnstone, a proposé cette idée qui joue à la fois sur de véritables prénoms tout en évoquant les salutations typiques de l'Ouest.*

*Trois affiches officielles sont réalisées. La première représentait un flocon rouge surimposé sur une vue panoramique de la ville avec pour décor les montagnes Rocheuses. Elle est bien reçue par le public mais suscite quelques controverses parce que sa création repose largement sur la photographie. La seconde affiche représente les deux mascottes, HIDY et HOWDY accompagnées d'un agent de la Gendarmerie Royale du Canada, et la troisième met en vedette les médailles des Jeux Olympiques d'hiver. L'affiche créée pour le Festival olympique des arts présente un intérêt particulier. Sur fond rose, quatre bobeurs dévalent la pente dans un chausson de ballerine. L'affiche n'est pas seulement réussie visuellement, mais elle est également hautement représentative de l'alliance harmonieuse et dynamique des activités culturelles et sportives aux Jeux Olympiques d'hiver de 1988. Pour Calgary, un des moments les plus glorieux des Jeux restera la cérémonie prestigieuse de remise des Prix littéraires du gouverneur général, un événement qui avait lieu pour la première fois, et jusqu'ici la dernière, dans une province de l'Ouest.*

*Le troisième symbole marquant des Jeux est le flambeau olympique. Un des membres du comité organisateur des Jeux de Calgary explique dans son ouvrage* It's How you Play the Game, *que la forme du flambeau lui a été suggérée par un membre de sa famille qui avait pensé qu'il devrait ressembler à l'édifice le plus célèbre peut-être du paysage urbain, la Tour de Calgary. Pendant toute la durée des Jeux, la flamme olympique brûlera au sommet du point d'attraction qui a inspiré le design du flambeau : la Tour de Calgary.*

*Le patrimoine de l'Ouest et le paysage naturel qui caractérisent Calgary étaient à l'honneur dans tous les programmes. La palette de couleur incluait les cinq couleurs des anneaux olympiques et neuf couleurs supplémentaires qui avaient été suggérées par l'agence Justason et Tavender. Ces couleurs évoquaient les prairies, les contreforts et les montagnes : vert lac Peyto, orange coucher de soleil, mauve lakespur, vert peuplier, rose aubépine, bleu alpin, magenta Erigeron candensis, jaune blé et argent glacier. En tout, quelque 15 000 réalisations graphiques importantes ont été utilisées en 140 points – en ville ou à proximité, véhiculant l'image du patrimoine et de l'hospitalité de l'Ouest."*

Poster to illustrate the various visual elements that make up the Olympic pageantry.

*Affiche illustrant les divers éléments visuels qui contribuent au grand spectacle des Jeux.*

Theme banners decorating foot-bridge.

Venue entry archway – Design theme banners arranged on white scaffold.

*Bannières thématiques décorant la passerelle piétonnière.*

*Portique constitué de bannières thématiques tendues sur un échafaudage blanc.*

Olympic mascots, Hidy and Howdy.

Electronic scoreboard for the bobsled event.

Colourful banners with Olympic rings motif at the ski jump site.

The 1988 Olympic torch.

Olympic Museum.

*Les mascottes des Jeux, Hidy et Howdy.*

*Tableau d'affichage électronique pour l'épreuve de bobsleigh.*

*Au tremplin de saut à ski, bannières de couleurs arborant les anneaux olympiques.*

*Le flambeau olympique de 1988.*

*Musée olympique.*

Olympic medals.

Torch bearer at the Olympic flame beneath the teepee superstructure.

*Médailles olympiques.*

*Le porteur du flambeau au pied de la flamme olympique, sous la superstructure d'un tipi géant.*

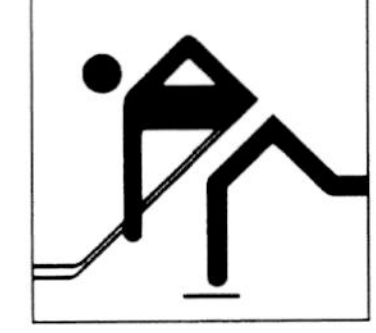

Opening ceremonies in McMahon Stadium.

Theme banners on white scaffold form the entry archway at the Nakiska ski site.

Pictograms.

*La cérémonie d'ouverture au stade McMahon.*

*Des bannières thématiques tendues sur un échafaudage blanc marquent l'entrée de l'aire de ski de Nakiska.*

*Pictogrammes.*

Event venue signs and markings.

Commemorative posters and pins.

*Exemple de signalisation et de jalonnement.*

*Affiches et épinglettes commémoratives.*

Olympic Arts Festival
Festival olympique des arts
Calgary · Alberta · Canada
January 23 to February 28, 1988
Du 23 janvier au 28 février 1988
Olympic Arts Festival
Festival olympique des arts

Sign for the snow sculpture competition.

Arts Festival ticket brochure.

Poster for the Olympic Writers Festival and Book Fair.

Poster for the Olympic Arches – architectural competition exhibit.

*Signe indiquant le concours de sculpture sur glace.*

*Brochure destinée aux acheteurs de billets du Festival olympique des arts.*

*Affiche du Festival des écrivains et Salon du livre.*

*Affiche des Arcs olympiques – exposition du concours d'architecture.*

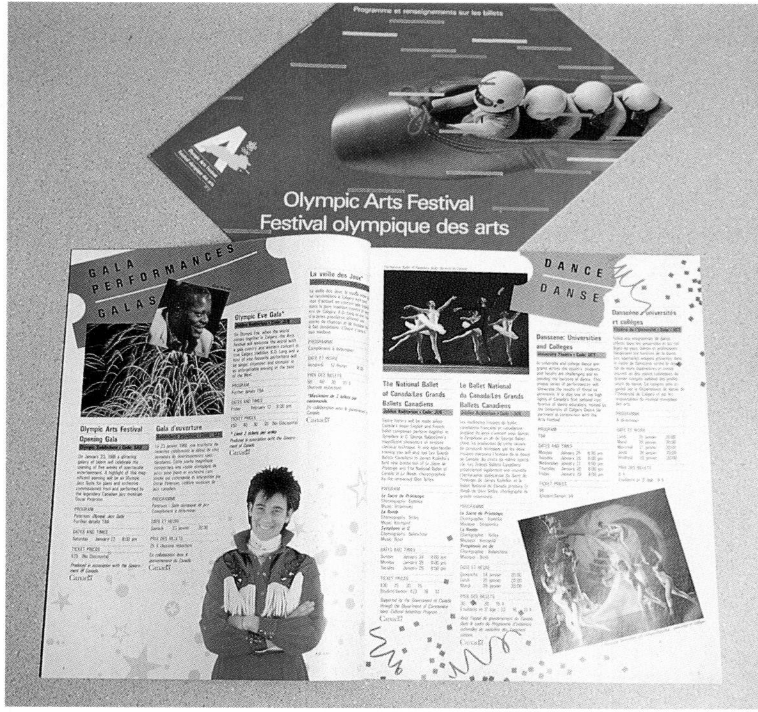


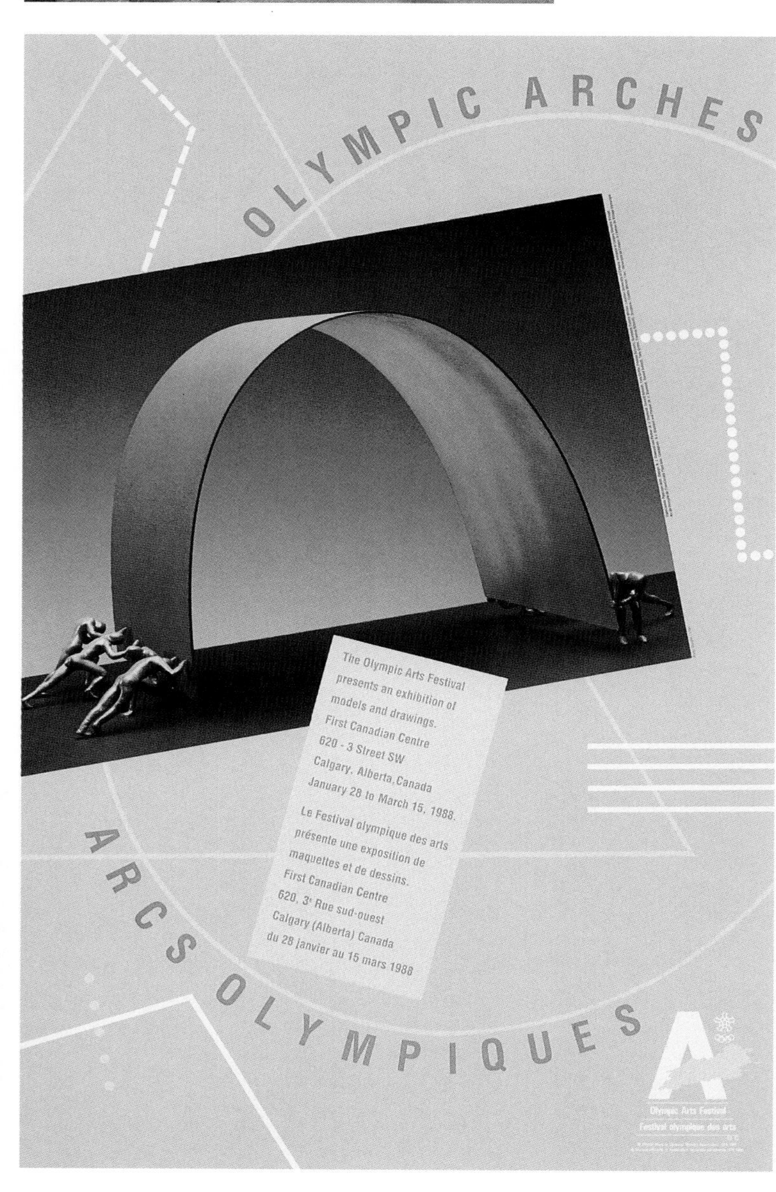

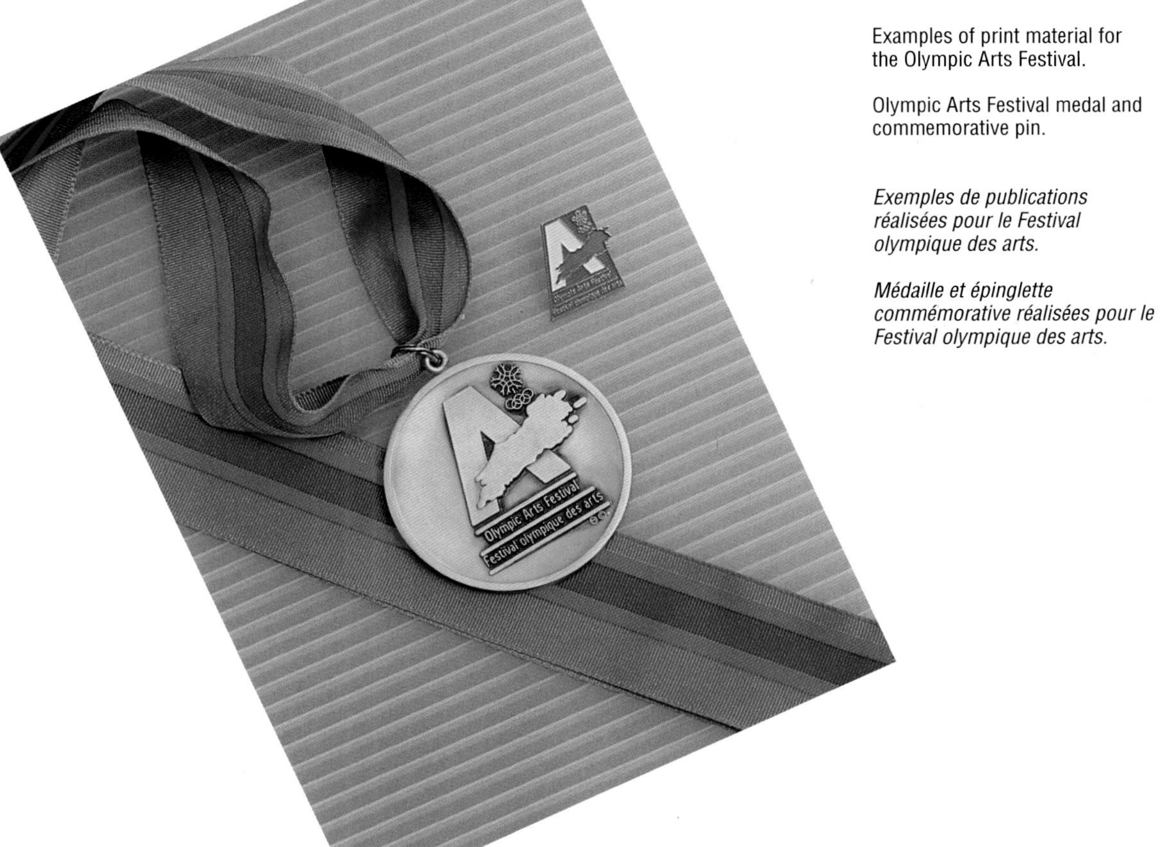


Examples of print material for the Olympic Arts Festival.

Olympic Arts Festival medal and commemorative pin.

*Exemples de publications réalisées pour le Festival olympique des arts.*

*Médaille et épinglette commémorative réalisées pour le Festival olympique des arts.*

Poster for the Native Dance show.

*Affiche annonçant le spectacle de danse autochtone.*

Posters for the Olympic Film Festival and the *Contemporary Craft Practice in Canada* exhibit.

*Affiche annonçant le Festival olympique du film et une exposition sur les pratiques artisanales contemporaines au Canada.*

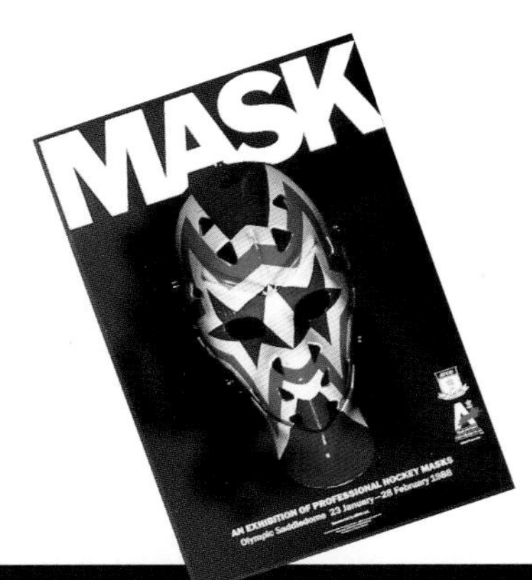


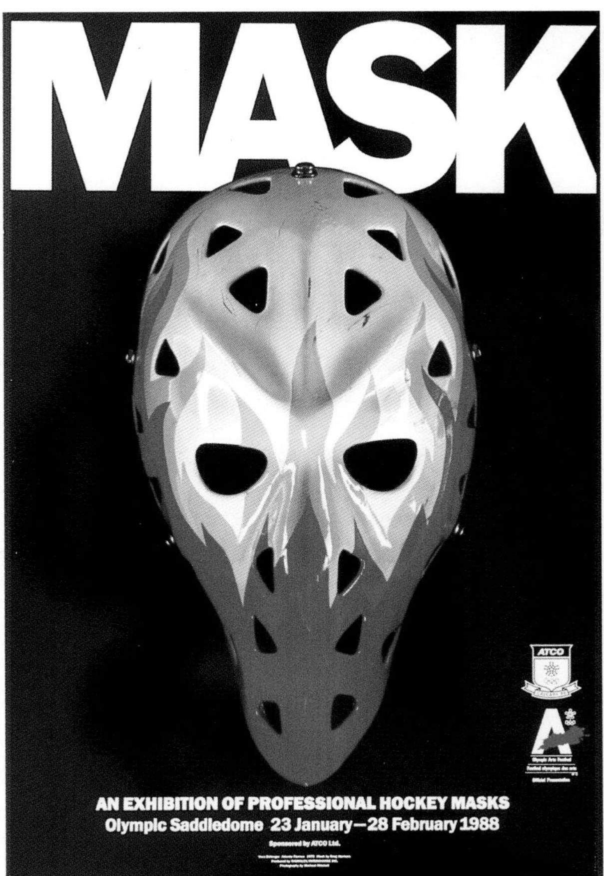

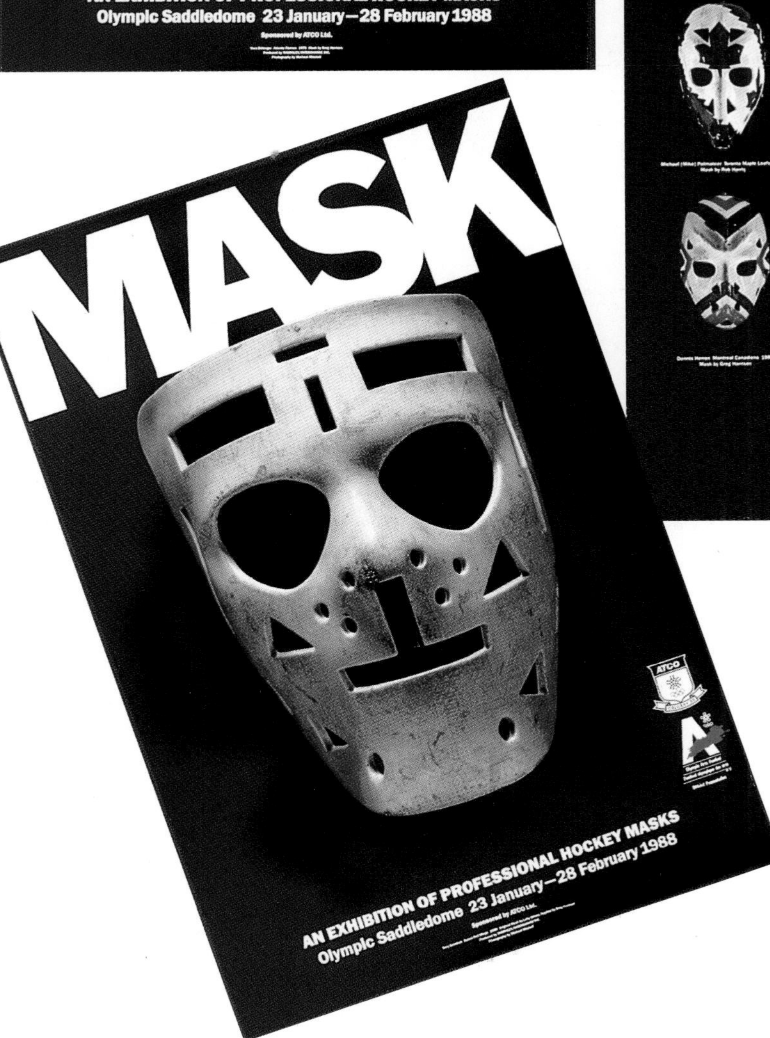


Poster for an exhibition of professional hockey masks.

*Affiche pour une exposition de masques de hockey professionnel.*

GAMES OF THE XXIVTH OLYMPIAD SEOUL 1988

**T**he 1988 Olympic Games unfolded against the backdrop of a 5,000-year-old culture. The city of Seoul, founded in 18 B.C., was the first capital of the Paekche Kingdom, remains of which still can be seen in earthen fortresses and tombs in the vicinity. Now a metropolis of over ten million, Seoul nestles in the basin of the Han River, flanked by rocky, forested hills. A nation with a politically charged history, South Korea wanted the Games to alleviate internal struggles and to express their goodwill and national achievements to the rest of the world.

The theme of the celebration was "human harmony", and its warmth was felt even before the Games, as Koreans prayed publicly for a peaceful Olympiad. One of the most touching moments at the opening ceremonies was the performance of an eight-year-old boy who rolled the "hoop of hope" around the stadium. The Koreans shunned electronics and technology for the occasion, preferring to communicate their hospitality and joy by spelling the word "welcome" with human silhouettes. For the first time the Olympic torch burned on the Asian mainland. It was lit at the Temple of Hera in Athens, then flown via Bahrain and Bangkok to Korea's southern-most island. For 22 days it was relayed by 25,000 runners over a 4,000k course. The 1936 marathon winner Sohn Kee Chung, member of the Japanese team, carried the torch into the stadium under the aegis of his own country, South Korea, and Chun-Ae Lim lit the sacred flame that burned for 16 days and nights.

The South Koreans spent 3 billion dollars to ensure the comfort of their guests. The heavily polluted Yan River was thoroughly cleaned, and it handled the rowing and wind-surfing sporting events beautifully. Two new sports parks were designed. Seoul set aside 750 acres for 11 new facilities, which included gymnasiums, velodrome, tennis courts, fencing hall, basketball

*Les Jeux Olympiques d'été de 1988 baignent dans cette culture de 5 000 ans de la Corée du Sud. Fondée au XIe siècle, Séoul se nommait Gyeong Seong. Les traces de l'ancien royaume dont elle était la capitale sont encore visibles. Séoul est une métropole de plus de 10 millions d'habitants, située dans la vallée boisée du fleuve Han. Ce pays chargé d'un lourd passé historique souhaitait accueillir les Jeux pour alléger ses tensions internes et faire part de sa bonne volonté et de ses réalisations au reste du monde.*

*Le thème de toutes les célébrations est celui de l'harmonie entre les hommes, et son message chaleureux est ressenti avant même la tenue des Jeux, tandis que les Coréens prient publiquement pour que les Jeux se déroulent dans la paix. Un des moments les plus touchants de la cérémonie d'ouverture est l'interprétation de l'enfant et du cerceau – représentant un garçon de huit ans poussant le cerceau de l'espoir autour du stade. Les Coréens ont délibérément boudé l'électronique et la technologie pour communiquer la chaleur de leur accueil directement, la silhouette des figurants servant à former les lettres du mot "welcome". Pour la première fois, la flamme olympique brille sur le continent asiatique. Elle a été allumée au temple d'Héra à Athènes, puis transportée par avion via l'État de Bahreïn et Bangkok jusqu'à l'île située à l'extrême-sud de la Corée. Pendant 22 jours, 25 000 porteurs de flambeau se sont relayés pour parcourir 4 000 km. Son (Kee Chung), le vainqueur du marathon de 1936 et membre de l'équipe japonaise, porte la flamme jusque dans le stade, sous les couleurs de son propre pays, la Corée du Sud, et Chun-Ae Lim allume la vasque qui brûlera 16 jours et 16 nuits.*

*Les Sud-Coréens ont dépensé 3 milliards de dollars pour assurer le confort de leurs invités. Le fleuve Han, fortement pollué, a été assaini et accueillera en beauté les épreuves*

court, baseball stadium and the Taj Mahal of sport complexes: the 100,000 seat Olympic Stadium. They spared no expense, filling the Olympic Parks with an extraordinary collection of sculptures by eminent masters.

A record 9,627 athletes from 160 nations travelled to experience the Olympic spirit in Seoul. The USSR won 132 medals: 55 gold, 31 silver and 46 bronze. Next came East Germany with 102 medals: 37 gold, 35 silver and 30 bronze. The USA garnered 94 medals: 36 gold, 31 silver and 27 bronze. The host city placed a respectable sixth in the standings with 33 medals: 12 gold, 10 silver and 11 bronze. The two top athletes of the 1988 Games were swimmer Matt Biondi from the USA who won seven medals (five gold, one silver and one bronze) and East Germany's Kirstin Otto who won six gold medals in swimming.

After a 64-year hiatus, tennis returned to the Olympic programme. West Germany's Steffi Graf, with her formidable forehand, won the gold medal in the women's match. Graf was born in Bruhl, Germany in 1969 and started playing tennis when she was six years old. By the time of the 1988 Seoul Games, she had beaten Martina Navratilova at the French Open and defeated Chris Evert at the Australian Open. Argentinian Gabriela Sabatini won the silver medal in Olympic women's singles, and American Zina Garrison and Bulgarian Manuela Maleeva shared the bronze medal. In the men's tennis singles, Czechoslovakia's Miloslav Mecir placed first, USA's Tim Mayotte placed second, and Sweden's Stefan Edberg and USA's Brad Gilbert shared third place. Both the men's and women's doubles were won by the USA. Table tennis was introduced as an official sporting event also. In the men's singles, South Korea's Nam-Kyu Yoo earned the gold medal, Ki-Taik Kim the silver and Sweden's Erik Lindh the bronze. In men's doubles, the People's Republic of China won first place, Yugoslavia second and South Korea third. The People's Republic of China won all of the medals in women's singles, thanks to Jing Chen, Huifen Li and Zhimin Jiao. The women's doubles champions ended with South Korea winning gold, the People's Republic of China winning silver, and Yugoslavia capturing the bronze.

Soviet weightlifters won six of 10 weightlifting events, and their wrestlers won 8 of 20. Chinese Lou Yun's gold medal in vaulting was the only medal in men's gymnastics not won by the USSR, and Soviet Yelena Shushunova won the all-around championship in the women's events. Romania's female gymnasts took three golds. For the United States the heroine of the Games was Florence Griffith-Joyner, who won three gold medals and a silver in track and field events.

*d'aviron et de planche à voile, et deux complexes sportifs ont été érigés. Séoul a réservé aux Jeux une aire de 750 acres et construit 11 installations spécialisées – gymnases, vélodrome, courts de tennis, centre d'escrime, centre d'haltérophilie, court de basket, et le Taj Mahal des complexes sportifs : le stade olympique de 100 000 places. Tout a été mis en oeuvre. Le parc olympique offre une extraordinaire collection de sculptures réalisées par d'éminents artistes.*

*Un nombre record de 9 627 athlètes issus de 160 pays sont venus vivre l'esprit olympique de Séoul. Il s'agit des premiers J.O. qui ne sont pas boycottés en 16 ans. L'URSS remporte 132 médailles – 55 d'or, 31 d'argent et 46 de bronze; en seconde place vient l'Allemagne de l'Est avec 102 médailles – 37 d'or, 35 d'argent et 30 de bronze; puis les États-Unis avec 94 médailles – 36 d'or, 31 d'argent et 27 de bronze. Le pays hôte, quant à lui, occupe une honorable sixième place avec 33 médailles – 12 d'or, 10 d'argent et 11 de bronze. La natation donne les deux grands champions des Jeux de 1988 : l'Américain Matt Biondi, qui a raflé sept médailles — 5 fois l'or, une fois l'argent et le bronze; et l'Allemande de l'Est Kirstin Otto, six fois médaillée d'or.*

*Après une interruption de 64 ans, le tennis est redevenu un sport olympique. L'Allemande de l'Ouest Steffi Graf enlève le titre de championne olympique. Née à Bruhl en 1969, Steffi Graf a commencé à jouer au tennis dès l'âge de six ans. Quand elle arrive à Séoul, elle a déjà battu Martina Navratilova aux Internationaux Français et Chris Evert aux Internationaux d'Australie. L'Argentine remporte l'argent grâce à Gabriela Sabatini, et les États-Unis et la Bulgarie se partagent le bronze avec Zina Garrison et Manuela Maleeva. Chez les hommes, le Tchécoslovaque Miloslav Mecir se classe premier, l'Américain Tim Mayotte second, et le Suédois Stefan Edberg et l'Américain Brad Gilbert se partagent la troisième place. Les doubles hommes et femmes sont enlevés par les USA. Le tennis de table accède aussi au rang de sport olympique officiel. Au simple messieurs, le Sud-Coréen Nam-Kyu Yoo gagne la médaille d'or et son compatriote Ki-Taik Kim la médaille d'argent, tandis que le Suédois Erik Lindh reçoit la médaille de bronze. Le double messieurs place la Chine en tête, la Yougoslavie seconde et la Corée du Sud troisième. La Chine remporte toutes les médailles au simple dames, grâce à Jing Chen, Huifen Li et Zhimin Jiao. Au double dames, la Corée du Sud est première, la Chine deuxième et la Yougoslavie troisième.*

*Les haltérophiles soviétiques enlèvent six des dix épreuves et les lutteurs soviétiques triomphent dans huit épreuves sur vingt. La victoire du Chinois Lou Yun au saut de cheval en longueur est la seule médaille d'or qui échappe aux Russes en gymnastique - messieurs. Chez les dames, la Soviétique Yelena Chouchounova remporte le concours individuel. Pour les États-Unis, la superchampionne est Florence Griffith-Joyner, qui gagne trois médailles d'or et une médaille d'argent aux épreuves de course.*

Final touches before the opening ceremonies in the Seoul Olympic stadium.

Spectators arriving at the gymnastics venue.

*Derniers préparatifs au stade olympique de Séoul, avant la cérémonie d'ouverture.*

*Spectateurs venant assister aux épreuves de gymnastique.*

The Welcome Tower of Nations. — *La Tour des Nations.*

The Olympic flame. — *La flamme olympique.*

Venue decorations. — *Décorations des lieux de compétition.*

The 1988 Olympic torch. — *Le flambeau olympique de 1988.*

Festive pageantry at various sites.

*Partout, Séoul est en fête.*

1988

Pictograms.

Signage at venues and the Olympic Village.

*Pictogrammes.*

*Signalisation et inscriptions diverses.*

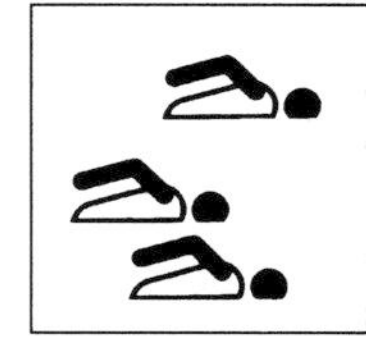

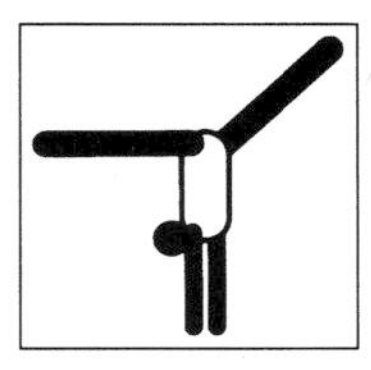

Official poster.

Examples from the sporting events poster series.

*Affiche officielle.*

*Série d'affiches annonçant les épreuves sportives.*

Examples from the sporting events poster series.

*Série d'affiches annonçant les épreuves sportives.*

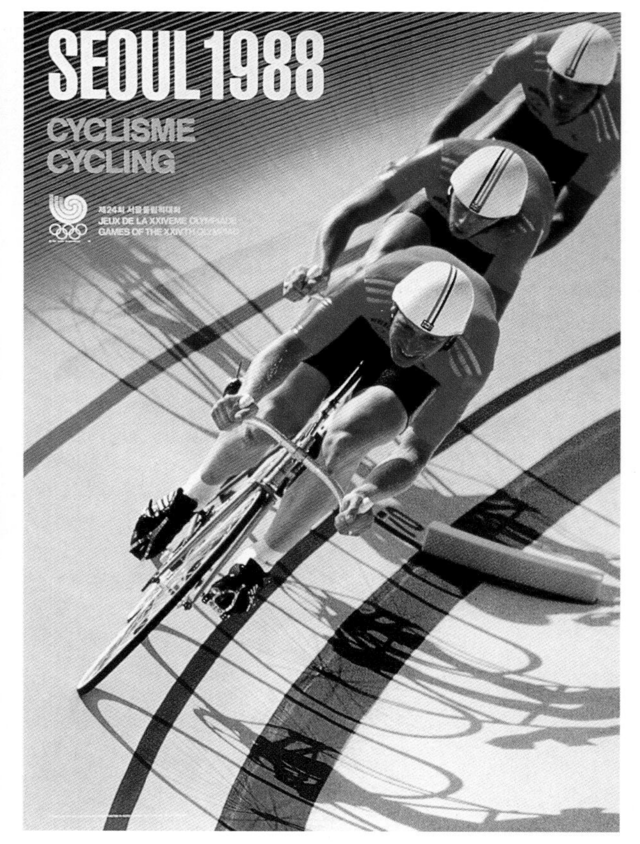


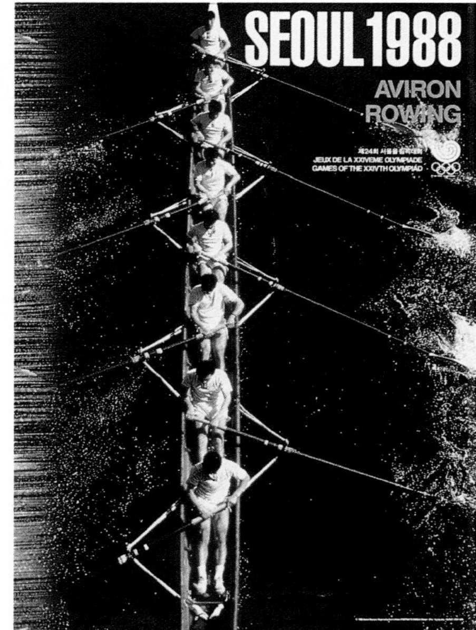

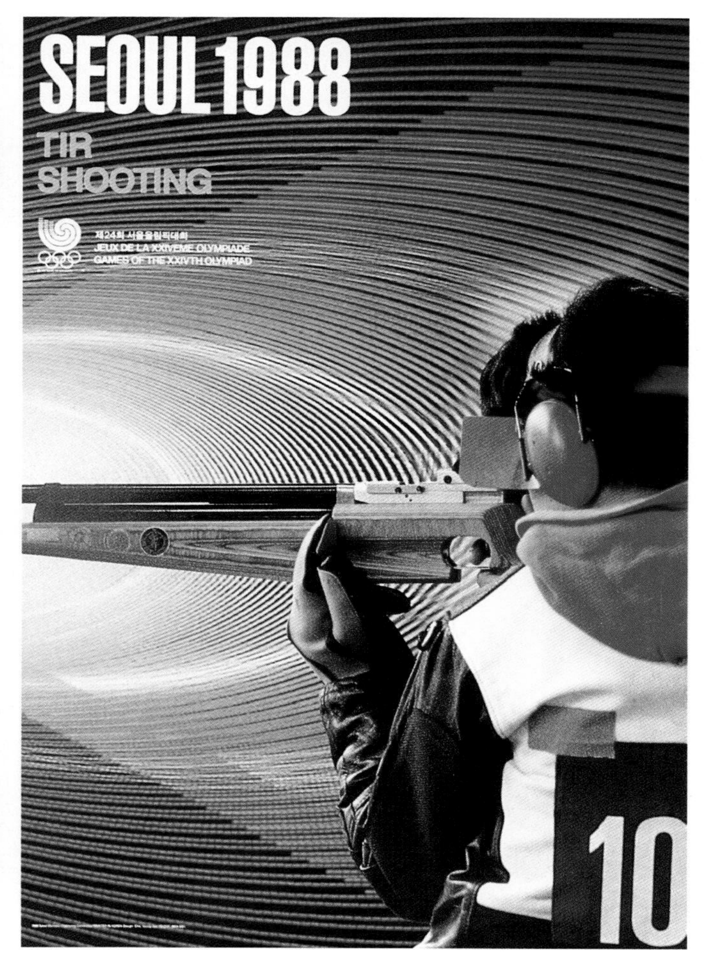

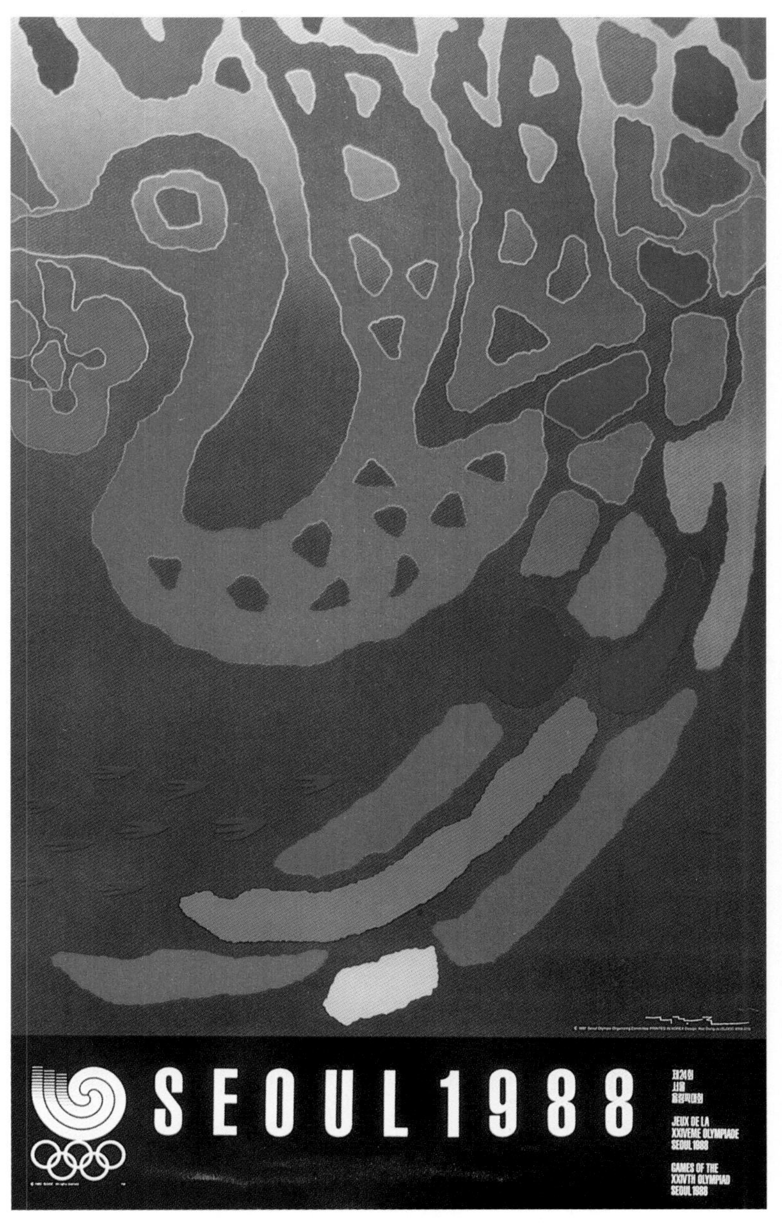

Posters for cultural events.

*Affiches annonçant les manifestations culturelles.*

Posters for cultural events.

*Affiches annonçant les manifestations culturelles.*

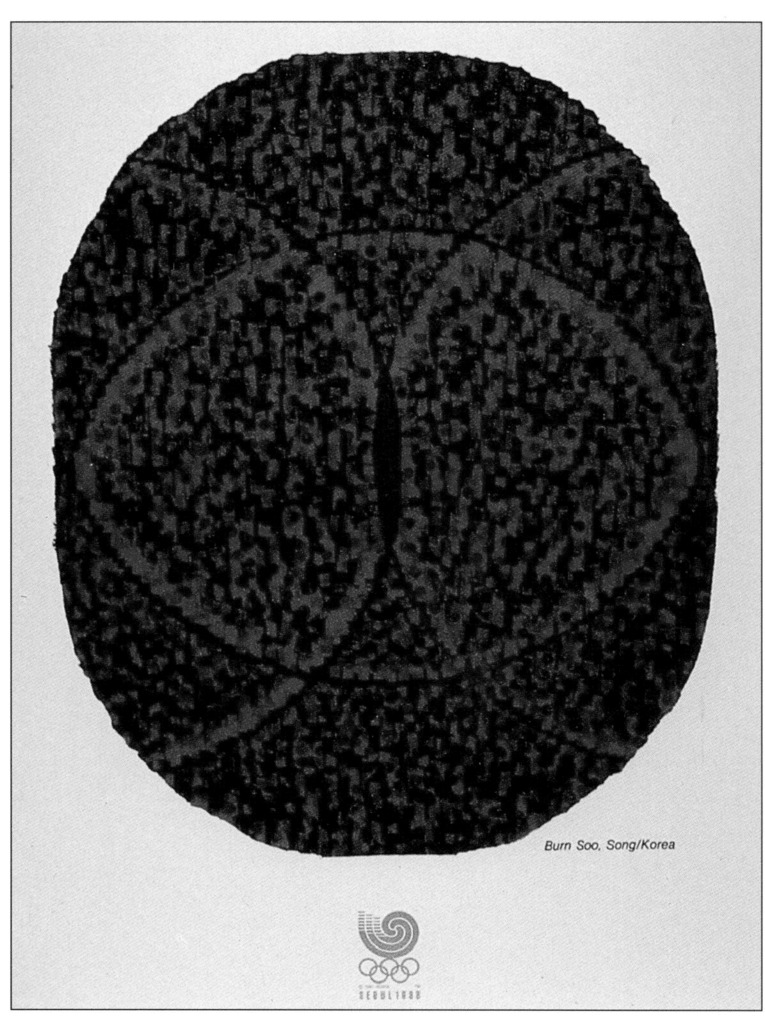

Luce/Belgium

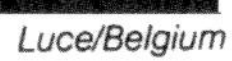

Olympic medals.

Commemorative stamps.

*Médailles olympiques.*

*Timbres-poste commémoratifs.*

FOR YOUR PARTICIPATION IN AND
CONTRIBUTION TO THE SUCCESS OF THE
GAMES OF THE XXIVTH OLYMPIAD
SEPTEMBER 17-OCTOBER 2, 1988
SEOUL, KOREA

Diploma.

Commemorative pins.

Olympic mascot, Hodori.

*Diplôme.*

*Épinglettes commémoratives.*

*La mascotte des Jeux, Hodori.*

DU 8 AU 23 FEVRIER 1992
XVIes JEUX OLYMPIQUES
D'HIVER
SAVOIE FRANCE
ALBERTVILLE 92

The Winter Games at Albertville reflected the dramatic changes that had been reshaping Eastern bloc countries. Croatia, Slovenia and Yugoslavia each had its own delegation. The former USSR now entered as Estonia, Latvia, Lithuania and a Unified Team consisting of 119 Russians, 10 Ukrainians, 3 Byelorussians, 7 Kazakhstanians and 2 Uzbekistanians. These were significant changes, but an important message was brought to the 1992 Olympics by the Olympic host nation, France: The Games were no longer about superpowers – they were about joy and play. The festivities and sporting events at Albertville proved this to be true.

The opening ceremonies featured pageantry choreographed by Philippe Découflé and costumes designed by Philippe Guillotel. These two young artists created a strange and original universe. Each national team was led into the stadium by a woman encased from neck to knees in a transparent bubble. The haunting sound of twelve alphorns heralded the entrance of the Olympic flag. Then the Olympic torch was dramatically lit by a fireball. The 57-day torch relay, organized by a member of the Club Coubertin, had involved 5,000 young people.

After the ceremony of the flame came the "soubassophones" three cornucopias 4.57m high and 8.84m long, out of which emerged 144 dancers, jugglers and acrobats. The "sport" dance was accompanied by synthesized music, chanting, howling, and celestial voices. Some performers were on stilts, skaters were on rollerblades, skiers on skis with wheels, and a luger slid down a giant teeter-totter ramp. Then came the "yo-yo dancers," 20 acrobats launched from a tower by bungee cords. Hoisted over the stadium was a smiling 250 pound cherub, who played the harp while dropping wing feathers among the crowd. The artistic

*Aux Jeux d'hiver d'Albertville, la Croatie, la Slovénie et la Yougoslavie ont leurs propres délégations. Trois républiques de l'ex-URSS se présentent en États indépendants – l'Estonie, la Lettonie, la Lituanie, aux côtés d'une délégation unifiée réunissant 119 Russes, 10 Ukrainiens, 3 Biélorusses 7 Kazakhs et 2 Ouzbeks. Les changements sont certes considérables, mais le message le plus neuf des J.O. de 1992 est exprimé par le pays hôte, la France. Il ne s'agit plus de faire la preuve de sa superpuissance, mais de participer à une célébration tonique et joyeuse, comme les manifestations culturelles et sportives le confirmeront.*

*La cérémonie d'ouverture a été conçue par le chorégraphe Philippe Découflé et les costumes sont de Philippe Guillotel. Les deux jeunes artistes ont créé un univers original et féerique. L'équipe de chaque pays entre dans le stade escortée par une femme contenue, du cou aux genoux dans une bulle transparente. L'arrivée des couleurs olympiques est saluée par douze cors des Alpes, puis la vasque olympique est allumée par une boule de feu. Le relais de la flamme, organisé par les Postes (membre du Club Coubertin) a été assuré par 5 000 jeunes gens et aura duré 57 jours.*

*Après la cérémonie de la flamme, viennent les soubassophones – trois cornes d'abondance de 4 m 57 de hauteur et de 8 m 84 de long d'où sortent 144 danseurs, jongleurs et acrobates. La danse du Sport se déroule sur une musique synthétisée accompagnée de chants, de cris et de voix célestes. Certains des figurants sont perchés sur des échasses, les patineurs ont chaussé des patins à roulettes, les skieurs des skis munis de roues, et un lugeur plonge du sommet d'une rampe géante. Suivent alors les danseurs yo yo; 20 acrobates exécutent un saut à l'élastique du haut d'une tour. Au-dessus du stade, plane un chérubin souriant qui laisse*

conception of Découflé and Guillotel served as a reminder of the inter-connectedness of sport and dance. Dancers borrow techniques from swimming, boxing and climbing, while athletes look for new ideas from dance. Norway's figure skating champion Sonja Henie had revolutionized her sport by performing an excerpt from the ballet Swan Lake. For the two billion viewers of the Albertville Games, this whimsical and wonderful pageant was astonishing.

At the first Winter Games of 1924 in Chamonix, all sporting events took place at a single venue and everything was within walking distance. At the 1992 Winter Games there were 14 venues throughout hundreds of kilometres of the Savoie region: from Val d'Isère to Les Saisies, from the ice arena in Albertville to the hockey arena in Meribel. The 1924 Chamonix Games awarded 43 medals in five sports that held 13 competitions. Albertville awarded 117 medals in seven sports that held 57 contests. Chamonix hosted 258 athletes from 16 nations. Albertville greeted and accommodated 2,060 athletes from 64 participating countries.

Within the first two days of competition, the Austrian athletes had accumulated seven medals: a gold and a silver medal in the 90m Nordic ski jump, a gold and a bronze in the men's downhill, a silver and a bronze in the men's luge and a bronze in the women's 3,000m speed skating. Austria's star was Patrick Ortlieb, winner of the Olympic downhill race. The course was a tough one, plunging down the La Face de Bellevarde above Val d'Isère in severe turns, vertical drops, and narrow rock chutes. It challenged the racers as never before, and even after conquering the mountain, Patrick Ortlieb said, "I hope I never have to race on it again." France's Franck Piccard, bronze medallist in the 1988 men's downhill and gold in the super giant slalom, flashed across the finish a scant .05 of a second behind Ortlieb's. Two of the new events at Albertville were moguls skiing and short track speed skating. American athletes dominated these events, winning two medals in the moguls and two more in the short track. USA came away from the Games with a total count of 11 medals – its best showing since the 1952 Oslo Games. American women won nine of the 11 medals, including Bonnie Blair's two golds in speed skating, Cathy Turner's first gold in the short track and silver in the relay, and Kristi Yamaguchi's gold in the figure skating event.

*tomber les plumes de ses ailes parmi les spectateurs tout en jouant de la harpe. Découflé et Guillotel ont tenu à rappeler au public la grande communauté d'esprit qui unit le sport et la danse. Les techniques des danseurs sont empruntées à la natation, la boxe et l'escalade; et les athlètes puisent des idées nouvelles chez les danseurs – la patineuse norvégienne Sonja Henie, par exemple, qui a révolutionné sa discipline en interprétant la mort du cygne. Pour le vaste public international qui assiste aux festivités directement ou par le biais de la télévision, le spectacle d'Albertville est une étonnante démonstration.*

*Albertville remet 117 médailles dans sept disciplines, soit 57 épreuves. Chamonix avait accueilli 258 athlètes venus de 16 pays. Albertville reçoit 2 060 athlètes représentant 64 pays. Les Jeux d'hiver ont pris une ampleur sans précédent.*

*Au cours des deux premiers jours, les athlètes autrichiens ont déjà accumulé sept de leurs 21 médailles. L'or et l'argent au saut 90 m et le bronze dans la descente hommes, l'argent et le bronze en luge messieurs, et le bronze au 3 000 m du patinage de vitesse dames. Le champion de l'heure est Patrick Ortlieb, le vainqueur de la descente. La piste est difficile. Elle parcourt la Face de Bellevarde au-dessus du Val d'Isère et inclut des virages, des dénivellations verticales et des passages empierrés qui mettent les skieurs à dure épreuve. Après la victoire, Patrick Ortlieb déclare : «J'espère que je n'aurai jamais à refaire cette descente.» Le Français Franck Piccard, médaillé de bronze de la descente en 1988 et médaillé d'or du super-géant en 1988, termine à 5/100 de seconde de Ortlieb. L'Autrichien Mader est en troisième place. L'Italien Tomba remporte l'argent au slalom et l'or au slalom géant. En descente dames, la Canadienne Lee Gartner enlève l'or devant les deux Américaines Lindh et Wallinger. Le ski acrobatique (en sport de démonstration) et le patinage sur piste courte sont deux des nouvelles disciplines d'Albertville. Les athlètes américains dominent en remportant deux médailles dans la première et deux autres dans la seconde. Au total, les États-Unis quittent Albertville avec 11 médailles, leur meilleure performance depuis les Jeux d'Oslo (1952). Leurs athlètes féminines ont raflé 9 des 11 médailles. Parmi leurs héroïnes se trouvent Bonnie Blair, double médaillée d'or du patinage de vitesse; Cathy Turner, la première médaillée d'or du patinage sur piste courte et la médaillée d'argent du relais 3 km derrière le Canada; et enfin Kristi Yamaguchi, la championne olympique de patinage artistique. Au classement des médailles, l'Allemagne est en tête avec 26 médailles, suivie de l'ex-URSS avec 23 médailles. Le pays hôte termine les Jeux avec 9 médailles, dont 3 d'or, 5 d'argent et 1 de bronze.*

Parade of athletes during the opening ceremonies.

Philippe Guillotel's creative costume designs enhance the celebrations.

*Le défilé des athlètes à la cérémonie d'ouverture.*

*Les costumes originaux créés par Philippe Guillotel contribuent au climat d'allégresse.*

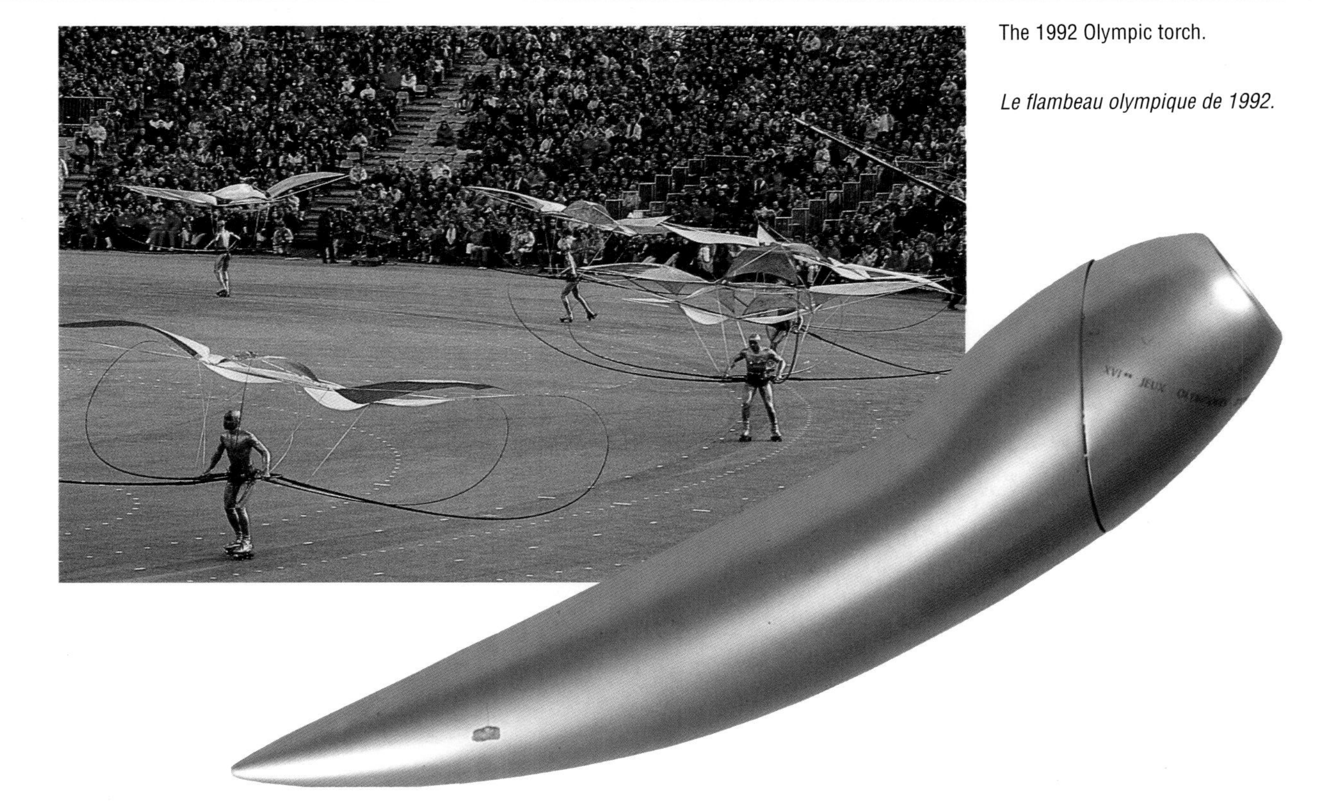

The 1992 Olympic torch.

*Le flambeau olympique de 1992.*

Site identification – concession stand at biathlon venue.

Olympic sponsor at the site.

Olympic Village.

*Pictogramme pour l'épreuve du biathlon et installation commerciale.*

*Un des commanditaires des Jeux.*

*Le Village olympique.*

Olympic flame.

Olympic Park.

*La flamme olympique.*

*Le Parc olympique.*

Site identification and directional signage.

Interior and exterior pageantry banners.

*Exemples de signalisation et de jalonnement.*

*Bannières de décoration intérieure et extérieure.*

Site identification signs at venue entrance.

Pictograms.

Site identification sign.

*Panneaux signalant différentes épreuves à l'entrée d'une aire de compétition.*

*Pictogrammes.*

*Panneau indicateur.*

Examples from the sporting events poster series.

*Exemples de la série d'affiches célébrant les sports olympiques.*

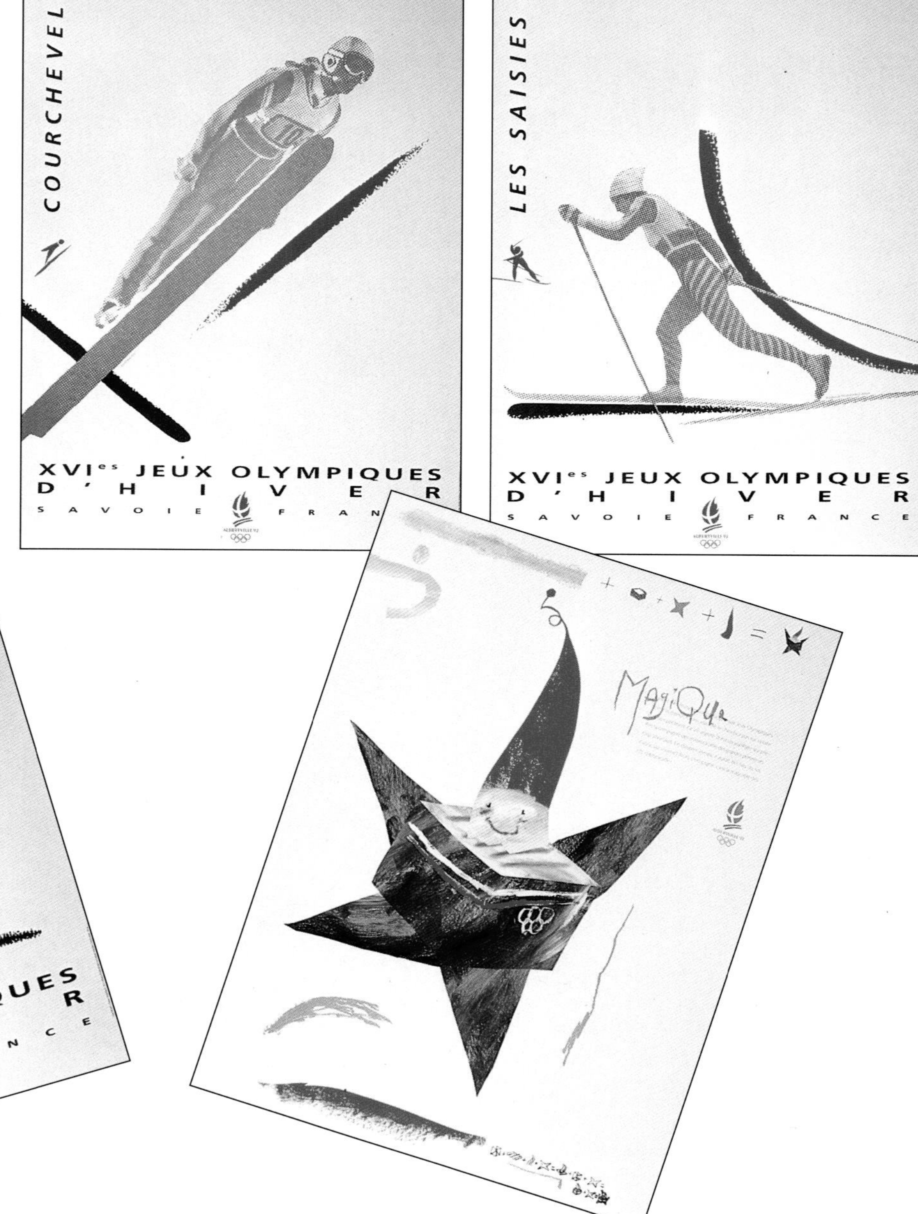

Olympic medals.

Commemorative pins.

*Médailles olympiques.*

*Épinglettes commémoratives.*

Barcelona'92

Jocs de la XXVa Olimpíada
Barcelona 1992

Juegos de la XXV Olimpíada
Barcelona 1992

Jeux de la XXVe Olympiade
Barcelona 1992

Games of the XXV Olympiad
Barcelona 1992

The journey of the Olympic torch to Barcelona aroused more widespread interest than any before. In the course of 43 days 9,726 runners passed through 652 towns and villages, cheered on by millions along the way. Ordinary people, athletes, even King Juan Carlos I took turns carrying the torch. Then Juan Antonio Samaranch, first IOC President ever to take part in the relay, bore the flame through his native town, Barcelona, where residents thronged the streets to greet him. In the Olympic Stadium, Antonio Rebollo, a disabled archer, shot a blazing arrow from afar to light a huge cauldron with the Olympic flame.

In a city renowned for avant garde art, where the visionary architecture of Antoni Gaudí coexists with the bold paintings and sculptures of Joan Miró, design is everything. A unique modern *look* characterized the entire Games, from the classical broad stroke logo of Josep Maria Trias, to the decorated obstacles in equestrian events and Cobi, the most profitable mascot in the history of the Games. Famous Catalan artist Antoni Tàpies and other figures of contemporary Spanish art such as Antonio Saura and Eduardo Chillida produced an array of Olympic posters that recalled the revolutionary poster art of the 1930's. Another Olympic poster series featured superimposed images of the Earth photographed by NASA. During the six years of preparation for the 1992 Summer Games, the local organizing committee had capitalized on local talent. Graphic designers such as Enric Satué and Yves Zimmerman, fashion designer Toni Miró, and a new generation of architects including Alfredo Arribas and Dani Freixas, were all enlisted to help create the design image.

These were the Games that rebuilt Barcelona. Despite its beauty, it was a city in need of a face-lift, and the Olympic Games provided the catalyst. The city spent eight billion dollars on urban renewal. The Games posed considerable logistical problems for a

*Le voyage du flambeau olympique n'a jamais suscité un intérêt aussi passionné. Pendant 43 jours, il changera 9 726 fois de main, traversera 652 villes et villages, entre deux haies de spectateurs enthousiastes - cinq millions de personnes, dit-on. Des citoyens ordinaires, des athlètes, hommes et femmes, et le roi Juan Carlos d'Espagne l'auront porté. En dernier lieu, le président du CIO, Juan Antonio Samaranch, traverse à son tour Barcelone, sa ville natale, en portant la flamme olympique – le premier président du CIO qui ait jamais accompli ce geste. Un million et demi de Barcelonais sont sortis dans la rue pour l'acclamer. Au stade de Montjuich, l'archer Antonio Rebollo tire la flèche qui embrase la vasque géante.*

*Dans cette ville renommée pour son esprit d'avant-garde, où les grandes créations de l'architecte Gaudi côtoient les tableaux et les sculptures audacieuses de Joan Miro, le design occupe un rang privilégié. Du logotype à grand trait classique de Josep Maria Trias, aux obstacles des compétitions équestres et à la mascotte la plus rentable de toute l'histoire des Jeux, Gobi, le style caractéristique des Jeux de Barcelone a façonné la totalité du «paysage» des Jeux. Le célèbre artiste catalan Antoni Tapiés, et d'autres illustres représentants de l'art espagnol contemporain tels Antonio Saura et Eduardo Chillida ont créé une série d'affiches qui évoque l'art de l'affiche révolutionnaire des années 30. Sur le programme des Jeux, ils ont superposé des photographies de la planète prises par la NASA. Durant les six années de préparation aux Jeux d'été de 1992, Barcelone a misé sur le talent de ses artistes – des graphistes tels Enric Statué et Yves Zimmerman aux dessinateurs de mode comme Toni Miró, de la nouvelle génération d'architectes comme Alfredo Arribas et Dani Freixas. Tous ont été invités à collaborer en vue de créer l'image des jeux.*

city situated in the middle of four natural boundaries: the sea, the mountains and two rivers. For the most part, Barcelona took advantage of existing resources. The old Montjuïc swimming pool, built in 1929, was refurbished, and any new facilities were tailored to meet future needs. The city was highly praised for the innovative building and urban design of the Vall d'Hebron Area, the Olympic Harbour at Poblenou, the sports halls at Badalona and Granollers, the Olympic Village and the white water canoeing canal in the Parc del Segre of La Seu d'Urgell. The most acclaimed structure was the Palau Sant Jordi, a multipurpose space designed by Japanese architect Arato Isozaki, in the Olympic Ring on Montjuïc. The skyline of Barcelona was transformed by Valencian engineer Santiago Calatrava and British architect Norman Foster with their design of two futuristic communications towers.

Everyone came to the Barcelona Games – in all 10,563 athletes from 172 nations, including South Africa, Cuba, North Korea and the new European countries. The IOC finally welcomed both professional and amateur athletes. Sixty-four countries went home with medals. Paraskevi Patoulidou became Greece's first winner of the women's 100m hurdles. The African athletes swept up nearly all the medals in the distance races. Russian gymnast, Vitaly Scherbo, was the most decorated athlete of the 1992 Summer Games winning six gold medals. American track and field star, Carl Lewis, won two more gold medals, and the tennis doubles team of Mary Jo Fernandez and Gigi Fernandez won the gold in women's tennis. The Cubans took home a total of 14 medals, including 7 of the 12 gold medals in the boxing competitions and the first-ever Olympic gold medal in baseball.

At the previous Olympics, Spain had won only one gold medal, and in the entire history of the Modern Games, only four. At the Barcelona Games, the Spanish athletes outdid themselves, winning 22 medals including 13 gold in judo, cycling, track, swimming, archery, soccer and yachting. They also placed in many of the demonstration events such as roller hockey and tae kwon do. One of Spain's proudest moments was the gold medal win by its women's field hockey team. On the success of the Spanish athletes, King Juan Carlos I said, "I am pleased with the results of the Spanish athletes, whose efforts and whose enthusiasm are symbolic of their greatness. The medals they have won only serve to prove that. They make us all proud."

*Ce sont les Jeux qui ont reconstruit Barcelone. Malgré sa beauté, la ville avait besoin d'être restaurée. Les J.O. ont été cette force catalysante. Barcelone a consacré 8 milliards de dollars à son programme de réaménagement urbain. Les Jeux posaient des problèmes logistiques considérables pour cette ville située au centre de quatre barrières naturelles : la Méditerranée, les montagnes et deux cours d'eau. En général, Barcelone a su optimiser ce qu'elle possédait déjà. Construite initialement en 1929, la piscine a été réaménagée et peut rivaliser avec n'importe quel complexe moderne. Barcelone a attiré beaucoup d'éloges pour cette construction innovatrice, la conception urbaine de l'aire du Val d'Hébron, le port olympique de Poblenou et le canal aménagé pour le saut de barrage en canoë. Le complexe le plus admiré est le Palau Sant Jordi, un centre multifonctionnel conçu par l'architecte japonais Arato Isozaki, dans l'anneau olympique situé sur la colline de Montjuich. L'ingénieur originaire de Valentia, Calatrava, et l'architecte britannique Norman Foster ont redessiné la ligne d'horizon de Barcelone en créant deux tours de communications futuristes.*

*Tout le monde est présent Barcelone – 10 563 athlètes, soit 172 pays, l'Afrique du Sud, Cuba et la Corée du Nord, les nouveaux pays européens, et le CIO a finalement accepté ouvertement la participation des athlètes amateurs et professionnels. Soixante-quatre pays rentreront avec des médailles. Pour la première fois, la Grèce remporte le 100 m haies féminin grâce à Paraskevi Patoulidou. Les athlètes africains raflent presque toutes les médailles de courses longues distances. Le gymnaste russe Vitaly Scherbo devient l'athlète le plus décoré des Jeux d'été de 1992 avec six médailles d'or. Le grand champion américain Carl Lewis gagne encore deux médailles d'or, et les Américaines Mary Jo Fernandez et Gigi Fernandez remportent l'or de tennis dames. Les Cubains enlèvent un total de 14 médailles, dont 7 des 12 médailles d'or aux épreuves de boxe. Ils capturent également la toute première médaille d'or olympique de base-ball.*

*Aux J.O. précédents, l'Espagne avait remporté une seule médaille d'or et, un total de 4 seulement dans toute l'histoire des Jeux. À Barcelone, les athlètes espagnols galvanisés décrochent 13 médailles d'or et 22 médailles en tout. Ils parviennent également à se classer dans 17 des sports de démonstration, y compris en hockey à roulettes et en tae kwon do. Le pays hôte réussit à dominer toute une gamme d'épreuves, du judo au cyclisme, de la course à la natation, au tir à l'arc, au football et au yachting. Pour l'Espagne, l'un des grands moments des Jeux de 1992 est la médaille d'or remportée par l'équipe féminine de hockey sur gazon. Le roi Juan Carlos dira du succès des athlètes espagnols : «Au plan sportif, je suis heureux des résultats des athlètes espagnols. Leurs efforts et leur enthousiasme sont à la mesure de leur grand talent. Les médailles qu'ils ont gagnées n'en sont que le témoignage. Nous sommes tous fiers d'eux.»*

Barcelona transformed into an Olympic city with streets lined with bold coloured banners.

*Barcelone en fête, à l'heure des Jeux.*

Cobi, the Olympic mascot.

*La mascotte des Jeux, Cobi.*

Venue site identification and directional signage.

*Pictogrammes signalant les aires de compétition et panneaux indicateurs.*

Pictograms and effective site identification and directional signage.

*Pictogrammes et panneaux indicateurs.*

Banners marking cycle event route. | *Bannières balisant le circuit de l'épreuve sur route.*

The Olympic flame. | *La flamme olympique.*

Site identification. | *Aire de compétition.*

The 1992 Olympic torch. | *Le flambeau olympique de 1992.*

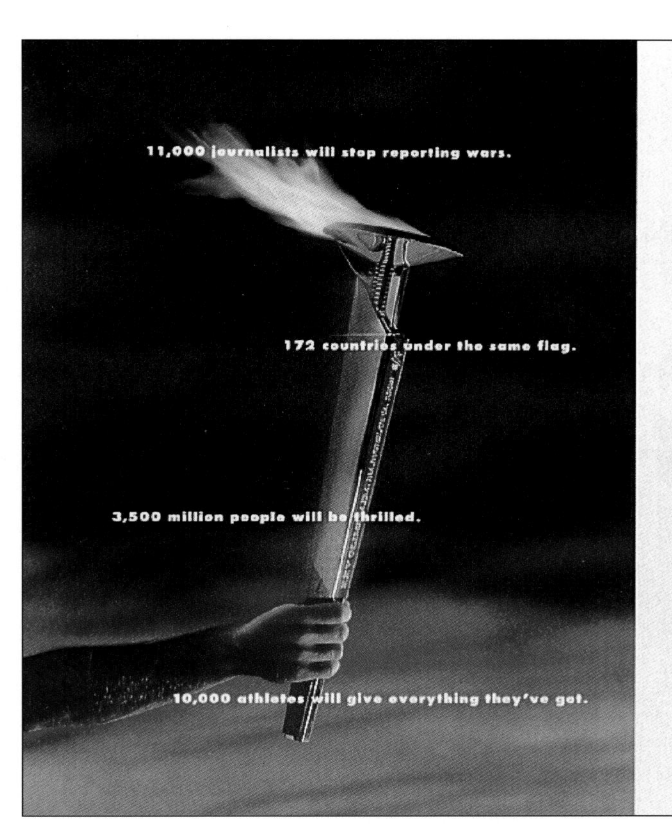


25 July sees the start of the greatest Olympic Games in history.

**Barcelona Setting hearts on fire**

Double spread advertisement announcing the Games.

Poster from the Olympic designers' series.

*Double page de publicité annonçant les Jeux Olympiques.*

*Affiche de la série de créateurs ayant contribué aux J.O.*

Examples of posters sponsored by Telefónica España, S.A.

*Exemples d'affiches commanditées par Telefónica España, S.A.*

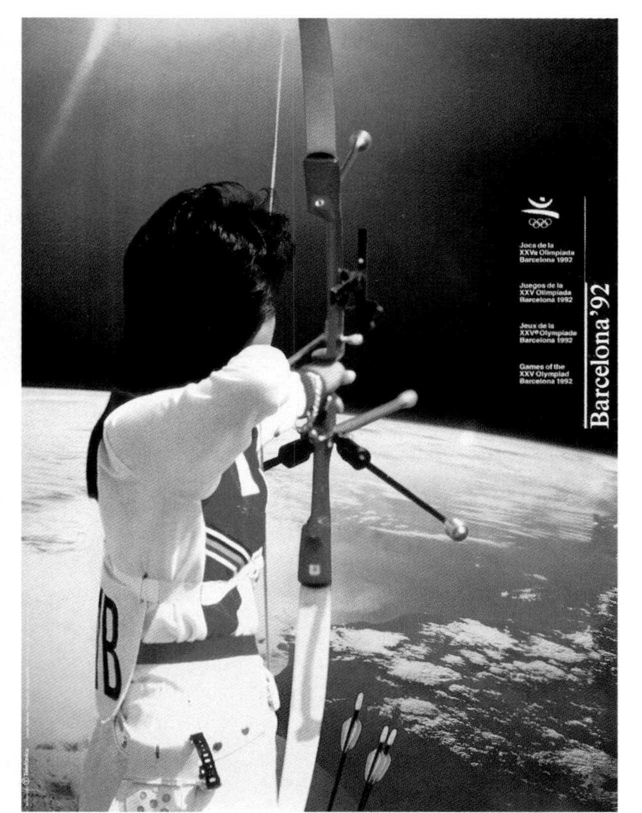


A few examples of a poster series on the 28 sporting events.

*Quelques exemples d'une série d'affiches célébrant les 28 sports olympiques.*

Posters from the collection of thematic series which included works by well-known designers and painters.

*Affiches tirées d'une collection thématique à laquelle ont contribué des créateurs et des peintres célèbres.*

INAUGURACIÓ
ESTADI OLÍMPIC DE MONTJUÏC
Barcelona, 8 de setembre de 1989
EDITAT PER BARCELONA PROMOCIÓ, AJUNTAMENT DE BARCELONA. DISSENY DE PILAR VILLUENDAS I JOSEP RAMON GOMEZ

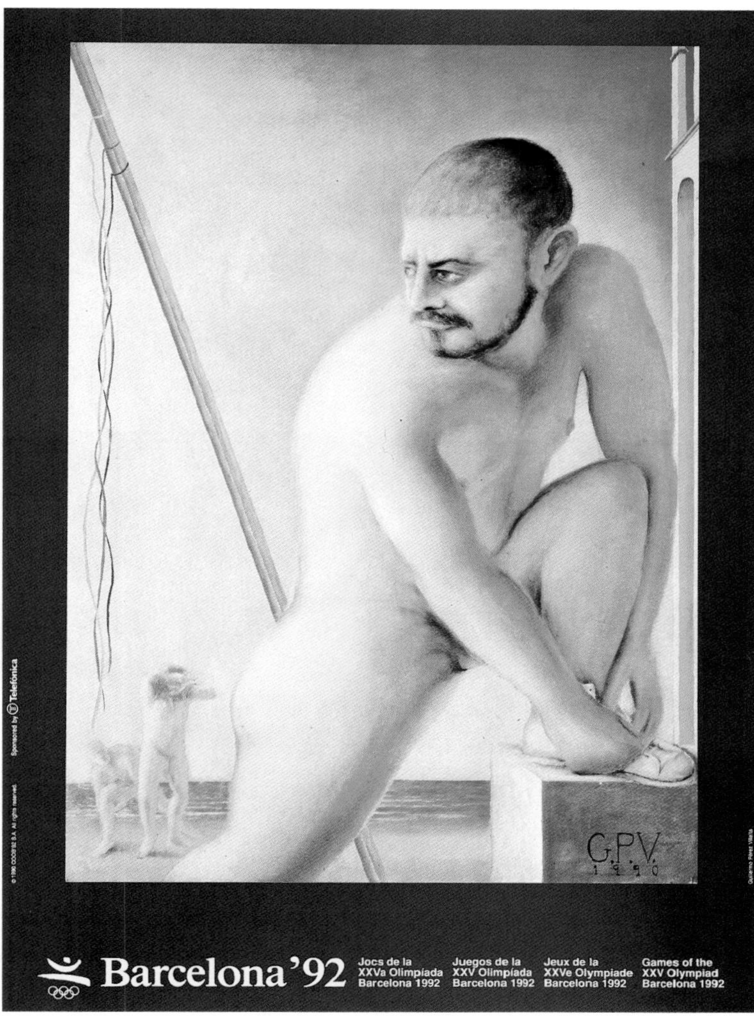
G.P.V.
Barcelona'92
Jocs de la XXVa Olimpiada Barcelona 1992
Juegos de la XXV Olimpíada Barcelona 1992
Jeux de la XXVe Olympiade Barcelona 1992
Games of the XXV Olympiad Barcelona 1992

BARCELONA
Barcelona'92
Jocs de la XXVa Olimpiada Barcelona 1992
Juegos de la XXV Olimpíada Barcelona 1992
Jeux de la XXVe Olympiade Barcelona 1992
Games of the XXV Olympiad Barcelona 1992

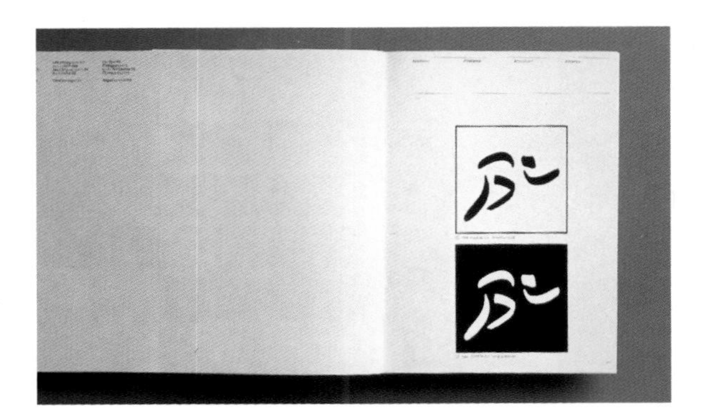

The sports pictograms of the 1992 Barcelona Games.

Graphics standards manual.

*Les pictogrammes des sports des Jeux de Barcelone, 1992.*

*Manuel des normes pratiques.*

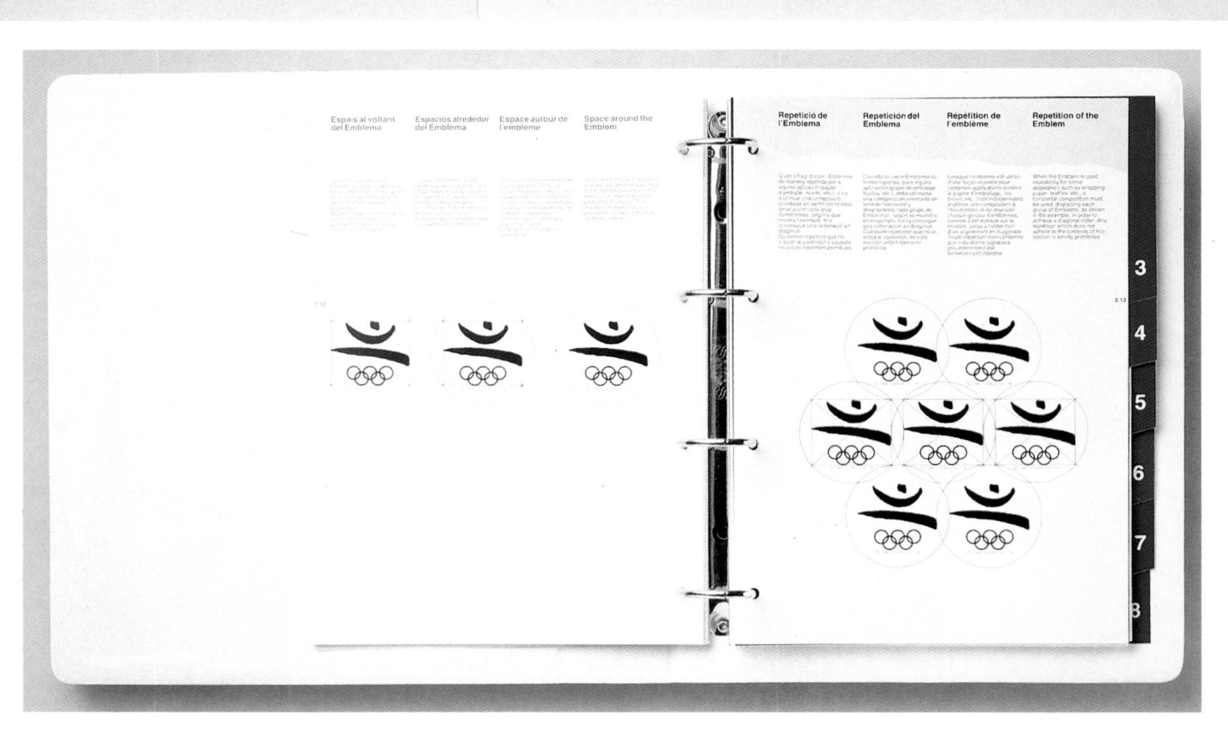

Official poster for the ParaOlympics.

Pages from the official logo and pictograms design guidelines manual.

*Affiche officielle des Jeux paralympiques.*

*Pages tirées des manuels des normes pratiques.*





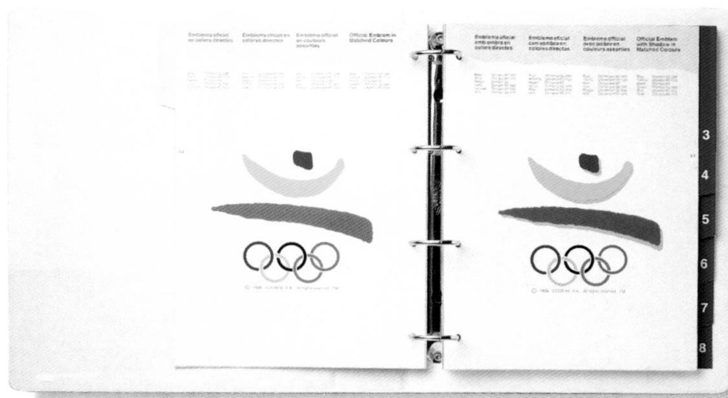

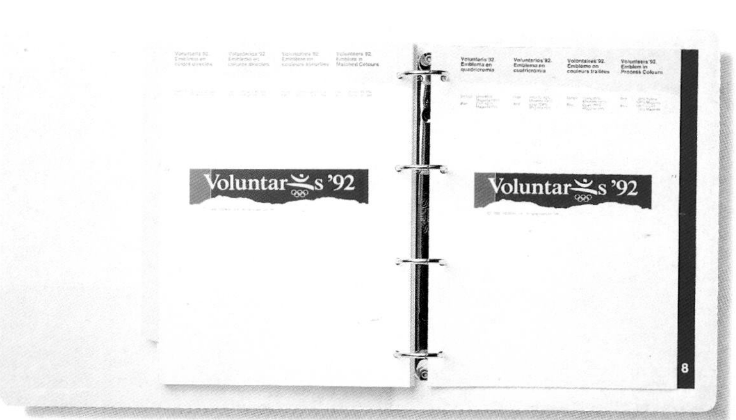

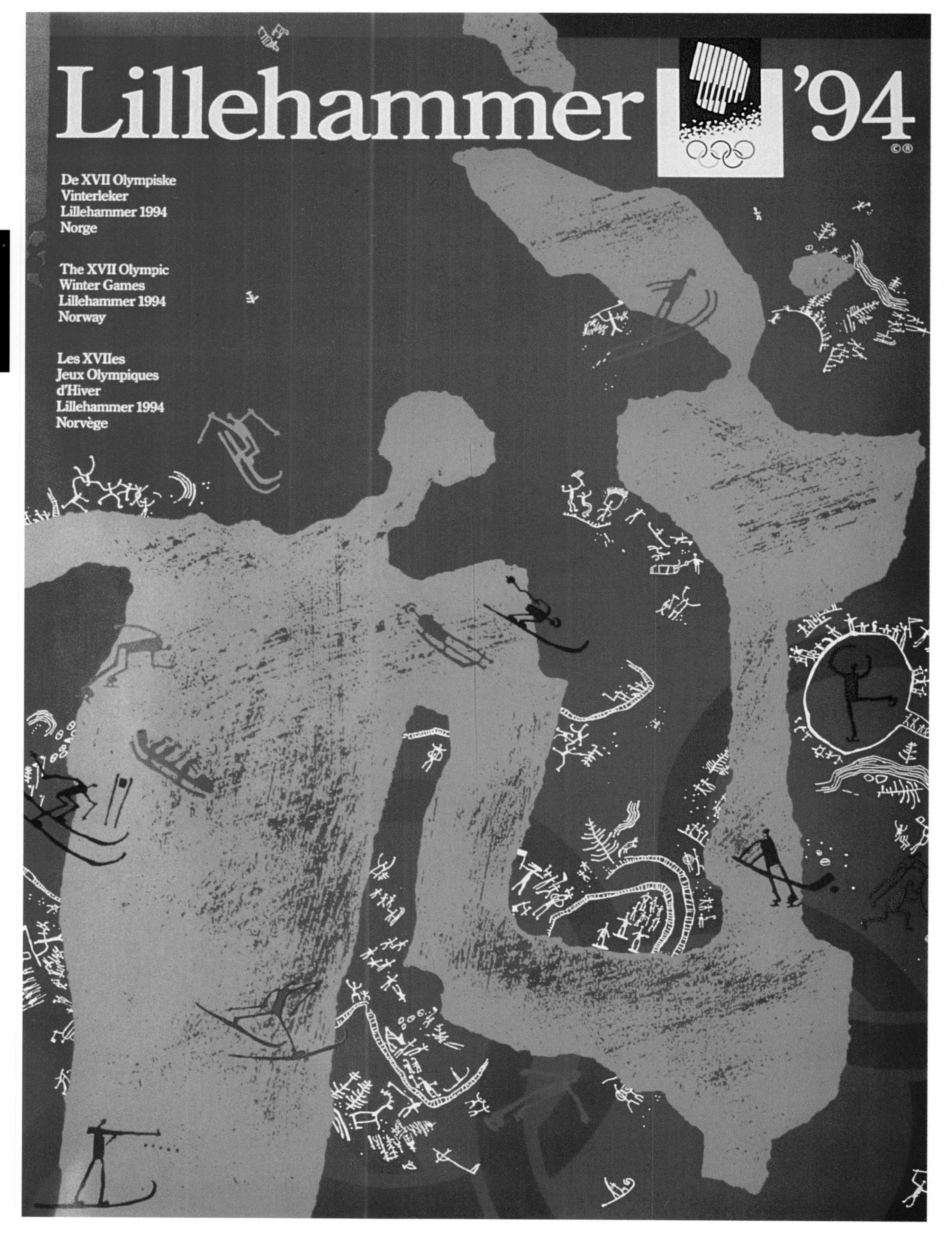

Lillehammer '94
©®
De XVII Olympiske
Vinterleker
Lillehammer 1994
Norge
The XVII Olympic
Winter Games
Lillehammer 1994
Norway
Les XVIIes
Jeux Olympiques
d'Hiver
Lillehammer 1994
Norvège

**G**erhard Heiberg, president of the Lillehammer organizing committee, had announced their intention of presenting to the world not only a sport festival but a folk festival. And indeed, the opening ceremonies, presided over by King Harold, were full of enchantment, charm and natural beauty. Musicians arrived by pony and sled. Dancers swept down the ski slopes. At the base of the landing slope, 417 children dressed in blue, yellow, black, green and red formed the five Olympic rings, which were then transformed into a choir. Liv Ullmann and Thor Heyerdahl, chosen for their cultural achievements, played the role of "parents", guiding spectators through the ceremony in Norwegian and English. "We sincerely hope that the Games will be held in true Olympic spirit, and that this sports festival will be witness to international brotherhood, peace and solidarity transcending all borders and religions."

As dusk turned to dark in the valley, 1,905 athletes from 66 nations entered the stadium. IOC President Juan Antonio Samaranch requested a minute of silence for the former Olympic city of Sarajevo. "Stop fighting, stop killing, and drop your arms," he said. Then the Olympic flag was raised. High up on the mountain, Stein Gruben received the Olympic torch and launched himself from the towering ski jump to land perfectly at the base of the open-air stadium. He passed the torch to Crown Prince Haakon, who ignited the pedestal that would burn with the Olympic flame for 16 days. The floodlights dimmed, and from beneath the snow, singly and in pairs, emerged hundreds of mysterious figures. At first they appeared to be in awe of their surroundings, then began laughing and tumbling while from the

***A**u cours d'une brève allocution, avant la proclamation officielle du roi Harald, Gerhard Heiberg, le président du Comité organisateur, a dit : «Nous voulons présenter au monde un festival des sports qui soit aussi un festival populaire.» La cérémonie d'ouverture est un spectacle plein de charme et de beauté naturelle. Les musiciens arrivent en traîneau et les danseurs dévalent les pentes de ski. Au pied du tremplin de saut, 417 enfants forment les cinq anneaux olympiques bleu, jaune, noir, vert et rouge. Ils se transforment en choeur. Une «famille» d'accueil est à leurs côtés : les grands acteurs, Liv Ullmann et Thor Heyerdahl, jouent le rôle de «parents» et guident les spectateurs tout au long de la cérémonie présentée en norvégien et en anglais. «Nous espérons sincèrement que les Jeux se dérouleront dans le respect de l'esprit olympique, et que ce festival témoignera de la fraternité, de la paix et de la solidarité internationales, au-delà de toutes les frontières et les religions.»*

*La nuit tombe alors sur la vallée; 1 905 athlètes venus de 66 pays entrent dans le stade. Le président du CIO, Juan Antonio Samaranch demande une minute de silence pour l'ancienne ville hôte Sarajevo. «Cessez de vous battre, cessez de vous tuer et déposez vos armes.» Puis, les couleurs olympiques sont hissées. Le sauteur à ski Stein Gruben reçoit le flambeau olympique en haut du tremplin, il prend son élan et se reçoit parfaitement. Il passe alors le flambeau au prince héritier Haakon, qui allume la vasque. L'intensité des projecteurs diminue. Des créatures étranges émergent du paysage enneigé en riant et en faisant des culbutes. Du haut des pentes, d'autres silhouettes les rejoignent et exécutent une danse mystique.*

higher slopes more figures cascaded downward to merge with them in a mystical dance.

Twenty-one environmental projects were undertaken at the Lillehammer Games. There were edible plates at the food venues, promotional print material used unbleached paper and all facilities were designed to maximize current and long-term use. The Viking Ship (Vikingskipet) created for the speed skating events doubled as a velodrome, and was later used for the world cycling championships. The covered stadium had a heat-retrieval system. A thermal generator recycled the heat generated by the creation of ice.

By all standards – ticket sales, television ratings or athletic achievements – the Lillehammer Games were an enormous success. Norway, the host nation, won 26 medals including 10 gold. The 50k Nordic cross-country race was won by Kazakhstan's Vladimir Smirnov. Italy's Alberto Tomba won his last Alpine skiing medal, a silver, in the slalom, and Austria took the gold medal. In one of the more dramatic moments of the Games, Sweden captured the ice hockey gold over Canada in a sudden death tiebreaker.

The site of the cross-country stadium was part of a path used seven centuries earlier by soldiers who rescued Håkon, the infant king of Norway. Those soldiers, known as Birkebeiners because they wrapped their legs with birkebein (birch bark) to keep warm, helped forge a united Norway by their heroic rescue of the royal child. They skied from Lillehammer to the village of Rena on the other side of the mountain – sacred country to the Norwegians. For more than a hundred years the Norwegians have held a cross-country ski race known as the Birkebeiner, that retraces the route taken by the soldiers in 1296. Every year more than 6,000 skiers enter the 55k race, carrying a pack of at least 3.5k to symbolize the weight of the infant.

At the closing ceremonies, a spectacular display of fireworks took place against the backdrop of a full moon. Before giving the order to extinguish the Olympic flame, IOC President Juan Antonio Samaranch said, "These have been the best Winter Games ever. Tusen takk, Lillehammer. A thousand thanks, Lillehammer" – a sentiment shared by all spectators at the Lillehammer Games.

*Vingt-et-un projets de protection de l'environnement ont été entrepris pour les Jeux de Lillehammer – des assiettes comestibles, notamment; et le papier qui a servi de support à la campagne de promotion n'a pas été blanchi au chlore. Toutes les réalisations ont été construites dans le respect de l'environnement et en vue d'une utilisation ultérieure maximale. Le bateau de Viking (Vikingskipet) destiné à accueillir les épreuves de patinage peut se convertir en vélodrome et a servi aux championnats de cyclisme de 1993. Le stade couvert est doté d'un système de chauffage et d'un générateur thermique qui recycle le surplus de chaleur généré par la création de la glace.*

*Tout aura contribué à faire des Jeux de Lillehammer les Jeux d'hiver les plus réussis de l'histoire. La Norvège a remporté 26 médailles au total, dont 10 d'or. L'épreuve du 50 km a été remportée par Vladimir Smirnov du Kazakhstan. L'Italien Alberto Tomba a enlevé sa dernière médaille – l'argent – au slalom et l'Autriche l'or. Dans un des affrontements les plus mémorables des Jeux, la Suède a arraché la médaille d'or de hockey au Canada, au terme d'un match éliminatoire unique.*

*La piste de ski de fond suivait l'itinéraire emprunté, sept siècles plus tôt, par les soldats chargés de sauver Håkon, l'enfant roi de Norvège. On les nomme les Birkebeiners, parce qu'ils avaient coutume de s'entourer les jambes d'écorce de bouleau. Les Birkebeiners ont contribué à forger l'unité de la Norvège grâce à leur héroïque équipée. Ils ont skié de Lillehammer jusqu'au village de Rena, de l'autre côté de la montagne – une terre sacrée pour les Norvégiens. Depuis plus de cent ans, les Norvégiens organisent une course de ski nordique dite de Birkebeiner, qui retrace le chemin emprunté par les soldats en 1296. Chaque année, plus de 6 000 skieurs participent à cette épreuve de 55 km, en portant une charge d'au moins 3,5 kg qui symbolise le poids de l'enfant roi.*

*À la cérémonie de clôture, le spectacle de feux d'artifice s'est déroulé sous la pleine lune. Avant de donner l'ordre d'éteindre la flamme, le président Juan Antonio Samaranch a dit : «Nous avons eu les meilleurs Jeux d'hiver jusqu'ici. Tusen takk, Lillehammer. Mille fois merci, Lillehammer!» Une appréciation profondément ressentie par tous les spectateurs des Jeux de Lillehammer.*

The Olympic flame.

*La flamme olympique.*

The Hall of Hamar – speedskating venue – can also be transformed into a velodrome. It seats 11,000 spectators.

This inverted Viking ship has100 metre long laminated wood in its roof spans.

*Le centre de patinage de vitesse (Hall of Hamar) peut également se transformer en vélodrome et accueillir 11 000 spectateurs.*

*La charpente de ce bateau Viking retourné est soutenue sur toute la largeur par des pièces en bois lamellé de 100 m de long.*

The 1994 Olympic torch.

Breathtaking view of the opening ceremonies.

The Nordic torch relay in progress.

Official poster.

*Le flambeau olympique de 1994.*

*Vue saisissante de la cérémonie d'ouverture.*

*Le relais du flambeau nordique.*

*Affiche officielle.*

Ski jumper appears to be hovering over the Olympic flame.

Nordic pageantry.

Interactive video information terminal.

Olympic mascots Kristin and Haakon.

*Ce sauteur à ski semble planer au-dessus de la flamme olympique.*

*Festivités de style nordique.*

*Terminal IVIS.*

*Les mascottes des Jeux, Kristin et Haakon.*

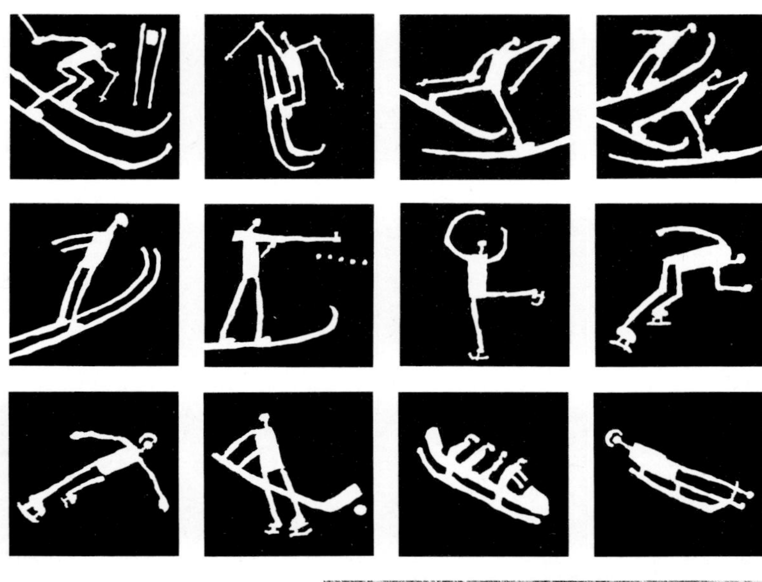

Prolific use of pictograms seen on all competition venues.

*Les pictogrammes sont présents en tous lieux.*

The Kautbaugen freestyle skiing stadium that seats up to 15,000 spectators.

*L'aire de ski acrobatique de Kautbaugen peut accueillir 15 000 spectateurs.*

Lillehammer Games Design Handbook.

Samples of merchandising products.

*Manuel des normes pratiques des Jeux d'Lillehammer.*

*Quelques articles de commerce.*

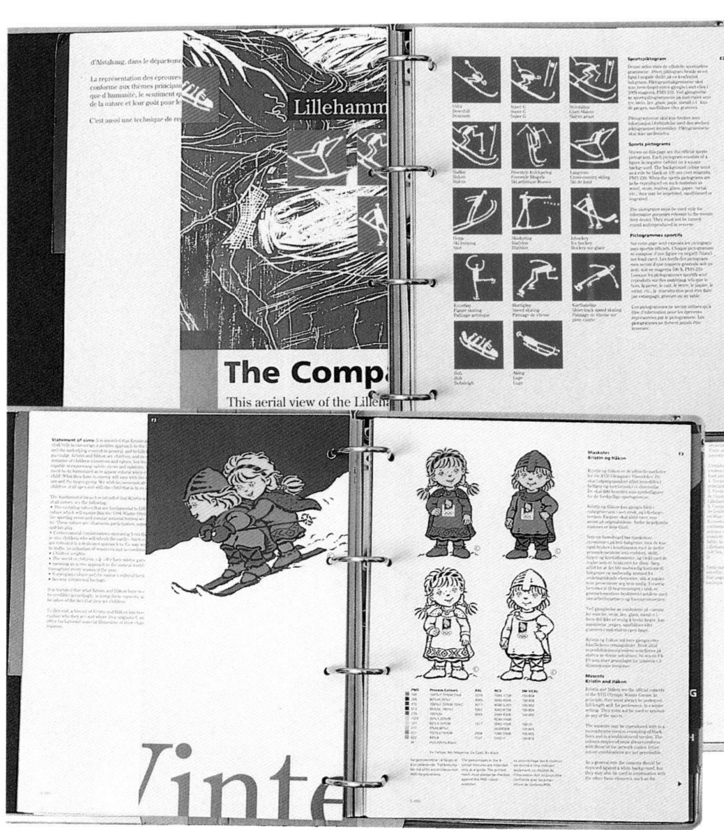

Posters from the sporting events series.

*Affiches annonçant les manifestations sportives.*

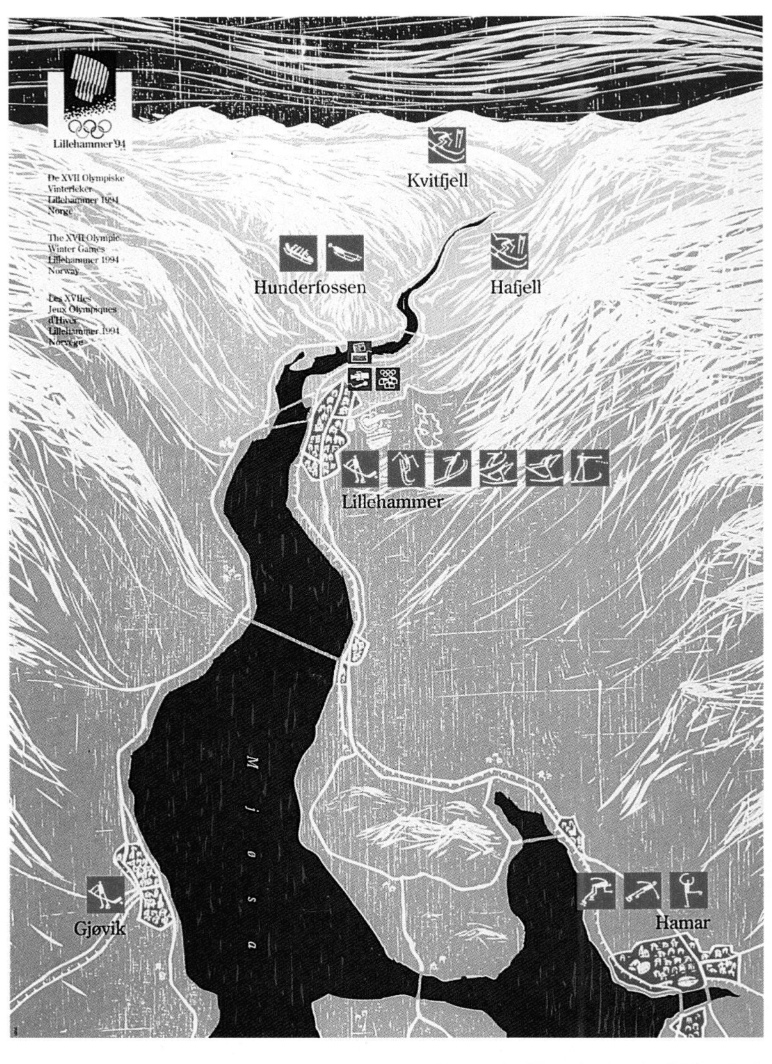


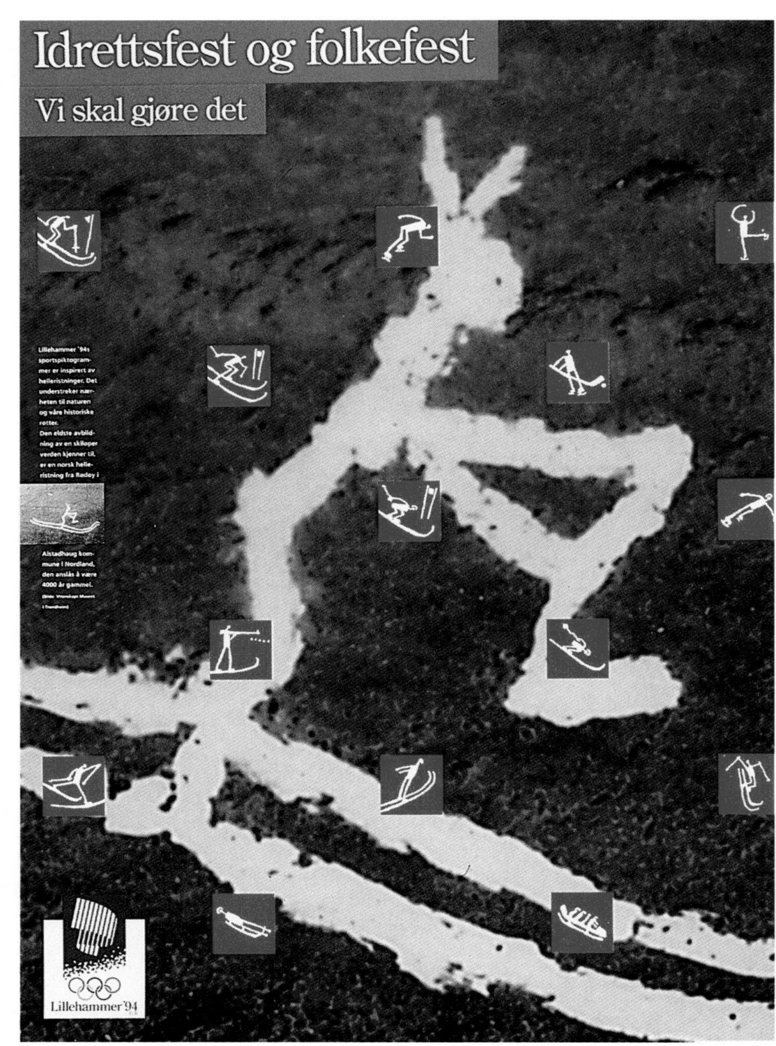


Posters for the sporting and cultural events.

*Affiches annonçant les manifestations culturelles et sportives.*

Official poster for the Olympic Arts Festival.

*Affiche officielle du Festival olympique des arts.*

Olympic medals and commemorative souvenirs.

*Médaille olympique et articles-souvenirs.*



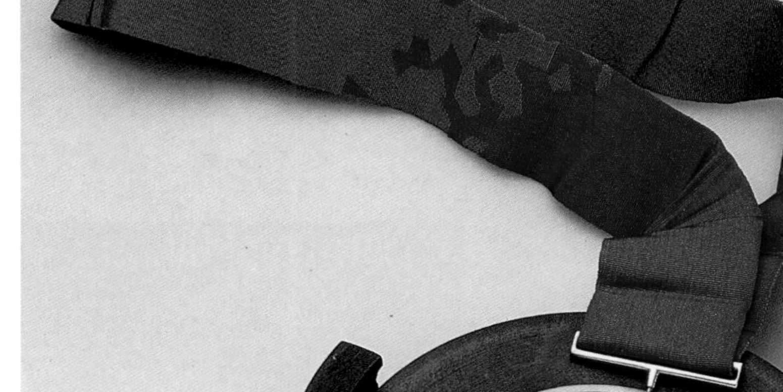

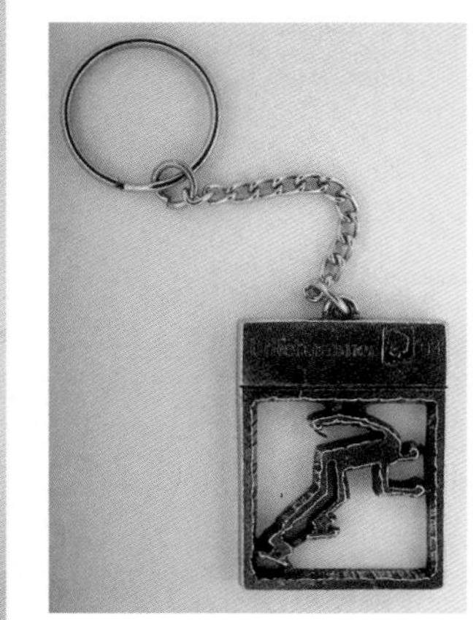

Olympic mascots.

Commemorative pins and stamps.

*Mascottes des Jeux.*

*Épinglettes et timbres commémoratifs.*

CENTENNIAL OLYMPIC GAMES LES JEUX OLYMPIQUES DU CENTENAIRE
ATLANTA

**The Quilt of Leaves** – The *Look* of the 1996 Atlanta Centennial Olympic Games, by George Hirthler

**The Process** – In January of 1994, the Atlanta Committee for the Olympic Games (ACOG) entrusted five design firms with the task of creating the *Look* of the Games for 1996. From 490 candidates, ACOG narrowed the field to 12 firms, which were given the opportunity to make presentations. Ultimately, two firms from Atlanta – Copeland Hirthler/Murrell design + communications and Jones Worley Design – were teamed with Primo Angeli, Inc. of San Francisco, Faverman Design of Boston, and Malcolm Greer Designs of Rhode Island. An Atlanta architectural firm, Turner and Associates, was hired to facilitate the process of melding 20 to 30 team members, including ACOG's *Look* staff, into a cohesive creative unit.

The first order of business was to establish a thematic platform that would guide the design explorations. After two weeks of preliminary discussion and debate, the team presented the theme "Harmony, Radiance and Grace" to ACOG. In Olympic terms, *harmony* represented the athletes of the world coming together in unity, *radiance* the global glow of the Centennial celebration, and *grace* the character of the host city and the American south. ACOG's management, including President and CEO Billy Payne, approved this theme, which served as a point of reference for design concepts.

During a three month period, each firm worked on a variety of independent design approaches that sought to interpret the thematic platform. In presentations before the full team, certain "common threads" or iconic images began to emerge and ultimately merged under the ACOG's direction. A number of firms developed concepts based on quilt designs and one firm pushed

***Courtepointe et feuillage*** – *L'image caractéristique des Jeux Olympiques d'Atlanta (1996), par George Hirthler*

***La démarche*** – *En janvier 1994, le Comité responsable des Jeux Olympiques d'Atlanta (ACOG) a confié à cinq studios de publicité la tâche de créer le* Look *des Jeux de 1996. Parmi 490 concurrents, l'ACOG a retenu initialement la candidature de 12 studios et leur a donné la possibilité de présenter leurs idées. Finalement, deux agences d'Atlanta, Copeland Hirthler/Murrel design + communications et Jones Worley Design ont été associées à Primo Angeli, Inc de San Francisco, Faverman Design de Boston et Malcolm Greer Designs de Rhode Island. Une agence d'architecture d'Atlanta, Turner and Associates, a été engagée pour faciliter l'intégration de 20 à 30 personnes, y compris des représentants de l'ACOG, et constituer une véritable équipe de création.*

*Il a d'abord fallu choisir un thème susceptible de guider la recherche conceptuelle. Après deux semaines de discussions préliminaires, l'équipe a présenté le thème «Harmonie, rayonnement et grâce» à l'ACOG. Dans le cadre des Jeux, l'harmonie représente l'unité des athlètes qui se réunissent de partout dans le monde; le rayonnement signifie l'éclat des fêtes du centenaire à l'échelle de la planète; et la grâce suggère le caractère de la ville hôte et du sud des États-Unis. La direction de l'ACOG, et notamment son PDG Billy Payne, l'a approuvé et les travaux de recherche ont commencé d'après le thème qui venait d'être proposé.*

*Pendant trois mois, chaque agence a élaboré indépendamment un certain nombre d'approches conceptuelles qui cherchaient à interpréter le thème des jeux. Au cours de présentations collectives, certains fils conducteurs ou images iconiques ont*

the concept of the leaves. As these ideas blended, the quilt provided a meaningful connection to the traditions of folk art, while the leaves effectively linked the quilt to the diverse themes of Centennial Olympic history and the natural beauty of the American South.

**The Result** – The *Look* of the 1996 Atlanta Centennial Olympic Games weaves together a system of graphic images that symbolizes Atlanta's grace and natural beauty, the ancient traditions of the Olympic Games and the cultural heritage of the American South. In forming the visual framework for the Games, the *Look* employs a Quilt of Leaves to create a tapestry that links the ideals of human solidarity and southern hospitality with the celebration of the Centennial.

In its simplest expression the *Look* depicts a hand-wrought image of a quilt, one of the purest, most primitive forms of human creativity and an enduring symbol of Southern art. As a symbol of Atlanta, the quilt evokes the diversity of the community and the unity achieved in the patchwork of neighbourhoods that form the city. The leaves that are woven into the quilt reflect Atlanta's natural beauty and the canopy of shade for which the city of trees is known. Taken from daily life, they are the inspiration of the artist captured in the tapestry of the quilt.

As a symbol for the Games, the quilt mirrors the marriage of colours created in the Parade of Nations, as the cultures of the world blend their flags into a single expression of human harmony, creating a mosaic which reflects the diversity of the world and the unity of the Games.

As the essence of the quilt, the leaves provide a direct link to the Olympic Games. At the birth of the Games in ancient Greece, the leaf emerged as a sacred symbol of glory and peace, a jewel in the crown of the olive branch placed on the head of the victor, a garland festooned on the heralds who toured the nation, proclaiming the truce of the gods that promoted peace while the Games were contested.

In modern times, once again, the leaf found its place in the rebirth of the Games: on the gilded medals of Athens, on the resplendent brow of the triumphant athlete. As recently as 1936, 40 years after the modern Games began, the laurel wreath was used as a crown in the medals ceremonies, esteemed by all those who embraced the marriage of peace and sport in the Olympic tradition.

As an image of unity, the Quilt of Leaves speaks a universal language. It is familiar, and so it welcomes. It is beautiful, and so it inspires. It is symbolic, and so it weaves historic meaning into the *Look*, providing a common thread from the shared experience of humanity that welcomes the world to the 1996 Atlanta Centennial Olympic Games.

*commencé à prendre forme et ont finalement été intégrées sous la direction de l'ACOG. Plusieurs agences avaient proposé des concepts inspirés par des motifs de courtepointe (ou édredon américain) et l'une d'elles avait avancé celui des feuilles. Au cours de cette fusion d'idées, la courtepointe est devenue l'élément important qui permettait de renouer avec les traditions de l'art populaire, tandis que les feuilles reliaient la courte pointe aux divers thèmes du centenaire des Jeux et à la beauté naturelle du Sud des États-Unis.*

***Le résultat** – Le* Look *des Jeux d'Atlanta tisse un réseau d'images qui symbolise la grâce et la beauté naturelle d'Atlanta, les traditions anciennes des Jeux Olympiques et l'héritage culturel du Sud. En formant le cadre visuel des Jeux, le* Look *utilise une courtepointe de feuilles pour créer une tapisserie où se confondent les idéaux de la solidarité humaine, l'hospitalité du Sud et les fêtes du Centenaire.*

*Dans sa plus simple expression, le Look représente une courtepointe faite à la main, l'une des formes de créativité les plus pures, les plus simples et les plus ingénieuses qui soient, et un symbole attachant de l'art traditionnel du Sud. En tant que symbole d'Atlanta, la courtepointe évoque la diversité de la collectivité et l'unité de cette mosaïque de quartiers qui constituent la ville. Les feuilles reprises dans la courtepointe reflètent la beauté naturelle d'Atlanta et la fraîcheur de ses parcs. Élément emprunté au quotidien, elles représentent l'inspiration de l'artiste et sa pleine réalisation dans le patient travail d'assemblage de la courtepointe.*

*En tant que symbole des Jeux, la courtepointe reflète le mariage de couleurs créé par le défilé des nations, quand les cultures du monde mêlent leurs couleurs en une seule expression d'harmonie humaine, créant une mosaïque qui reflète la diversité du monde et l'unité des Jeux.*

*Motif essentiel de la courtepointe, les feuilles établissent un lien direct avec les Jeux olympiques. Au lieu de naissance des Jeux de la Grèce ancienne, la feuille était un symbole sacré de gloire et de paix, l'élément de la couronne de rameaux d'olivier au front du vainqueur, la guirlande qui parait les messagers venus annoncer la trêve sacrée en l'honneur des Jeux.*

*En notre ère, de nouveau, la feuille a trouvé sa place dans les Jeux du renouveau, sur les médailles d'Athènes, sur le front glorieux des champions. En 1936, quarante ans après le début des Jeux, la couronne de laurier servait encore à récompenser le vainqueur, estimée par tous ceux qui appréciaient l'alliance réalisée entre la paix et le sport dans la tradition olympique.*

*À titre d'image d'unité, la courtepointe et la feuille parlent un langage universel. Il est familier et accueillant. Il est beau et il inspire. Il est symbolique, et tisse ainsi une trame historique en filigrane des Jeux, devenant le fil commun, celui de l'expérience partagée de toute l'humanité qui accueille le monde aux Jeux du Centenaire : les Jeux Olympiques d'Atlanta, en cette année 1996.*

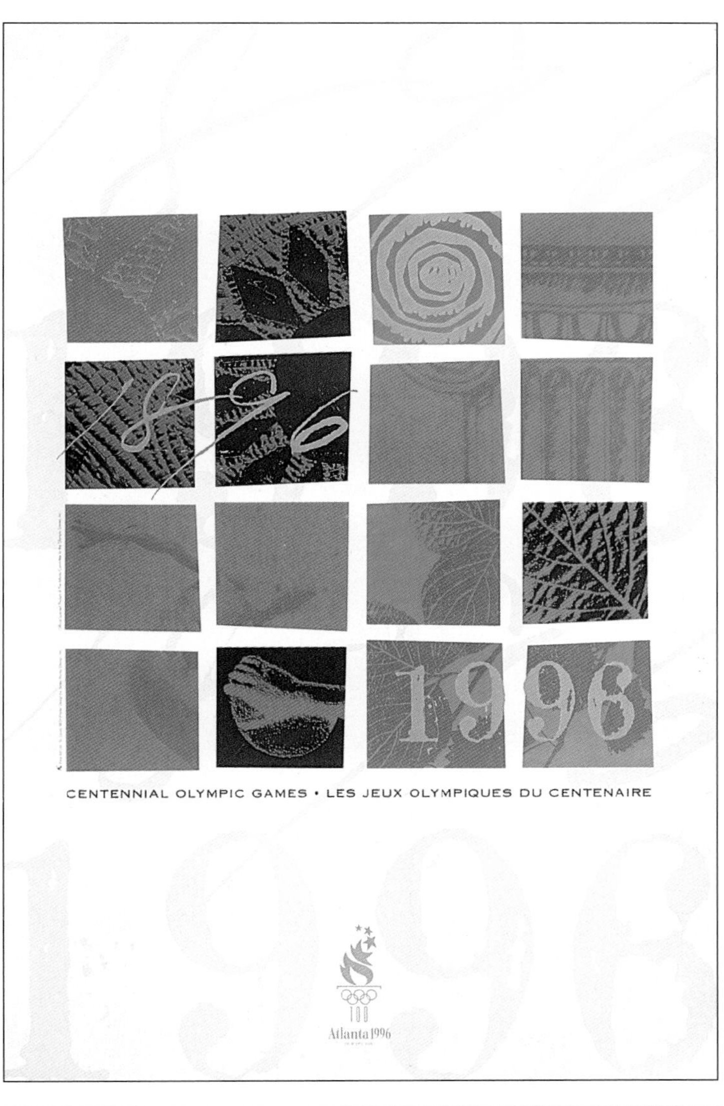

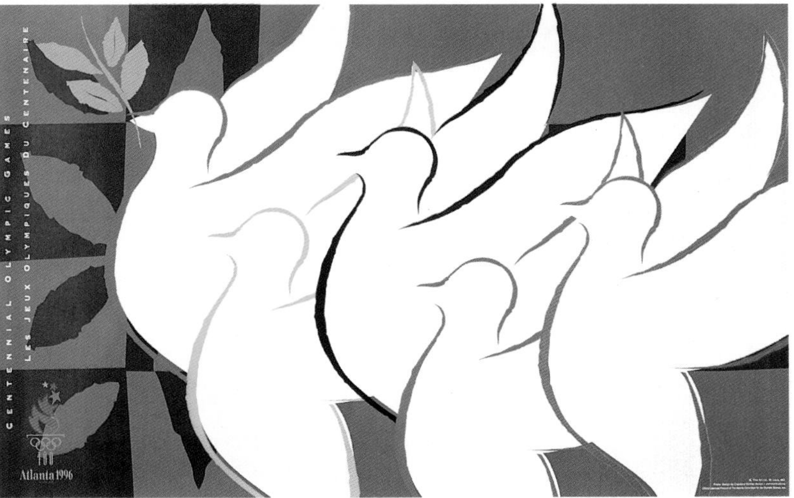


Official posters for the Atlanta Games.

*Affiches officielles des Jeux d'Atlanta.*

The Leaf, the Ribbon and the Quilt Look.

"Look of the Games" structure.

View looking down Capital Avenue.

*Éléments du* Look *des Jeux d'Atlanta: la feuille, le ruban et la courtepointe.*

*Éléments architecturaux des Jeux.*

*Coup d'oeil sur Capital Avenue.*

The Olympic Torch Relay train car carries the cauldron to select cities leading up to the Games.

Atlanta Fulton County Stadium and Plaza.

"Look of the Games" structures.

*Le train du relais du flambeau s'arrête dans quelques villes choisies à l'approche des Jeux.*

*L'esplanade et le stade olympique d'Atlanta.*

*Autres éléments architecturaux des Jeux.*

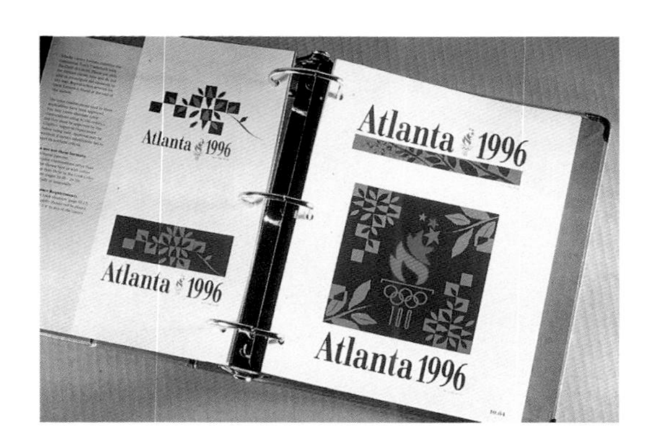

Atlanta Games Graphic Standards Manual.

Gymnastics venue – Georgia Dome.

*Manuel des normes pratiques des Jeux d'Atlanta.*

*Le Georgia Dome – pour les épreuves de gymnastique.*

Atlanta Games Graphic Standards Manual.

Georgia Dome ready for the basketball event.

*Manuel des normes pratiques des Jeux d'Atlanta.*

*Le Georgia Dome s'apprête à accueillir les matchs de basket.*

"The Look of the Games" and its applications to banners, airport and environmental structures.

*Le* Look *des Jeux exprimé par les bannières et les éléments d'architecture.*

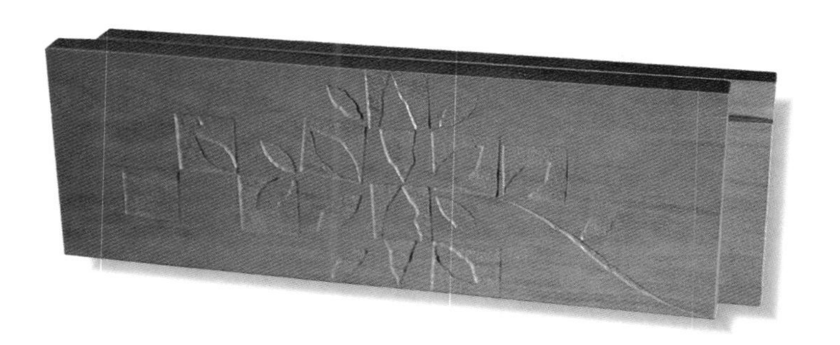

Concourse A
Atlanta 1996
SHUTTLE PICK UP
MARTA STATION

100
100

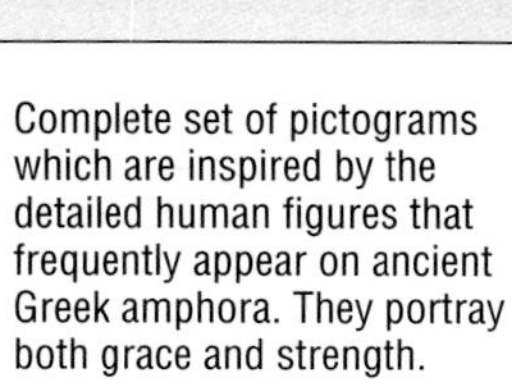

Complete set of pictograms which are inspired by the detailed human figures that frequently appear on ancient Greek amphora. They portray both grace and strength.

*Ensemble complet de pictogrammes inspirés des silhouettes qui ornent les vases de l'Antiquité. Hommage à la grâce et à la force.*

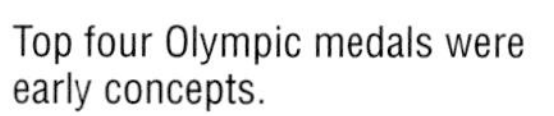

Top four Olympic medals were early concepts.

Obverse and reverse sides of the approved design for the Olympic medal – with winged Victory and the event Pictogram.

The 1996 Centennial Olympic Torch – depicting ancient sticks bound together with twine; smooth, clean lines of columns, art, architecture and the classical ideal of the ancient Greek culture.

*Les quatre médailles ci-dessus ont été proposées initialement.*

*À droite, la médaille olympique retenue (avers et revers): la victoire ailée et le pictogramme du sport olympique à l'honneur.*

*Le flambeau du centenaire des Jeux évoquant l'Antiquité – un faisceau de bâtonnets liés ensemble; les lignes sobres des colonnes, l'art , l'architecture et l'idée classique de la culture grecque ancienne.*

The Look of the Games kiosks.

Travelling cauldron for the Olympic torch.

*Le* Look *des kiosques des Jeux.*

*Le chaudron itinérant où voyagera le flambeau olympique.*

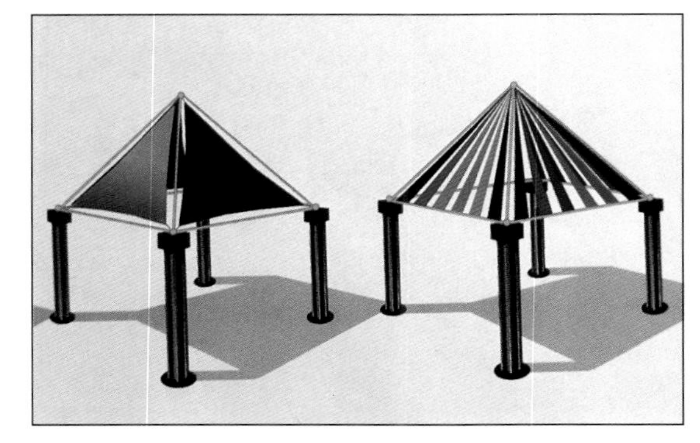

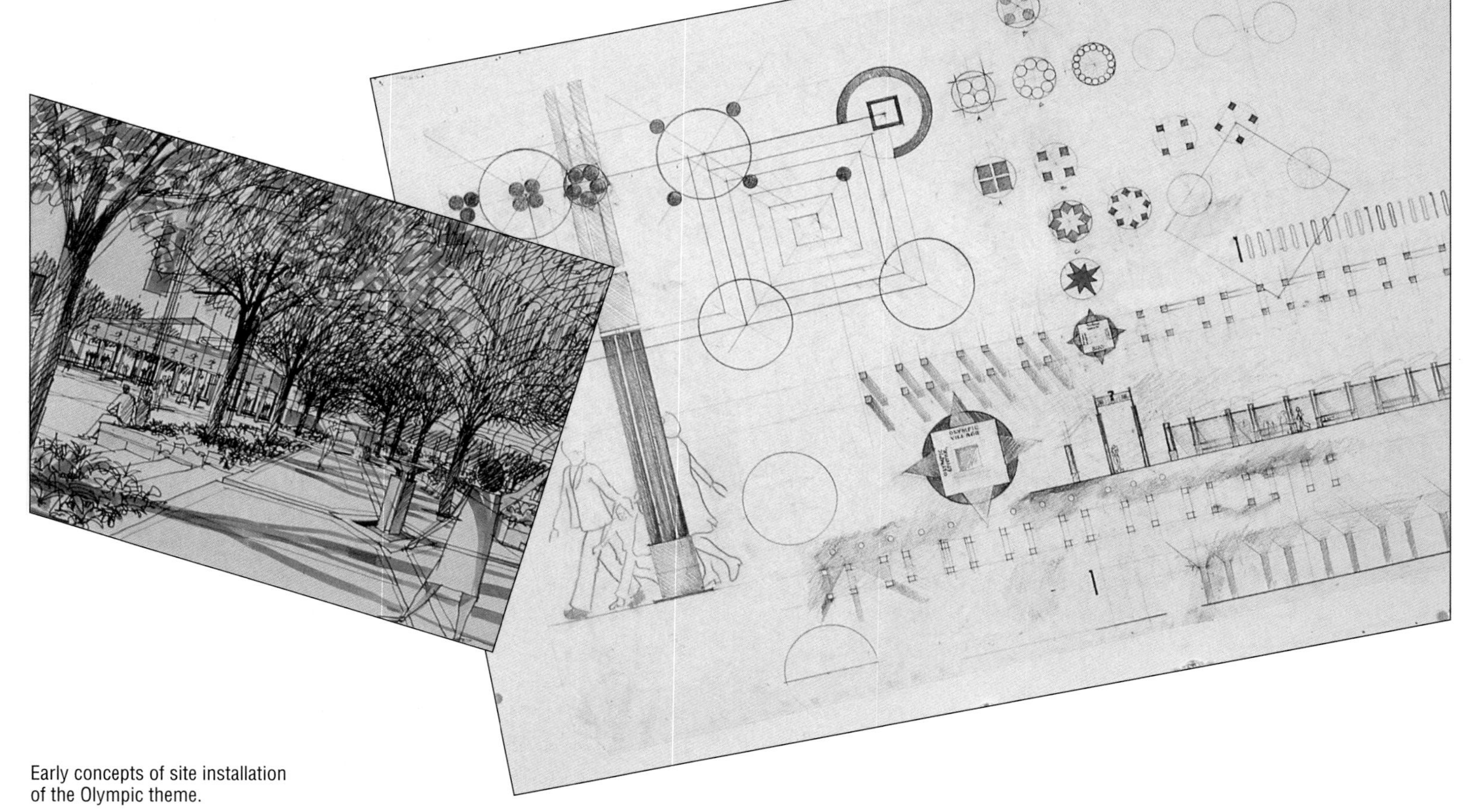

Early concepts of site installation of the Olympic theme.

*Premiers croquis des installations et motifs olympiques.*

Volunteer uniforms.

Olympic mascot, Izzy.

*Uniformes de bénévoles.*

*La mascotte des Jeux, Izzy.*

Delta Airlines with the new Look.

*Signatures* brochure series.

Sponsor gift.

*Delta Airlines et le new* Look *des Jeux.*

*Série de brochures* Signatures.

*Cadeau de commanditaire.*

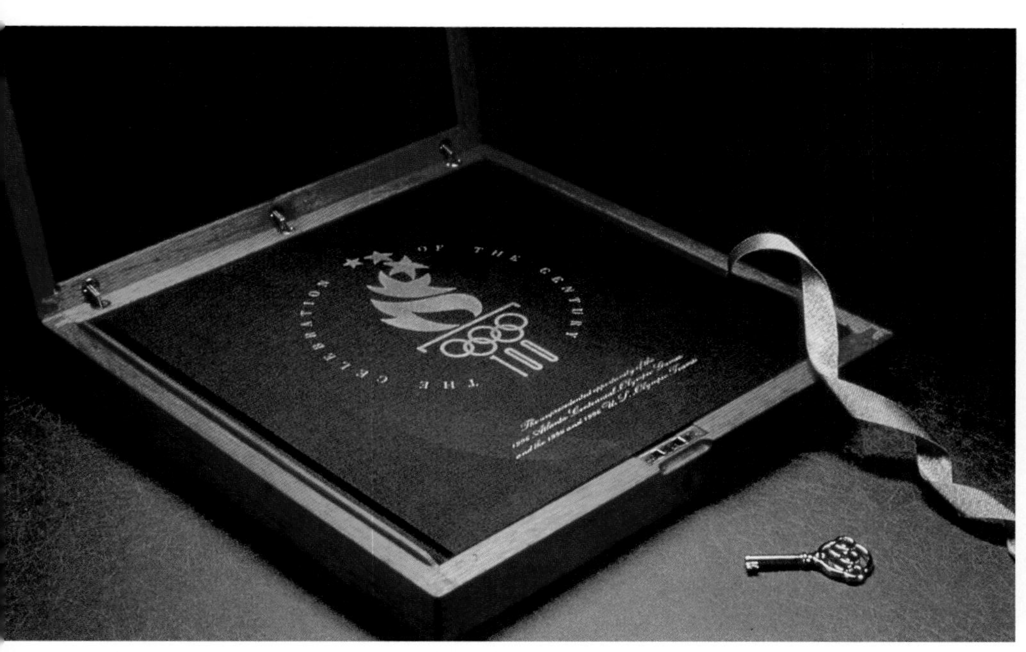

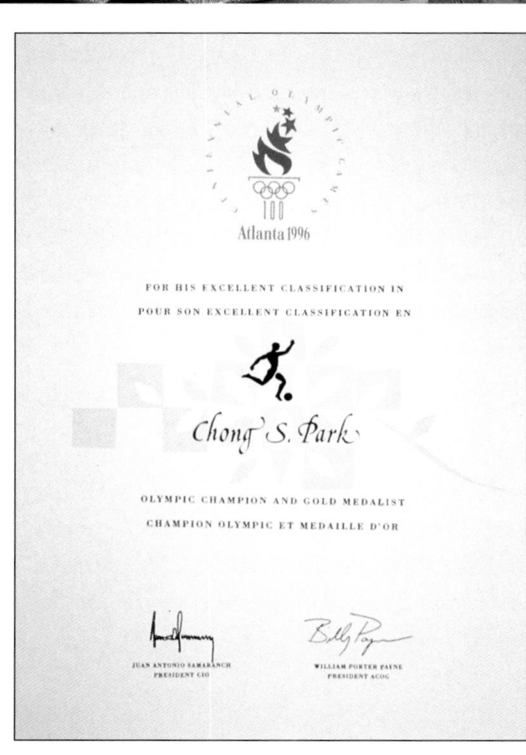


Certificate.

Sponsor gift.

Olympic sponsor brochure.

Certificate.

*Certificat.*

*Cadeau de commanditaire.*

*Brochure de commanditaire des Jeux.*

*Certificat.*

# FUTURE GAMES

The **Nagano** Games will be the last Winter Games of the 20th century, and the first to be held following the Olympic Centennial. Nagano, located on the Zenkoji Plain, offers a panoramic view of the Japanese Alps and some of the best skiing facilities in the country. The Olympic host is already promoting the Games with three official posters, the snowflake emblem (which incorporates pictograms of athletes) and their four official mascots: animated owls called "the snowlets."

**Sydney**, host for the term of the millennium, has chosen as its theme the motto "Share the Spirit". The Sydney 2000 logo represents the dawn of a new century, the Olympic flame and the profile of Sydney's famous landmark, the Opera House. The design reflects the spirit of an ancient and colourful land. Its fusion of Olympic colours suggests unity among nations and evokes the informal vitality of Sydney. The city of Sydney has engaged some 156,000 workers to prepare the site for the reception of 15,000 athletes and 200,000 visitors.

At the time of publication of this book, **Salt Lake City**, Utah, was announced as host for the Winter Olympic Games in 2002. That city hopes, in its Olympic celebration of sport and culture, to capture the frontier spirit of those who tamed the last of the Wild West.

*Les Jeux de* ***Nagano*** *seront les derniers Jeux Olympiques d'hiver du XX<sup>e</sup> siècle et les premiers qui feront suite au Centenaire. Très prisée des skieurs japonais, la station de sports d'hiver de Nagano est située dans la plaine de Zenkoji. Le pays hôte a déjà entamé la promotion de ces Jeux en diffusant trois affiches officielles, l'emblème du flocon de neige (composé de pictogrammes) et quatre mascottes animées : les snowlets.*

***Sydney*** *– "Share the Spirit" – exprimant l'esprit et les idéaux olympiques, tel est le thème des Jeux d'été de Sydney qui marquent le prochain millénaire. Le logo des Jeux de l'an 2000 représente l'aube d'un siècle nouveau, la flamme olympique et le profil d'un édifice célèbre, l'Opéra de Sydney. Il reflète le dynamisme d'une terre ancienne et pittoresque. Réunissant les couleurs olympiques, il adresse un message culturel qui évoque l'union des nations, la liberté du mouvement olympique et la vitalité familière de Sydney. La ville engage présentement quelque 156 000 personnes afin de préparer l'accueil des 15 000 athlètes et 200 000 visiteurs attendus.*

*Au moment où nous publions le présent ouvrage, la candidature de la ville américaine de* ***Salt Lake City*** *(Utah) a été retenue pour les Jeux Olympiques d'hiver de 2002. La future ville hôte a bien l'intention d'exprimer dans les festivités des J.O. d'hiver, les activités culturelles et sportives, les qualités des pionniers qui ont conquis le «Wild West» et qui en ont fait une nouvelle frontière.*

NAGANO 1998
THE XVIII OLYMPIC WINTER GAMES

NAGANO
1 9 9 8

NAGANO 1998
THE XVIII OLYMPIC WINTER GAMES

Official poster.

Official Update Bulletin.

Olympic mascots, Snowlets.

*Affiche officielle.*

*Bulletin officiel.*

*Les mascottes des Jeux, Snowlets.*

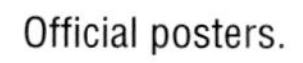

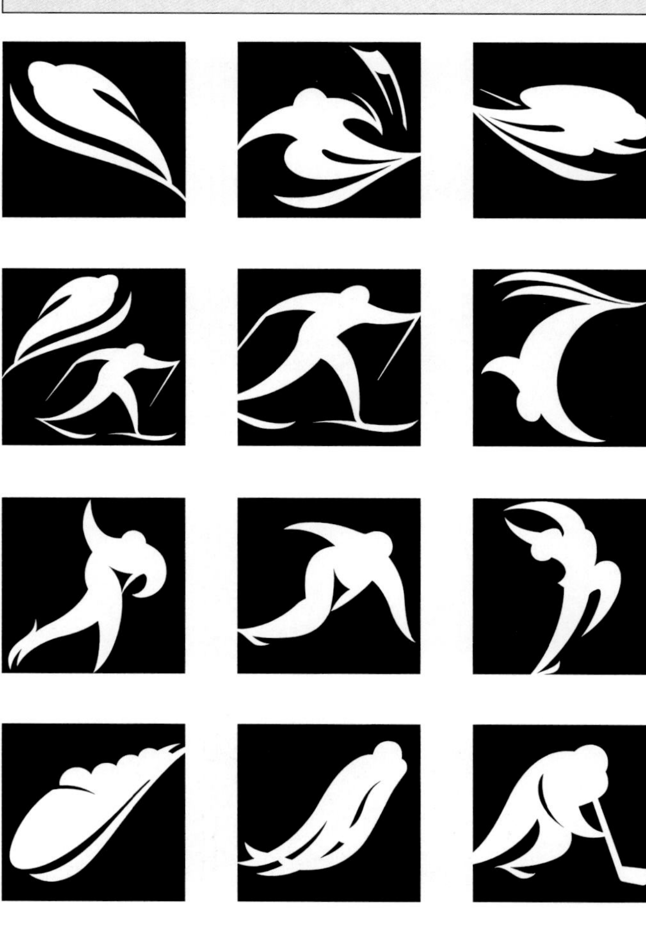

Official posters.

Merchandizing products.

Pictograms.

*Affiches officielles.*

*Articles de commerce.*

*Pictogrammes.*

Site of the ski jump.

Artist's impressions of the Olympic sites.

Foldout brochure about Nagano and the Winter Olympics.

*Tremplin de saut.*

*Les installations olympiques vues par un artiste.*

*Dépliant sur Nagano et les Jeux Olympiques d'hiver.*





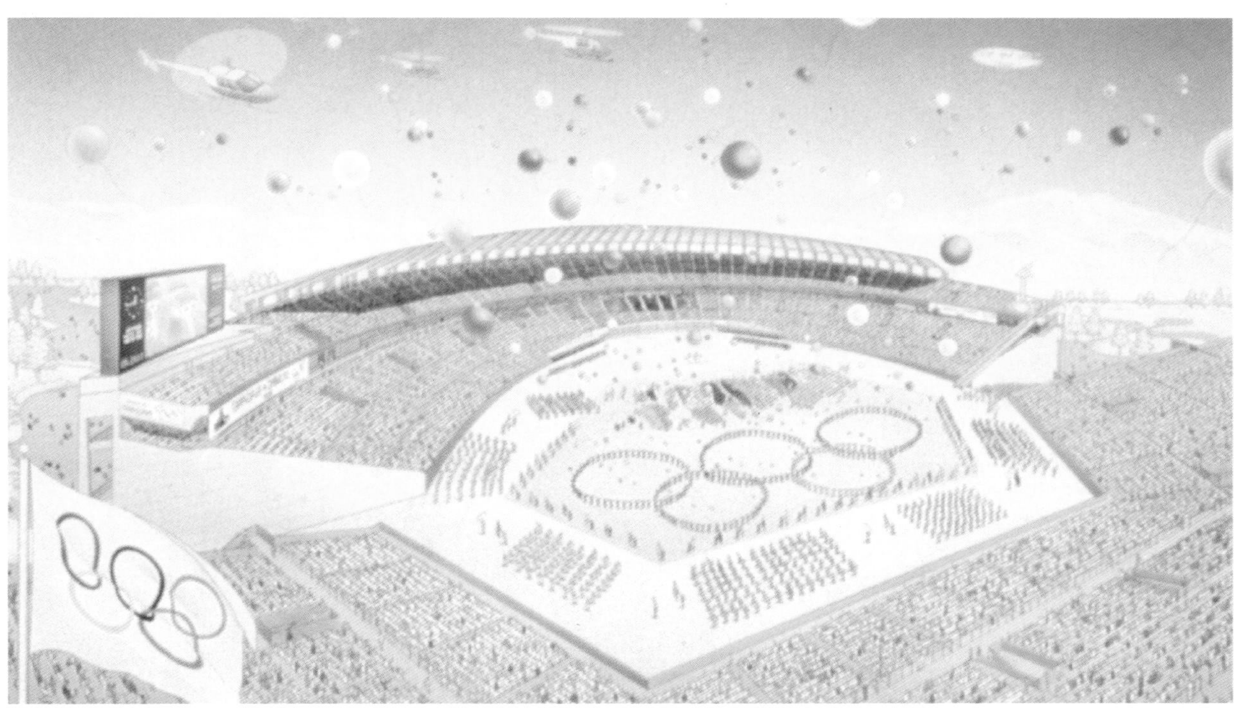

Various publications about the City of Sydney and its sports facilities.

*Quelques publications sur Sidney et ses installations sportives.*

**THE 2002 OLYMPIC BID**
*Submitted by Salt Lake City*

***JEUX OLYMPIQUES DE 1998***
*Dossier de candidature de Salt Lake.*

*Every act of support for*
*the Olympic Movement promotes*
*peace, friendship and solidarity*
*throughout the world.*

President Juan Antonio Samaranch

*Tout geste de soutien pour*
*le Mouvement olympique*
*contribue à promouvoir*
*la paix, l'amitié et la solidarité*
*dans le monde.*

Président Juan Antonio Samaranch

# OLYMPIC SPONSORS

"Without the technology, service and financial support of the top sponsors it would be impossible to hold the Olympic Games as we know them."

*Sans le soutien technologique, financier et logistique des commanditaires, il serait impossible de présenter les Jeux Olympiques tels que nous les connaissons.*

Richard W. Pound, Q.C.





Sponsorship programs continue to develop and grow as companies create exciting new opportunities to contribute to the Olympic Movement. This sponsorship is integral to the modern Olympics. Today, corporate sponsorship accounts for more than 30% of overall revenue, making it the second-largest source of Olympic revenue.

There are a number of categories of sponsorship, which recognize the sponsors' level of commitment. TOP III Sponsors enjoy exclusive, worldwide Olympic marketing rights. Official Suppliers provide their services and products to the IOC and Organizing Committees. Other sponsors contribute technical service and product support to the Organizing Committees and National Olympic Committees. Sponsors also develop and support countless programs for Olympic athletes, coaches, spectators and enthusiasts.

Companies around the world are eager to associate themselves with the excellence and achievement of the Olympics. By supporting "the best of the best", companies publicize the excellence of their products, services and corporate philosophies while contributing to the enduring Olympic spirit. These companies also know that the public is highly supportive of their sponsorship. A 1993 consumer research study on Olympic sponsorship indicated extremely strong support for corporate sponsorship of the Olympic Movement. According to the survey, 84% of respondents felt that the Olympic Games would not be viable without the support of Olympic Sponsors. The survey also revealed negative feelings toward companies who pretend to support the Olympics for advertising purposes. Of those surveyed, 85% felt that only recognized sponsors should be allowed to use an Olympic message in advertisements.

*Les programmes de commandites continuent à évoluer et à prospérer – les grandes sociétés offrant de nouvelles possibilités de contribuer au mouvement olympique. Il s'agit désormais d'initiatives indissociables des Jeux. Aujourd'hui, la participation de ces sociétés représente plus de 30 pour 100 du revenu total, constituant ainsi la deuxième source de financement des J.O.*

*Il existe plusieurs catégories qui reconnaissent l'engagement et la responsabilité des commanditaires. Les commanditaires TOP III bénéficient de droits de commercialisation exclusifs à l'échelle mondiale. Les fournisseurs officiels offrent leurs services et produits au CIO et aux comités d'organisation. D'autres commanditaires soutiennent les Jeux en apportant leurs services techniques et leurs produits. Les commanditaires élaborent et soutiennent aussi une multitude de programmes destinés aux athlètes, aux entraîneurs, aux spectateurs et aux amateurs des Jeux.*

*Partout dans le monde, les sociétés tiennent à associer leur nom à l'excellence et au succès des Jeux. En soutenant les grands champions, elles consolident l'image de marque de leurs produits et services, tout en participant à l'esprit des Jeux. Ces compagnies savent aussi que le public est largement en faveur des commandites. Lors d'une étude effectuée à ce sujet, 84 pour 100 des personnes interrogées ont déclaré que les Jeux ne pourraient survivre sans le soutien du secteur privé. Cette étude révèle aussi une certaine réprobation publique envers les compagnies qui prétendent soutenir l'idéal olympique à des fins mercantiles. Dans 85 pour 100 des cas, cependant, les gens estiment que les commanditaires autorisés devraient pouvoir utiliser le message olympique dans leur publicité.*

## COCA-COLA

From the company's original sponsorship during the 1928 Amsterdam Olympic Games to it's present day involvement, **Coca-Cola** stands alone as the longest continuous Olympic sponsor. For nearly seven decades, Coca-Cola has contributed to Olympic achievement through its numerous and diverse programs. In recent years, these activities have included the worldwide Olympic Day Run, fund-raising efforts for National Olympic Committees around the world and the International Torch Relay in Lillehammer.

Coca-Cola has also helped to support the hobby of Olympic pin collecting and hosts pin trading centres at the Games. These collectors and everyone touched by the Atlanta Centennial Olympic Games will be delighted with the exciting new programs planned by Coca-Cola.

*Déjà présente aux Jeux Olympiques d'Amsterdam en 1928, la société* ***Coca-Cola*** *est indubitablement le commanditaire le plus assidu des Jeux. Depuis près de sept décennies, Coca-Cola contribue au succès olympique en offrant des programmes nombreux et variés. Au cours des dernières années, ces activités incluent notamment une Journée mondiale de course olympique, des campagnes de financement à l'intention des comités nationaux olympiques et le relais international du flambeau à Lillehammer.*

*Coca-Cola soutient également les collectionneurs d'épinglettes olympiques et les centres d'échanges d'épinglettes lors des Jeux. Ces collectionneurs, et toutes les personnes touchées par les Jeux Olympiques du centenaire à Atlanta, seront ravis des nouvelles initiatives que prépare Coca-Cola.*





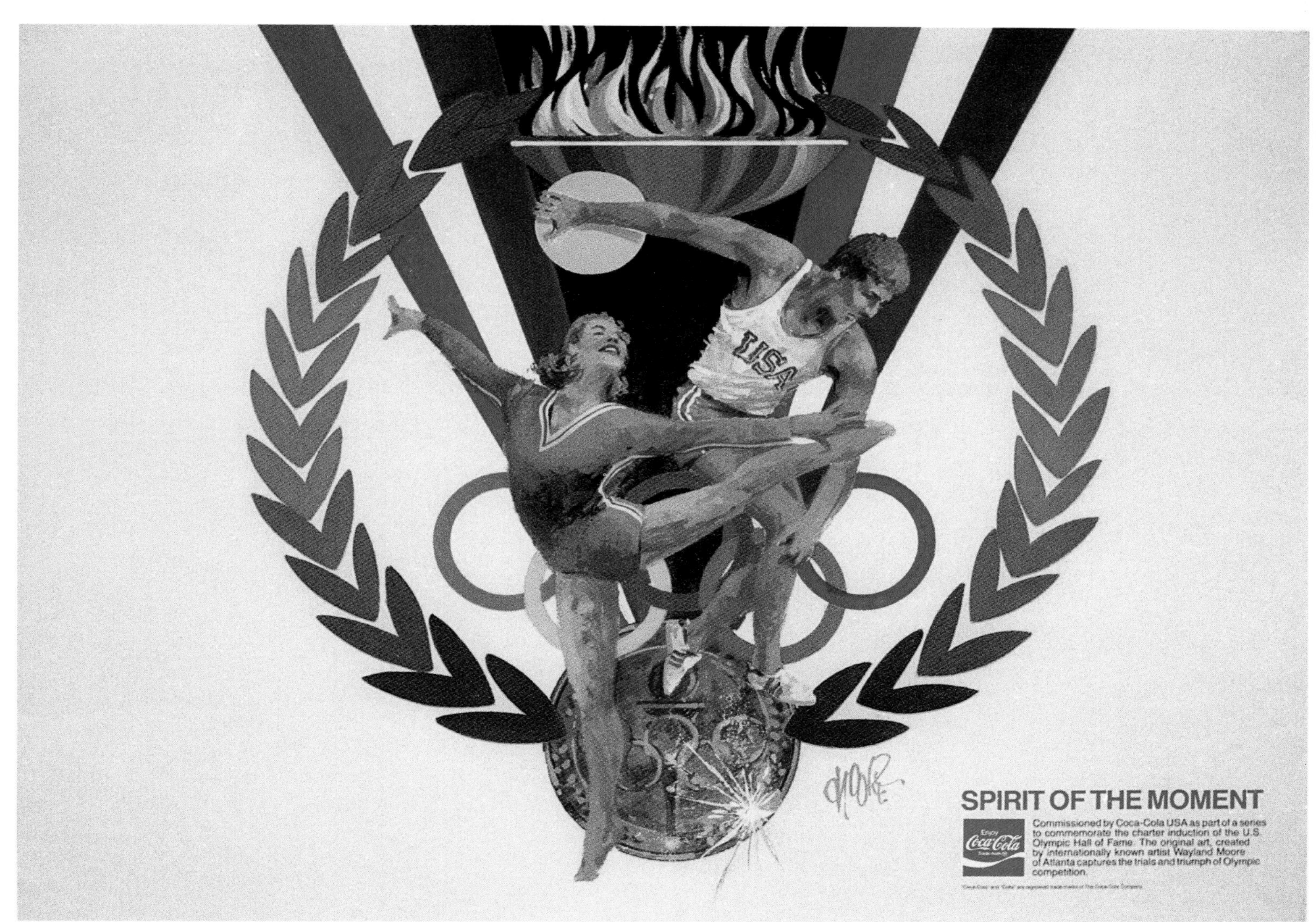

ALWAYS COOL

Coca-Cola CLASSIC

ALWAYS Coca-Cola

Supporting The Olympic Games Since 1928

Lillehammer '94

'84 WINTER OLYMPICS

WOMEN IN SPORTS

Katarina Witt and
diet
Coke
Just for the taste
Enjoy diet Coke
SHARING THE OLYMPIC IDEAL

GAGNEZ LES 16 PIN'S
Coca-Cola
DES JEUX OLYMPIQUES
D'HIVER de 1924 à 1992
Coca-Cola
Coke
COCA-COLA SPONSOR OFFICIEL
DES JEUX OLYMPIQUES D'ALBERTVILLE 92
JEU GRATUIT SANS OBLIGATION D'ACHAT
TIRAGE AU SORT DANS CE MAGASIN LE :

## VISA

As the sole provider of financial payment systems at the Olympic Games, **Visa** has met the financial needs and requirements of athletes and spectators at the Games since 1988.

The cultural importance of the Games inspired Visa to develop its Olympic Art Program – The Olympics of the Imagination. First introduced during the Lillehammer Games, Visa's innovative program challenges school children aged 11-13 to paint or draw their vision of what the Olympic Games will be like in 100 years. Winners are invited to attend the next Olympic Games. The program will be expanded for the Atlanta Centennial Olympic Games.

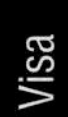

*Le seul fournisseur officiel de cartes de crédit multiservices aux Jeux Olympiques,* ***Visa*** *répond depuis 1988 aux besoins financiers des athlètes et des spectateurs présents aux Jeux.*

*Inspiré par l'importance culturelle des Jeux, Visa a créé un programme qui fait appel à l'imagination – le Programme olympique des arts. Dans le cadre de cette initiative innovatrice réalisée durant les Jeux de Lillehammer, Visa invite les enfants de 11 à 13 ans à exprimer par la peinture et le dessin leur vision des J.O. dans 100 ans. Les gagnants sont invités à assister aux Jeux suivants. Le programme sera repris aux Jeux Olympiques d'Atlanta.*

## SPORTS ILLUSTRATED

**Sports Illustrated** became an Official Sponsor in 1980. Since that time, *Sports Illustrated* has successfully created a range of programs and activities to highlight contribution to the Olympic Movement around the world.

*Sports Illustrated* has promoted education through its magazine, and the youth-oriented *Sports Illustrated for Kids.* This priority is supported by school-based educational programs throughout the world. As the exclusive worldwide publishing sponsor, *Sports Illustrated* is responsible for the publication of the Commemorative Souvenir Programmes in Atlanta.

SPORTS ILLUSTRATED
OLYMPIC PREVIEW ISSUE
24 PAGES IN FULL COLOR
SPECIAL PAINTINGS
THE STARS OF ALL NATIONS
COMPLETE SCOUTING REPORTS
A FORECAST BY ROGER BANNISTER

***Sports Illustrated** a obtenu le statut de commanditaire officiel en 1980. Depuis, ce magazine a réussi à créer une gamme de programmes et activités qui contribuent à promouvoir l'Olympisme dans le monde entier.*

*Sports Illustrated contribue à l'éducation sportive de son lectorat adulte et à celle des jeunes grâce à l'initiative* Sports Illustrated for Kids. *Ses efforts sont étayés par des programmes éducatifs scolaires dispensés dans le monde entier. Commanditaire exclusif des Jeux dans le secteur de l'édition, Sports Illustrated est chargé de la publication des programmes-souvenirs à Atlanta.*

JULY 1992
$1.95
Sports Illustrated FOR KIDS
SUMMER 1992 OLYMPIC PREVIEW
OLYMPIC SWIMMING STARS JANET EVANS AND MATT BIONDI

TIME Covers The Olympics
TIME
Official Worldwide Sponsor of the 1992 Olympic Games

FEBRUARY 1992
$1.95
Sports Illustrated FOR KIDS
THE WINTER OLYMPICS
MOGUL-SKIING STAR DONNA WEINBRECHT OF THE U.S.

TIME
INTERNATIONAL
The Right TIME for the Olympics

**TIME MAGAZINE**
*The Olympic Challenge* & *The Olympic Centennial* Contests

Information Kit for contestants.

Entries from finalists including the winning entry of the 1992 Olympic Centennial contest below.

*Trousse d'information destinée aux participants.*

*Oeuvres des finalistes et affiche lauréate du concours du centenaire des J.O. (organisé en 1992) ci-dessous.*

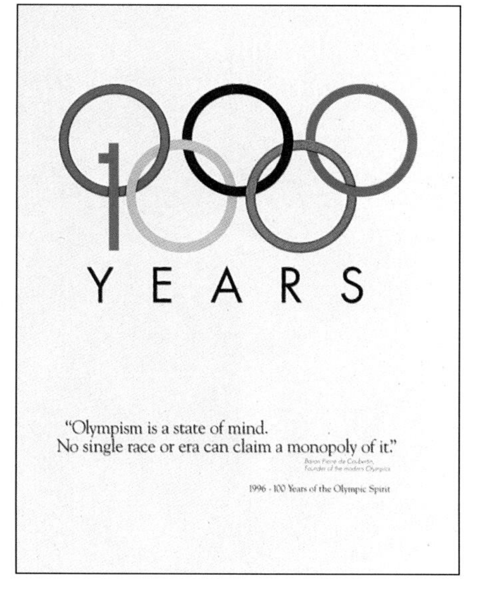

The more we compete, the less we fight.
1988 OLYMPIC GAMES. THE MASTERPEACE.

14 years of practice.
Ridiculous diets.
Early curfews.
Ripped muscles.
Surgery.
Self doubt.
More training.
The heat.
Hope.
The dream.
The moment.
The gun.
God, let me win.
Nothing moves the world like
THE OLYMPICS

THE OLYMPIC GAMES. WHAT'S THE BIG IDEAL?
152
610
Unity. For 14 emotionally charged days, the battle of the best unfolds before our very eyes. It ends without enemies. Rather, we witness a march of athletes, arm-in-arm, held together by a common bond of brotherhood and understanding.
The Olympic Experience. It's as good as gold.

EVERY FOUR YEARS,
THE WORLD'S GREATEST WARRIORS
GATHER TO BREAK DOWN BARRIERS
AND DO BATTLE
IN THE NAME OF PEACE.
THE OLYMPICS
WHERE BARRIERS ARE BROUGHT DOWN.

CELEBRATE ONE WORLD THROUGH SPORT
100 YEARS OF OLYMPIC SPIRIT

IMAGINE WHERE WE COULD BE IN ANOTHER 100 YEARS
From the common vision of an entire world
comes a movement so strong it can take us anywhere.
The Olympic Spirit. One World Through Sport.
1896 1996

Estes olhos irão assistir um confronto pela paz.
As maiores potências do mundo estarão medindo forças em um confronto onde todos sairão vencedores.
Seul será palco dos Jogos Olímpicos. E todos os olhares do mundo estarão voltados para somente um ideal: a paz.
JOGOS OLÍMPICOS 1988

1988
El espíritu olímpico hace germinar la semilla de la paz
SÉOUL 1988

## JOHN HANCOCK

TOP Sponsor, **John Hancock Mutual Life Insurance Company**, provides a broad range of financial products and services worldwide. The company has also served as a supplier to the IOC and is an official sponsor of the 1995-96 U.S. Olympic Teams and the 1996 Centennial Olympic Games in Atlanta.

John Hancock has sponsored a number of public programs including an Olympic Speakers Bureau, the 1993 Team USA Ice Hockey Tour and the 1996 Centennial Games History Exhibit.

*Commanditaire TOP, la* **John Hancock Mutual Life Insurance Company** *fournit une vaste gamme de produits et de services financiers partout dans le monde. Elle est également le fournisseur du CIO, et un des commanditaires officiels des équipes olympiques américaines de 1995-96 et des Jeux Olympiques du centenaire à Atlanta.*

*John Hancock a soutenu un certain nombre de programmes publics, notamment un* Olympic Speakers Bureau, *la tournée de l'équipe américaine de hockey sur glace en 1993 et l'Exposition du Centenaire des Jeux (1996).*

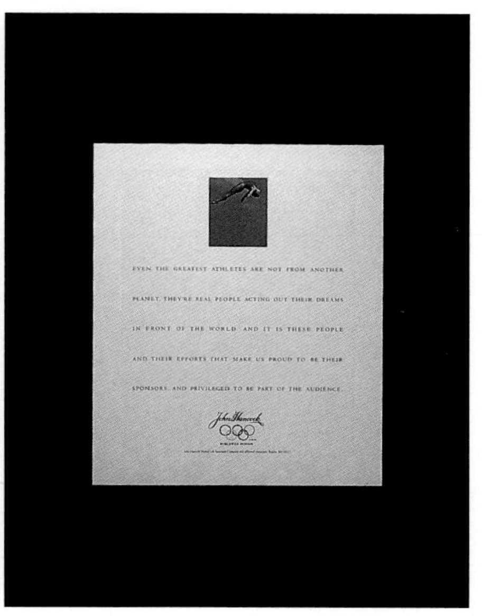

## SWATCH

**Swatch** is the official timekeeper and partner of the 26th Olympiad in Atlanta.To commemorate this partnership, the company has designed four editions of a new watch series – The Swatch Centennial Olympic Games Collection. Each series features a unique dimension of Olympic history, achievement, art and design.

Proceeds from the sale of these watches will be directed to constructing sports facilities in Atlanta. Swatch sales will also support the Atlanta Olympic Youth Camp where young people from around the world will experience the Olympic spirit.

The first series features nine watch designs adapted from nine Olympiad official posters.

***Swatch** est le chronométreur et partenaire officiel des Jeux de la XXVIe Olympiade à Atlanta. Pour commémorer ce partenariat, la société a créé quatre éditions d'une nouvelle série de montres – la collection du Centenaire des Jeux Olympiques. Chaque série traite d'un aspect particulier de l'histoire, des exploits, de l'art et du design des Jeux.*

*Les revenus de vente de cette collection serviront à construire des installations sportives à Atlanta et à financer un camp où les jeunes gens du monde entier viendront vivre l'expérience de l'olympisme.*

*La première série comprend neuf créations inspirées de neuf affiches officielles des Jeux.*

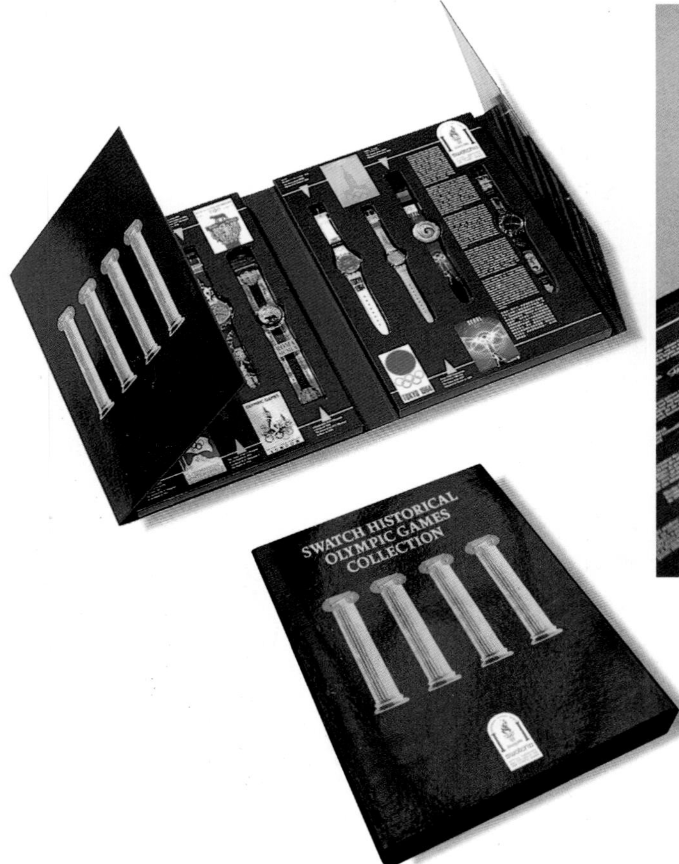


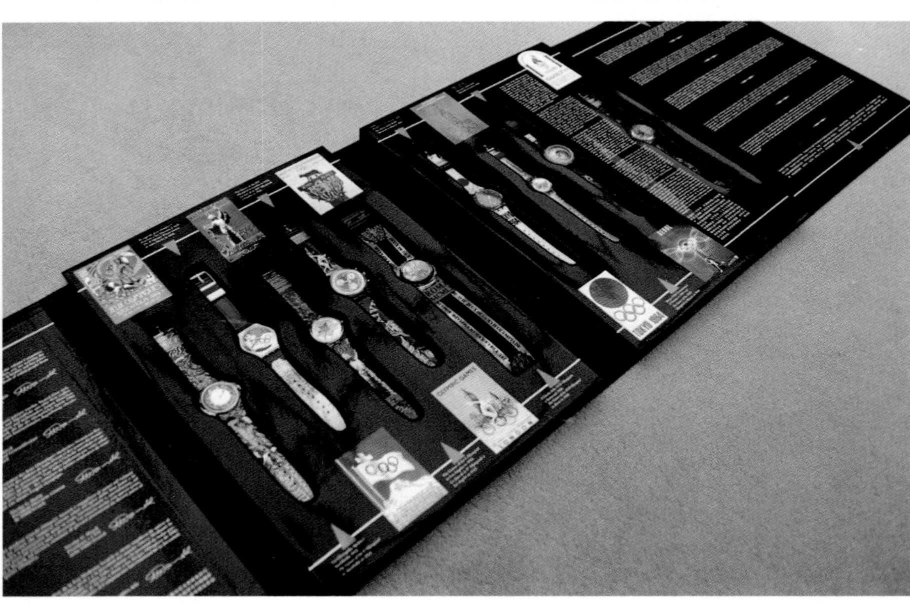

The second series, *For Honour and Glory*, looks back into the very beginnings of the Olympic Movement when in ancient Greece Olympic victory was the ultimate achievement.

*La seconde série,* Pour l'honneur et la gloire, *retourne aux sources de l'olympisme, à la Grèce antique – époque où la victoire olympique représentait l'honneur suprême.*

*The Olympic Legends* is the third in the series and features such legends as Edwin Moses, Sebastian Coe, Mark Spitz and Katarina Witt.

*La troisième série,* Les légendes olympiques, *met en vedettes des athlètes légendaires – Edwin Moses, Sebastian Coe, Mark Spitz et Katarina Witt, notamment.*

# UPS

**UPS** joined the TOP program in 1994. As the world's largest package distribution company, UPS delivers 11.5 million packages each day throughout the world.

Providing state-of-the-art package delivery services to the Olympic Family ranges from delivery of formal invitations to the Centennial Olympic Games in Atlanta to meeting the last-minute express delivery needs of the thousands of photo journalists and media representatives who will attend the Games.

*__UPS__ s'est joint au programme TOP en 1994. La plus grande société de transports rapides et de messageries au monde, UPS livre chaque jour 11,5 millions de colis sur toute la planète.*

*Au service de la Famille olympique, elle assure notamment la distribution des invitations officielles aux Jeux Olympiques du centenaire à Atlanta, mais veillera aussi à répondre aux besoins d'expédition express des milliers de photographes et journalistes présents à Atlanta.*

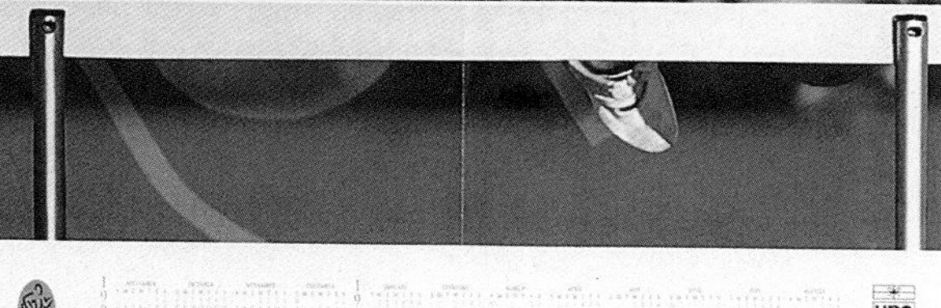

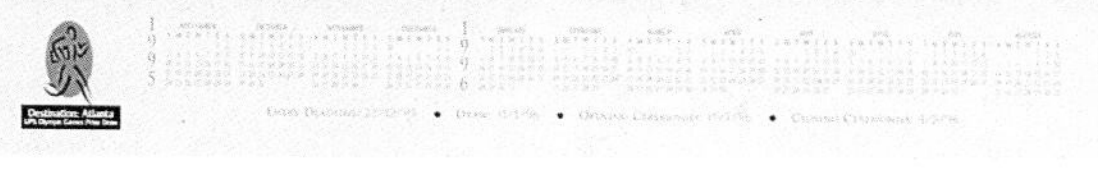

Behind every Olympic athlete

# is a coach,

proud parents and

a UPS driver.

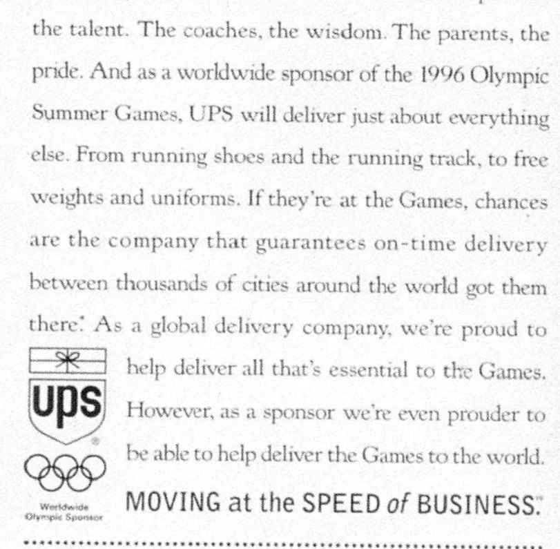

No Olympic event is won alone. The athletes provide the talent. The coaches, the wisdom. The parents, the pride. And as a worldwide sponsor of the 1996 Olympic Summer Games, UPS will deliver just about everything else. From running shoes and the running track, to free weights and uniforms. If they're at the Games, chances are the company that guarantees on-time delivery between thousands of cities around the world got them there.* As a global delivery company, we're proud to help deliver all that's essential to the Games. However, as a sponsor we're even prouder to be able to help deliver the Games to the world.

ups

Worldwide Olympic Sponsor

MOVING at the SPEED *of* BUSINESS.

*Call UPS for guarantee and time-in-transit details.
©1995 United Parcel Service of America, Inc. 36 USC 380

## BAUSCH & LOMB

**Bausch & Lomb** personifies Olympic vision. A TOP sponsor since 1989, Bausch & Lomb has supported the achievement of Olympic athletes and sparked new research into the relationship between vision and sports performance.

High-tech vision centres staffed by leading specialists were set up at the Barcelona and Lillehammer Games, enabling all athletes to test their reaction speed, depth perception and other factors impacting performance. A database of these test results has been developed for use by sports vision experts around the world.

The vision centre in Atlanta represents the third phase of this sports vision research, while once again providing an important testing opportunity for athletes competing in the 26th Olympiad.



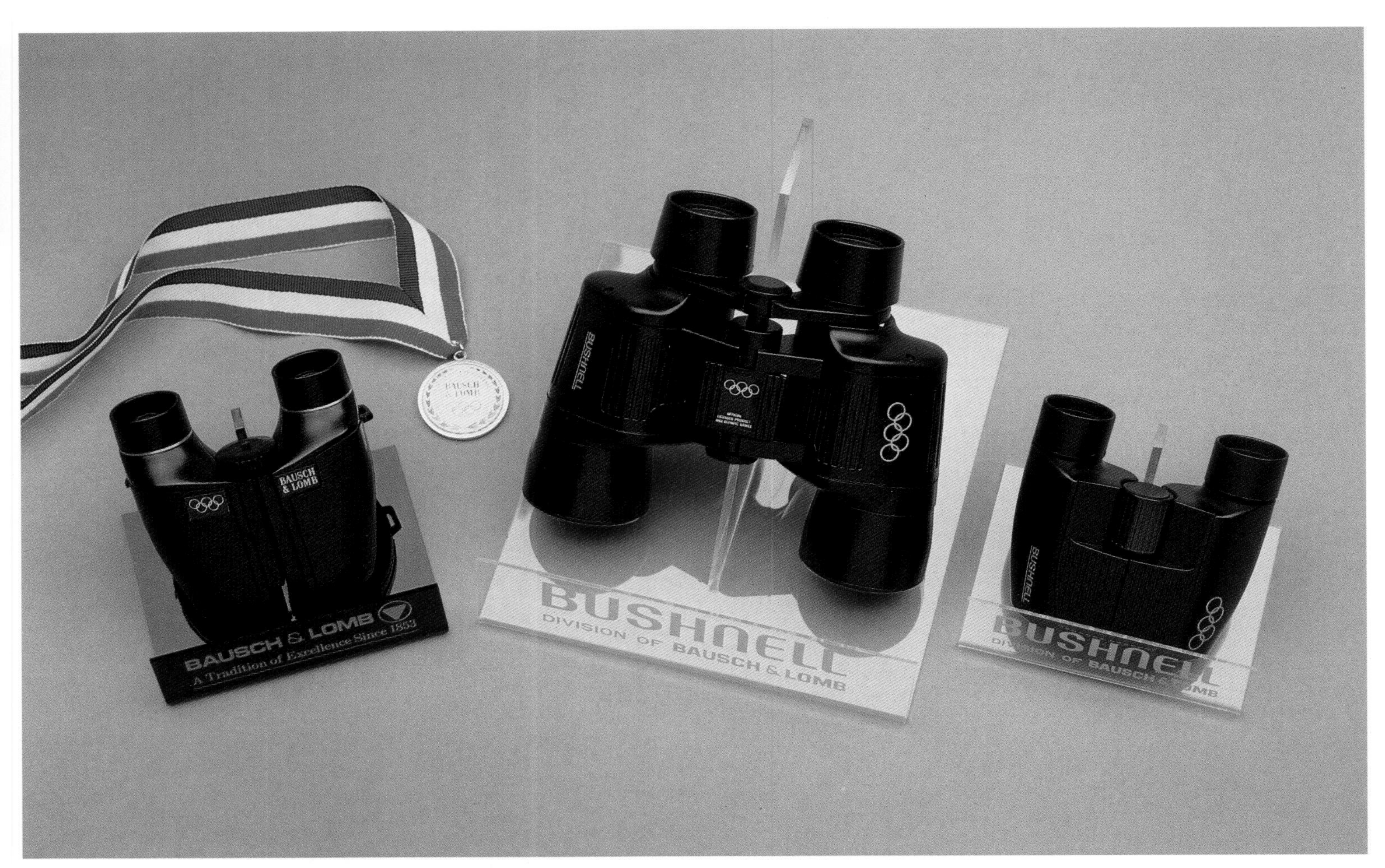


*À plus d'un titre, **Bausch & Lomb** incarne la vision olympique. Commanditaire TOP depuis 1989, Bausch & Lomb soutient les athlètes des Jeux et a inspiré un nouveau secteur de recherche qui traite du rapport existant entre le sens de la vue et la performance sportive.*

*Des centres de pointe pourvus de spécialistes éminents ont été établis à Barcelone et à Lillehammer, permettant à tous les athlètes d'étudier leur vitesse de réaction, leur perception du relief et autres facteurs déterminants. Une base de données contenant ces résultats a été élaborée et mise à la disposition des spécialistes du monde entier.*

*Le centre d'Atlanta représente la troisième phase de ces travaux de recherche. Une fois de plus, il ouvrira des possibilités nouvelles aux athlètes des Jeux de la XXVIe Olympiade.*

Kodak's involvement with the Olympic Movement dates back to the first Modern Olympics in Athens in 1896. Today, the **Eastman Kodak Company** meets all of the still photographic imaging needs of the Olympic Family.

At the Centennial Games in Atlanta, Kodak will again operate an Imaging Centre for the world's accredited photo journalists. An estimated 6 million film images will be processed during the course of the Games. These images will be scanned and transmitted around the world. Kodak will also use the latest imaging technology to produce more than 300,000 photo-identity badges in Atlanta.

*Kodak participe au mouvement olympique depuis les tout premiers Jeux du renouveau à Athènes en 1896. Aujourd'hui, la* ***Eastman Kodak Company*** *répond à tous les besoins photographiques de la Famille olympique.*

*À Atlanta, Kodak offrira de nouveau un centre d'imagerie aux photographes et journalistes venus de partout. On estime qu'il assurera le traitement de 6 millions d'images durant la tenue des Jeux. Ces images seront balayées par scanner et transmises dans le monde entier. Kodak utilisera également les tout derniers procédés technologiques pour produire plus de 300 000 photos-insignes d'identité à Atlanta.*

**BROADCASTING COMPANIES**

Promotional material from two television broadcasting companies – the Canadian Broadcasting Corporation and Columbia Broadcasting System.

*Documentation promotionnelle de deux sociétés de radio et télédiffusion – la Société Radio-Canada et Columbia Broadcasting System.*

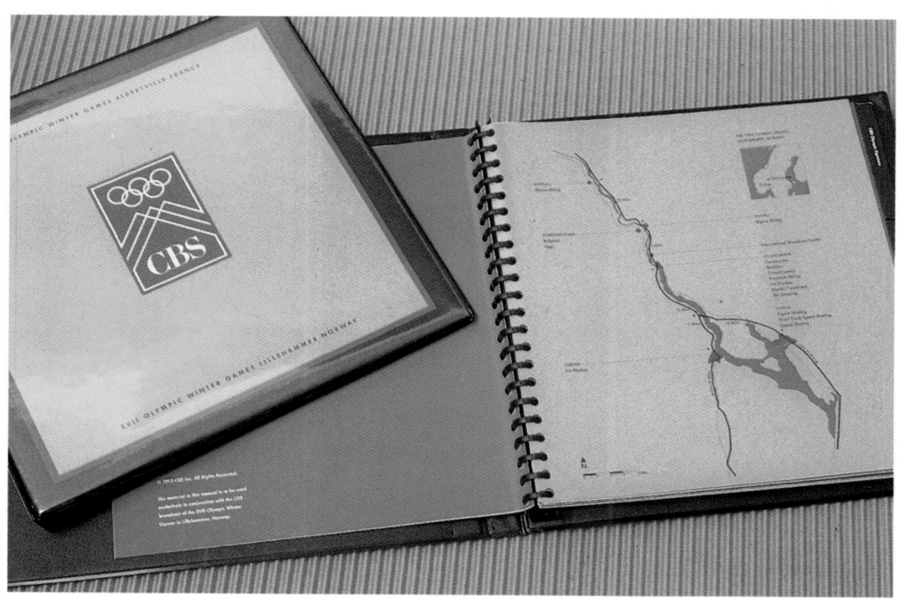

Two examples of the many licensees' products – Adidas and The Seckinger Lee Company's gourmet biscuits.

*Exemples des nombreux produits diffusés par les fournisseurs autorisés* – Adidas *et la biscuiterie fine* The Seckinger Lee Company.

MUSEE OLYMPIQUE

# OLYMPIC MUSEUM

Designed by architects Pedro Ramírez Vázquez, IOC member from Mexico, and Jean-Pierre Cahen of Lausanne, the Olympic Museum opened to the public June 23, 1993. The 11,000 square metre building, situated on the shores of Lake Geneva, is invisible to passers-by walking along the lake shore. Visitors enter the park of statues, following paths or escalators before discovering the Museum. The mild climate allows Mediterranean plants and trees such as yew, cypress, juniper, magnolia, thyme and lavender to flourish amid the spectacular Olympic statues. At the base of the Museum is a one-hundred-year-old oak, symbolizing the renaissance of the Games one century ago. The entire park and its fountain are the work of local landscaper José Liardet.

Framing the entrance of the Museum are eight marble columns, inspired by the temple of Zeus in Olympia. The precious marble was a gift from the Greek government and comes from the island of Thasos. Upon entering the Museum, visitors are entranced by a vast spiral ramp surrounding a well of light. The ramp, which leads to the next level, seems to float in space. The well of light, fifteen metres in height, is created by a huge dome of glass and aluminium, seven metres in diameter. In the centre stands the sculpture *Personnage*, by Joan Miró.

On the ground floor, the first gallery covers the history of the Olympic Movement, the ancient Olympics which reached their zenith during the 5th century BC, and the life and ideas of the founder of the modern Games, Baron Pierre de Coubertin. Also highlighted are the Olympic ceremonies and symbols: the flame and torches, representing the role played by fire in the history of humanity and the Games; the flag and the rings, representing the five parts of the world; and the Olympic anthem. A second gallery (and a third located on the first floor) house temporary exhibitions. Dedicated to art, sport and culture in the broadest

*Conçu par les architectes Pedro Ramírez Vázquez, membre du CIO à Mexico, et Jean Pierre Cahen de Lausanne, le Musée olympique a ouvert ses portes le 23 juin 1993, à Lausanne (Suisse). Dissimulé dans un parc agrémenté de statues, au bord du lac de Genève, il occupe une superficie de 11 000 m². Le visiteur doit d'abord suivre des sentiers ou emprunter des escaliers roulants avant de le découvrir parmi les ifs, les cyprès, les genévriers, les magnolias, le thym et la lavande. Au pied du Musée, se trouve un chêne centenaire qui symbolise le renouveau des Jeux. Le parc et sa fontaine sont l'oeuvre du paysagiste local José Liardet.*

*L'entrée est encadrée de huit colonnes de marbre inspirées du temple de Zeus à Olympie. Le marbre a été généreusement offert par le gouvernement grec et vient de l'île de Thássos. Dès que l'on entre dans le Musée, le regard est irrésistiblement attiré par une vaste rampe en spirale qui s'enroule autour d'un puits de lumière. Cette rampe, qui conduit au niveau supérieur, semble flotter dans l'espace. Le puits de lumière mesure 15 mètres de hauteur. Il est créé par un immense dôme de sept mètres de diamètre, réalisé en verre et en aluminium. Au centre, se trouve une sculpture de Joan Miró : Personnage.*

*Au rez-de-chaussée, la première galerie couvre l'histoire du mouvement olympique, les Jeux anciens, qui ont connu le sommet de leur gloire au Vᵉ siècle av. J.-C., et la vie et les idées du père des Jeux du renouveau, le baron Pierre de Coubertin. La cérémonie et les symboles des Jeux sont aussi à l'honneur : la flamme et les flambeaux illustrant le rôle du feu dans l'histoire de l'humanité et des Jeux; le drapeau et les anneaux symbolisant les cinq parties du monde; et l'hymne olympique. Une seconde galerie (et une troisième située au premier étage) présente les expositions temporaires. Consacrées à l'art, au sport et à la*

sense, these exhibits demonstrate the extent to which sport has become a part of all areas of human activity, from technology to publicity and from science to the arts.

The upper floor is devoted to a presentation of the Modern Olympic Games, and the practice of the Olympic disciplines. An exhibit of philately and numismatics features over 12,000 stamps and 600 coins, all linked to the history of the Games. Some are rare and others simply unique. Giant video screens invite visitors to share the important moments in the life of an athlete: training, victory and defeat. Interactive terminals allow travel through time and the Olympiads. Colourful murals bring to life some of the highlights of Olympic history.

The lower level of the Museum houses the Olympic Studies Centre, largest and most thorough data bank on the Games and Olympism. The Library holds more than 15,000 volumes on the Olympic Movement, the IOC, the Games and Olympic disciplines, sports and its evolution as a phenomenon of society. The department also boasts a computerized catalogue for easy access and a reading room. A photographic department contains over 250,000 illustrations, and the audiovisual and multimedia department holds archive footage of more than 7,000 hours. Eight video consulting terminals managed by a robot make it possible to select and view the highlights of the Games in four languages. The archives and documentation department preserves correspondence, files and documents concerning the Olympic Movement and its various sectors.

Besides a state-of-the-art auditorium with a seating capacity of 180 and four conference rooms (all of which offer satellite links, simultaneous translation devices, and high definition television), the Museum maintains The Educational Zone: two rooms, at the disposal of educators and their students, featuring video library links and audiovisual technology aids.

The Museum's art works include the Centenary Collection – amphorae, mosaics and sculptures that testify to the close links between sport and culture at the time of the ancient Games. Since the revival of the Olympics, internationally renowned artists such as Kokoschka, Vasarely, Subirachs, and Lichtenstein have continued to celebrate mankind's sports events. Under the patronage of the IOC, the Olympic Centenary supports the major trends of contemporary art with acquisitions from artists such as Adami, Carlos Cruz Diez, Mimmo Paladino and Eduardo Chillida .

Juan Antonio Samaranch, IOC President, paid the museum this tribute: "The Olympic Museum is for everyone for whom sport and the Olympic Movement are a passion, everyone interested in history, culture and art, and everyone who is not indifferent to the future of our society."

*culture au sens le plus large, ces expositions démontrent à quel point le sport fait partie intégrante de l'activité humaine – de la technologie à la publicité, et des sciences aux moyens d'expression artistique.*

*L'étage supérieur traite des Jeux modernes et de la pratique des disciplines olympiques. Une salle est réservée aux collections de timbres et aux séries de pièces associées à l'histoire des Jeux. Elle contient plus de 12 000 timbres et 600 pièces – certaines rares, d'autres présentant un intérêt particulier. Des écrans géants invitent les visiteurs à partager les moments importants de la vie d'un athlète : l'entraînement, la victoire, la défaite. Des terminaux interactifs permettent de voyager à volonté à travers le temps et les Olympiades. Des images panoramiques couleurs ornent les murs et font revivre certaines des grandes heures des Jeux.*

*L'étage inférieur du Musée abrite le Centre d'études, qui possède la banque de données la plus vaste et la plus complète qui existe sur les Jeux et l'Olympisme. La bibliothèque contient plus de 15 000 volumes sur le mouvement olympique, le CIO, les Jeux et les disciplines olympiques, le sport et son évolution en tant que phénomène de société. Ce service possède aussi un catalogue informatisé et une salle de lecture. Le service photographique rassemble plus de 250 000 illustrations et le service audiovisuel et multimédia a recueilli un fonds qui représente 7 000 heures de visionnement. Huit terminaux de consultation vidéo à gestion robotisée permettent de choisir et de visionner les faits saillants des Jeux en quatre langues. Le service des archives et de la documentation conserve la correspondance, les dossiers et les documents relatifs au mouvement olympique et à ses divers secteurs.*

*Le Musée offre également un amphithéâtre ultramoderne de 180 places, quatre salles de conférence (toutes dotées de circuits par satellite, de dispositifs de traduction simultanée, et de téléviseurs haute définition) et une Zone éducative : deux salles, à la disposition des éducateurs et des élèves, avec télémédiathèque, liaison télévisuelle et autres dispositifs de technologie audiovisuelle.*

*La collection d'oeuvres d'art du Musée inclut la Collection du Centenaire – amphores, mosaïques et sculptures – qui témoigne des liens étroits qui unissaient jadis la culture et les sports. Depuis le renouveau des Jeux, des artistes de renommée internationale – Kokoschka, Vasarely, Subirachs et Lichtenstein – continuent à célébrer les événements sportifs. Avec l'appui du CIO, le Musée enrichit régulièrement sa collection. Il a acquis notamment des oeuvres d'Adami, de Carlos Cruz Diez, de Mimmo Paladino et d'Eduardo Chillida.*

*Pour reprendre à notre compte les propos éloquents du président du CIO, Juan Antonio Samaranch : le Musée olympique est pour tous ceux et celles que passionnent le sport et le mouvement olympique, l'histoire, la culture et l'art, pour toute personne qui n'est pas indifférente à l'avenir de notre société.*

The Olympic Museum from different view points – front, upper terrace and the east end.

*Le Musée olympique sous divers angles – la façade, la terrasse supérieure et le côté est.*

*Olympia* by Gabor Mihaly.

Olympia – *sculpture de Gabor Mihaly.*

The marble column with Olympic cities etched on it.

An aerial view of the Olympic Park and Museum.

The entrance to the Museum.

*La colonne de marbre portant les noms gravés de toutes les villes olympiques.*

*Vue aérienne du Parc et du Musée olympique.*

*L'entrée du Musée.*

The sculpture, *Citius Altius Fortius* by Miguel Berrocal. The torso is broken into six sections which mechanically pivot around each other.

*Fresco* by Antoni Tàpies at the east side of the Museum.

*Citius Altius Fortius – sculpture de Miguel Berrocal. Le torse est composé de six sections articulées mécaniquement.*

*Fresque d'Antoni Tàpies du côté est du Musée.*

*The Spirit of the Olympics* multimedia wall on the upper level.

Interactive Museum directory at the entrance. In the background is the donors' wall.

*À l'étage supérieur, le mur multimédia* L'esprit des Jeux Olympiques.

*À l'entrée du Musée, tableau indicateur interactif. En arrière-plan, le mur des donateurs.*

*Footballers* by Niki de Saint-Phalle.

Footballers – *sculpture de Niki de Saint-Phalle.*

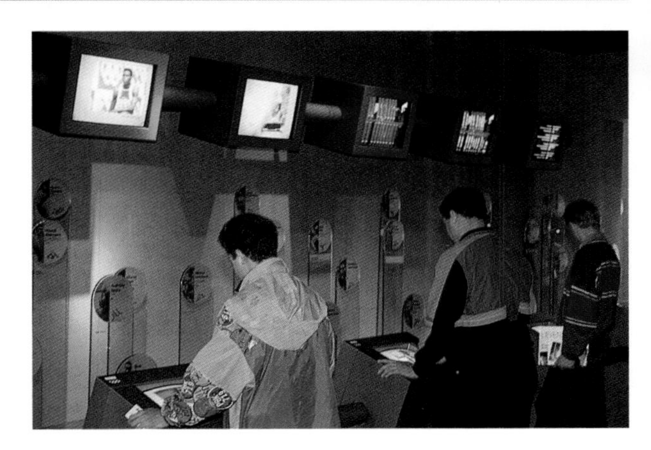

Miró's *Personnage* rising from the library to the upper levels in this magnificent light well.

Winter Games exhibit

*Le Personnage de Miró s'élève de la bibliothèque dans ce magnifique puits de lumière.*

*Exposition sur les J.O. d'hiver.*

The Summer Games exhibit.

The Olympic Torches display.

*Exposition sur les J.O. d'été.*

*Les flambeaux olympiques.*

*Young Girl with Ball* by Fernando Botero.

Young Girl with Ball – *sculpture de Fernando Botero.*

Permanent exhibits on the first level feature Grecian antiquity and the Olympic Movement.

*Au premier niveau, expositions permanentes consacrées à la Grèce antique et au mouvement olympique.*

Two temporary exhibits.

Permanent exhibit of Baron
Pierre de Coubertin.

Temporary exhibit.

*Deux expositions temporaires.*

*Exposition permanente du baron
Pierre de Coubertin.*

A temporary exhibition on Olympic film posters.

*Exposition temporaire réunissant des affiches de film sur les Jeux.*

Olympic film posters.

*Affiches de films sur les Jeux.*

The official Museumcoach.

*Le bus navette du Musée.*

Temporary exhibition posters displayed in the Museum.

*Exposition temporaire d'affiches – quelques exemples.*

# OLYMPIC BIDS

**A** bid to host the Games begins nine years before the event. The candidate city must receive the backing of the National Olympic Committee (NOC) in its country. It must comply with the rules issued by the International Olympic Committee (IOC) and, at a technical level, by the International Sports Federation (IFS). Each NOC may put forward only one city for each Olympiad.

***The Bid File*** *– 8 Years before*

The IOC has defined 23 questions to which candidate cities must reply in their files. These questions concern geographical, political, economic and climatic factors as well as technical aspects of organization of the Games. When the file is submitted, financial guarantees must be provided by the authorities of the proposed country and city.

***The Election*** *– 7 Years before*

The files are examined in depth. The host city is elected by the IOC Session. Within 6 months, the successful city sets up an Organizing Committee for the Olympic Games (OCOG).

The OCOG is made up of IOC members in the host country, the President and Secretary General of the NOC and representatives of the city. The NOC, the OCOG and the city are jointly and severally liable for all contractual commitments entered into, and assume full financial responsibility for the organization of the Games.

The OCOG's tasks include provision of sport and technical facilities, organization of the Olympic Village, transport, security, health services and implementation of a cultural programme.

***Les dossiers de candidatures sont présentés neuf ans avant les Jeux. Chaque ville candidate doit avoir le soutien du Comité national olympique (CNO) de son pays. Elle doit également respecter les règles dictées par le Comité International Olympique et, sur le plan technique, par la Fédération internationale des sports. Chaque Comité national ne peut présenter qu'une seule ville pour chaque Olympiade.*

***Le dossier de candidature*** – 8 années avant

*Le CIO a formulé 23 questions auxquelles les villes candidates doivent répondre dans leurs dossiers. En plus des facteurs géographiques, politiques, économiques et climatiques, les questions abordent les aspects techniques de l'organisation des Jeux. Au moment de la présentation du dossier, des garanties financières doivent être fournies par les autorités du pays et de la ville qui posent leur candidature.*

***L'élection*** – 7 ans avant

*Les dossiers font l'objet d'un examen approfondi. La ville hôte est choisie au cours d'une séance du CIO. Dans les six mois, la ville choisie établit un comité d'organisation des Jeux Olympiques (COJO).*

*Le COJO réunit les membres du CIO du pays organisateur, le Président et le Secrétaire général du Comité national olympique et des représentants de la ville. Le CNO, le COJO et la ville sont responsables conjointement et individuellement de tous les engagements conclus et assument l'entière responsabilité de l'organisation des Jeux.*

*Le COJO doit notamment fournir les installations sportives et techniques, assurer l'organisation du Village olympique, les services de transports, de sécurité, de santé et la mise en oeuvre du programme culturel.*

***The Sports Facilities***

In addition to any existing infrastructure, the OCOG builds the new facilities needed for the competitions in all Olympic disciplines. They must comply with the specifications provided, respect the environment and be suitable for use after the Games.

***The Media***

The OCOG must set up a Main Press Centre and an International Broadcasting Centre for the great number of media representatives who provide worldwide coverage of the Olympic Games. Sale of television broadcasting rights and sponsorship make a sizeable contribution to the financing of the Games.

***Celebration of the Games***

For 16 Days, the world's largest sports event brings together athletes from around the world to take part in the various Olympic disciplines. National and regional cultural traditions find expression in the opening and closing ceremonies and in events organized during the Games.

***After the Games***

The OCOG is bound to close its accounts, transfer facilities destined for use after the Games and draw up a full report for the IOC. Once it has accomplished these tasks, the OCOG is disbanded.

***Les installations sportives***

*En plus de toute infrastructure existante, le COJO est tenu de construire les installations requises pour les épreuves présentées dans toutes les disciplines olympiques. Elles doivent être conformes aux exigences réglementaires, respecter l'environnement et pouvoir être utilisées au-delà des Jeux.*

***Les médias***

*Le COJO doit établir un centre de presse et un centre de diffusion internationale à l'intention des nombreux journalistes et photographes qui assurent la couverture des Jeux. La vente des droits de télévision et les commandites représentent en effet une contribution fort appréciable au financement des Jeux.*

***La célébration des Jeux***

*Pendant 16 jours, le plus grand événement sportif du monde réunit des athlètes des quatre coins de la planète, qui participent aux disciplines inscrites au programme des Jeux. Les traditions culturelles nationales et régionales trouvent leur expression lors des cérémonies d'ouverture et de clôture et au cours de manifestations organisées dans le cadre des Jeux.*

***Après les Jeux***

*Le COJO est tenu de clore la comptabilité et de veiller au transfert des installations et services destinés à être utilisés après les Jeux. Il doit enfin rédiger un rapport complet à l'intention du CIO. Dès qu'il a effectué ces tâches, le COJO est dissous.*

**THE 1996 OLYMPIC BID**
*Submitted by the City of Atlanta.*

***JEUX OLYMPIQUES DE 1996***
*Dossier de candidature d'Atlanta.*





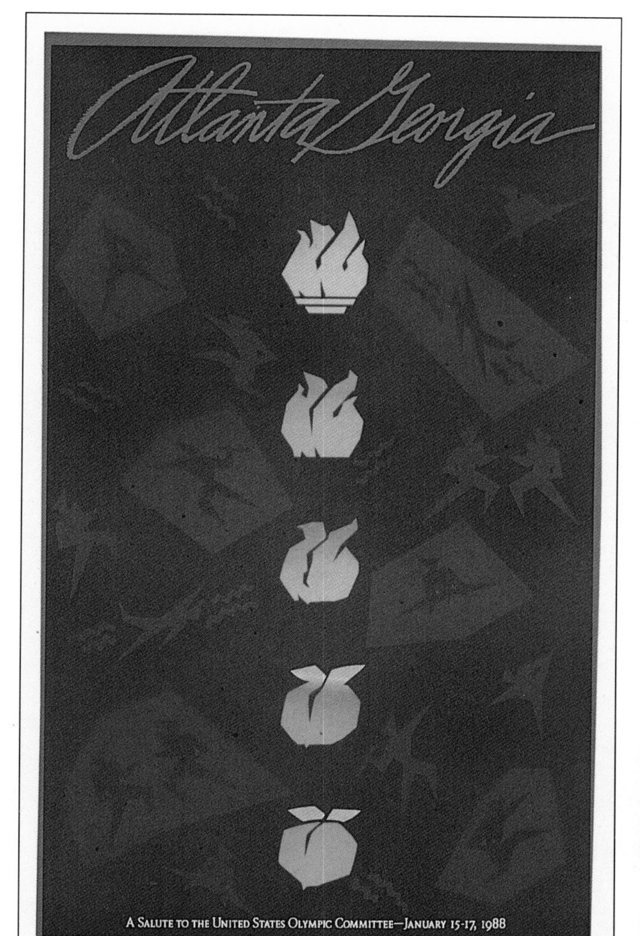

Atlanta
1996
ATLANTA
ATLANTA 1996

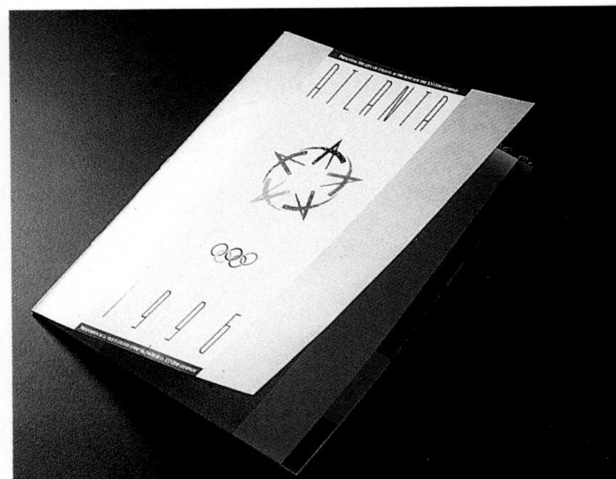
ATLANTA
1996

OLYMPIC RING
ATLANTA
ORIENTATION MAP
La Cercle Olympique
THE OLYMPIC CENTRE
OLYMPIC RING

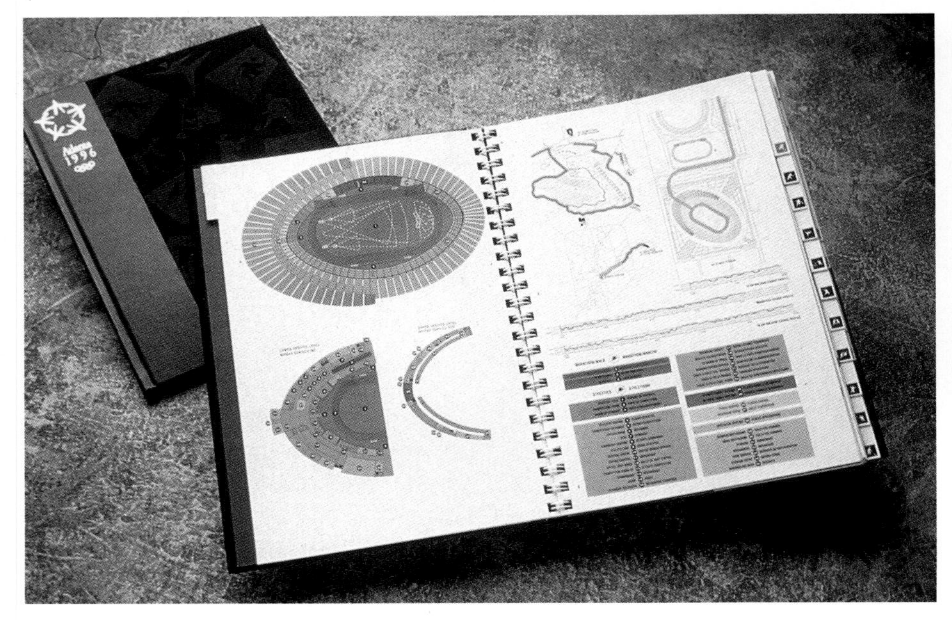
Atlanta
1996

OLYMPIC
VISION
Atlanta
HISTORIC DOCUMENT SIGNED

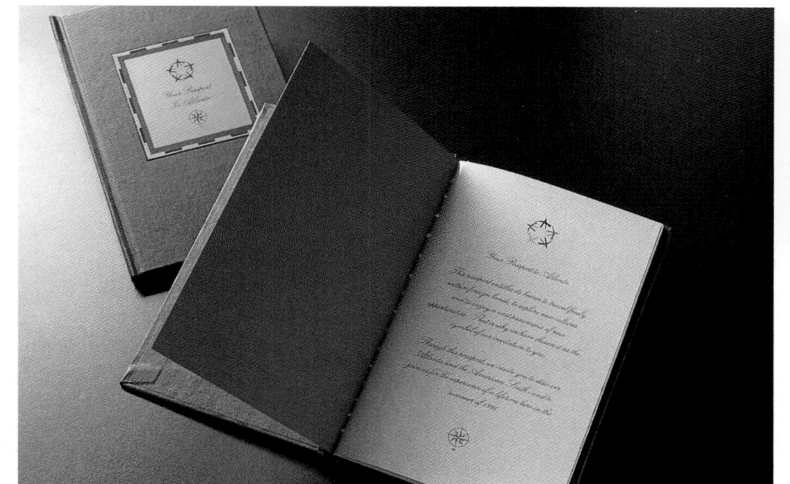

Atlanta
1996

City of Dreams
City of Dream

Coca-Cola
Atlanta
1996
COMMEMORATIVE BOTTLE
Coca-Cola has been a proud sponsor of the Olympics for 62 years.

**THE 1996 OLYMPIC BID**
*Submitted by the City of Melbourne.*

***JEUX OLYMPIQUES DE 1996***
*Dossier de candidature de Melbourne.*

NE 1996

WELCOME TO MELBOURNE
AROUND AUSTRALIA

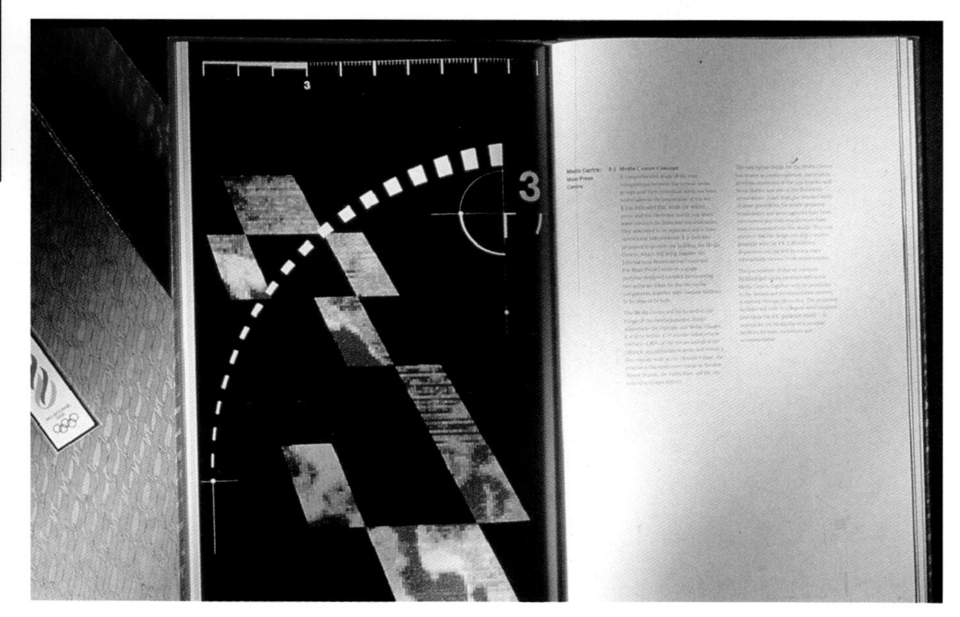

THE MELBOURNE EQUESTRIAN PLAN

**THE 1996 OLYMPIC BID**
*Submitted by the City of Athens.*

***JEUX OLYMPIQUES DE 1996***
*Dossier de candidature d'Athènes.*

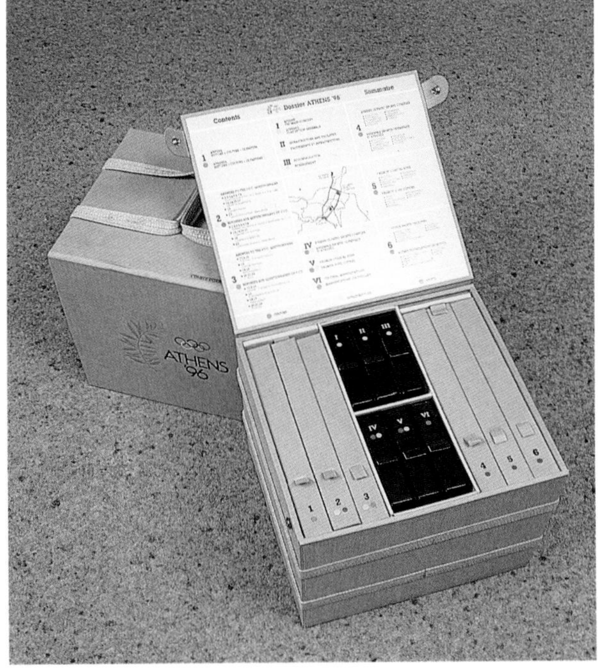

**THE 2000 OLYMPIC BID**
*Submitted by the City of Istanbul.*

***JEUX OLYMPIQUES DE L'AN 2000***
*Dossier de candidature d'Istanbul.*

PICTOGRAMS FOR THE ISTANBUL 2000 OLYMPIC GAMES BID

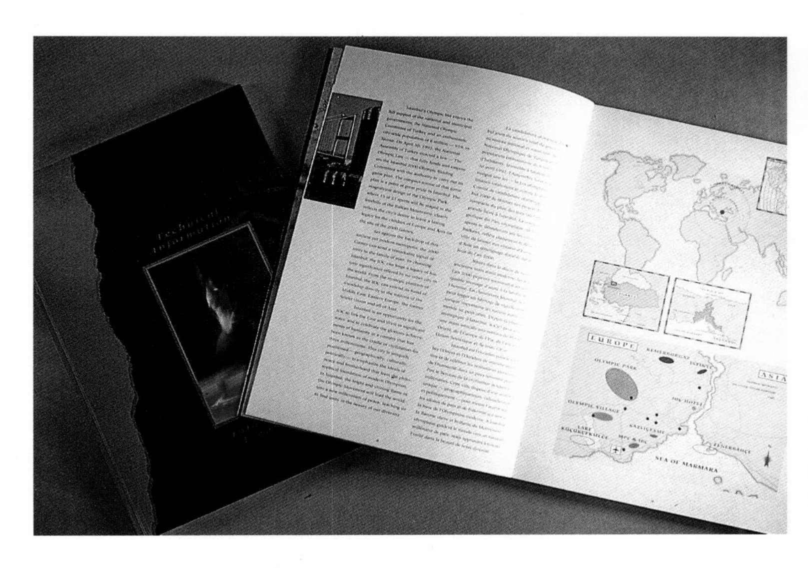

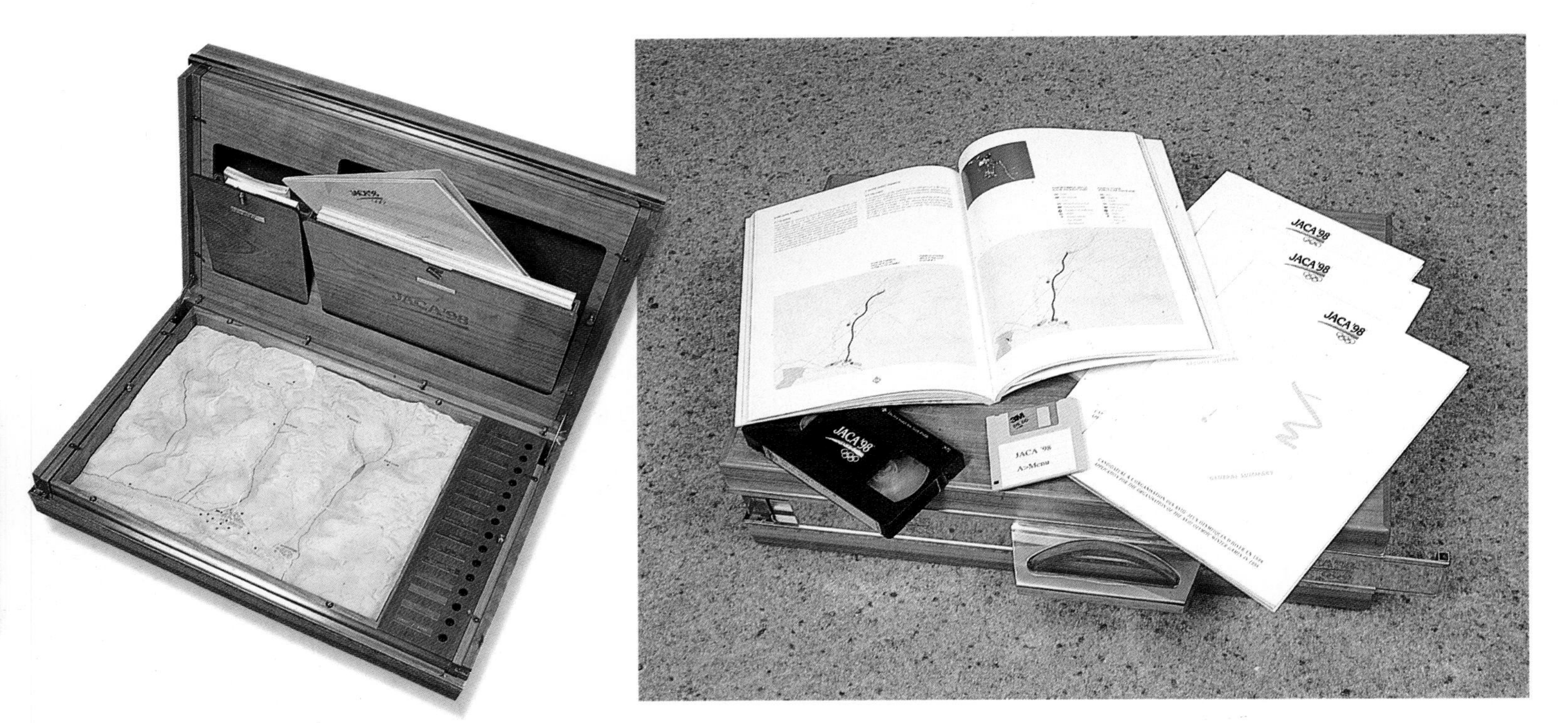


**THE 1998 OLYMPIC BID**
*Submitted by the City of Jaca (Spain).*

**THE 1992 OLYMPIC BID**
*Submitted by the City of Amsterdam*

***JEUX OLYMPIQUES DE 1998***
*Dossier de candidature de Jaca (Espagne).*

***JEUX OLYMPIQUES DE 1992***
*Dossier de candidature d'Amsterdam.*

**THE 1996 OLYMPIC BID**
*Submitted by the City of Toronto.*

***JEUX OLYMPIQUES DE 1996***
*Dossier de candidature de Toronto.*

**THE 1998 OLYMPIC BID**
*Submitted by the City of Nagano.*

***JEUX OLYMPIQUES DE 1998***
*Dossier de candidature de Nagano.*

Photo: Terry Ellis

*Wei Yew, Steven Hoose, Annie Robberecht, Bonnie Bishop, Graham Stinson, Della Shellard & Dwight Allott.*

Graphic designer Wei Yew emigrated from Singapore and arrived in Canada just a month before the 1976 Montreal Games. He has always been interested in the Olympic Movement, especially from the perspective of graphic design. His own opportunity to participate came during the 1988 Calgary Winter Olympic Games when he was selected by competition to design for the Olympic Arts Festival. In 1993, Wei was one of three finalists in a contest to design a logo for the Olympic Centennial. Around the same time as the competition results were made known, the 184 member countries of the United Nations adopted a resolution to observe the Olympic Truce, from the seventh day before the opening of each Olympic Games until the seventh day after the closing of the Games. Wei Yew's modified Centennial logo was adopted as the Olympic Truce symbol for continuing use by the UN and IOC in its efforts to build a better and more peaceful world. In the spring of 1991, with the approval of the International Olympic Committee, he began work on this book.

*Wei Yew s'est établi au Canada un mois avant les Jeux de Montréal (1976). Il s'est toujours intéressé au mouvement olympique, plus particulièrement dans la perspective des concepteurs-graphistes. Il a eu lui-même la chance de participer à ce titre aux Jeux Olympiques d'hiver de Calgary (1988) et d'être sélectionné au concours de design destiné au Festival olympique des arts. Wei figure également parmi les trois finalistes du concours organisé en l'honneur du Centenaire des J.O. À l'époque où les résultats ont été annoncés, les 184 pays membres des Nations Unies ont adopté une résolution recommandant que la trêve olympique soit observée à partir du septième jour qui précède l'ouverture des Jeux et jusqu'au septième jour qui suit la clôture des Jeux. Une version modifiée du logo du Centenaire créé par Wei Yew a été adoptée par l'ONU et le CIO dans le cadre d'une campagne incessante visant l'édification d'un monde meilleur et plus pacifique. Au printemps 1991, avec l'approbation du Comité International Olympique, Wei Yew a commencé à travailler au présent ouvrage.*

**CREDITS**

**1900 Paris** – Jean Pal.

**1904 Saint Louis** – St. John.

**1908 London** – A.S. Cope.

**1912 Stockholm** – Olle Hjortzberg.

**1920 Antwerp** – Martha van Kuyck.

**1924 Chamonix** – Auguste Matisse, Roger Soubie.

**1924 Paris** – Jean Droit, Orsi.

**1928 Saint Moritz** – Hugo Laubi, Carl Moos.

**1932 Lake Placid** – Witold Gordon.

**1932 Los Angeles** – Julio Kilenyi.

**1936 Garmish-Partenkirchen** – Ludwig Hohlwein.

**1936 Berlin** – Frantz Würbel, Friedel Dzubas, O. Anton.

**1948 Saint Moritz** – Fritz Hellinger, Alois Carigiet, Werner Weiskönig.

**1948 London** – Walter Herz.

**1952 Oslo** – Knut Yran.

**1952 Helsinki** – Ilmari Sysimetsä.

**1956 Cortina d'Ampezzo** – Franco Rondinelli.

**1956 Melbourne** – Richard Beck, John Sjövärd.

**1960 Rome** – Armando Testa.

**1964 Innsbruck** – Wilhelm Jaruska.

**1964 Tokyo** – Yusaku Kamekura, Osamu Hayasaki, Jo Murakoshi.

**1968 Grenoble** – Jean Brian, Roger Excoffon, Jean Dubois.

**1968 Mexico** – Lance Wyman, Peter Murdoch, Julia Murdoch, Beatrice Colle, Eduardo Terrazas, Manual Villazón, design students under the direction of Professor Manual Villazón.

**1972 Sapporo** – Takashi Kono, Yusaku Kamekura.

**1972 Munich** – Otl Aicher, Max Mühlberger, Peter Cornelius, Erich Baumann, Otto Hesse, Albrecht Gaebele, Gerry Cranhan, R.B. Kitaj, Tom Wesselmann, Jacob Lawrence, Richard Smith, F. Hundertwasser, Horst Antes, Shusaka Arakawa, Victor Vasarely, Alan Davie, Otmar Alt, Allan D'Arcangelo, Charles Lapicque, Marino Marini.

**1976 Innsbruck** – Arthur Zelger, Walter Poetsch, Helmut Leherb.

**1976 Montreal** – Georges Huel, Pierre-Yves Pelletier, Gilles Robert, Léo Chevalier, Marielle Fleury, Michel Robichaud, John Warden, Yvon Laroche, Ernst Roch, Rolph Harder, Pierre Fontaine, Raymond Bellemare, André Rivard, Jean Morin, Fritz Gottschalk, Ken Carbone, Michel Lalonde, Jacques Daoust, Anthony Hobbs, Pierre Lessard, Alain Moureaux, Michel Dallaire, André Jarry, Jean St-Cyr, François Dallaire, Clermont Malenfant, Guy St-Arnaud, Roger Taillibert.

**1980 Lake Placid** – Robert Whitney, Robert Madden, Bruce Walk.

**1980 Moscow** – Vladimir Arsentiev, F. Pegov, A. Arkhipenko, Serguei Tchernov, V. Davidov, Marikanen Mahouno-Vielli.

**1984 Sarajevo** – Cedomir Kastovic, Joze Trobec, Ismar Mujezinovic

**1984 Los Angeles** – Robert Miles Runyan, Debra Sussman, Paul Prejza, Jon Jerde, Larry Klein, Robert Rauschenberg, Mark Nelsen, Debra Valencia, John Aleksich, Constance Beck, Terry Graboski, Daniel Benjamin, Gary Hinsche, Saul Bass, Nan Beber, Leslie Carlson, James Cross, Rod Dyer, Ken Parkhurst, James Robie, David Schwartz, Keith Bright, Arnold Schwartzman, Don Weller, Charles White III, John Von Hammersveld, Marvin Rubin, Laurie Raskin.

**1988 Calgary** – Alistair Justason, Gary Pampu, Carolyn Tavender, Scott Thornley, Francis Williams Johnson, Wei Yew, Helen Wong, Debra Bachman, Shirley Phillips, Studio 3 Graphics, Ong-Lee Associates.

**1992 Albertville** – Philippe Découflé, Philippe Guillotel.

**1992 Barcelona** – Josep Maria Trías, Javier Mariscal, Antoni Tàpies, Enric Satué, Ricard Badia, Josep Pla-Narbona, América Sánchez, Josep Maria Mir, Onèsim Colavides, Ricard Giralt Miracle, Enric Huguet, Albert Isern, Arcadi Moradell, Quim Nolla, Pati Núñez, Carlos Rolando, Claret Serrahima, Alonso Sostres, Eduard Arroyo, Antoni Clavé, Eduardo Chillida, Jean-Michel Folon, Josep Guinovart, Robert Llimós, Guillermo Pérez Villalta, Addison.

**1994 Lillehammer** – Petter Moshus, Ingjerd Hanevold, Kari & Werner Grossman, Javier Ramirez Camputchano.

**1996 Atlanta** – Brad Copeland, George Hirthler, Sarah Huie, Michelle Stirna, David Crawford, Erik Brown, David Butler, David Park, Melissa James, Raquel Miqueli, David Craig, Mike Weikert, Malcolm Grear, Barry Worley, Primo Angeli, Marcelo De Freitas, Mark Jones, Carlo Pagoda, Rolando Rosler, Brody Hartman, Terrence Tong, Nina Dietzel, Roberto Carra, Vicki & Richard Küng, Ron Hoffman.

**Olympic Sponsors** – Brierley & Partners, Deep Design, Frederick Peterson, Boris Pittman, Dan Cassel, Bob Withstandley, Geneva Morrell, John Morton, Mark Sandlin, T.G. Madison, JoAnne Truffleman, Josh Miller, John D'Asto, Marcus Nispal, Robert Reiser, John Szalay, Melissa Bank, Susan Rosenberg, Clarion Marketing, Vic Finucci, Ralph Geronimo, Wayne Nakamura, Dave Hunter, Doug Towley.

**Olympic Bids** – Brad Copeland, George Hirthler, Sarah Huie, Michelle Stirna, Melissa James, Alun Owen, Shawn Brasfield, Ward Copeland, Kevin Irby, Fumiko Ogyu, Kathi Roberts, Suzy Miller, Jason Hirthler, Mark Newdow, Karl Schnittke, James Murrell, Rich Godfrey, Lisa Farmer, Ken Kato.